מהלכים במקרא

מהלכים במקרא

סוגיות בתורה

מבריאת העולם ועד מתן תורה

הרב יהודה הרצל הנקין

עורך: הרב איתם שמעון הנקין הי"ד

מגיד

Rabbi Yehuda Henkin
Mahalakhim Bamikra
From Creation to Matan Torah

ספרי מגיד, הוצאת קורן
ת"ד 4044 ירושלים 9104001
טל': 02-6330530 פקס: 02-6330534
www.maggidbooks.com

עורך אחראי: ראובן ציגלר
הגהה: אוריה חדד לוי, ר' משה דוד צ'צ'יק
עימוד: שמעון בן־שחר
עיצוב הכריכה: דניאל גדלביץ'

מסת"ב ISBN 978-965-526-297-1

נדפס בישראל Printed in Israel 2020

תוכן העניינים

פרשת מקץ

פרשת ויגש

פרשת ויחי

פרשת שמות

פרשת וארא

הקדמה

כשהתחלתי לכתוב פירושים מחודשים לתורה, שאלתי את סבי הגאון זצ"ל האם מותר לפרש שלא כדברי חז"ל במה שאינו נוגע להלכה. הוא השיב: "מותר, בתנאי שהכוונה היא להרבות ביראת שמים".

כן כתב 'אור החיים' בהקדמתו לתורה: "ולפעמים אמשוך בקסת הסופר בפשטי הכתובים בדרך משונה מדרשת חז"ל. וכבר גליתי דעתי שאין אני חולק ח"ו על הראשונים אפילו כמלא נימא, אלא שהרשות נתונה לדורשי תורה לעובדה ולזורעה". ובתחילת פרשת האזינו כתב: "והגם שקדמוננו בחרו דרך אחרת, כבר אמרנו שע' פנים לתורה, ובענין האגדה יכולים לפרש הגם שיהיה הפירוש מנגד לדבריהם, כל שאין הניגוד בדברי הלכה". בדומה לכך כתב לפניו בעל 'תוספת יום טוב': "הרשות נתונה לפרש במקראות, כאשר עינינו רואות חִבורי הפירושים שמימות הגמרא, אלא שצריך שלא יכריע ויפרש שום דין שיהיה סותר דעת בעלי הגמרא" (תוספת יום טוב, נזיר ה ה).

בשנת תשנ"ב הוצאתי לאור את החלק השני של שו"ת 'בני בנים' וצירפתי אליו את המהדורה המקורית של פירושי. שני רבניה הראשיים של ירושלים סמכו ידיהם על השו"ת, ובדבריהם התייחסו גם לפירוש. הג"ר שלום משאש ז"ל כתב: "גם מול סוף, תוכו רצוף חידושים וביאורים על התורה, מוסברים ומושכלים, מלאים זיו ומפיקים, בבקיאות מלאה בביאור המילים ודקדוק הלשון וביאור העניין. דבר נפלא וחדש מאד, כל הרואה ישתאה". והג"ר יצחק קוליץ ז"ל כתב: "...וגם הוסיף קונטרס על התורה –

ואכן כמתכונתו בראשון כן מתכונתו בשני... צולל במים אדירים ומעלה פנינים יקרים, חידושים וביאורים ערבים בטוב טעם ודעת".

עם הופעת חלק שלישי של 'בני בנים' בתשנ"ח וחלק רביעי בתשס"ה, הופיעו עמהם מקצת הוספות והשלמות לפירוש. הרגשתי אז בצורך במהדורה חדשה שתאחד את החלקים, ומעל לכל: שיהיה פירוש זמין ונגיש לציבור הרחב, הן על ידי ריכוזו בספר אחד, והן על ידי עיבודו מחדש בסגנון קל וקליל, ללא ויתור על רמתו ותוכנו. את מלאכת העיבוד קיבל על עצמו באהבה בני הרב איתם שמעון הי"ד אשר הוסיף משלו, וכבר יצא לו שם, בחייו ובמותו, בחיבוריו המעמיקים.

ולאשתי אומר: זכרתי לך חסד נעורינו, איך בראשית כלולותנו ישבנו בלילי שבת ועברנו על פרשת השבוע, ושאלנו על כל דבר קטן כגדול. וכן עשינו בשבת בבוקר, ובסעודה שלישית קראנו את הפרשה הבאה. הרבה מן השאלות ששאלנו בתחילת השבת תירצנו לקראת סופה. מאותן השבתות יצא גרעין הספר הזה וכמה וכמה מפירושי אשתי מוטמעים בו.

עיקרו של ספר זה הוא המהלכים. בסוף כל פרשה הוספתי פירושים קצרים במדור מיוחד בשם "חיבה יתירה", נוטריקון "חידושים בפשט התורה".

במקום מבוא

יתרונו של הפשטן

בהסתכלות על פרשנות המקרא מקובל לראות את בעל הפשט כמוגבל לעומת עמיתו הדרשן. הפשטן כבול על ידי הלשון והעלילה, ואילו בעל הדרש והדרוש חופשי לקשר בין עניינים שונים, לצרף צירופים מפתיעים, לצייר פרטים רבים שאינם מופיעים בכתוב ולהעשיר את המקרא כיד ה' הטובה עליו.

אכן, לא חסרים חיבורים על התורה בדרך הפשט שהם אפרורים וחסרי דמיון. אנו עדים בימינו לספרים המאריכים בניתוחים לשוניים סטריליים, בתיאורי רקע המוסיפים אך מעט להבנת הנעשה ולא כלום לתחושה הדתית ולהארתו של הקורא, ובהסברים מסוגים שונים שאינם מושכים ואינם משכנעים. אין פלא, אפוא, שהקורא זונח את הספרים הללו על המדף וחוזר ל'מקראות גדולות' הישן והמוכר.

אולם תאור זה מציג בצורה מעוותת את פעילותו מרחיבת האופקים של הפשטן בחלקים העלילתיים של המקרא. בתורה – הסתום ה'נרטיבי' מרובה על המפורש; רק מקצת מן הנעשה מפורט בכתוב, וגם כשפרטי המעשה מבוארים, הגורמים והמניעים שמאחורי ההתרחשויות בדרך כלל נשארים סתומים. כוחו של בעל הפשט נעוץ דווקא בכך שהוא עוסק ב'אמת' של הסיפור. מסוגל הוא לחדור לאמתו של המעשה המסופר, עד שמופיעה אצלו תחושה שאכן כך היו פני הדברים: אילו היה שם, כך הם היו נראים! לשם כך דרושה לבעל הפשט מידה גדושה של אינטואיציה ויכולת דמיון, וכן חוש בלשני מחודד, הנחוץ כדי לפענח את הרמזים שבכתוב, לשחזר ולמלא את החסר.

מה, אם כן, מבדיל בין הפשטן לבין הדרשן מבחינה זו? בעל הפשט חייב לפרש על פי הבנתו בדרכי בני האדם (כלשון רשב"ם בויקרא יג ב: "בקיאות דרך ארץ של בני אדם"), ולכן הוא 'מוגבל' על ידי הסבירות והמציאות המוכרת לו. אולם, הגבלה זו היא שמעניקה לו את כוחו, ומאפשרת לפרשנות שלו להיות מעוגנת בכתוב.

כדוגמא ניקח את מגדל בבל:

> וַיֵּרֶד ה' לִרְאֹת אֶת הָעִיר וְאֶת הַמִּגְדָּל אֲשֶׁר בָּנוּ בְּנֵי הָאָדָם. וַיֹּאמֶר ה' הֵן עַם אֶחָד וְשָׂפָה אַחַת לְכֻלָּם וְזֶה הַחִלָּם לַעֲשׂוֹת וְעַתָּה לֹא יִבָּצֵר מֵהֶם כֹּל אֲשֶׁר יָזְמוּ לַעֲשׂוֹת. הָבָה נֵרְדָה וְנָבְלָה שָׁם שְׂפָתָם אֲשֶׁר לֹא יִשְׁמְעוּ אִישׁ שְׂפַת רֵעֵהוּ. וַיָּפֶץ ה' אֹתָם מִשָּׁם עַל פְּנֵי כָל הָאָרֶץ וַיַּחְדְּלוּ לִבְנֹת הָעִיר (בראשית יא ה-ח).

דומה שסיפור זה מעולם לא נתפרש על פי נסיון של בני אדם, והוא עטוף בערפילים של קושיות. כיצד ניתן לצייר מציאות שבוקר אחד קמו אנשים ולא הבין איש את שפת רעהו? שפתאום דיברו שפות שונות? אף אם נאמר שהכל היה בדרך ניסית, עדיין קשה לדמיין מה היה שם. מי לא הבין את מי – איש את קרובו, בעל את אשתו, או שמא כל בני משפחה אחת המשיכו להבין זה את זה, ורק לא את בני משפחה אחרת? וכמה שפות נוצרו שם – אם היו אלפי משפחות, האם דיברו אלפי שפות? ומדוע לא ניסו ללמוד מחדש שפה משותפת?

לכן, פירשנו את פרשיית מגדל בבל באופן שונה לגמרי. על בסיס השימוש השיטתי במילה 'שפה' בפרק י"א לעומת 'לשון' בפרק י' הסקנו שבלבול השפות במגדל בבל לא היה שינוי הלשון שבה דיברו – אלא בלבול הדיעות, כי נתגלעו ביניהם מחלוקות.

לפי זה התמונה משתנית לגמרי. דור הפלגה חוזר לבמת הפשט. לא עוד סיפור מנותק מנסיוננו בחיים, אלא מאורע שבנקל ניתן לדמיינו – וחשוב מכל, הפירוש מושתת על דיוק חזק בלשון המקרא 'שפה'.

תפקיד נוסף של הפשטן הוא להלביש עור וגידים על שלד תיאורן של דמויות המקרא, על מנת להבין את שיקוליהם עד כדי שנדמה שהיכרנו

אותם מקרוב. כדוגמא נקח את אברהם אבינו, המסרב לקחת את הרכוש שמציע לו מלך סדום:

> וַיֹּאמֶר מֶלֶךְ סְדֹם אֶל אַבְרָם תֶּן לִי הַנֶּפֶשׁ וְהָרְכֻשׁ קַח לָךְ. וַיֹּאמֶר אַבְרָם אֶל מֶלֶךְ סְדֹם הֲרִימֹתִי יָדִי אֶל ה׳ אֵל עֶלְיוֹן קֹנֵה שָׁמַיִם וָאָרֶץ. אִם מִחוּט וְעַד שְׂרוֹךְ נַעַל וְאִם אֶקַּח מִכָּל אֲשֶׁר לָךְ וְלֹא תֹאמַר אֲנִי הֶעֱשַׁרְתִּי אֶת אַבְרָם (בראשית יד כא-כג).

הפרשנים הציעו מגוון טעמים לסירובו של אברהם: רש״י פירש שאברהם לא נזקק ליטול רכוש כיוון שהקב״ה הבטיח להעשירו; רמב״ן פירש שאברהם ביקש לעשות מהרכוש הקדש וחרם לה׳; בעל ׳אור החיים׳ כתב שאברהם לא רצה שיאמרו עליו שהוא להוט אחר ממון. ברם, נאמר שאברהם דחה את הצעת מלך סדום בנימוק של ״וְלֹא תֹאמַר אֲנִי הֶעֱשַׁרְתִּי אֶת אַבְרָם״, ואין רמז לטעמים שכתבו המפרשים.

ויש עוד פרטים מוקשים בסיפור זה: מדוע מיהר מלך סדום לוותר על כל רכושו, מבלי להתמקח? ומה היה אכפת לאברהם מה יאמר מלך סדום? שיגיד מה שיגיד! ועוד, הלוא אברהם קיבל מתנות מפרעה ואבימלך, ומדוע לא הסכים לקבלן דווקא ממלך סדום?

לאור שאלות אלה, ביארנו שמלך סדום חשש מנקמתם של ארבעת המלכים, אותם הניס אברהם אך לא השמידם. לכן מלך סדום רצה שאברהם יהיה לו אסיר תודה, כדי להבטיח את עזרתו אם יותקף שנית. לכן ירצה מלך סדום לפרסם את המתנה שביקש לתת לאברהם, ואברהם סירב לקבלה כדי ש״לא תאמר״.

מלבד היותו הסבר נאה לשיחתם של אברהם ומלך סדום, פשט זה מגלה פנים חדשות לאישיותו של אברהם. לא רק צדיק, תמים, נאמן ושאר מידות סגוליות, אלא גם זהיר, מציאותי ורואה את הנולד. ניתן לשער שבדור אחר הוא היה משמש כשר-חוץ מעולה.

בלי להכביר בדוגמאות ניתן לסכם את ייחודו של בעל הפשט. אם ייטיב במלאכתו, יטביע דמיון ותבונה בפרשנותו ויזכה לעזרת שמים, עשוי הוא לעמוד נפעם ונרגש מול גילויו כמו ארכיאולוג המגלה שריד מימים

שעברו. הפשטן הולך בעקבות האבות ומתבונן במעשיהם עד שנדמה לו שהם נשקפים למולו. חושף הוא עובדות ופרטים שהיו ספונים אלפי שנים.

שערי הפשט אינם ננעלים, וכל דור לומד פשט במקרא על פי הבנתו ונסיונו, וכדברי רשב"ם המפורסמים: "והודה לי [רש"י] שאילו היה לו פנאי היה צריך לעשות פירושים אחרים, לפי הפשטות המתחדשים בכל יום" (בראשית לז ב). כעמיתו הדרשן כך בעל הפשט, מוצא במקרא מקור בלתי נדלה לחידוש ולדמיון.

פרשת בראשית

מהלך א: הבריאה

וְהָאָרֶץ הָיְתָה תֹהוּ וָבֹהוּ וְחֹשֶׁךְ עַל פְּנֵי תְהוֹם וְרוּחַ אֱלוֹהִים מְרַחֶפֶת עַל פְּנֵי הַמָּיִם: וַיֹּאמֶר אֱלוֹהִים יְהִי אוֹר וַיְהִי אוֹר. וַיַּרְא אֱלוֹהִים אֶת הָאוֹר כִּי טוֹב וַיַּבְדֵּל אֱלוֹהִים בֵּין הָאוֹר וּבֵין הַחֹשֶׁךְ. וַיִּקְרָא אֱלוֹהִים לָאוֹר יוֹם וְלַחֹשֶׁךְ קָרָא לָיְלָה וַיְהִי עֶרֶב וַיְהִי בֹקֶר יוֹם אֶחָד (בראשית א ב-ה).

סיפור הבריאה מקופל כולו בכמה עשרות פסוקים בתחילת ספר בראשית. לכאורה הסיבה היא שהעניינים טמירים ואין לחתור להבנתם. אנו ננקוט גישה שונה, שלדעתנו מכוונת לדברי חז"ל ש"בכל התורה כולה אין מקרא יוצא מידי פשוטו" (יבמות כד א ומקבילות). בפרק הראשון שבתורה נשתדל למצוא התייחסויות לחומר וחלל, כוח המשיכה, אדם קדמון ועוד. יהי רצון שיצליח ה' דרכנו.

1. בריאת האור והפעלת כוח המשיכה

סיפור בריאת האור חוזר על עצמו בתורה: "יְהִי אוֹר", ושוב "[וַ]יְהִי אוֹר". לו ביקש הכתוב ללמדנו רק שנברא אור, יכול היה לכתוב "וַיֹּאמֶר אֱלוֹהִים יְהִי אוֹר" ולהמשיך ישירות: "וַיַּרְא אֱלוֹהִים אֶת הָאוֹר כִּי טוֹב", וממילא היינו יודעים שנהיה אור! אך הכתוב חוזר על "יְהִי אוֹר" ללמדנו על שני שלבים שהיו בהתפתחות האור.[1] ה'אור' שנוצר תחילה היה היסוד ('חומר היולי'

[1] וכך נאמר בזוהר: "ההוא אור, אפיק אור אחרא". ראו זוהר, תרומה, קכז ב.

בלשון הפילוסופים וחכמי הקבלה), כלומר חומר ראשוני, בעל תכונה פיזיקלית המאפשרת יצירת אור; וה'אור' שנוצר אחר כך הוא האור הנראה לעין, שהופק מתוך היסוד הראשון. לא נתפרש מהו אותו חומר בסיסי, ונראה שמדובר ביסוד הכימי הפשוט H, מימן שממנו מופק אור השמש והכוכבים, ושאר היסודות מתחברים ונוצרים ממנו.

איך התרחשה היצירה בפועל? תחילה היו החומר והחלל מעורבבים זה בזה. שלב זה מכונה ע"י הכתוב "תֹהוּ וָבֹהוּ". בשלב שני הפעיל הקב"ה את כוח המשיכה, הוא שהביא להבדלה "בֵּין הָאוֹר וּבֵין הַחֹשֶׁךְ".[2] פעולתו של כוח המשיכה גרמה ל'אור' – כלומר לחומר ה'אור' הראשוני – להצטבר לעצמים מוגדרים, והמקומות שהתרוקנו מחומר נשארו חלל ריק.

התכנסות החומר לעצמים יצרה לחץ וחום, והוא שגרם ליצירת אור הנראה לעין – "וַיְהִי אוֹר". וכך החל תהליך היווצרות המאורות, תהליך רציף שהשתרע על פני ארבעה ימי בראשית והושלם ביום הרביעי. מסיבה זו לא נכתב 'ויהי **כן**' לאחר יצירת האור ביום הראשון, כיֶתר מעשי הבריאה, כי "וַיְהִי כֵן" פירושו שהיצירה המסוימת הושלמה.[3] בהתאם לכך גם מובן כיצד נאמר "וַיְהִי אוֹר" כבר ביום הראשון, לפני השלמת התהליך. כי יצירת המאורות החלה ביום הראשון, וכבר אז הם הפיקו אור, אך הם הושלמו רק ביום הרביעי. זוהי כוונת חז"ל באומרם: "מאורות שנבראו ביום ראשון – ולא נתלו עד יום רביעי" (חגיגה יב א).

תליית המאורות, במושגים שלנו, היא סידור מערכת גרמי השמים. עד היום הרביעי התייצב כדור הארץ במסלולו הנוכחי סביב השמש, וכן הירח סביב כדור הארץ, וכן הלאה. כך נאמר: "וְהָיוּ לְאֹתֹת וּלְמוֹעֲדִים וּלְיָמִים וְשָׁנִים", ופירושו שנקבעו גם מהירות כדור הארץ סביב צירו, זווית הנטייה שלו כלפי השמש, משך הזמן בו הוא מקיף אותה ומשך הזמן בו הירח מקיף אותו – שהרי אלה הגורמים הקובעים את ה'אותות' שהם ליקוי החמה והלבנה,

[2] מהו חושך זה? הזוהר, רמב"ם ורמב"ן פירשו שמדובר ב'אש שחורה', כלומר בלתי נראית. במושגים שלנו ניתן להסביר שאש בלתי נראית זו היא הקרינה הקוסמית שנוצרה עם בריאת היקום, או שהיא ה'חומר האפל' הבלתי-נראה.

[3] כל מה שציווה הקב"ה בוודאי התבצע! יש שפירשו שהאור הראשוני נגנז ולכן לא נכתב עליו 'ויהי כן', ורמב"ן פירש על דרך הפשט שהאור הראשוני לא עמד בתכונתו כשאר ימים. אנו הרחבנו דברים אלה.

ה'מועדים' שהם החודשים הנקבעים על פי מהלך הירח, ה'ימים' שנמדדים על פי הזמן בו מסתובב כדור הארץ סביב עצמו, וה'שנים' שנקבעות לפי משך התקופה בה מקיף כדור הארץ את השמש.

לאחר שנוצר האור נאמר "וַיַּרְא אֱלוֹהִים אֶת הָאוֹר כִּי טוֹב" (בראשית א ד). פירוש הדבר שהאור היה טוב ומועיל. כך נאמר גם בסיום שאר הימים: "וַיַּרְא אֱלוֹהִים כִּי טוֹב", כלומר שהדברים שנוצרו באותו יום פעלו היטב והשתלבו בהצלחה עם הנבראים הקודמים, וכעת אפשר להתקדם ליצירה הבאה. דברים אלו מקבלים תוספת משמעות לאור השערת המדע שאילו חוקי הטבע, כמו מהירות האור וכדו', היו שונים כהוא-זה ממה שהם, לא היה העולם שלנו יכול להתקיים.

2. החלל

לא רק החומר נוצר יש מאין בבריאת העולם, אלא גם נברא היעדר החומר.[4] לאחר סיפור בריאת האור מספרת התורה שהקב"ה הבדיל בינו ובין החושך. ניתן היה לחשוב שהחושך היה תמיד ורק האור הוא שנברא: הרי במקום שיש אור אין חושך, וכן להפך, וממילא לא נצרכה פעולה של הבדלה ביניהם. אמנם, על פי מה שפירשנו שה'אור' הראשוני שנברא הוא היסוד הפשוט מימן, החושך שהבדיל ה' בין האור לבינו הוא המציאות ההפוכה שנוצרה עתה: חלל ריק. האור הנראה נברא מהמימן, איפה שהחלל נברא מאפס.[5] מהיות ה'יש' וה'אין' שניהם נבראים נגזרת המשמעות שלפני בריאת העולם לא היו קיימים ממדי מקום – אורך, רוחב, עומק; ואלה נוצרו כחלק ממעשה בראשית.[6]

---

4 כדברי החזקוני: "החושך בריאה היא... אבל קודם לכן לא היה חושך ואור" (על בראשית א ב). וכן אמרו חז"ל שחושך הוא אחד מעשרה דברים שנבראו ביום הראשון (חגיגה יב א).

5 זוהי משמעות דברי המדרש: "אור שיש בו ממש כתיב ביה יצירה, חושך שאין בו ממש כתיב ביה בריאה" (ספר הבהיר, מובא בתורה שלמה בראשית א אות כג). וכן בדברי הנביא מפורש שאף החושך נברא: "יוֹצֵר אוֹר וּבוֹרֵא חֹשֶׁךְ" (ישעיהו מה ז).

6 סעד לדברים אלה בדברי חכמים, כמו: "הוא מקומו של עולם ואין העולם מקומו" (בראשית רבה סח ט, ועוד מקומות); "מלמד שברא אלקים מקום לאור ומקום לחשך" (אוצר מדרשים, עמ' 67); "שברא שש פינות בעולם: מזרח, מערב, צפון, דרום, מעלה, מטה".

3. הזמן

עם בריאת המימן, כח המשיכה והחלל, באה בריאת הזמן: "וַיְהִי עֶרֶב וַיְהִי בֹקֶר יוֹם אֶחָד". 'אחד' ולא 'ראשון', כי לפניו לא הייתה אפשרות לתחום יחידות של ימים ולילות.[7]

קשה לדמיין מציאות נטולת זמן. אולם אפשר להמחיש במעט מציאות זו בהתאם להנחה שזמן הוא פועל יוצא של מהירות, שהיא משך התזוזה ממקום למקום, וכפי שכתב הרמב"ם "הזמן נמשך אחר התנועה" (מורה נבוכים ב יג), ובעקבותיו כתב הרד"ק (בראשית א א): "התנועה והזמן הן כאחת". לא שייך מיקום אצל הקב"ה – כי "אֶת הַשָּׁמַיִם וְאֶת הָאָרֶץ אֲנִי מָלֵא" (ירמיהו כג כד), ואין אצלו מושג של תנועה ממקום למקום, וממילא גם לא של זמן.[8]

4. ים ויבשה

בניגוד ליומיים הראשונים, בהם תוארה פעולת הבדלה – "**וַיַּבְדֵּל** אֱלוֹהִים בֵּין הָאוֹר וּבֵין הַחֹשֶׁךְ"; "**וַיַּבְדֵּל** בֵּין הַמַּיִם אֲשֶׁר מִתַּחַת לָרָקִיעַ וּבֵין הַמַּיִם אֲשֶׁר מֵעַל לָרָקִיעַ" (בראשית א ד, שם ז) – ביום השלישי לא נאמרה הבדלה, אלא "**יִקָּווּ הַמַּיִם** מִתַּחַת הַשָּׁמַיִם אֶל מָקוֹם אֶחָד, וְתֵרָאֶה הַיַּבָּשָׁה" (שם ט). מדוע לא נקטה התורה בלשון הבדלה, כמו: ויבדל אלוקים בין המים ובין הארץ? שאלה זו מתחזקת לאור פירושנו שההבדלה שבבריאה היא כוח המשיכה, והרי המים אכן נקווים למקומות הנמוכים על ידי כוח המשיכה.

התשובה נמצאת בפסוק עצמו. המילה "יקוו" פירושה 'יתאספו', כמו "וְנִקְווּ אֵלֶיהָ כָל הַגּוֹיִם, לְשֵׁם ה', לִירוּשָׁלָםִ" (ירמיהו ג יז). 'קו' הוא דבר המתמשך, והשימוש במונח זה רומז למחזור המים, במסגרתו המים

---

[7] בגמרא (חגיגה יב א) נאמר שאחד מעשרה דברים שנבראו ביום הראשון הוא "מידת לילה ומידת יום", כלומר הזמן. אמנם שייך זמן רק במושגים חומריים ארציים, אך לפני הקב"ה לא קיימת הגבלה זו, כפי שנאמר: "כִּי אֶלֶף שָׁנִים בְּעֵינֶיךָ כְּיוֹם אֶתְמוֹל כִּי יַעֲבֹר" (תהלים צ ד). "כְּיוֹם" – הווה, "אֶתְמוֹל" – עבר, "כי יַעֲבֹר" – עתיד; מלמד שהווה, עבר ועתיד הם כאחד לפני ה'.

[8] בנקודה זו טמון גרעין ההבנה כיצד קיימת בחירה חופשית למרות שהקב"ה יודע כל מה שהאדם עתיד לעשות: לגבי הקב"ה לא שייך עתיד, ומבטו על האדם אינו כרונולוגי. ראו עוד ברמב"ם הלכות תשובה ה ה, ובמדרש שמואל על מסכת אבות ג כא.

מתאדים, מתעבים, יורדים כגשם, מחלחלים, זורמים לים ושוב מתאדים, וחוזר חלילה; זה טבעם וזאת 'תקוותם' של המים.

אם כן, המים מתערבים ללא הרף בארץ, חוזרים אליה ועוזבים אותה; לעיתים אף משתנים גבולות מקווי המים, ומקום שהיה מוצף עשוי להיהפך יבשה ולהפך[9] – וממילא אי אפשר להתייחס למציאות כזאת בלשון הבדלה, כי אין הפרדה קבועה וברורה בין הים ליבשה.

חז"ל פירשו (פרקי דרבי אליעזר א ו-ח) שבתחילה כיסו המים את כל כדור הארץ, ולאחר מכן החל המפלס לרדת והחלו לבצבץ הרים וגבעות, ובהמשך גם עמקים – וזה פירוש "וְתֵרָאֶה הַיַּבָּשָׁה" (בראשית א ט). אמנם, ניתן גם להסביר שהמים שכיסו בתחילה את הארץ היו במצב צבירה של גז – אדים וערפילים – וכך נשארו כל עוד היה הכוכב לוהט. לאחר שנתקרר כדור הארץ החלו המים להתעבות לנוזל, ועל ידי כוח המשיכה הם נקוו אל המקומות הנמוכים, שנהפכו לאוקיינוסים, ימות ואגמים – ואילו בשאר המקומות נתגלתה היבשה.

5. חי וצומח

התורה אינה משתמשת בלשון אחידה כדי לתאר את ציוויי הקב"ה במעשה הבריאה. חלק מן התיאורים נפתחים בלשון הֲוָיה: "יְהִי"; ואילו אחרים בלשון פעולה: "יִקָּווּ", "תַּדְשֵׁא", "יִשְׁרְצוּ", וכן הלאה. מה עומד מאחורי הבדלי הניסוח?

כשנשווה את המצבים לגביהם נאמרה כל לשון, נמצא ש"יְהִי" נאמר על עולם הדומם: "יְהִי אוֹר", "יְהִי רָקִיעַ", "יְהִי מְאֹרֹת" – ואילו לשון הפעולה נאמרה על הצומח והחי: "תַּדְשֵׁא הָאָרֶץ דֶּשֶׁא", "יִשְׁרְצוּ הַמַּיִם", "תּוֹצֵא הָאָרֶץ נֶפֶשׁ חַיָּה" וכן הלאה.

שינויי הלשון מובנים בהחלט לפי חלוקה זו. שכן "יְהִי" הוא משורש 'הֲוָיה', כלומר דבר יציב שנמצא תמיד בהווייתו – ולכן נאמרה לשון זו על דברים שקיימים עד היום בצורה שבה נבראו ולא התחלפו, כגון הארץ,

---

[9] וכן אמר הנביא ישעיהו "הֵן בְּגַעֲרָתִי אַחֲרִיב יָם, אָשִׂים נְהָרוֹת מִדְבָּר" (ישעיהו נ ב), וכן "אָשִׂים מִדְבָּר לַאֲגַם מַיִם וְאֶרֶץ צִיָּה לְמוֹצָאֵי מָיִם" (ישעיהו מא יח).

השמים והכוכבים. לעומת זאת, הצומח והחי הם דינמיים ומתחלפים מדור לדור, ולכן הציווי על בריאתם נאמר בתור פעולה, בלשון עתיד, כי בכל שנה ושנה תדשא הארץ דשא מחדש, ובכל זמן הארץ ממשיכה להוציא ולכלכל חיים. אם לגבי המים נאמרה לשון פעולה, "יִקָּווּ הַמַּיִם" (בראשית א ט), הגם שאינם חי או צומח, כי מחזור המים ממשיך תמיד. זהו "המחדש בטובו בכל יום תמיד מעשה בראשית".

6. אדם קדמון

הייתכן שאדם קדמון קדם לאדם הראשון? נאמר בתורה: "וַיֹּאמֶר אֱלֹהִים נַעֲשֶׂה אָדָם בְּצַלְמֵנוּ כִּדְמוּתֵנוּ" (בראשית א כו). פסוק זה מצריך זהירות לפרשו.

בתחילת בריאת האדם לא נאמרה לשון 'בריאה', אלא לשון 'עשייה' — "נַעֲשֶׂה אָדָם". 'בריאה' משמעותה עשייה יש מאין, כפי שפירש רמב"ן (בראשית א א, שם כו), ואילו גוף האדם נוצר יש מיש, שכן גופו התפתח מבעלי החיים הקודמים לו, שנעשו לפניו. אם כן, מדוע נאמר בסמוך שהקב"ה **ברא** את האדם בצלמו? לפי שהבריאה בצלם אלוקים מתייחסת לנשמתו של האדם, וזו אכן נבראה יש מאין.

לכן נאמר "נעשה **אדם**" ללא ה"א הידיעה, ואילו "ויברא אלוהים את **האדם**" בה"א הידיעה, לומר ש'האדם' הנברא בצלם נוצר מסתם 'אדם', והוא 'האדם הקדמון'. אפשרות זו הועלתה כבר ע"י רמב"ן, שבתחילה נוצר גוף האדם עם "נפש התנועה" כשאר החיות, ורק לאחר מכן הוכנסה בו "נפש משכלת" (בראשית ב ז). כך נאמר גם במדרש המפרט את שלבי יצירת האדם בהתאם לשעות היום: "בשישית העמידו גולם על רגליו, בשביעית זרק בו נשמה" (פסיקתא דרב כהנא אות כג).[10] כלומר שגוף האדם נוצר עם חיות, כבעל תנועה, ורק מאוחר יותר הוכנסה בו נשמה.

---

[10] משמעות המילה 'גולם' אינה גוף דומם אלא בריה חסרת שלמות, כמו "שבעה דברים בגולם" (אבות ה ז).

7. השלמת הבריאה

אצל כל הברואים נאמר "וַיְהִי כֵן" לאות השלמת עשייתם, פרט לשלושה: ביום הראשון לגבי האור, מפני שיצירת המאורות נמשכה עד ליום הרביעי; אחרי בריאת בעלי החיים ביום החמישי, כיוון שבריאתם נמשכה עד ליום השישי, שאז נאמר "וַיְהִי כֵן"; ואחרי בריאת האדם.

ביום השישי נאמר "וַיְהִי כֵן" בסוף יצירת שאר בעלי החיים, אך לפני בריאת האדם, היות ונשמת האדם הינה בריאה נפרדת שלא השתלשלה מבעלי החיים האחרים. למה לא נחתמה בריאת האדם בביטוי "וַיְהִי כֵן"? מפני שבריאת האדם בצלם אלוקים לא נשלמה, והאדם עמל כל ימיו להידמות לבוראו ואינו יכול.

8. האקולוגיה

בסיכום הבריאה, במקום הפסוק החותם את שאר פעולות הבריאה, שהאלוהים ראה כי טוב, על הבריאה בשלמותה נאמר שהקב"ה ראה את כל אשר עשה, "וְהִנֵּה טוֹב מְאֹד". למה "טוב מאד"? כי השלם גדול מסך חלקיו, והבריאה המוגמרת פעלה בצורה מוצלחת יותר מאשר כל חלק בנפרד. זוהי תמצית האקולוגיה: כל חלק מהבריאה תלוי בחלקים אחרים, והפוגע באזור אחד או המכחיד זן אחד פוגע לא רק ב'טוב' המקומי אלא גם ב'טוב מאד' העולמי.

עד כאן מעשה בראשית, ועד כאן אי אפשר לפרש על פי "דרך ארץ של בני אדם", שהיא התנהלות הבריות אלה עם אלה. מכאן ואילך זו תהי דרכנו.

מהלך ב: הצורך ב'עזר'

וַיְצַו ה' אֱלוֹהִים עַל הָאָדָם לֵאמֹר מִכֹּל עֵץ הַגָּן אָכֹל תֹּאכֵל וּמֵעֵץ הַדַּעַת טוֹב וָרָע לֹא תֹאכַל מִמֶּנּוּ כִּי בְּיוֹם אֲכָלְךָ מִמֶּנּוּ מוֹת תָּמוּת וַיֹּאמֶר ה' אֱלוֹהִים לֹא טוֹב הֱיוֹת הָאָדָם לְבַדּוֹ אֶעֱשֶׂה לּוֹ עֵזֶר כְּנֶגְדּוֹ... וַיִּקְרָא הָאָדָם שֵׁמוֹת לְכָל הַבְּהֵמָה וּלְעוֹף הַשָּׁמַיִם וּלְכֹל חַיַּת הַשָּׂדֶה וּלְאָדָם לֹא מָצָא עֵזֶר כְּנֶגְדּוֹ... וַיִּבֶן ה' אֱלוֹהִים אֶת הַצֵּלָע אֲשֶׁר לָקַח מִן הָאָדָם לְאִשָּׁה וַיְבִאֶהָ אֶל הָאָדָם. (בראשית ב טז-יח כ, כב)

שניים-עשר פסוקים מפרידים בין בריאת האיש לבין בריאת האישה. בניגוד למה שהיה מתבקש, לא ברא הקב"ה את האיש והאישה באותו זמן ואף לא מיד בזו אחר זה. אלא הקב"ה (1) ברא את האדם, (2) שם אותו בגן עדן, (3) ציווה אותו "וּמֵעֵץ הַדַּעַת טוֹב וָרָע לֹא תֹאכַל מִמֶּנּוּ", ורק אז (4) הכריז כי "לֹא טוֹב הֱיוֹת הָאָדָם לְבַדּוֹ" (5) והביא לפניו את החיות. ובסופו של דבר (6) ברא את חוה.

המסקנה מכאן ברורה – האישה נבראה **כמענה** לציווי לא לאכול מעץ הדעת. הדבר ברור לא רק מסמיכות הפסוקים, אלא גם הכרחי מצד ההגיון: וכי היה לו "לא טוב" בגן עדן? לא היה חסר לאדם דבר, כלום לא העיב על חייו עד שנצטווה לא לאכול מן העץ. מצבו של האדם השתנה אפוא עם הציווי – רק אז נאלץ האדם להתמודד ולהתגבר על יצרו. בהתאם לכך נתן לו הקב"ה שותף, לעזור לו לקיים את המצווה האלוהית.[11]

ניתן להביא ראיה לפרשנות זו ממקבילות במקרא. כאשר אמר יתרו למשה "לֹא טוֹב הַדָּבָר אֲשֶׁר אַתָּה עֹשֶׂה" (שמות יח יז), הוא לא הטיל ספק בכוונותיו הטובות של משה, אלא טען שמשה ייכשל בנסיונו לשפוט את העם לבדו. כמו כן, דבריו של דוד לאבנר "לֹא טוֹב הַדָּבָר הַזֶּה אֲשֶׁר עָשִׂיתָ" (שמואל א כו טז) מותחים ביקורת על חוסר יעילותו של אבנר בהגנה על שאול. מכאן שכוונת האמירה "לֹא טוֹב הֱיוֹת הָאָדָם לְבַדּוֹ", היא: לא ראוי לצוות את האדם בעוד שהוא לבדו. זה לא יעיל ולא יעבוד!

אמנם בפועל חוה גרמה לאדם דווקא לעבור על הציווי, לא לקיים אותו. עובדה זו אינה מצביעה חלילה על טעות (!) אלוהית כביכול.[12] הקב"ה לא קבע שטוב לאדם אם יהיה לו עזר כנגדו. הוא קבע את הקביעה הנגדית – **לא** טוב לאדם להיות לבדו. זוגיות לבדה אינה מבטיחה הצלחה. ולמרות שאין הצלחת הנישואין מובטחת, מביעים חז"ל עמדה חד-משמעית שלא יעמוד אדם בלא אישה (יבמות סא ב). גם במקרה של אדם וחוה בגן

---

[11] רעיון כזה נמצא כבר בחז"ל, ראו שבת יב ב אודות קריאה לאור הנר.

[12] בריאת האדם בפרק א לא לוותה בהערכת התוצאה – לא נאמר בה "וירא אלוהים כי טוב" – כבשאר מעשי הבריאה. הקב"ה יצר את האנושות כמעין 'ניסוי', אשר תוצאותיו תלויות באדם.

עדן – הקב"ה לא קבע דבר על תוצאת הנישואין, אלא רק על נחיצותם. אם השניים יפעלו יחד, הם עשויים להצליח במצווה האלוהית, אך גם עלולים להיכשל; אך אם יפעל האחד לבדו, כישלונו הוא בלתי-נמנע.

כעת יכולים אנו להבין את חלקו השני של הפסוק: "אֶעֱשֶׂה לּוֹ עֵזֶר כְּנֶגְדּוֹ". המילה "כְּנֶגְדּוֹ" היא יחידאית במקרא – רק בפסוק זה מוצמדת אות השימוש כ' למילה 'נגד'. בהיעדר מקבילה במקרא נפנה ללשון חז"ל: משמעות 'כנגד' היא 'שקולה ל-'. כך למשל בביטוי "תלמוד תורה כנגד כולם" (פאה א א) ובמקומות נוספים.

הקב"ה יצר את האישה בשוויון לאדם כדי לסייע לו לקיים את המצווה. הסיבה לכך פשוטה: על מנת שיוכל להשפיע עליו לטוב או למוטב, על ה'עזר' להשתוות אליו ביכולת ובכישרון. כאשר הביא הקב"ה את החיות לפני האדם, לא מצא עזר כנגדו, לפי שיצור נחות מהאדם אינו יכול להשפיע על שיקול דעתו. חתול וכלב יכולים להצילו מן הבדידות, אך לא לזרז את האדם לשמור על ציווי הקב"ה. רק האישה שהיא עצם מעצמיו ובשר מבשרו של האיש, המדברת אתו בגובה העיניים ומשתווה לו, מתאימה למשימה.

נותר לנו לבאר מה השתבש. הזלזול שנהג האדם באשתו הוא שהביא לכך. ניתן לעמוד על זלזול זה מתוך עיון בפרטי השיחה בין הנחש לאישה. עוד לפני בריאת האישה ציווה הקב"ה על האדם שלא לאכול מעץ הדעת שלא ימות; אך האישה, בדברה אל הנחש, הוסיפה דבר שלא אמר ה': "וַתֹּאמֶר הָאִשָּׁה אֶל הַנָּחָשׁ... וּמִפְּרִי הָעֵץ אֲשֶׁר בְּתוֹךְ הַגָּן אָמַר אֱלֹהִים לֹא תֹאכְלוּ מִמֶּנּוּ **וְלֹא תִגְּעוּ בּוֹ** פֶּן תְּמֻתוּן" (בראשית ג ב-ג). באבות דרבי נתן (א ה)[13] מבואר שכך סיפר לה האדם. ועוד, האישה תארה בעקיפין את "הָעֵץ אֲשֶׁר בְּתוֹךְ הַגָּן". למה לא קראה לעץ בשמו? ועוד, הנחש הוא זה שגילה לה את טיבו של העץ, באמרו: "וִהְיִיתֶם... יֹדְעֵי טוֹב וָרָע", ומכאן

[13] לעומת בראשית רבה יט ג, שהאישה הוסיפה איסור זה על דעת עצמה. פרשנות זו של אבות דרבי נתן משתלבת יפה עם דברי רש"י (בראשית ג ד) שהנחש דחפה עד שנגעה בעץ וראתה שלא מתה; שהרי אם היא זאת שהמציאה את איסור הנגיעה בעץ, לא הייתה משתכנעת מכך שלא מתה מחמת נגיעה.

שהאישה אף את שם העץ לא ידעה, שהרי טיבו מפורש בשמו – "עֵץ הַדַּעַת טוֹב וָרָע".

מדוע לא ידעה האישה את שמו של העץ? היא לא ידעה מכיוון שהאדם לא סיפר לה. האדם התייחס אליה בעליונות וסיפר לה על הציווי תוך העלמת פרטים ובידוי פרטים. הוא ערבב אמת ושקר מתוך הנחה שהמידע המלא והמדויק יזיק לה. הנחש גילה לה את המידע שבעלה הסתיר ממנה, ובכך קנה את אֵימוּנה. וכיוון שאדם זלזל בחוה והכשיל אותה, לפיכך הוא נכשל על ידה, מידה כנגד מידה. אנחנו עדיין סובלים מתוצאות הזלזול הקדמוני הזה, בצורת הקללות שנתקללו בהן האיש והאישה.

יודגש: אין בדברינו קריאה לזהות מוחלטת בין המינים. התורה העניקה תפקידים שונים לאיש ולאישה. לא כל דבר שנחשב לטבעי הוא גם טוב ומועיל. האתגרים והמשימות העומדים בפני החברה האנושית גם אינם זהים לאלו שהיו בגן עדן. אמנם, אחת המגמות העיקריות של פרקים ב-ג בספר בראשית היא להסביר כיצד הפכו האיש והאישה לבלתי-שווים. אך יש להעמיד את הדברים על דיוקם. "בזיעת אפיך תאכל לחם" הוא תיאור מצב ולא ציווי, והאדם רשאי לשכלל את שיטות יצור ועיבוד המזון. כך גם הקללה "בעצב תלדי בנים" אינה באה לאסור הקלה בכאב הלידה. ובאותה מידה, "ואל אישך תשוקתך והוא ימשול בך" הוא תיאור המציאות ולא ציווי או נבואה. ההכרה בשוויון היכולות של בני הזוג והימנעות מזלזול זה בזו היא צעד לקראת מימוש כוונתו של הקב"ה, שהאיש והאישה יחזקו זה את זו בדרך לקיום דבר ה'.[14]

---

[14] בספר בראשית אנו מוצאים מקרים נוספים בהם הזלזול מילא תפקיד מרכזי לרוע: הראשון הוא בעקבות השתכרותו של נח, כאשר חם הביט בערוות אביו ובתגובה, קילל נח את זרעו של חם. מה הביא את חם לכך? ה' ציווה את נח לצאת מהתיבה "אתה ואשתך ובניך ונשי בניך אתך," (בראשית ח טז) אך נח הקדים את בניו לאשתו (שם יח). חם למד מהתנהגותו של אביו וזלזל בו. מקרה שני מופיע לאחר בריחתם של לוט ובנותיו מסדום, כאשר בנותיו שכבו עמו. לוט זלזל בבנותיו בהצעתו להפקירן לאנשי סדום (בראשית יט ח), והן השיבו לו באותו מטבע. מקרה שלישי של זלזול מסופר בפרשת ראובן. יעקב התמהמה לשוב לחברון לבקר את אביו הישיש (בראשית לג יח עד בראשית לה כז), וראובן זלזל בכבוד אביו ושכב עם בלהה פילגש אביו (בראשית לה כב). הקשר ברור: יעקב לא כיבד את אביו – או לפחות כך חשב ראובן – ולכן ראובן זלזל אף הוא בכבודו של אביו. וראו כל מקרה בהרחבה במקומו.

מהלך ג: גן עדן והגירוש

וַיַּצְמַח ה' אֱלוֹהִים מִן הָאֲדָמָה כָּל עֵץ נֶחְמָד לְמַרְאֶה וְטוֹב לְמַאֲכָל, וְעֵץ הַחַיִּים בְּתוֹךְ הַגָּן, וְעֵץ הַדַּעַת טוֹב וָרָע... וַיְצַו ה' אֱלוֹהִים עַל הָאָדָם לֵאמֹר מִכֹּל עֵץ הַגָּן אָכֹל תֹּאכֵל. וּמֵעֵץ הַדַּעַת טוֹב וָרָע לֹא תֹאכַל מִמֶּנּוּ כִּי בְּיוֹם אֲכָלְךָ מִמֶּנּוּ מוֹת תָּמוּת. (בראשית ב ט, טז-יז)

העיסוק בסיפור גן עדן נסוב בדרך כלל סביב עץ הדעת, ממנו אסור לאכול. אמנם לכאורה נצטווה האדם בשתי מצוות: במצוות לא תעשה, שלא לאכול מעץ הדעת, ובמצוות עשה, "מִכֹּל עֵץ הַגָּן אָכֹל תֹּאכֵל". לצד שאר העצים היה בגן עץ מיוחד שהיה מותר באכילה – הוא עץ החיים, שנכלל ב"מִכֹּל עֵץ הַגָּן" המותרים באכילה.

נשאלת השאלה, הייתכן שהאדם נצטווה לאכול מכל עץ הגן? בגן מלא עצים, היוכל לאכול מכולם? מוכרחים אנו לומר ש"מִכֹּל עֵץ הַגָּן אָכֹל תֹּאכֵל" היא מצווה קיומית ששכרה בצידה אך אינה חובה, כדרכו של רבי לעזר בירושלמי (סוף מסכת קידושין) שהיה אוסף מעות בכיסו על מנת לטעום כל פרי חדש ולברך עליו. כך גם כאן, ככל שהאדם הראשון היה טועם מעצי הגן ומשבח את ה', היה מקיים מצווה.

ואולם, אפילו אם ציווי הקב"ה לאדם הראשון היה רק רשות ולא חובה, איננו מוצאים שהאדם ואשתו ניסו לאכול מעץ החיים. מדוע?

שתי תשובות לדבר, האחת תלויה בצורת העץ והשנייה במהותו. על מנת להבין זאת עלינו לדקדק בתיאור העצים. הם נחלקו לשלושה סוגים: "כל עץ הגן", "עץ החיים", ו"עץ הדעת". על הסוג הראשון, העץ המצוי בגן, מעיד הכתוב שהיה "נֶחְמָד לְמַרְאֶה וְטוֹב לְמַאֲכָל". כמו כן מבואר בהמשך שגם עץ הדעת היה יפה ומשובח, כפי שתארה האישה ש"תַאֲוָה הוּא לָעֵינַיִם". ואילו על עץ החיים לא נאמר דבר, משום שלא הייתה לו תכונה מיוחדת שתבליט אותו בין שאר העצים. לכן לא אכלו האדם ואשתו מעץ החיים: חושיהם לא סיפקו כל סיבה להתעניין בו.

התשובה המהותית תלויה בהיות העץ "עֵץ הַחַיִּים בְּתוֹךְ הַגָּן". כלומר, עץ של חיים-בתוך-הגן, המקנה חיי נצח. לשם מה היו האדם ואשתו אמורים להתעניין בו? הרי הם כבר חיו בתוך הגן שאין המוות שולט בו, ולא העלו

בדעתם שיגורשו ממנו, ולכן לא הייתה להם סיבה למהר לאכול מן העץ. רק בעולם שמחוץ לגן שלט המוות. אדם וחוה עפר היו ואל עפר ישובו; אבל ישובו רק אל עפר העולם שמחוץ לגן, ממנו נוצרו.

האם האדם היה חי לעולם אילולא חטא? חז"ל פירשו (תנחומא וישב ד) שהקב"ה ברא את מלאך המוות עוד לפני בריאת האדם. לדבריהם, שימשה האכילה מעץ הדעת אמתלה ו"עלילה" לגירוש מגן עדן ולגזירת מוות על האדם.

לפי זה, למה שם הקב"ה את אדם וחוה בגן עדן, אם מראש דעתו הייתה לגרשם? נראה שרצה הקב"ה ללמד את האדם שלא לתרץ כישלונותיו בטענה שקשיי סביבה ופרנסה העבירו אותו על דעת קונו. לכן פֵּרטה התורה בהרחבה את טוּב ושפע הגן, שהיה מלא בעצי פרי, נהרות שופעים וכל טוב, לפני סיפור מעללי האדם בו. זהו לקח לדורות: על האדם לתלות את קולר החטא בעצמו ולא לחפש תירוצים ואמתלות כאילו גורמים חיצוניים הביאו אותו לחטוא. שהרי אדם הראשון, שחי בגן עדן ללא כל מטרד, בכל זאת חטא.

מהלך ד: מי קובע נורמות של טוב ורע?

המילה 'לדעת' בתנ"ך לעתים משמעותה 'להודיע'. כך בציווי הקב"ה על השבת: "לָדַעַת כִּי אֲנִי ה' מְקַדִּשְׁכֶם" (שמות לא יג). וכן בתחילת ספר משלי: "לָדַעַת חָכְמָה וּמוּסָר, לְהָבִין אִמְרֵי בִינָה" (משלי א ב), ופירש רש"י: "להודיע לבריות חכמה ומוסר". וכן פירש רש"י בתהלים על הפסוק "לָדַעַת בָּאָרֶץ דַּרְכֶּךָ" (תהלים סז ג). לחלופין, הכתוב מתפרש כ'מקרא קצר', בכפל המילה "דעת": 'עץ הדעת, דעת טוב ורע'. כך אנו מוצאים בדברי הקב"ה למשה: "אַתֶּם בָּאִים אֶל הָאָרֶץ כְּנָעַן" (במדבר לד ב) שמובנו 'אתם באים אל הארץ, ארץ כנען'. וכן הוא בדברי תושבי ירושלים אל המלך יאשיהו: "הַקֶּבֶר אִישׁ הָאֱלוֹהִים" (מלכים ב, כג יז; וראו רד"ק שם ובדברי הימים ב, טו ח) שמובנו 'הקבר, קבר איש האלוקים'. לפי כללי הלשון, אילו עסק פסוקנו **בידיעת** טוב ורע, הוא היה נכתב: 'עץ דעת טוב ורע', בלשון סמיכות: עץ [של] דעת טוב ורע. אך מכיוון שכתוב "הַדעת טוב ורע", בה"א הידיעה, עלינו לקרוא אותו בחולם: עץ **הודעת** טוב ורע.

מהי 'הודעת טוב ורע', או "הַדַּעַת [דעת] טוֹב וָרָע"? הנחש אמר לאישה: "וִהְיִיתֶם כֵּאלֹהִים יֹדְעֵי טוֹב וָרָע" (בראשית ג ה), כי אלוהים הוא הקובע בעבור בני אדם מהו טוב ומה רע. הרמב"ם כבר חתר לכיוון זה כאשר ציין שקודם שאכל מן העץ, ידע האדם להבחין בין אמת לשקר אובייקטיביים, אך לא יחליט בין טוב לרע (מורה נבוכים א ב).[15] אולם לאחר שיאכל, הוא יקבע בעצמו מהו טוב ורע לפי צרכיו הפרטיים ותועלת עצמו, ויתנהל בהתאם לפרשנותו!

לפני האכילה היה האדם חוטא ויודע שחטא; אחר האכילה מעץ הדעת יחטא ויקרא לחטא מצווה.

מהלך ה: העונש

וַיֹּאמֶר ה' אֱלֹהִים אֶל הַנָּחָשׁ כִּי עָשִׂיתָ זֹּאת אָרוּר אַתָּה מִכָּל הַבְּהֵמָה וּמִכֹּל חַיַּת הַשָּׂדֶה עַל גְּחֹנְךָ תֵלֵךְ וְעָפָר תֹּאכַל כָּל יְמֵי חַיֶּיךָ. וְאֵיבָה אָשִׁית בֵּינְךָ וּבֵין הָאִשָּׁה וּבֵין זַרְעֲךָ וּבֵין זַרְעָהּ הוּא יְשׁוּפְךָ רֹאשׁ וְאַתָּה תְּשׁוּפֶנּוּ עָקֵב. אֶל הָאִשָּׁה אָמַר הַרְבָּה אַרְבֶּה עִצְּבוֹנֵךְ וְהֵרֹנֵךְ בְּעֶצֶב תֵּלְדִי בָנִים וְאֶל אִישֵׁךְ תְּשׁוּקָתֵךְ וְהוּא יִמְשָׁל בָּךְ. וּלְאָדָם אָמַר כִּי שָׁמַעְתָּ לְקוֹל אִשְׁתֶּךָ וַתֹּאכַל מִן הָעֵץ אֲשֶׁר צִוִּיתִיךָ לֵאמֹר לֹא תֹאכַל מִמֶּנּוּ אֲרוּרָה הָאֲדָמָה בַּעֲבוּרֶךָ בְּעִצָּבוֹן תֹּאכֲלֶנָּה כֹּל יְמֵי חַיֶּיךָ. וְקוֹץ וְדַרְדַּר תַּצְמִיחַ לָךְ וְאָכַלְתָּ אֶת עֵשֶׂב הַשָּׂדֶה. בְּזֵעַת אַפֶּיךָ תֹּאכַל לֶחֶם עַד שׁוּבְךָ אֶל הָאֲדָמָה כִּי מִמֶּנָּה לֻקָּחְתָּ כִּי עָפָר אַתָּה וְאֶל עָפָר תָּשׁוּב. (בראשית ג יד-יט)

עונשה של האישה נגזר מיד אחרי עונשו של הנחש, אך התיאור נפתח ללא וי"ו החיבור כי הוא שונה בתכליתו ואיננו המשך של עונש הנחש הקודם לו. הלה נענש בעונש גופני בלבד – "עַל גְּחֹנְךָ תֵלֵךְ וְעָפָר תֹּאכַל" – ואילו היא גם בצער הנפש. כך כוונת "עִצְּבוֹנֵךְ" ו"בְּעֶצֶב". דומה לכך מאמר הנביא: "בְּיוֹם הָנִיחַ ה' לְךָ מֵעָצְבְּךָ וּמֵרָגְזֶךָ" (ישעיהו יד ג), וכן בדברי חז"ל: "עצבונך – זה צער גידול בנים" (עירובין ק ב). כך נאמר בסמוך גם על

---

[15] כפי שכתב הרמב"ם: "השכל... הוא אשר הגיע לאדם קודם מרותו, ובשבילו נאמר בו שהוא בצלם אלוקים ודמותו, ובגללו דיבר אתו וציוה אותו... ולא תהיה הצוואה... למי שאין לו שכל. ובשכל יבדיל האדם בין האמת והשקר".

האדם: "אֲרוּרָה הָאֲדָמָה בַּעֲבוּרֶךָ, **בְּעִצָּבוֹן** תֹּאכֲלֶנָּה", שגם שם הכוונה לקושי, ללחץ ולכל המתחים שבמרדף אחר הפרנסה.

כך גם משמעות הלשון "הַרְבָּה אַרְבֶּה עִצְּבוֹנֵךְ וְהֵרֹנֵךְ". הריונה של האישה אינו הארוך ביותר בטבע, וגם ישנם מינים נוספים שמולידים רק ולד אחד בכל הריון. אך המין האנושי הוא היחיד שנאלץ לטרוח במשך שנים בגידול ילדיו.

העונש מקבל משמעות נוספת במבט על ההיסטוריה האנושית. במשך רוב תולדות האנושות, שיעור תמותת נשים בלידה ותמותת צאצאים בשנות הילדות, היה מרובה. רק מיעוט הנולדים הגיעו לבגרות. לכן אמר הקב"ה: "הַרְבָּה אַרְבֶּה עִצְּבוֹנֵךְ וְהֵרֹנֵךְ" – כי ייתכן שהאישה תעבור מספר הריונות ולידות לפני שתזכה בזרע של קיימא. מכיוון שהאישה יודעת זאת מראש, הקדים הכתוב את "עִצְּבוֹנֵךְ" לפני "וְהֵרֹנֵךְ" ו"בְּעֶצֶב תֵּלְדִי", כי צער הנפש של גידול הבנים מתחיל עוד בחששות ובדאגות שלפני ההיריון והלידה, האם האישה עצמה והבנים ישרדו.

אדם וחוה נענשו בעונש שיש בו עצבון, עמל ויגיעה וכישלונות. אך טעם קללת האדמה אינו ברור: במה חטאה האדמה?

התשובה היא שהאדמה לא נתקלקלה, אלא אדם הראשון הוא שהרגיש כך מחמת הניגוד לגן עדן. גן עדן היה מוקף נהרות ועצָיו שתולים על פלגי מים ומניבים פרי ללא מאמץ מצד האדם. לעומתו, אדמת העולם לא תתן פירותיה בנקל. האדם יזיע ויעמול כדי להוציא מן האדמה את מה שלפני החטא בא לו בקלות, ובשל הזיכרון המתוק של גן עדן תהיה אדמת העולם ארורה בעיניו.

בעונש זה נענש אדם הראשון בלבד, ולא בניו ובני בניו שלא היו בעבר בגן ולא היה להם זיכרון ממנו. זוהי משמעות המילה "בַּעֲבוּרֶךָ": בעבורך, ולא בעבור בניך. לכן הוגבל תוקף הקללה "עַד שׁוּבְךָ אֶל הָאֲדָמָה" (בראשית ג יט)[16] – כי לאחר מות אדם הראשון לא יהיה עוד מי שיוכל לספר לבני

16 ניתן להסיק ממשפט זה משמעויות נוספות: ראשית, מבחינת משך הזמן קשה קללת האדם יותר מקללת האישה, כי מאמצי הפרנסה של האדם יימשכו "עד שובך אל האדמה", לעומת האישה שעומדת מלדת כבר במחצית ימיה. בנוסף, הקללה מרמזת על חזרה לגן עדן בחיי העולם הבא, כי העונש חל רק "עד שובך על האדמה" – ולא לאחר המוות.

האדם על גן עדן על מנת שיתעוררו געגועי השומעים, ולכן לא תהיה עוד אדמת העולם ארורה בעבורם – כי לא הכירו מציאות אחרת.

ועוד, במילה "בַּעֲבוּרֶךָ" נחשפת מטרת עונש האדם והאישה. אין פירושו באשמתך אלא **בשבילך, לטובתך.** העונש של האישה וגם של האיש יפעלו להמחיש להם את תלותם בקב"ה, וכדברי חז"ל: "להצריכן לשאת עיניהן לאביהן שבשמים" (פרקי דרבי אליעזר יד, מובא במדרש הגדול).

מהלך ו: שם האישה

אדם וחוה לא הכירו את המציאות שמחוץ לגן, ולא ידעו על פגעי מזג האוויר, ולכן לא ראו צורך להתכסות במלבושים למעט חגורות שלבשו מטעמי צניעות (בראשית ג ז). בשעת הגירוש גמל להם הקב"ה חסד ועשה להם לבוש שיהיה עמיד בתנאים שמחוץ לגן, ואף הלבישם בעצמו.

במה זכו האדם וחוה לגילוי זה של חסד מצד הקב"ה דווקא בשעת גירושם מהגן? התשובה טמונה בשמה של חוה: <u>וַיִּקְרָא</u> הָאָדָם שֵׁם אִשְׁתּוֹ חַוָּה כִּי הִוא הָיְתָה אֵם כָּל חָי (בראשית ג כ). יכול היה האדם לקרוא לחוה 'מותה,' כיוון שהביאה את המוות לעולם. אך לא כך קרא לה, כי אם חוה. במילים אלו ניחם האדם את אשתו על האובדן. אמר אדם לחוה: הרי היית אמורה להיות אם כל חי, וכך נשארת.

אנשים רבים יחפשו במי לתלות את הקולר לאחר פורענות, על מנת לברוח מאחריותם. לא כך התנהל אדם מול חוה. חסד זה של האדם לאשתו עורר את מידת החסד מצד הקב"ה לאדם. דבר זה נלמד מסמיכות הפסוקים: כיוון שבפסוק הקודם קרא האדם לאשתו חוה ולא שמר לה טינה על מפלתם, אף הקב"ה לא שמר להם טינה אלא גמל להם חסד:

> <u>וַיַּעַשׂ</u> ה' אֱלוֹהִים לְאָדָם וּלְאִשְׁתּוֹ כָּתְנוֹת עוֹר <u>וַיַּלְבִּשֵׁם</u>. (בראשית ג כ-כא).

מהלך ז: קין והבל

<u>וְהָאָדָם</u> יָדַע אֶת חַוָּה אִשְׁתּוֹ <u>וַתַּהַר</u> <u>וַתֵּלֶד</u> אֶת קַיִן <u>וַתֹּאמֶר</u> קָנִיתִי אִישׁ אֶת ה'. <u>וַתֹּסֶף</u> לָלֶדֶת אֶת אָחִיו אֶת הָבֶל <u>וַיְהִי</u> הֶבֶל רֹעֵה צֹאן <u>וְקַיִן</u> הָיָה

> עֹבֵד אֲדָמָה. וַיְהִי מִקֵּץ יָמִים וַיָּבֵא קַיִן מִפְּרִי הָאֲדָמָה מִנְחָה לַה'. וְהֶבֶל הֵבִיא גַם הוּא מִבְּכֹרוֹת צֹאנוֹ וּמֵחֶלְבֵהֶן וַיִּשַׁע ה' אֶל הֶבֶל וְאֶל מִנְחָתוֹ. וְאֶל קַיִן וְאֶל מִנְחָתוֹ לֹא שָׁעָה וַיִּחַר לְקַיִן מְאֹד וַיִּפְּלוּ פָּנָיו. וַיֹּאמֶר ה' אֶל קָיִן לָמָּה חָרָה לָךְ וְלָמָּה נָפְלוּ פָנֶיךָ. הֲלוֹא אִם תֵּיטִיב שְׂאֵת וְאִם לֹא תֵיטִיב לַפֶּתַח חַטָּאת רֹבֵץ וְאֵלֶיךָ תְּשׁוּקָתוֹ וְאַתָּה תִּמְשָׁל בּוֹ.
> (בראשית ד א-ז)

קין והבל היו יריבים עוד לפני הבאת המנחות. השניים היו לא רק אחים כי אם תאומים. עובדה זו נלמדת הן מחיסור בלשון והן מייתור הלשון: החיסור, שלא נאמר 'ותהר' פעמיים; והייתור, שנכפל "אֶת אָחִיו אֶת הָבֶל" — והרי ידענו שהבל הוא אחיו. יריבות כזאת תיתכן במיוחד בין תאומים, מאחר ואין הבכורה מוסכמת ביניהם, כדוגמת יעקב ועֵשָׂו: "וְאַחֲרֵי כֵן יָצָא אָחִיו וְיָדוֹ אֹחֶזֶת בַּעֲקֵב עֵשָׂו" (בראשית כה כו), שלא ויתר לו על הבכורה. הכתוב רומז לתחרות בין השניים בסיפורו: קין נולד ראשון, הבל יצא להתפרנס ראשון, קין הביא מנחה ראשון. כל אחד משתדל להקדים את אחיו.

קין היה הראשון להביא מנחה לה', ובעקבותיו הביא הבל "גַם הוּא" מנחה. פנייתו של ה' אל מנחת הבל ולא אל מנחת קין דורשת הסבר, שכן היוזמה למנחה הייתה של קין. אמנם אין התורה מפרטת לנו את הפסול במנחתו של קין, אך ממה שכתוב "וַיִּשַׁע ה' אֶל **הֶבֶל** וְאֶל מִנְחָתוֹ, וְאֶל **קַיִן** וְאֶל מִנְחָתוֹ לֹא שָׁעָה", מבואר שהפסול היה במקריב ולא בקרבן. מה היה הפסול אצל קין? מסתבר שהפירות היו עיקר אצל קין, על מנת להפגין את עליונותו על אחיו. דבר זה נרמז בפסוק: "וַיָּבֵא קַיִן מִפְּרִי הָאֲדָמָה מִנְחָה לַה'", בעוד אצל הבל העיקר היה לא בכורות הצאן אלא שהם מנחה לה'. לכן כתוב: "וְהֶבֶל הֵבִיא גַם הוּא מִבְּכֹרוֹת צֹאנוֹ וּמֵחֶלְבֵהֶן". המלים "גם הוא" מוסבות לא על בכורות הצאן, שהבל הביא גם הוא (שהרי קין לא הביא צאן כלל!), אלא על עצם הבאת המנחה שהביא הבל "גם הוא", אמנם ממניע אחר משל אחיו.

מסתבר שתוכחת ה' לקין מכוונת לתחרות בין האחים: "**אִם תֵּיטִיב שְׂאֵת**, וְאִם לֹא תֵיטִיב לַפֶּתַח חַטָּאת רֹבֵץ וְאֵלֶיךָ תְּשׁוּקָתוֹ וְאַתָּה תִּמְשָׁל בּוֹ".

המילה 'שְׂאֵת' היא מלשון נשיאות ומעמד, כדברי יעקב על ראובן: "רְאוּבֵן

בְּכֹרִי אַתָּה... יֶתֶר שְׂאֵת וְיֶתֶר עָז" (בראשית מט ג). נראה שיש להטעים את הפסוק כך: "אִם תֵּיטִיב שְׂאֵת וְאִם לֹא תֵיטִיב – לַפֶּתַח חַטָּאת רֹבֵץ". כלומר, בין אם תצליח מול הבל במאבקי הכבוד והמעמד ("תֵּיטִיב שְׂאֵת") ובין אם לאו ("אִם לֹא תֵיטִיב [שאת]"), בכל מקרה אורבת לפתחך סכנה גדולה בהרבה: "לַפֶּתַח חַטָּאת רֹבֵץ".

התורה מתארת שתי תגובות של קין לדחיית מנחתו. הראשונה היא כעס: "וַיִּחַר לְקַיִן מְאֹד". והשנייה – תחושת מפלה: "וַיִּפְּלוּ פָּנָיו". כעסו של קין הופנה כנגד הצלחת אחיו ואילו אכזבתו הופנתה כנגד כישלונו שלו. על הכעס נאמר "מְאֹד", ואילו על האכזבה נאמר רק "וַיִּפְּלוּ פָּנָיו". יותר ממה שהתעצב קין על מפלתו, הוא זעם על הצלחת אחיו.

השאלה "לָמָּה חָרָה לָךְ" איננה כפשוטה, שכן התשובה ברורה מאליה: ה' דחה את מנחתו לעומת מנחת אחיו, ולכן הוא כעס! אלא משמעות שאלתו של הקב"ה היא: "לְמה", כאילו מנוקדת הלמ"ד בשווא; כלומר, לשם מה אתה כועס? לאיזו תוצאה יוביל כעסך זה?

אגב העיסוק בחטא וביצרים גילה הקב"ה לקין את יכולתו לשלוט ביצריו: "אֵלֶיךָ תְּשׁוּקָתוֹ וְאַתָּה תִּמְשָׁל בּוֹ".[17] ככל שהאדם מודע לכך שהיצר אורב לפתחו ומתנכל לו, הוא מסוגל להיזהר ולהתגונן נגדו. קין דחה את תוכחת הקב"ה, ובהזדמן הרגע – קם ורצח את אחיו. גם לאחר הרצח לא הביע קין חרטה; להפך, כאשר הקב"ה שאל "אֵי הֶבֶל אָחִיךָ" ענה קין שאינו עוקב אחרי הבל לדעת היכן הוא ומה מעשיו. זהו שקר נוסף לצד השקר "לֹא יָדַעְתִּי", כי קין מעולם שם לב ובלש אחרי הבל במסגרת היריבות ששררה ביניהם.

ומה לגבי העונש? לא נאמר שהאדמה לא תתן את כוחה לקין, אלא שהיא לא תוסיף: "כִּי תַעֲבֹד אֶת הָאֲדָמָה לֹא תֹסֵף תֵּת כֹּחָהּ לָךְ, נָע וָנָד תִּהְיֶה

[17] לשון זו זהה לזו שנאמרה לאישה – "וְאֶל אִישֵׁךְ תְּשׁוּקָתֵךְ וְהוּא יִמְשָׁל בָּךְ" (בראשית ג טז). כפי שהשתוקקות האישה לאיש היא שמאפשרת לו למשול בה, כך האדם מסוגל למשול ביצריו דווקא מפני שהיצר 'משתוקק אליו' לפגוע בו ולהכשילו; משל, למה הדבר דומה? לעיר שאויבים סובבים אותה, ולכן תושביה בונים חומות ומבצרים חזקים ואין כל אויב יכול לפלוש לתוכה. ואילו לא היה יצר הרע אורב תמיד, למה הדבר דומה? לעיר שאין לה אויבים, שחומותיה פרוצות ומגיניה מתרשלים ואם באו עליה אויבים בפתע פתאום מיד היא נכבשת.

בָּאָרֶץ" (בראשית ד יב). האדמה תתן כוחה לקין בתחילה ותניב בעבורו פירות, אבל היא תיחלש לאחר מספר יבולים ולא תמשיך להצמיח תבואה בכוחות עצמה, ולכן קין ייאלץ להיות נע ונד כדי לחפש קרקע אחרת. כשם שהאדמה פצתה את פיה לקחת את דמי אחיו, כך היא תפצה את פיה לתבוע דישון וזיבול.

על קין היה להמתין עד שהקב"ה כביכול יעזוב תחילה, כפי שמצאנו באברהם: "וַיֵּלֶךְ ה' כַּאֲשֶׁר כִּלָּה לְדַבֵּר אֶל אַבְרָהָם" ורק אז "וְאַבְרָהָם שָׁב לִמְקֹמוֹ" (בראשית יח לג). אמנם קין לא נהג כך: "וַיֵּצֵא קַיִן מִלִּפְנֵי ה'" (בראשית ד טז), ללמדנו כי מיד כאשר הובטח לו "כָּל הֹרֵג קַיִן שִׁבְעָתַיִם יֻקָּם" הוא יצא מלפני ה' כמי שבא על סיפוקו, מבלי להיטיב דרכו.

מהלך ח: תרבות בבית הרוצח

לא פלא שמקין יצאו למך וביתו. למך היה דור שישי לקין, והתורה מפרטת את כישרונותיהם של בניו: רועי צאן, ממציאי כלי נגינה וחורשי מתכות. כל המגוון התרבותי הזה צמח דווקא בביתו של רוצח, כפי שהתרברב למך: "כִּי אִישׁ הָרַגְתִּי לְפִצְעִי וְיֶלֶד לְחַבֻּרָתִי" (בראשית ד כג).

למך עצמו היה משורר, והוא שר לנשיו שיר תהילה על מעשי הרצח שלו: "וַיֹּאמֶר לֶמֶךְ לְנָשָׁיו עָדָה וְצִלָּה, שְׁמַעַן קוֹלִי; נְשֵׁי לֶמֶךְ, הַאְזֵנָּה אִמְרָתִי, כִּי אִישׁ הָרַגְתִּי לְפִצְעִי וְיֶלֶד לְחַבֻּרָתִי. כִּי שִׁבְעָתַיִם יֻקַּם קָיִן וְלֶמֶךְ שִׁבְעִים וְשִׁבְעָה" (בראשית ד כג-כד). מקובל לפרש שלמך התרברב בפני נשותיו על שהרג איש לפצעו וילד לחבורתו; אך אם נפרש כך, המילה המקדימה לדברי למך 'כי' (הראשונה) מיותרת. לכן נראה לי שדברי למך אינם רברבנות אלא איום. "כִּי אִישׁ הָרַגְתִּי לְפִצְעִי וְיֶלֶד לְחַבֻּרָתִי" איננו **המסר** אותו ביקש מנשותיו לשמוע, אלא **הסיבה** שבגללה כדאי להן לשמוע לו. למך הזהיר: "הַאְזֵנָּה אִמְרָתִי". ולמה? כי כבר הרגתי איש וילד, ולא אהסס לפגוע גם בכן.

לשון הפסוק אכן רומזת שעדה וצִלה לא מהרו לסור למרותו של למך, שכן זוהי משמעות גערת הנביא ישעיהו, הדומה להפליא לנאומו של למך: "נָשִׁים שַׁאֲנַנּוֹת קֹמְנָה שְׁמַעְנָה קוֹלִי, בָּנוֹת בֹּטְחוֹת הַאְזֵנָּה אִמְרָתִי"

(ישעיהו לב ט). משתמע שלא מצא הנביא נכונות רבה מצד הנשים בדורו להקשיב לו, וכן גם למך.

אין אנו יודעים מה קדם למה אצל למך. האם הרציחות קדמו לעושר, לאומנות ולטכנולוגיה, או שמא להפך. בכל אופן, מסתבר שכלי התרבות שפיתחו בני למך, הפיצו והצמיחו את הרוע שהיה מושרש בבית אביהם ובבית אבי השושלת, קין. כך או כך, בית למך היה מלא תככים ומכאן הדרך קצרה אל דור שכולו חמס.

מהלך ט: בני האלוהים

> וַיְהִי כִּי הֵחֵל הָאָדָם לָרֹב עַל פְּנֵי הָאֲדָמָה, וּבָנוֹת יֻלְּדוּ לָהֶם. וַיִּרְאוּ בְנֵי הָאֱלֹהִים אֶת בְּנוֹת הָאָדָם כִּי טֹבֹת הֵנָּה, וַיִּקְחוּ לָהֶם נָשִׁים מִכֹּל אֲשֶׁר בָּחָרוּ. (בראשית ו א-ב)

פעמיים בספר בראשית השמיד הקב"ה חברה שלמה. לכל מקרה השמדה הקדימה התורה סיפור של רוע. משמעות הדבר שהתורה תולה את ההשמדה באותו רוע. הרוע שבגללו הביא הקב"ה מבול על העולם התחיל במשפחה ומשם פשה בכל העולם.

הרוע התחיל ב"בני האלהים". 'בני' פירושו 'אנשי', בדומה ל'בן בליעל' שפירושו 'איש בליעל' – כפי שנאמר על נבל הכרמלי (שמואל א, כה יז) וכן במשפטו של נבות היזרעאלי (מלכים א, כא יג). בפסוק אחד מכונים אותם האנשים גם כ'בני בליעל' וגם 'אנשי בליעל', כי משמעות שני הביטויים זהה. לא ניתן לומר ש'בן בליעל' הוא מי שאביו בליעל, כי גם על בני עלי הכהן נאמר שהיו בני בליעל (שמואל א, ב יב) ואביהם היה צדיק וכהן גדול.

נמצא ש'בני האלוהים' הם 'אנשי האלוהים'. מדובר באנשי דת, ששימשו ככהנים ולימדו את דבר האל לבני האדם, בדומה ל"מֹשֶׁה אִישׁ הָאֱלוֹהִים" (דברים לג א). אך להבדיל ממשה רבנו, בדור המבול סילפו כוהני הדת את כוונת הקב"ה ויצרו פולחן של פריצות. הם קבעו שתאוות הזנות והרדיפה אחר נשים הן ערכים נעלים. לכן נאמר שהם ראו את הנשים "כי טֹבֹת הנה" ולא 'כי יפות', או 'כי נאות', כי מדובר בשיפוט ערכי.

את נטילת הנשים ניתן להבין בכמה דרכים: המובן הפשוט הוא שאנשי האלוהים ראו שבנות האדם הן טובות ולפיכך לקחו מהן נשים לרוב, בפוליגמיה. אך ניתן גם להציע שהפסוק "וַיִּקְחוּ לָהֶם נָשִׁים" מוסב על בני האדם, **שנתנו** את נשותיהם לאנשי האלהים – כלשון "וְיִקְחוּ לִי תְּרוּמָה" (שמות כה ב). ו"מכל אשר בחרו" בא להוסיף שבני האדם מסרו לאנשי הדת אפילו את נשותיהם, כי באותו דור דימו שמצווה לתת את הנשים לכוהנים. גם הנשים עצמן ראו בכך מעלה, כפי שנאמר במדרש: "הבעולות היו מניחות בעליהן ובוחרות אותם עבור יופיין" (מובא בתורה שלמה, בראשית ו אות יג). ובכן, רבה השחיתות וכדברי התורה: הארץ מלאה חמס.

חיבה יתירה לפרשת בראשית

בינה יתירה המביאה לאי-זהירות

וְהַנָּחָשׁ הָיָה עָרוּם מִכֹּל חַיַּת הַשָּׂדֶה אֲשֶׁר עָשָׂה ה' אֱ-לֹהִים, וַיֹּאמֶר אֶל הָאִשָּׁה: אַף כִּי אָמַר אֱ-לֹהִים לֹא תֹאכְלוּ מִכֹּל עֵץ הַגָּן. (בראשית ג א)

הנחש שיקר בדברי הקב"ה, כי הקב"ה לא אמר "לא תאכלו **מכל** עץ הגן". כך דרכו של המסית להפריז באיסורים, במטרה להביא לעקירת האיסור מן השורש.

מדוע פנה הנחש אל האישה דווקא? האדם לא רצה לדבר עם הנחש, לעומת האישה שהסכימה להיכנס עמו בדברים. היא סמכה על בינתה שלא תיכשל, ולא חששה שמא יכשילה הנחש.

חטא ממניעים חושניים

וַתֵּרֶא הָאִשָּׁה כִּי טוֹב הָעֵץ לְמַאֲכָל וְכִי תַאֲוָה הוּא לָעֵינַיִם וְנֶחְמָד הָעֵץ לְהַשְׂכִּיל, וַתִּקַּח מִפִּרְיוֹ וַתֹּאכַל. (בראשית ג ו)

בנסותו לפתות את האישה, התרכז הנחש בתועלת הרוחנית-שכלית של האכילה

מעץ הדעת, וכדבריו: "כִּי בְּיוֹם אֲכָלְכֶם מִמֶּנּוּ, וְנִפְקְחוּ עֵינֵיכֶם וִהְיִיתֶם כֵּאלֹהִים יֹדְעֵי טוֹב וָרָע". אך האישה לא התעניינה כי אם בצדדים החושניים של העץ, שכן ראתה "כִּי טוֹב הָעֵץ לְמַאֲכָל וְכִי תַאֲוָה הוּא לָעֵינַיִם". גם הביטוי בהמשך הפסוק "וְנֶחְמָד הָעֵץ לְהַשְׂכִּיל" מתייחס לצד הגשמי, שהעץ היה יפה במראהו, כפי שתרגם אונקלוס: "אילנא לאסתכלא ביה". אמנם רש"י וראב"ע פירשו את המילה "להשכיל" מלשון שכל וידיעת טוב ורע, אך מכל מקום הדבר היה משני בסדר העדיפויות של האישה, שהזכירה אותו רק בסוף דבריה.

בשביל בושה דרושים שניים

וַתִּפָּקַחְנָה עֵינֵי שְׁנֵיהֶם וַיֵּדְעוּ כִּי עֵירֻמִּם הֵם. (בראשית ג ז)

האדם ואשתו לא אכלו מהעץ בו-זמנית, אלא בזה אחר זו, כפי שנאמר: "וַתִּקַּח מִפִּרְיוֹ וַתֹּאכַל, וַתִּתֵּן גַּם לְאִישָׁהּ עִמָּהּ וַיֹּאכַל". אך פקיחת העיניים והרגשת הבושה לא התרחשו קודם אצל האישה ואחר כך אצל האדם, אלא בבת אחת: "וַתִּפָּקַחְנָה עֵינֵי שְׁנֵיהֶם וַיֵּדְעוּ" – כי הבושה היא מושג חברתי, התלוי בהכרח בהימצאות יותר מבעל-דעת אחד.

סדר הדברים בפרשת החטא

וַיֹּאמֶר ה' אֱלֹהִים הֵן הָאָדָם הָיָה כְּאַחַד מִמֶּנּוּ לָדַעַת טוֹב וָרָע, וְעַתָּה פֶּן יִשְׁלַח יָדוֹ וְלָקַח גַּם מֵעֵץ הַחַיִּים. (בראשית ג כב)

דברים אלו, שבסופם החליט הקב"ה לגרש את האדם מגן עדן, נאמרו בהכרח **לפני** הבירור שערך הקב"ה עם האדם ואשתו. שכן, אם טרם החליט לגרשם מן הגן, אזי אין תוקף לעונש "בְּזֵעַת אַפֶּיךָ תֹּאכַל לֶחֶם", "אֲרוּרָה הָאֲדָמָה בַּעֲבוּרֶךָ", "וְקוֹץ וְדַרְדַּר תַּצְמִיחַ לָךְ", המתייחסים לאדמת העולם ולא לגן.

אלא כך הוא סדר הדברים: תחילה אכלו האדם ואשתו מעץ הדעת ונפקחו עיניהם, ואז אמר הקב"ה "הן האדם היה כאחד ממנו" והחליט לגרשם מן הגן. לאחר מכן התפנה לדבר עם האדם ואשתו ולהודיעם עונשם, ולבסוף עשה להם כותנות וגירש אותם בפועל.

יש טעם לסידור הדברים כפי שהם בכתוב. דרכה של תורה שאם התחיל הכתוב לעסוק בעניין מסוים או באישיות מסוימת הוא משלים אותו עד תומו, ורק לאחר מכן עובר לעניין אחר, גם אם הוא בחלקו קודם מבחינה כרונולוגית.

הקב"ה והשבת

וַיִּשְׁבֹּת בַּיּוֹם הַשְּׁבִיעִי מִכָּל מְלַאכְתּוֹ אֲשֶׁר עָשָׂה. (בראשית ב ב)

כבר הצבענו על כך שלא שייך מושג של זמן לגבי הקדוש ברוך הוא. אם כן, מה טעם האמירה שה' שבת ביום השביעי? וכי הקב"ה שבת למשך עשרים וארבע שעות, זמן שכלל אינו קיים לגביו?

נראה שלא בא אלא ללמדנו על יום השבת. כן דרשו חכמינו: "שהיה הקב"ה מביט בתורה ובורא את העולם" (בראשית רבה א א). הקב"ה ציווה על השבת לא מפני שהעולם נברא בשישה ימים ובשביעי הייתה לו מנוחה, אלא להפך – הוא ברא את העולם בשישה ימים ונח ב'יום' השביעי, כדי לצוות אותנו על השבת.

עץ החיים מחכה לאדם

וַיְגָרֶשׁ אֶת הָאָדָם, וַיַּשְׁכֵּן מִקֶּדֶם לְגַן עֵדֶן אֶת הַכְּרֻבִים וְאֵת לַהַט הַחֶרֶב הַמִּתְהַפֶּכֶת, לִשְׁמֹר אֶת דֶּרֶךְ עֵץ הַחַיִּים. (בראשית ג כד)

ההבנה המקובלת מסבירה את פסוקנו בדרך מאיימת, שהכרוב והחרב המוזכרים בפסוק הם מעין שומרים מסוכנים, שתפקידם להרחיק את האדם לבל יעז להתקרב לעץ החיים. אולם אם זו הייתה כוונת הפסוק, היה צריך לכתוב: "לשמור **על** דרך עץ החיים", ואילו בפועל כתוב: "לשמור **את** דרך עץ החיים", כמו "לִשְׁמֹר אֶת מִצְוֹת ה' אֱלֹהֵיכֶם" (דברים ד ב).[18] כלומר, משמעות הפסוק הפוכה לגמרי: תפקיד השליחים הללו לשמור שהדרך תמשיך להתקיים! 'לשמר את דרך עץ החיים' על מקומה, שלא יאבד האדם את הדרך חזרה אל עץ החיים. האדם גורש מגן עדן בעקבות החשש

---

[18] ישנן מקבילות רבות לאורך כל החומש (וראו גם דברי הימים א כב יב; ב לד לא), וכן "ואת אלעזר בנו קדשו – לשמור את ארון ה'" (שמואל א, ז א, וראו יחזקאל יז יד).

"פֶּן יִשְׁלַח יָדוֹ וְלָקַח גַּם מֵעֵץ הַחַיִּים", כי בעטיו של החטא הוא לא היה ראוי לאכול ממנו – אבל אם האדם יחזור בתשובה, ייטיב ויתקן את מעשיו, שמורה לו הדרך לחזור אל עץ החיים.

מה הם השומרים שבפסוקנו? "הַכְּרֻבִים" מרמזים על ארון הברית: "וְדִבַּרְתִּי אִתְּךָ מֵעַל הַכַּפֹּרֶת מִבֵּין שְׁנֵי **הַכְּרֻבִים**" (שמות כה כב) – שם נתונים לוחות הברית וספר התורה. ומהי החרב? לא נאמר כאן 'החרב הסובבת' כשומר הסובב ומקיף את מקום שמירתו, אלא "הַחֶרֶב הַמִּתְהַפֶּכֶת": רמז לאפשרות האדם לשוב בתשובה, 'להתהפך' ולהשתנות מרע לטוב ומרשע לצדיק, דוגמת דברי שמואל לשאול "וְצָלְחָה עָלֶיךָ רוּחַ ה'... וְנֶהְפַּכְתָּ לְאִישׁ אַחֵר" (שמואל א י ו) וכן בנבואה המפורסמת "כִּי אָז אֶהְפֹּךְ אֶל עַמִּים שָׂפָה בְרוּרָה, לִקְרֹא כֻלָּם בְּשֵׁם ה'" (צפניה ג ט).

צדקותו של למך

למך, אביו של נח, נפטר חמש שנים לפני המבול. כך עולה מהפסוק "וַיְחִי לֶמֶךְ אַחֲרֵי הוֹלִידוֹ אֶת נֹחַ חָמֵשׁ וְתִשְׁעִים שָׁנָה וַחֲמֵשׁ מֵאֹת שָׁנָה" (בראשית ה ל).

נראה שלמך היה צדיק, שכן שם שמים היה שגור בפיו: "וַיִּקְרָא אֶת שְׁמוֹ נֹחַ, לֵאמֹר: זֶה יְנַחֲמֵנוּ מִמַּעֲשֵׂנוּ וּמֵעִצְּבוֹן יָדֵינוּ מִן הָאֲדָמָה אֲשֶׁר אֵרְרָהּ ה'" (בראשית ה כט). כך גם נרמז בדברי ה' לנח: "אֹתְךָ רָאִיתִי צַדִּיק לְפָנַי בַּדּוֹר הַזֶּה" (בראשית ז א) – "בַּדּוֹר הַזֶּה" היינו לאחר פטירת למך, שהיה צדיק בדור הקודם לנח, אחרי שנפטר חנוך. אם כן, מדוע לא זכה למך הצדיק להאריך ימים כאבותיו – אדם, שת, אנוש, קינן, מהללאל, ירד, מתושלח – שחיו כתשע מאות שנה ויותר (למעט חנוך, שנלקח אל האֱלוֹהִים בעודו בן 365), ואילו למך חי שבע מאות ושבעים ושבע שנים בלבד?

זהו בדיוק העניין: דווקא מפני שהיה צדיק נפטר למך לפני המבול, כדי שלא יצטער במות שאר בניו ובנותיו. כך מצאנו באברהם, שמיד לאחר שנתבשר בברית בין הבתרים על שעבוד בניו, הבטיח לו הקב"ה: "וְאַתָּה תָּבוֹא אֶל אֲבֹתֶיךָ בְּשָׁלוֹם" (בראשית טו טו), שלא יראה בגלות זרעו. ייתכן שאת חמש השנים שלאחר מות אביו הקדיש נח לבניית התיבה.

נח דחה את נישואיו

לעומת בני דורו, לא הוליד נח עד גיל חמש מאות. אלה שחיו לפניו ילדו את בכוריהם בגיל צעיר יחסית: אדם הוליד את שת בגיל מאה ושלושים, שת הוליד את אנוש בגיל מאה וחמש, אנוש הוליד את קינן בגיל תשעים, קינן הוליד את מהללאל בגיל שבעים, מהללאל הוליד את ירד בגיל שישים וחמש, ירד הוליד את חנוך בגיל מאה שישים ושתיים, חנוך הוליד את מתושלח בגיל שישים וחמש, מתושלח הוליד את למך בגיל מאה שמונים ושבע, ולמך הוליד את נח בגיל מאה שמונים ושתיים. כולם הולידו במאה הראשונה או השנייה לחייהם, שנמשכו בממוצע כתשע מאות שנה – אך נח הוליד את ילדיו רק בגיל חמש מאות שנה, קרוב למחצית חייו.

מדוע איחר נח להוליד ילדים? מפני שהתעכב מלשאת אישה. מדוע התעכב מלשאת אישה? מפני שראה את בני דורו מנאפים וחוטאים בנשים, כפי שמרחיב המדרש לתאר את הזנות והפריצות של דור המבול.[19]

נח התרחק מלחטוא בנשים ושמר עצמו בקדושה, ולכן סיים הכתוב את הפרשה במילים: "וְנֹחַ מָצָא חֵן בְּעֵינֵי ה'" (בראשית ז ח), כאשר קודם קביעה זו מוזכרים חטאי דור המבול עם נשים (בראשית ז א-ב), כי זאת הסיבה שנח מצא חן בעיני ה'.

---

[19] ראו בראשית רבה כג ב, שם כו ה, מדרש תנחומא נח ה, שם יב.

פרשת נח

מהלך א: קץ כל בשר

אמירת הקב"ה "קֵץ כָּל בָּשָׂר בָּא לְפָנַי" (בראשית ו יג) אינה מובנת, לכאורה. הקץ עדיין לא הגיע, וכיצד ניתן לומר שהוא כבר בא? לכן נראה לנו ש"בא" הוא לשון הווה, והכוונה היא שהקץ בדרך. אולם נותרה השאלה: לשם מה נקטה התורה דימוי של קץ המגיע לפני הקב"ה?

נסביר את השאלה: בדרך כלל התנהגותו של האדם היא הבאה לפני הקב"ה, כפי שנאמר בסדום "הַכְּצַעֲקָתָהּ הַבָּאָה אֵלַי" (בראשית יח כא), ובנינוה "עָלְתָה רָעָתָם לְפָנָי" (יונה א ב), ובאיכה "תָּבֹא כָל רָעָתָם לְפָנֶיךָ" (איכה א כב). ואולם 'קץ' הוא פורענות הנגזרת על ידי ה' ובאה ממנו על בני האדם, כפי שקוננו הנביאים "בָּא הַקֵּץ אֶל־עַמִּי יִשְׂרָאֵל" (עמוס ח ב), וכן "קֵץ בָּא הַקֵּץ עַל־אַרְבַּע כַּנְפוֹת הָאָרֶץ" (יחזקאל ז ב). אם כן, מה פירוש "קֵץ כָּל בָּשָׂר בָּא לְפָנַי"?

לכן נראה לקרוא את הפסוק באופן אחר: "ויאמר אֱלוֹהִים לנח, קץ! כל בשר בא לפני". מבנה זה אינו זר בכתוב. הוא קיים בישעיהו: "קוֹל, צֹפַיִךְ נָשְׂאוּ קוֹל" (ישעיהו נב ח), ובירמיהו: "קוֹל, שְׁמוּעָה הִנֵּה בָאָה" (ירמיהו י כב), שעל כן 'באה' היא בלשון נקבה ומוסבת על 'שמועה' ולא על "קול". ניתן לקרוא כן גם פסוקים נוספים הפותחים במילה 'קול', כגון "קוֹל! דּוֹדִי הִנֵּה זֶה בָּא" (שיר השירים ב ח), ו"קוֹל! דְּמֵי אָחִיךָ צֹעֲקִים אֵלַי מִן הָאֲדָמָה" (בראשית ד י).

לפי פיסוק זה, משמעות המילה 'קץ' היא סוף! כליה! הקב"ה הודיע לנח שאיננו מוכן לשאת עוד את רעת האדם.

מהלך ב: דור המבול לעומת דור הפלגה

למה השמיד הקב"ה את דור המבול, ואילו רק פיזר את בוני מגדל בבל? הגם שהקב"ה כרת ברית עם יוצאי התיבה שלא יהיה עוד מבול לשחת הארץ, תנאי הברית לא היו מונעים סוג אחר של כליה לו רצה הקב"ה בכך.

1. לא כל באי-עולם היו בפלגה

לפחות שליש מהאנושות לא היה שותף למעשה דור הפלגה. התורה מפרטת את התפלגות צאצאי בני נח לעמים שונים, וכבר בעיון ראשון נבחין בהבדלים בין שלוש השושלות: בתום פירוט תולדות חם ושם, מסכם הכתוב: "אֵלֶּה בְנֵי חָם (וכן: בְּנֵי שֵׁם) לְמִשְׁפְּחֹתָם, לִלְשֹׁנֹתָם, בְּאַרְצֹתָם, בְּגוֹיֵהֶם" (בראשית י כ; בראשית י לא). כלומר, תחילה נחלקו בלשונותיהם, בהמשך נחלקו גם במקומות מושבותיהם, ולבסוף נתגבשו לגויים. ואילו אצל בני יפת הסדר הוא הפוך: תחילה נפרדו במקומות מושבותיהם, ורק לאחר מכן נחלקו בלשונם ובזהותם כגויים: "בְּנֵי יֶפֶת... בְּאַרְצֹתָם, אִישׁ לִלְשֹׁנוֹ, לְמִשְׁפְּחֹתָם בְּגוֹיֵהֶם" (בראשית י ב-ה). דהיינו, לפני בלבול השפות, כבר נפרדו בני יפת מבני שם וחם ולא היו שותפים בבניין המגדל. עובדה זו צמצמה את סכנת המרידה בה'.

לעומת זאת, בדור המבול הרוע התפשט בכל האנושות: "וַיַּרְא ה' כִּי רַבָּה רָעַת הָאָדָם בָּאָרֶץ וְכָל יֵצֶר מַחְשְׁבֹת לִבּוֹ רַק רַע כָּל הַיּוֹם" (בראשית ו ה). בתום הבריאה נכתב: "**וַיַּרְא** אֱלוֹהִים אֶת כָּל אֲשֶׁר עָשָׂה – **וְהִנֵּה** טוֹב מְאֹד" (בראשית א לא). לעומת זאת, לפני המבול באה מקבילה לשונית הפוכה: "**וַיַּרְא** אֱלוֹהִים אֶת הָאָרֶץ – **וְהִנֵּה** נִשְׁחָתָה" (בראשית ו יב). דור המבול סילף את הבריאה, ובמקום הטבה באה השחתה.

2. מגמת המגדל לא הייתה פסולה מעיקרה

על מנת להבין את סיפור המגדל עלינו לבחון את מטרת בנייתו. דור הפלגה נולד דורות ספורים אחרי דור המבול, ורישומן של אימת המבול ותמותת

בני האדם היה חקוק בתודעתו. מקובל לחשוב שלכן ביקשו אנשי הדור לבנות מגדל, כדי שיהיה להם מפלט במקרה של מבול נוסף. לכך גם נאמר: "וַתְּהִי לָהֶם הַלְּבֵנָה לְאָבֶן, וְהַחֵמָר הָיָה לָהֶם לַחֹמֶר" (בראשית יא ג) – אבן וחמר, שאינם מתפוררים במים. מסתבר שהרעיון לבנות מגדל בא להם מכך שהמבול כיסה את ההרים "אֲשֶׁר תַּחַת כָּל הַשָּׁמָיִם" (בראשית ז יט), אבל לא את ההרים הגבוהים, והוא הדין למגדל גבוה.

אולם לאמתו של דבר, נראה שלא חששו בני דור הפלגה ממבול שני, שהרי ה' הבטיח לנח שלא יביא עוד מבול על הארץ. לכן הם נימקו זה לזה את בניית המגדל בחשש "פֶּן נָפוּץ עַל פְּנֵי כָל הָאָרֶץ" (בראשית יא ד) ולא בפחד ממבול. מסתבר אחרת: דור הפלגה חשש משיטפונות הנהרות הגועשים של בבל, שדרכם להציף את הבקעות והשטחים הנמוכים, כאשר בני האדם נמלטים מהם לכל עבר. סכנת השיטפונות הייתה מוחשית בפרט בבקעה הרחבה שבו חיו בוני המגדל: "וַיִּמְצְאוּ בִקְעָה בְּאֶרֶץ שִׁנְעָר וַיֵּשְׁבוּ שָׁם" (שם ב), ולכן החליטו ליצור "עִיר וּמִגְדָּל וְרֹאשׁוֹ בַשָּׁמַיִם" (שם ד) שישמש להם מפלט משיטפונות. מגמה זו לא הייתה פסולה בעיקרה, אך הייתה טמונה בה סכנת הידרדרות.

3. ה' מנע את ההידרדרות ע"י פיזור אוכלוסין

רבים מתארים לעצמם את מגדל בבל כמגדל בודד החולש לבדו על סביבותיו. אך לא כן הוא: אנשי בבל תכננו את המגדל במרכזה של עיר שלמה, כדבריהם: "הָבָה נִבְנֶה לָּנוּ עִיר, וּמִגְדָּל וְרֹאשׁוֹ בַשָּׁמַיִם" (בראשית יא ד). תחילה העיר, ולאחר מכן המגדל. עם זאת, הם הקדימו בפועל את השלמת המגדל לבניית שאר מבני העיר, כי כאמור, המגדל נועד לשמש כמקלט מפני שיטפונות, ולכן היה בראש סדר עדיפויותיהם.

השלמת המגדל קדמה לבניין העיר: "וַיֵּרֶד ה' לִרְאֹת אֶת הָעִיר, וְאֶת הַמִּגְדָּל אֲשֶׁר בָּנוּ בְּנֵי הָאָדָם" (בראשית יא ה). המגדל כבר היה בנוי, אך על העיר לא נאמר כן, לפי שבנייתה טרם הסתיימה. כך משמע מהמשך הכתוב המספר: "וַיָּפֶץ ה' אֹתָם מִשָּׁם עַל פְּנֵי כָל הָאָרֶץ, וַיַּחְדְּלוּ לִבְנֹת הָעִיר" (שם ח), ולא נאמר שחדלו לבנות את המגדל, כי הוא כבר היה בנוי.

משתמע מכאן שבניית המגדל כשלעצמה לא הייתה מרידה כלפי מעלה,

שאם היה כן, לא היה הקב"ה מאפשר את השלמת הבנייה. מה היה חטאם של בוני המגדל? התורה מתארת כך את הדברים: "וְזֶה הַחִלָּם לַעֲשׂוֹת, וְעַתָּה לֹא יִבָּצֵר מֵהֶם כֹּל אֲשֶׁר יָזְמוּ לַעֲשׂוֹת" (בראשית יא ו).

מה יזמו לעשות? בתחילת הסיפור, כל הארץ היתה "שָׂפָה אֶחָת וּדְבָרִים אֲחָדִים" (בראשית יא א). מקובל לחשוב ש'שפה' ו'לשון' הם מושגים זהים, אך מלשון פרשתנו מוכח אחרת. התורה מבדילה ביניהן באופן הבולט לעין: בפירוט התפלגותם של צאצאי נח לעמים שונים משתמש הכתוב אך ורק במילה 'לשון' – "לִלְשֹׁנוֹ", "לִלְשֹׁנֹתָם", ושוב "לִלְשֹׁנֹתָם" (בראשית י ה, שם כ, שם לא). ואילו בסיפור מגדל בבל נעשה שימוש בלעדי במילה 'שפה' – "שָׂפָה", "וְשָׂפָה", "שְׂפָתָם", "שְׂפַת", ושוב "שְׂפַת" (בראשית יא א; שם ו; שם ז [שני אזכורים]; שם ט).

4. בלבול השפות

מקובל להניח שבמגדל בבל הקב"ה ערבב את לשון בני האדם עד שהאחד לא הבין את דברי השני, אך נראה שאין זאת כוונת הכתוב. בירושלמי נאמר שבני אותו דור הבינו שבעים לשון (לפי דעה אחת בירושלמי מגילה א ט), ולפי הסבר זה אי אפשר לומר שהקב"ה ערבב את שפתם במובן המקובל.

מהי "שפה אחת"? דעה אחת. לא לשונם של דור הפלגה הייתה אחידה לפני הפילוג, אלא דעתם הייתה כן. כך כתוב: "וַיְהִי כָל־הָאָרֶץ שָׂפָה אֶחָת" (בראשית יא א) ומיד ממשיכה התורה: "וּדְבָרִים אֲחָדִים" (שם), כי בני אותו דור היו מאוחדים בדעותיהם ומעשיהם. משמעות זו קיימת גם בנביא: "אָז אֶהְפֹּךְ אֶל עַמִּים שָׂפָה בְרוּרָה: לִקְרֹא כֻלָּם בְּשֵׁם ה', לְעָבְדוֹ שְׁכֶם אֶחָד" (צפניה ג ט, ורד"ק שם). בדור הפלגה נוצר מצב שהזמין הידרדרות חוזרת אל השחיתות שכבשה את העולם בדור המבול. כשסיימו אנשי בבל לבנות את המגדל הרגישו מוגנים מפני פורענות, ומשם – בשילוב אחידות הדעים ששררה ביניהם – הייתה הדרך קצרה לכל אשר יזמו לעשות. בהתאם לכך, הבעיה לא הייתה בבניית המגדל כשלעצמו, כי אם בפוטנציאל להידרדר שוב לדור שכולו רע. לא האחדות הייתה הבעיה אלא האידיאולוגיה של אחידות הדעים, תפיסה שלא סבלה חילוקי גישות.

כך נוכל להבין את המתואר בהמשך: "וַיֹּאמֶר ה', הֵן עַם אֶחָד וְשָׂפָה אַחַת לְכֻלָּם, וְזֶה הַחִלָּם לַעֲשׂוֹת, וְעַתָּה לֹא יִבָּצֵר מֵהֶם כֹּל אֲשֶׁר יָזְמוּ לַעֲשׂוֹת" (בראשית יא ז). אם הם מאוחדים בדעותיהם ונרתמים כולם למטרה אחת, אין מעצור לכל מזימה, ואפילו הקב"ה כביכול אינו יכול לעצור בעדם.[1] כך, במקום שהאחדות תוביל לחברה מתוקנת, נוצר פוטנציאל להידרדרות – בהשפעת הביטחון המופרז והיהירות שצמחו בעקבות בניית המגדל. אין התורה מספרת כיצד 'בָּלַל ה' שְׂפַת כָּל הָאָרֶץ" (שם ט), דהיינו דעותיהם, והטיל ביניהם מחלוקת, אך התוצאה ברורה. פרצו מחלוקות ולא יכלו תושבי המקום לסיים את בניית העיר, ולכן נפוצו משם. כך יש להבין את המדרש המובא ברש"י (שם ו): "זה שואל לבנה וזה מביא טיט, וזה עומד עליו ופוצע את מוחו": לא שהשני הביא לו טיט מפני שלא הבין מה הוא מבקש – אלא שהבין אבל חלק עליו וסבר שטיט עדיף.

הקב"ה הפיץ אותם על פני הארץ, ואחר כך הפסיקו לבנות את העיר. לכאורה הסדר אמור להיות הפוך: קודם הפסיקו לבנות ואחר כך התפזרו על פני כל הארץ. מה באמת קרה בעיר? לא היה מאורע ספציפי שגרם להפסקת הבנייה. אחרי שפרצו ביניהם מחלוקות, החלו תושבי המקום לעזוב את העיר. הנשארים ראו שחבריהם מתפזרים והעיר הולכת ומתרוקנת, וכאשר ראו שתחת רצונם "פֶּן נָפוּץ עַל פְּנֵי כָל הָאָרֶץ" (בראשית יא ד) מתקיים בהם "וַיָּפֶץ ה' אֹתָם מִשָּׁם עַל פְּנֵי כָל הָאָרֶץ" (שם ח), אז הפסיקו לבנות את העיר. כך נמנע מצב שהיה יכול להוביל לצורך בהשמדה חוזרת.

מהלך ג: תפנית בהנהגה האלוקית

וַיִּבֶן נֹחַ מִזְבֵּחַ לַה'... וַיַּעַל עֹלֹת בַּמִּזְבֵּחַ. וַיָּרַח ה' אֶת רֵיחַ הַנִּיחֹחַ, וַיֹּאמֶר ה' אֶל לִבּוֹ: לֹא אֹסִף לְקַלֵּל עוֹד אֶת הָאֲדָמָה בַּעֲבוּר הָאָדָם, כִּי יֵצֶר לֵב הָאָדָם רַע מִנְּעֻרָיו, וְלֹא אֹסִף עוֹד לְהַכּוֹת אֶת כָּל חַי כַּאֲשֶׁר עָשִׂיתִי. (בראשית ח כ-כא)

[1] כך דרשו חז"ל על הפסוק (הושע ד יז) "חֲבוּר עֲצַבִּים אֶפְרָיִם – הַנַּח לוֹ": ש"אמר המקום: כביכול איני יכול לשלוט בהן [ואפילו יהיו עובדי עצבים (=אלילים)], כיון ששלום ביניהם" (בראשית רבה לח). ואכן חז"ל דרשו על בני דור הפלגה ש"היו אוהבים זה את זה" (שם).

בניית המזבח והקרבת הקרבנות היו פרי יוזמתו של נח, שלא נצטווה על כך. אדרבה, "הַחֵפֶץ לה' בְּעֹלוֹת וּזְבָחִים כִּשְׁמֹעַ בְּקוֹל ה'?" (שמואל א, טו כב). ואם סבר נח שהקב"ה נתכוון לכך במה שצווה לו להכניס שבעה שבעה זוגות של הבהמות הטהורות לתיבה, הרי הקב"ה גילה לו מפורשות להפך, שרצונו "לְחַיּוֹת זֶרַע עַל פְּנֵי כָל הָאָרֶץ" (בראשית ז ג). היות שהבהמות הטהורות הן נטרפות ואינן טורפות, לכן ציווה הקב"ה להביא מהן שבעה זוגות אל התיבה, על מנת להבטיח שישרדו אחרי המבול.

לכן יש לתמוה על ריח הניחוח. האם בגלל דבר פעוט כזה חרץ ה' את גורל כל העולם לטובה, ובלעדיו לא היה עושה כן? לכן נראה ש"וַיָּרַח ה' אֶת רֵיחַ הַנִּיחֹחַ" לא נאמר לשבח אלא לגנאי; לא מתוך סיפוק אלא מתוך ביקורת.

הביטוי "וַיָּרַח ה'" אינו בעל משמעות חיובית או שלילית כשלעצמו. כך היא דרכה של תורה, לכתוב לפי מידת השגת האדם: במה שהאדם יכול לראות התורה תכתוב שה' רואה, ובמה שהאדם יכול לשמוע התורה תכתוב שה' שומע, ובמה שהאדם יכול להריח התורה תכתוב שה' מריח – ובכל המקרים הללו לא באה התורה לקבוע אלא שהקב"ה שם לב לדבר (גם 'שימת לב' היא מליצה). ממילא, בענייננו לא מדובר בהכרח על קורת רוח, כי תשומת לב ה' יכולה להיות גם ביקורתית.

לכן נראה שמשמעות הפסוק "וַיָּרַח ה' אֶת רֵיחַ הַנִּיחֹחַ" שונה בתכלית ממה שמקובל לחשוב. אין הכוונה שהקב"ה קיבל את קורבנות נח ברצון, אלא להפך: דווקא בגלל שמעשה ההקרבה היה בלתי רצוי לפניו, אמר הקב"ה: "כִּי יֵצֶר לֵב הָאָדָם רַע מִנְּעֻרָיו". לאמור, הרי ציוויתי את אדם הראשון שלא לאכול מעץ הדעת – אך הוא עבר על הציווי; עתה ציוויתי את נח להביא לתיבה שבעה זוגות מכל מין טהור כדי להפיצם בכל הארץ לאחר המבול – אך הוא עבר על הציווי והקריב מהם קרבנות, מה שלא ביקשתי. אלא, הנח להם לבני האדם, שיצרם בלתי נשלט – אפילו הטובים שבהם. לכן אמר הקב"ה: "לא אוסיף לקלל עוד את האדמה בעבור האדם, ולא אוסיף עוד להכות כל חי", כי קללת האדמה והכאת כל חי אשר עליה לא תשיג דבר.

אנו עדים כאן לתפנית מכרעת בהנהגת הקב"ה את עולמו: מעתה, התקדמותה

של האנושות לא תבוא עוד בדרך של השמדת הרשעים וריבוי הטובים, אלא על ידי התעלותו של האדם כפי שהוא, על מגרעותיו וחסרונותיו, באמצעות שינוי דרכיו והטבתן. ומכאן הדרך סלולה למתן התורה על הר סיני: "בראתי יצר הרע – בראתי לו תורה תבלין" (קידושין ל ב).

מהלך ד: צדיק הוא מי שמכיר בחטאו

וַיָּחֶל נֹחַ... וַיִּטַּע כָּרֶם. וַיֵּשְׁתְּ מִן הַיַּיִן וַיִּשְׁכָּר, וַיִּתְגַּל בְּתוֹךְ אָהֳלֹה. (בראשית ט כ-כא)

לאור היכרותנו את נח כאיש צדיק, מעשה ההשתכרות הינו מתמיה. הייתכן שאדם כזה, המשתכר מרוב יין ומתגולל בביזיון לעיני בנו, ראוי להיקרא צדיק?

בהחלט כן. הכתוב בקהלת מלמדנו: "כִּי אָדָם אֵין צַדִּיק בָּאָרֶץ, אֲשֶׁר יַעֲשֶׂה טּוֹב וְלֹא יֶחֱטָא" (קהלת ז כ).[2] צדיק אינו מי שאינו חוטא כלל, אלא מי שמכיר בחטאו ושב בתשובה. כך מסופר על נח: "וַיִּיקֶץ נֹחַ מִיֵּינוֹ, וַיֵּדַע אֵת אֲשֶׁר עָשָׂה לוֹ בְּנוֹ הַקָּטָן" (בראשית ט כד). כיצד ידע? נח רצה לדעת. צדיק הוא מי שמכיר במגרעותיו ומשתדל לתקנן.

גדולתו של נח מודגשת עוד יותר בהשוואה למעשה הדומה להפליא, שאירע ללוט בידי בנותיו בשני לילות רצופים. לגבי שתיהן הכתוב מספר שלוט "לֹא יָדַע בְּשִׁכְבָהּ וּבְקוּמָהּ" (בראשית יט לג, וכן לה). לוט לא ידע, מפני שלא רצה לדעת. הוא חשב שהוא צדיק, והרי צדיקים – לפי דעתו – אינם עושים מעשים כאלה! ומפני שלא הכיר בחטאו בבתו הבכירה, חטא גם בצעירה.

רבים הם צדיקים כלוט, מעטים צדיקים כנח.

---

[2] לכאורה המילה 'צדיק' בפסוק זה מיותרת, והיה די לומר "כי אדם אין בארץ וכו'" ומדוע נוסף 'צדיק'? כדי שלא נטעה שהפסוק עוסק רק באנשים רגילים ואילו צדיקים אינם חוטאים כלל. (ראו שבת נה ב, שרק ארבעה אנשים בכל תולדות האנושות לא חטאו בעצמם, ומתו רק "בעטיו של נחש").

חיבה יתירה לפרשת נח

צדקותו של נח

סבי זצ"ל פירש כך את תמימותו של נח: המילה 'צַדִּיק' מורה על דברים שבין אדם לחברו, כפי שאמר אברהם בפרשת סדום: "אוּלַי יֵשׁ חֲמִשִּׁים צַדִּיקִם בְּתוֹךְ הָעִיר" (בראשית יח כד),[3] ו'תמים' מורה על דברים שבין אדם למקום, כפי שנאמר לאברהם: "הִתְהַלֵּךְ לְפָנַי וֶהְיֵה תָמִים" (בראשית יז א), וכן "תָּמִים תִּהְיֶה עִם ה' אֱלֹקֶיךָ" (דברים יח יג). לפי זה, "אֶת הָאֱלוֹהִים הִתְהַלֶּךְ נֹחַ" (בראשית ו ט) היא הגדרה כללית מסכמת. כך או כך, נח היה שלם בצדקותו, צדיק יחיד בעולם מרושע, ואיתן בדרכו.

למה נאמר "בְּדֹרֹתָיו" בלשון רבים? לשאלה זו השיב סבי, שהכתוב בא לספר בשבחו של נח. בכל אחד מדורותיו התבלט נח לטובה בהשוואה לאנשי אותו הדור: בדור המבול, כשהיו רעים לבריות כפי שמעיד הפסוק "וַתִּמָּלֵא הָאָרֶץ חָמָס" (בראשית ו יא), היה נח צדיק לבריות; ובדור הפלגה, כשהיו רעים לשמים כדברי הכתוב "נִבְנֶה לָּנוּ עִיר וּמִגְדָּל וְרֹאשׁוֹ בַשָּׁמַיִם" (בראשית יא ד), היה נח תמים לשמים. ואכן, רב אחד מבאי מניינו מצא ש"בְּדֹרֹתָיו" עולה בגימטריה כמניין "דר המבול ודר הפלגה" (620) בדיוק! לכן לקראת המבול אמר הקב"ה לנח: "כִּי אֹתְךָ רָאִיתִי צַדִּיק לְפָנַי בַּדּוֹר הַזֶּה" (בראשית ז א) – 'צדיק' דווקא בדור הזה של המבול. ולא הזכיר 'תמים', כי בדור המבול התבלט נח בהיותו צדיק לבריות.

~

עשה לך תיבת

עֲשֵׂה לְךָ תֵּבַת עֲצֵי גֹפֶר. (בראשית ו יד)

"עֲשֵׂה **לְךָ**", ולא על ידי עבדים ופועלים.

~

---

[3] וכן אנו מוצאים בפרשת כי תצא, ש'צדיק' הוא בין אדם לחברו – "כי יהיה ריב בין אנשים, ונגשו אל המשפט ושפטום - והצדיקו את הצדיק והרשיעו את הרשע" (דברים כה א).

השוואה למשכן ולבית הבחירה

וְזֶה אֲשֶׁר תַּעֲשֶׂה אֹתָהּ: שְׁלֹשׁ מֵאוֹת אַמָּה אֹרֶךְ הַתֵּבָה... (בראשית ו טו)

מעבר להצלת האנושות ובעלי החיים, שימשה התיבה גם להשראת השכינה, בדומה למשכן ולבית המקדש בזמנם. עובדה זו נלמדת מפרטים מקבילים:

ראשית, לשון זהה לזו שנאמרה בתיבה, "וְזֶה אֲשֶׁר תַּעֲשֶׂה אֹתָהּ" (בראשית ו טו), אנו מוצאים במשכן – "וְזֶה אֲשֶׁר תַּעֲשֶׂה עַל הַמִּזְבֵּחַ" (שמות כט לח). דמיון זה מצטרף לעובדה שבכל התנ"ך כולו יש שלושה מבנים בלבד שמסר לנו הכתוב את מידותיהם המדויקות: תיבת נח, אהל מועד ובית המקדש. עובדה זו רומזת לקשר בין שלושת המבנים הללו.

קשר זה יודגש עוד יותר אם ניתן את לבנו לכך שכפי שנצטווה משה במשכן ובמקדש, גם בבניית התיבה נצטווה נח שלא להוסיף ולא לגרוע מהמידות שנמסרו לו; לכן נאמר בסיום בניית התיבה: "וַיַּעַשׂ נֹחַ כְּכֹל אֲשֶׁר צִוָּה אֹתוֹ אֱלוֹהִים, כֵּן עָשָׂה" (בראשית ו כב), לשון הדומה להפליא לזו שנאמרה בסיום בניית המשכן: "וַיַּעַשׂ מֹשֶׁה כְּכֹל אֲשֶׁר צִוָּה ה' אֹתוֹ, כֵּן עָשָׂה" (שמות מ טז).

מדוע לא מתו הדגים

כֹּל אֲשֶׁר בָּאָרֶץ יִגְוָע. (בראשית ו יז)

יש לדייק בפסוק זה, שדווקא "כל אשר בארץ" – כלומר ביבשה – יגווע, אך דגי הים לא ייפגעו במבול. כך דרשו חז"ל, אם כי מפסוק אחר: "לא נגזרה גזירה על דגים שבים, שנאמר: מִכֹּל אֲשֶׁר בֶּחָרָבָה מֵתוּ – ולא דגים שבים" (זבחים קיג ב).

מדוע לא השחית הקב"ה את יצורי המים? התשובה לשאלה זו חושפת אפשרות הרת גורל שהייתה כמוסה באירועי המבול: רק האדם וכל אשר על האדמה שעליה הוא חי, היו עלולים להיכלות מן העולם. שלוש פעמים לקראת המבול מספר הכתוב על רעת האדם, ובכל פעם התורה תולה את הקלקול בארץ: "וַיַּרְא ה' כִּי רַבָּה רָעַת הָאָדָם בָּאָרֶץ" (בראשית ו ה), "וַיִּנָּחֶם ה' כִּי עָשָׂה אֶת הָאָדָם בָּאָרֶץ" (שם ו), "כִּי הִשְׁחִית כָּל בָּשָׂר אֶת דַּרְכּוֹ עַל הָאָרֶץ" (שם יב). הארץ הייתה שותפה לרעת האדם,

ואילו היה נח חוטא ומושמד יחד עם שאר החי שבתיבה, היה הקב"ה יוצר בריה משכלת במקומו מיצורי המים שאינם "עָפָר מִן הָאֲדָמָה" (בראשית ב ז). לכן הקב"ה לא השחית את יצורי הים.

ללא ריבוי נשים

וְשֵׁם וְחָם וָיֶפֶת בְּנֵי נֹחַ... וּשְׁלֹשֶׁת נְשֵׁי בָנָיו. (בראשית ז יג)

הכתוב לא הסתפק באמירה "ונשי בניו" אלא פירט שהיו שלוש, כדי לספר בשבחם של שם חם ויפת. בניגוד לפריצות שרווחה אז ולריבוי הנשים שהיה נהוג באותו דור – כתיאור הכתוב "וַיִּקְחוּ לָהֶם נָשִׁים מִכֹּל אֲשֶׁר בָּחָרוּ" (בראשית ו ב) – נהגו בני נח כאביהם ונשאו כל אחד אישה אחת בלבד. המונוגמיה היא צורת המשפחה שהתורה מבקשת להעמיד בפנינו.

את מה כיסה המבול?

וְהַמַּיִם גָּבְרוּ... וַיְכֻסּוּ כָּל הֶהָרִים הַגְּבֹהִים אֲשֶׁר תַּחַת כָּל הַשָּׁמָיִם. (בראשית ז יט)

בהסתכלות ראשונה במסופר בפסוק, נראה שהארץ כולה כוסתה מים, ללא שטח שנשאר יבש. אמנם חז"ל למדונו ש"אין ריבוי אחר ריבוי אלא למעט" (בבא קמא מה ב). בפסוקנו מופיעה המילה "כל" פעמיים, שהוא ריבוי אחר ריבוי. אם כן, מכאן סמך לדעה שהמבול לא כיסה את ארץ ישראל (זבחים קיג א).

ר' יוחנן למד זאת מהפסוק "...אֶרֶץ לֹא מְטֹהָרָה הִיא לֹא גֻשְׁמָהּ בְּיוֹם זָעַם" (יחזקאל כב כד). אמנם ניתן לדייק כן גם לפי פשט הלשון: הביטוי "תַּחַת כָּל הַשָּׁמָיִם" מלמד שהמים כיסו את ההרים שגובהם בינוני, דהיינו אלה שכל השמים מעליהם, אבל לא את פסגות ההרים שראשם נמצא 'בתוך' השמים כלומר בעננים. קביעה זו עולה גם מדיוק נוסף, ש"אֲשֶׁר תַּחַת כָּל הַשָּׁמָיִם" מדבר בהרים רגילים שבכל מקום, אבל לא בהרים גבוהים במיוחד, כאלה שנמצאים רק באזורים מסוימים.

הזרעים לא הושחתו

מִכֹּל אֲשֶׁר בֶּחָרָבָה – מֵתוּ. (בראשית ז כב)

הכתוב אינו אומר "כל אשר בחרבה", אלא "מִכֹּל", כי זרעי הצמחים לא הושחתו, ומהם חזרה הצמחייה לאחר המבול.. זאת מלבד העצים, שגם הם שרדו, כפי שמוכח מעלה הזית שהביאה היונה.

מקובל לפרש "חָרָבָה" בתור 'יַבשה', אך נראה שמשמעות ביטוי זה בפרשתנו היא גם שטח שנחרב במים. וכן הם דברי הנביא על חורבן העיר צור: "בְּתִתִּי אֹתָךְ עִיר נֶחֱרֶבֶת... וְכִסּוּךְ הַמַּיִם הָרַבִּים" (יחזקאל כו יט).

'הלוך ושוב' – כאדם ההולך בדרך

וַיָּשֻׁבוּ הַמַּיִם מֵעַל הָאָרֶץ הָלוֹךְ וָשׁוֹב. (בראשית ח ג)

משמעות "הָלוֹךְ וָשׁוֹב" היא כאדם ההולך בדרך, שקצב הליכתו קבוע והמרחק שבין פסיעה לפסיעה אינו משתנה. בביטוי זה מורה הכתוב שהמים ירדו מעל הארץ בקצב אחיד, בכמות קבועה מדי יום ויום, ולא שבתחילה ירד המפלס במהירות ואחר כך לאט, או להפך.

נתון זה מאפשר לנו לערוך חישובים בעניין גובה המים וגובה ההרים, כפי שמצוי בבראשית רבה (פרשה לג) וכן ברש"י (בראשית ח ג-ה).

עלה זית – כדי לבנות קן

וַתָּבֹא אֵלָיו הַיּוֹנָה לְעֵת עֶרֶב, וְהִנֵּה עֲלֵה זַיִת טָרָף בְּפִיהָ. (בראשית ח יא)

פירוש "עֲלֵה זַיִת" הוא ענף נושא עלים, כמו "וְהָבִיאוּ עֲלֵי זַיִת... לַעֲשֹׂת סֻכֹּת" (נחמיה ח טו), שם הביאו ענפים לסכך. אך לשם מה טרפה היונה עלה זית בפיה? לא למאכל, כי עלי ועצי זית אינם מזון ליונים – כי אם על מנת לבנות קן. בתחילה חשבה היונה לקנן בתיבה, כי בחוץ עוד לא יבשו המים. כשיבשו יותר, לאחר שבעה ימים – לא חזרה עוד היונה לתיבה. מכל מקום, נסיונה לבנות קן בישרה את חידוש כוח ההולדה,

שנעצר במבול. בבוא נח ומשפחתו לתיבה נאסר עליהם תשמיש המיטה, וגם בעלי החיים פסקו מתשמיש (רש"י ח א, שם יז), ולכן כשראה נח שהיונה בונה קן ידע שהגזירה בטלה. דבר זה סימן לנח שכבר פסקה השחתת הארץ, כפי שמסיים הכתוב: "וַיֵּדַע נֹחַ כִּי קַלּוּ הַמַּיִם מֵעַל הָאָרֶץ" (בראשית ח יא).

היציאה מן התיבה

צֵא מִן הַתֵּבָה אַתָּה וְאִשְׁתְּךָ וּבָנֶיךָ וּנְשֵׁי בָנֶיךָ אִתָּךְ. (בראשית ח טז)

אין הכוונה שנח לא יצא מהתיבה לפני ציווי זה, כי מכסה התיבה כבר הוסר על ידו כחודשיים לפני כן, ומסתבר שמאז שנפתח המכסה היו נח ומשפחתו יוצאים ממנה ביום וחוזרים ללון בה בלילה. אלא שכעת ציווה הקב"ה לנטוש את התיבה סופית.

זלזל באשתו – נתבזה מבנו

בספר בראשית אנו מוצאים כמה מקרים בהם הזלזול מילא תפקיד מרכזי לרוע. בעקבות השתכרותו של נח, כאשר חם הביט בערוות אביו והציע לאחיו להביט אף הם, קילל נח את זרעו של חם. הכתוב אינו מספר לנו מה בדיוק עשה חם שהצדיק קללה שכזו. דעה אחת בחז"ל אומרת שחם בא על נח אביו (סנהדרין ע א). אמנם, גם אם כל מה שעשה חם היה לצפות בשלוות נפש בערוות אביו, ולהזמין את אחיו לחזות במראה, הרי שיש בכך משום חוסר כבוד משווע. מה הביא את חם לכך?

יש ייתור לשון בפסוק הפותח של הפרשה – "וַיִּהְיוּ בְנֵי נֹחַ הַיֹּצְאִים מִן הַתֵּבָה שֵׁם וְחָם וָיָפֶת" (בראשית ט יח). והלוא אנו יודעים שהם אלה שיצאו מן התיבה? ככל הנראה באות מילים אלה לקשור בין היציאה מן התיבה לבין המסופר לאחר מכן. ה' ציווה את נח: "צֵא מִן הַתֵּבָה אַתָּה וְאִשְׁתְּךָ וּבָנֶיךָ וּנְשֵׁי בָנֶיךָ אִתָּךְ" (בראשית ח טז), כאשר אשת נח מוזכרת לפני בניו. אך נח עשה ההפך: "וַיֵּצֵא נֹחַ וּבָנָיו וְאִשְׁתּוֹ וּנְשֵׁי בָנָיו אִתּוֹ" (שם יח). הוא הקדים את בניו לאשתו. חם למד מהתנהגותו של אביו: נח זלזל באשתו, וחם זלזל בו.

נטילת נפש של רוצח

שֹׁפֵךְ דַּם הָאָדָם בָּאָדָם דָּמוֹ יִשָּׁפֵךְ, כִּי בְּצֶלֶם אֱלוֹהִים עָשָׂה אֶת הָאָדָם. (בראשית ט ו)

פסוק זה קובע את עונשו של הרוצח: "בָּאָדָם דָּמוֹ יִשָּׁפֵךְ". וכדי שלא נתמה כיצד רשאי בית דינו של בשר ודם להוציא אדם להורג אף אם הוא רוצח, מסיים הפסוק: "כִּי בְּצֶלֶם אֱלוֹהִים עָשָׂה אֶת הָאָדָם"; כפי שאֱלוֹהִים בשמים נוטל נשמות בדין, כך גם האדם שנברא בצלמו נוטל את נשמת הרוצח.

זכותם של בני נח

וַהֲקִמֹתִי אֶת בְּרִיתִי אִתְּכֶם... וְלֹא יִהְיֶה עוֹד מַבּוּל לְשַׁחֵת הָאָרֶץ. (בראשית ט יא)

בפסוקים אלה, בהם כרת הקב"ה ברית עם בני האדם, חוזרת המילה 'ברית' על צורותיה השונות שבע פעמים, כנגד שבע מצוות בני נח. ללמדנו שהברית היא דו-צדדית: מצד אחד הודיע הקב"ה שלא יביא עוד מבול על העולם, ומצד שני נתחייבו נח ובניו בקיום שבע המצוות.

על זכותם של בני נח בתיבה אנו לומדים ממה שנאמר בכניסה לתיבה: "וַהֲקִמֹתִי אֶת בְּרִיתִי **אִתָּךְ**" (בראשית ו יח), לנח לבדו, ואילו כאן נאמר "וַהֲקִמֹתִי אֶת בְּרִיתִי **אִתְּכֶם**", לשון רבים – כי בני נח נכנסו לתיבה בזכות אביהם, אבל יצאו בשלום ממנה בזכות עצמם.

קשת כסימן ברכה

אֶת קַשְׁתִּי נָתַתִּי בֶּעָנָן, וְהָיְתָה לְאוֹת בְּרִית בֵּינִי וּבֵין הָאָרֶץ. (בראשית ט יג)

הקשת – כלי מלחמה – נהפכה לאות של שלום, על מנת לסמן שהגשמים ומי מעיינות התהום, שהיו קללה במבול, יהיו מעתה לברכה.

דרך ארץ וכיבוד הורים

> וַיִּקַּח תֶּרַח אֶת אַבְרָם בְּנוֹ, וְאֶת לוֹט בֶּן הָרָן בֶּן בְּנוֹ וְאֵת שָׂרַי כַּלָּתוֹ אֵשֶׁת אַבְרָם בְּנוֹ, וַיֵּצְאוּ אִתָּם מֵאוּר כַּשְׂדִּים, לָלֶכֶת אַרְצָה כְּנַעַן. (בראשית יא לא)

אברהם יזם את היציאה מאור כשדים, כפי שאנו למדים מהמסופר בתחילת פרשת לך לך. אך בפסוקנו נאמר להפך – שתרח לקח את אברהם. הכתוב מלמדנו שיעור בכיבוד הורים: אין זו דרך ארץ לכתוב שהבן מוביל את אביו. ובנוסף, פרשת נח עוסקת בסופה בתולדות תרח, ולכן התמקד הכתוב בו ולא באברהם. מכל מקום, רמז הכתוב על דיוקן של עובדות במילים "ויצאו אתם" – ולא 'אתו' שפירושו עם תרח, כי גם אברהם הוביל.

פרשת לך לך

מהלך א: תנודות בינלאומיות בימי אברהם

התורה אינה ספר היסטוריה. עם זאת, קריאה בין השיטין בסיפורי התורה חושפת פרטים של החיים במזרח התיכון בעת העתיקה – ואלה, מצִדם, מסוגלים להאיר גם את צעדי האבות.

בתחילת הפרשה נאמר: "וַיַּעֲבֹר אַבְרָם בָּאָרֶץ עַד מְקוֹם שְׁכֶם עַד אֵלוֹן מוֹרֶה, וְהַכְּנַעֲנִי אָז בָּאָרֶץ" (בראשית יב ו). מי ישב בארץ? הכנעני. לאחר מכן ירד אברהם למצרים, ובשובו משם נאמר: "וְהַכְּנַעֲנִי וְהַפְּרִזִּי אָז יֹשֵׁב בָּאָרֶץ" (בראשית יג ז) – בפרק הזמן הקצר שבין ירידת אברהם למצרים לבין עלייתו משם, הגיע לארץ גם הפריזי. הייתה זו תקופה של נדודי עמים, והארץ נכבשה ונתיישבה מחדש: תחילה הגיעו הכנענים, לאחר מכן הפריזים, ובהמשך התפלגו ונוספו שאר עמי הארץ מגזע הכנעני המוכרים לנו: "וּכְנַעַן יָלַד אֶת... חֵת, וְאֶת הַיְבוּסִי וְאֶת הָאֱמֹרִי וְאֵת הַגִּרְגָּשִׁי, וְאֶת הַחִוִּי... וְאַחַר נָפֹצוּ מִשְׁפְּחוֹת הַכְּנַעֲנִי" (בראשית י טו-יח). מוזכרים בין בני כנען גם עמים נוספים שנדדו לארצות אחרות.

אין להניח שתהליך התיישבות רחב היקף כזה היה רצוף שלום ושלווה. לפני הופעת הכנענים ישבו בארץ עמים ותיקים יותר, ואלו השתעבדו או סולקו על ידי הפולשים. טבעי, על כן, שאברהם ינקוט באמצעי זהירות בבואו להתיישב בארץ: "וַיְהִי רִיב בֵּין רֹעֵי מִקְנֵה אַבְרָם וּבֵין רֹעֵי מִקְנֵה לוֹט – וְהַכְּנַעֲנִי וְהַפְּרִזִּי אָז יֹשֵׁב בָּאָרֶץ. וַיֹּאמֶר אַבְרָם אֶל לוֹט, אַל נָא תְהִי

מְרִיבָה בֵּינִי וּבֵינֶיךָ וּבֵין רֹעַי וּבֵין רֹעֶיךָ" (בראשית יג ז-ח). עת תהפוכות עמים אינה הזמן הנכון לחיכוכים תוך-משפחתיים, המחלישים את שני הצדדים ועלולים לסכן אותם בבחינת 'פירצה קוראת לגנב'. מריבות כאלו עלולות למשוך תשומת לב לא-רצויה מצד העמים השכנים. כדי למנוע זאת, הציע אברהם ללוט פתרון בדמות "הֲלֹא כָל הָאָרֶץ לְפָנֶיךָ, הִפָּרֶד נָא מֵעָלָי, אִם הַשְּׂמֹאל וְאֵימִנָה וְאִם הַיָּמִין וְאַשְׂמְאִילָה" (שם ט).

בציור זה של נדודי עמים יש גם כדי להאיר פרשייה עמומה המופיעה בפרשתנו. הכתוב מספר על מלכי סדום, עמורה וערים נוספות: "שְׁתֵּים עֶשְׂרֵה שָׁנָה עָבְדוּ אֶת כְּדָרְלָעֹמֶר, וּשְׁלֹשׁ עֶשְׂרֵה שָׁנָה מָרָדוּ" (בראשית יד ד) – מרדו בכדרלעומר, מלך עילם. אך מה עניינן של ערי כיכר הירדן שבארץ כנען להשתעבד למלכי עילם וחבל שנער, השוכנים הרחק משם, סמוך לבבל? ייתכן שנוכח פלישת העמים הכנענים שכבשו את ההר ואיימו על הערים הוותיקות יותר שהיו בכיכר הירדן, הייתה סיבה טובה לערי הכיכר לכרות ברית עם שליטים מרחוק, ולשלם להם מיסים תמורת הגנתן.

אמנם, נראה להציע הסבר פשוט יותר, הכורך יחד את כל הפרשה. תושבי ערי הכיכר עצמם באו מאכד, מעילם ומשנער, ונשארו כפופים לשליטיהם המקוריים. הם היגרו לארץ כנען, יסדו שם מושבות אכדיות ושמרו אמונים לערי מוצאם – עד שבסופו של דבר ניתקו את הקשר ומרדו. דבר זה מסביר מדוע מכל יושבי הארץ רק הם עבדו את כדרלעומר, ולמה יצא כדרלעומר למלחמה רק נגדם ולא נגד הכנענים והפריזים שכניהם? אמנם מסופר שכדרלעמר היכה שישה עמים נוספים – אך אלה היו בנתיב מסעו ועמדו בדרכו. לא הייתה לכדרלעומר ובני בריתו עילה להשתלט על יושבי כנען המרוחקים שמעולם לא היו כפופים לו. עם מרד הערים שבכיכר הירדן, לעומת זאת, לא היה מוכן להשלים, שהרי תושבי ערים אלה היו נתיניו מאז ומתמיד.

רגילים אנו לצייר את אברהם כנוסע בודד, הצועד דרך רחוקה לבדו עם בני ביתו ורכושם – ולא היא. אותה תקופה הייתה עידן של נדודי-עמים רבים, ובתוך הבאים הגיע גם אברהם לארץ כנען, נפעם על ידי הצו האלוהי ובעל תודעה השונה בתכלית מזו של שאר המהגרים. ואם כנים הדברים, נלמד מהם ניגוד מאלף: אברהם בא מאור כשדים לארץ כנען

לייסד עם שיחרוט על דגלו את "דֶּרֶךְ ה', לַעֲשׂוֹת צְדָקָה וּמִשְׁפָּט" (בראשית יח יט), אך שכניו משנער ועילם, שהיגרו זה לא מכבר אל אותו חבל ארץ, ייסדו בכיכר הירדן את סדום ועמורה המושחתות עלי אדמות. אכן, לא המקום או הגזע האנושי גורם!

מהלך ב: מבט מפוכח על עתידו של אברהם

אֶל הָאָרֶץ אֲשֶׁר אַרְאֶךָּ. (בראשית יב א)

וכי הוצרך אברהם שה' יראה לו את הארץ? כנען הייתה ארץ ידועה, וכדרלעמר ובני בריתו מבבל שלטו בערי הכיכר שתיים עשרה שנה. בוודאי שילמו ערי הכיכר מסים, והיו שם מנגנוני דיווח ופיקוח. אין להניח שבבבל לא הכירו את ארץ כנען.

בצאתו מאור כשדים ידע אברהם לאן פניו מיועדות, כפי שנאמר בסוף הפרשה הקודמת: "וַיֵּצְאוּ אִתָּם מֵאוּר כַּשְׂדִּים, לָלֶכֶת אַרְצָה כְּנַעַן". ידיעה זו של יעד המסע מודגשת ביתר שאת בפרשתנו: "וַיִּקַּח אַבְרָם אֶת שָׂרַי אִשְׁתּוֹ... וַיֵּצְאוּ לָלֶכֶת אַרְצָה כְּנַעַן וַיָּבֹאוּ אַרְצָה כְּנָעַן" (בראשית יב ה). פסוקנו יוצר הקְבָלה בין יציאתם לבואם: כשם שאברהם ושרה ידעו מהיכן הם יוצאים – מאור כשדים – כך ידעו להיכן הם באים: לארץ כנען. הביטוי "אֶל הָאָרֶץ אֲשֶׁר אַרְאֶךָּ" אינו עוסק בהכוונה גיאוגרפית אלא במבט ערכי.

אברהם נשלח ע"י הקב"ה אל ארץ כנען כדי לייסד עם על בסיס צדק ומשפט: "כִּי יְדַעְתִּיו לְמַעַן אֲשֶׁר יְצַוֶּה אֶת בָּנָיו וְאֶת בֵּיתוֹ אַחֲרָיו וְשָׁמְרוּ דֶּרֶךְ ה' לַעֲשׂוֹת צְדָקָה וּמִשְׁפָּט לְמַעַן הָבִיא ה' עַל אַבְרָהָם אֵת אֲשֶׁר דִּבֶּר עָלָיו" (בראשית יח יט). לכן הקב"ה ציווהו לראות את הארץ ויושביה לאור שליחות זו.

גם כאן מסתתרת תמונה מפוכחת של העתיד הממתין לאברהם אבינו, ואת זאת לא הסתיר ה': "וַאֲבָרְכָה מְבָרְכֶיךָ וּמְקַלֶּלְךָ אָאֹר וְנִבְרְכוּ בְךָ כֹּל מִשְׁפְּחֹת הָאֲדָמָה" (בראשית יב ג). אכן יהיו לו מקללים, והם יתברכו מאברהם אבינו אך הוא לא יתברך מהם, אף לא בשעה שהם מתברכים ממנו. צפויות לו קללות והצקות אך אברהם מצווה להטיב לשכניו, ולכן

אמר לו הקב"ה "והיה ברכה". שכניך יקללוך, אך עליך להחזיר טובה תחת רעה ולברכם, והוא קידוש השם. כן הוא בכל הדורות, שיהודים מביאים ברכה בכל ארצות פזוריהם, ואינם אלא שנואים בעבור זאת.

מהלך ג: אמונת האבות ואמונת הכנענים

מעט מאד נאמר בתורה על דרכו של אברהם אבינו בעבודת ה'. הוא אכן בנה מזבחות לה' (בראשית יב ח-ט; שם יג יח; שם כב ט), ושאלתו התמימה של יצחק בדרך לעקדה: "הִנֵּה הָאֵשׁ וְהָעֵצִים, וְאַיֵּה הַשֶּׂה לְעֹלָה?" (בראשית כב ז) מעידה על כך שגם הבן, כאביו, הכיר היטב את עבודת הקרבנות – אך מעבר לכך אין התורה מרחיבה הרבה. איננו יודעים, לדוגמא, האם האבות הקריבו קורבנות לעיתים קבועות במחזור השנה. כמו כן לא נודע לנו תוכן הקריאות שקראו אברהם ויצחק בשם ה' (בראשית יב ח; שם יג ד; שם כא לג; שם כו כה). קריאות אלו נלוו בדרך כלל לבניית מזבח או נטיעת אשל, ומן הסתם הייתה להן מתכונת קבועה, אך התורה לא פירשה לנו מתכונת זו.

במקביל – ולהבדיל – התורה אינה מספרת כמעט דבר על אודות פולחנם ואמונתם של עמי כנען בימי האבות. אברהם היה בן בריתם של ענר, אשכול וממרא האמורים, וכרת ברית נוספת עם אבימלך. כנראה, ניגודי אמונה לא מנעו ממנו לקיים יחסים תקינים ואפילו ידידותיים עם יושבי הארץ, שהכירו באברהם כ"נְשִׂיא אֱלֹהִים אַתָּה בְּתוֹכֵנוּ" (בראשית כג ו), כדברי בני חת יושבי אלוני ממרא.

מסתבר שהקביעה האלוהית בברית בין הבתרים "כִּי לֹא שָׁלֵם עֲוֹן הָאֱמֹרִי עַד הֵנָּה" (בראשית טו טז) מוסבת על כך שבזמן האבות טרם התפתחו אצל עמי כנען פולחן הבעלים והמולך ומנהגי התועבה שכבר אפיינו אותם כעבור ארבע מאות שנה, בזמן יציאת מצרים, ואשר בגללם ציווה ה' את ישראל: "אַל תִּטַּמְּאוּ בְּכָל אֵלֶּה כִּי בְכָל אֵלֶּה נִטְמְאוּ הַגּוֹיִם אֲשֶׁר אֲנִי מְשַׁלֵּחַ מִפְּנֵיכֶם. וַתִּטְמָא הָאָרֶץ וָאֶפְקֹד עֲוֹנָהּ עָלֶיהָ וַתָּקִא הָאָרֶץ אֶת יֹשְׁבֶיהָ. וּשְׁמַרְתֶּם אַתֶּם אֶת חֻקֹּתַי וְאֶת מִשְׁפָּטַי וְלֹא תַעֲשׂוּ מִכֹּל הַתּוֹעֵבֹת הָאֵלֶּה הָאֶזְרָח וְהַגֵּר הַגָּר בְּתוֹכְכֶם" (ויקרא יח כד-כו).

מה בין תקופת האבות לתקופת יציאת מצרים? הפער בין אמונת אברהם לבין תפיסת העולם של הכנענים עדיין היה קטן יחסית מול הפער שיתפתח בדורות הבאים.[1] כפי שכתבנו למעלה במהלך א, תקופת אברהם אבינו התאפיינה בנדודי עמים, וכנראה טרם השתרשה עבודה זרה בצורה גורפת בארץ כנען. בשל כך לא נרתעו האבות מלכרות בריתות עם יושבי הארץ.

המפגש הבולט בין אברהם לבין שכניו במישור האמוני היה עם מלכי צדק מלך שלם, לאחר שחרור לוט משבי ארבעת המלכים: "וּמַלְכִּי צֶדֶק מֶלֶךְ שָׁלֵם הוֹצִיא לֶחֶם וָיָיִן וְהוּא כֹהֵן לְאֵל עֶלְיוֹן. וַיְבָרְכֵהוּ, וַיֹּאמַר בָּרוּךְ אַבְרָם לְאֵל עֶלְיוֹן קֹנֵה שָׁמַיִם וָאָרֶץ. וּבָרוּךְ אֵל עֶלְיוֹן אֲשֶׁר מִגֵּן צָרֶיךָ בְּיָדֶךָ, וַיִּתֶּן לוֹ מַעֲשֵׂר מִכֹּל" (בראשית יד יח-כ).

ובהמשך, במענה למלך סדום שנכח באותו מעמד: "וַיֹּאמֶר אַבְרָם אֶל מֶלֶךְ סְדֹם, הֲרִימֹתִי יָדִי אֶל ה' אֵל עֶלְיוֹן קֹנֵה שָׁמַיִם וָאָרֶץ" (בראשית יד כב).

מפגש זה מלמדנו על המצב הרוחני אשר שרר בארץ כנען. אברהם ומלכי צדק היו שותפים באמונה באל עליון, קונה שמים וארץ, ולכן הפריש אברהם מעשר למלכי צדק. אכן, ממקורות קדומים ידוע שהיה 'אֵל עֶלְיוֹן' בפנתיאון הכנעני, אלא שפולחנו נדחק הצידה על ידי פולחן הבעלים שהתפשט באזור. אך מכאן עולה שבימי אברהם אבינו דחיקה זו עדיין לא התרחשה, ומלכי צדק היה כהן לאל עליון. אמנם אמונתו של מלכי צדק כבר הייתה משובשת, ולכן הוצרך אברהם לתקנו: "הֲרִמֹתִי יָדִי אֶל **ה'** אֵל עֶלְיוֹן" (בראשית יד כב). מי הוא אל עליון? ה'! את זה מלכיצדק לא הבין.

טעותו של מלכי צדק הייתה שאמנם יש אל עליון, אך אותו האל עומד בראש ההירכיה ויש אלים אחרים מלבדו. טעות זו הובילה את תושבי כנען להידרדר לפולחנים אליליים. מלכי צדק היה מחוץ למעגל של אלה שעוד זכרו את ה' ממסורת אבותיהם, עד שבא אברהם וקרא בשם ה', והכריז שאין לצד ה' אלים נוספים.

[1] אמנם, ניתן היה לפרש שגם בימי אברהם עבדו רוב הכנענים את הבעלים, למעט יחידים כענר, אשכול, ממרא, מלכיצדק ובני עירו – אך אין עדות לכך.

גם בארץ מוצאו של אברהם נשתמרו שרידי המסורת, אך גם שם חל שיבוש אמוני. כך בפרשת חיי שרה פתח לבן את דבריו לעבד אברהם במילים: "בּוֹא בְּרוּךְ ה'" (בראשית כד לא).[2] לבן לא העמיד בראש דבריו את הקירבה המשפחתית עם אברהם – כפי שגם אברהם לא הזכיר קשר משפחתי בציוויו לעבדו, אלא דווקא את הכרתם המשותפת בה'. הכרה זו של שם ה' הייתה מקובלת בכל משפחת לבן, כפי שאמרו הוא ובתואל בהמשך: "וַיֹּאמְרוּ – מֵה' יָצָא הַדָּבָר!... וּתְהִי אִשָּׁה לְבֶן אֲדֹנֶיךָ כַּאֲשֶׁר דִּבֶּר ה'" (שם נ-נא). אך גם בין צאצאי שם בארץ ארם התפתחה עבודת אלילים בצד המסורת של עבודת ה', כפי שיעידו תרפי לבן.

כנראה שאברהם קיווה שעבדו יצליח לקחת אישה ליצחק אשר גם היא עובדת ה', ומפני כך שלח את עבדו לארץ מולדתו, שם הכירו את שם ה', מה שאין כן בנות הכנענים.

מהלך ד: תוכנית ההצלה שנכשלה

> אִמְרִי נָא אֲחֹתִי אָתְּ, לְמַעַן יִיטַב לִי בַעֲבוּרֵךְ וְחָיְתָה נַפְשִׁי בִּגְלָלֵךְ.
> (בראשית יב יג)

לאחר שתאר את הסכנה הצפויה להם במצרים, לכאורה העלה אברהם בקשה תמוהה, ששרה תתחזה לאחותו כדי שיינצל. הייתכן שדאג רק לעצמו שלא יהרגוהו, ולא דאג לשרה העלולה להיחטף על ידי אחד המצרים? בדבריו שבפסוק הקודם אמנם נרמז ששתי האפשרויות הניצבות לפניהם – "וְהָרְגוּ אֹתִי וְאֹתָךְ יְחַיּוּ" (בראשית יב יב) – רעות באותה מידה: כלומר ש"וְאֹתָךְ יְחַיּוּ" אינו מוצא טוב יותר מאשר "וְהָרְגוּ אֹתִי", כי חייה כחטופה במצרים יהיו גרועים ממוות. אך מדוע העלה אברהם תכנית המתמודדת רק עם האיום כלפיו, בלי להתייחס לגורלה של שרה?

ולא זו בלבד, אלא משתמע מפסוקנו שאברהם ביקש להרוויח מצרתה של שרה: "לְמַעַן יִיטַב לִי בַעֲבוּרֵךְ", וכפי שמסופר בהמשך: "וּלְאַבְרָם הֵיטִיב

---

[2] אמנם אפשר שלבן שמע מרבקה שהעבד אמר "ברוך ה' אלוהי אדוני אברהם" (בראשית כד כז-כח), אך אם הוא ורבקה לא שמעו מקודם על אלוה בשם זה, קשה להניח שהם היו מסוגלים להזכיר אותו באופן רהוט ושגור כל כך.

בַּעֲבוּרָהּ וַיְהִי לוֹ צֹאן וּבָקָר וַחֲמֹרִים וַעֲבָדִים וּשְׁפָחֹת וַאֲתֹנֹת וּגְמַלִּים" (בראשית יב טז). בוודאי שאין לחשוד באברהם שכך הייתה כוונתו, אבל כיצד יש להבין את דבריו?

נראה לפתור את התעלומה דרך שאלה נוספת: מי ייתן לאברהם מתנות, ולמה? התשובה היא: המצרים. הם יתחרו ביניהם בנסיון לשדל את אברהם לתת את שרה לאישה לאחד מהם. בתרבויות רבות, האח היה אחראי להשיא את אחותו, וכל שכן בהיעדר האב. כך משתמע מדברי בני יעקב אל חמור אבי שכם: "לֹא נוּכַל לַעֲשׂוֹת הַדָּבָר הַזֶּה לָתֵת אֶת אֲחֹתֵנוּ לְאִישׁ אֲשֶׁר לוֹ עָרְלָה" (בראשית לד יד).

זו הייתה התוכנית של אברהם: להציג את עצמו כאחיה של שרה. כך, במקום לרצוח אותו כדי לקחת את אשתו, יבואו המצרים ויציעו לו הצעות נישואים בדרך המקובלת. כל מי שירצה לשאת את שרה ישדל וישחד את אברהם במתנות כדי שאברהם יעדיף אותו על פני האחרים. כך תהיה אמתלה לאברהם להתמהמה בבחירת חתן לשרה, עד שבמהלך החיזורים יישבר הרעב, והוא ושרה יוכלו לעזוב את מצרים בשלום.

למה נכשלה התוכנית?

אברהם העריך נכונה שהמצרים – פשוטי העם – יתעניינו בשרה, כדבריו "וְהָיָה כִּי יִרְאוּ אֹתָךְ הַמִּצְרִים" (בראשית יב יב). וכך אכן קרה בתחילה, הכל לפי התוכנית: "וַיִּרְאוּ הַמִּצְרִים אֶת הָאִשָּׁה" (שם יד). אך כניסתו הבלתי-צפויה של מלך מצרים לזירה טרפה את הקלפים:[3] פרעה לקח את 'הרווקה' לביתו ואברהם לא יכול לומר דבר. כך נשתבשה תכניתו, אבל מראש הוא תכנן להציל את שרה.

[3] עתה ראיתי שפירוש זה מופיע כבר בספורנו.

מהלך ה: להארת פרשת סדום

1. העדפת לוט את מצרים

וַיִּשָּׂא לוֹט אֶת עֵינָיו, וַיַּרְא אֶת כָּל כִּכַּר הַיַּרְדֵּן... כְּגַן ה' כְּאֶרֶץ מִצְרַיִם. (בראשית יג י)

לוט התלווה אל אברהם בירידתו למצרים, כפי שנאמר בתחילת הפרק: "וַיַּעַל אַבְרָם מִמִּצְרַיִם... וְלוֹט עִמּוֹ" (בראשית יג א). משהכיר את מצרים התאווה לוט אליה ולשכמותה, ולכן בחר בסדום הדומה למצרים – "כְּגַן ה' כְּאֶרֶץ מִצְרַיִם" (שם י), וזאת בניגוד לבני ישראל, שירשו את הארץ דווקא בשל חוסר הדמיון למצרים: "הָאָרֶץ אֲשֶׁר אַתָּה בָא שָׁמָּה לְרִשְׁתָּהּ, לֹא כְאֶרֶץ מִצְרַיִם הִוא" (דברים יא י).

2. רעת סדום המוסתרת

וְאַנְשֵׁי סְדֹם רָעִים וְחַטָּאִים לַה' מְאֹד. (בראשית יג יג)

בשעה שבחר לוט להתגורר בסדום, היו תושביה "רָעִים וְחַטָּאִים לַה' מְאֹד". אך כדרכו של רֶשע, שמתחיל בפשעים זעירים ובעוול ושחיתות מוסתרים, ובהדרגה התעוזה גְדֵלה והרשע מתגלה, כך בשלב בחירת לוט בסדום – רק הקב"ה הכיר בגודל רשעותה, ולכן מתארת התורה את רעתם בתור "לַה'". בין שכניה של סדום טרם נודע אופי התרבות המתפתחת בה. מסתבר שלוט בחר לגור בעיר זו ממניעים כלכליים בלבד, ועל כך מעיד הכתוב: "וַיִּשָּׂא לוֹט אֶת עֵינָיו וַיַּרְא אֶת כָּל כִּכַּר הַיַּרְדֵּן כִּי כֻלָּהּ מַשְׁקֶה" (בראשית יג י). מסתבר שגם בשלב מאוחר יותר, אף אברהם לא הכיר בגודל רשעותם של אנשי העיר, ולכן החזיר למלך סדום את הנפש והרכוש אחרי מלחמת המלכים.

הקב"ה הניח לערי כיכר הירדן, ולא השמיד אותן עד שרשעותם הבשילה וגם נתגלתה ברבים, כפי שנאמר בהמשך: "וַיֹּאמֶר ה', זַעֲקַת סְדֹם וַעֲמֹרָה כִּי רָבָּה וְחַטָּאתָם כִּי כָבְדָה מְאֹד" (בראשית יח כ). 'זעקה' מצביעה על פרסום הדבר, כדברי הנביא: "וּזְעָקָה בַּגּוֹיִם נִשְׁמָע" (ירמיהו נ מו). כל עוד מדובר ברשעות נסתרת, יכול הקב"ה להאריך אף. אך כאשר הרשעות הפכה ממעשי עוול של בודדים לרשעות שכבשה את הפרהסיה הציבורית

("רַבָּה"), והרשעות גם החמירה במשקלה ("כָּבְדָה") – אז הגיעה שעת הדין.

3. צוער הייתה מובלעת בין ערי הככר

כפי שעולה ממלחמת המלכים, צוער השתייכה מבחינה רשמית לקבוצת ערי כיכר הירדן – אך גורלה היה שונה מגורל שכנותיה, שנחרבו כליל על ידי הקב"ה. צוער זכתה להינצל כיוון שתושביה לא הגיעו לסף הרשעות של שאר הערים, וההבדל בינה לביניהן מודגש בכתוב: "עָשׂוּ מִלְחָמָה אֶת בֶּרַע מֶלֶךְ סְדֹם וְאֶת בִּרְשַׁע מֶלֶךְ עֲמֹרָה שִׁנְאָב מֶלֶךְ אַדְמָה וְשֶׁמְאֵבֶר מֶלֶךְ צְבוֹיִים, וּמֶלֶךְ בֶּלַע הִיא צֹעַר" (בראשית יד ב). ארבע הערים האחרות מנויות כאחת ואילו צוער לעומתן מוזכרת בסוף, ללא שם המלך. ושמא הכינוי 'בֶּלַע' רומז לכך שצוער הייתה מובלעת ("בֶּלַע") בין שכנותיה ולא התבלטה כמושב רשעים.

4. מלחמת תשעת המלכים

כפי שהרחבנו במהלך א, כפיפות ערי כיכר הירדן לכדרלעומר המרוחק מהן נבעה מאחד משני גורמים: או שכרתו עמו ברית הגנה מאיום הכנעני והפריזי שהחלו לכבוש את הארץ, או שתושבי כיכר הירדן היגרו אליה משנער, ונאמנותם הייתה נתונה ממילא לכדרלעומר שמלך על ארץ מוצאם. ייתכן שהמלכים נלחמו אלה באלה דוגמת דוד וגלית, ולכן הזכירה התורה רק אותם ולא את צבאותיהם: "וַיֵּצֵא מֶלֶךְ סְדֹם וּמֶלֶךְ עֲמֹרָה וּמֶלֶךְ אַדְמָה וּמֶלֶךְ צְבוֹיִם וּמֶלֶךְ בֶּלַע הִוא צֹעַר וַיַּעַרְכוּ אִתָּם מִלְחָמָה בְּעֵמֶק הַשִּׂדִּים. אֵת כְּדָרְלָעֹמֶר מֶלֶךְ עֵילָם וְתִדְעָל מֶלֶךְ גּוֹיִם וְאַמְרָפֶל מֶלֶךְ שִׁנְעָר וְאַרְיוֹךְ מֶלֶךְ אֶלָּסָר, אַרְבָּעָה מְלָכִים אֶת הַחֲמִשָּׁה" (בראשית יד ח-ט).

התורה מספרת כיצד הסתיימה המערכה: "וְעֵמֶק הַשִּׂדִּים בֶּאֱרֹת בֶּאֱרֹת חֵמָר, וַיָּנֻסוּ מֶלֶךְ סְדֹם וַעֲמֹרָה וַיִּפְּלוּ שָׁמָּה וְהַנִּשְׁאָרִים הֶרָה נָּסוּ" (בראשית יד י). לא נאמר 'ויפלו בהן', בבארות, אלא "וַיִּפְּלוּ שָׁמָּה", בדגש על המקום. שכן כפי שנאמר על שאר המלכים המובסים "וְהַנִּשְׁאָרִים הֶרָה נָּסוּ", גם מלכי סדום ועמורה נטשו את שדה הקרב וחיפשו מקום להתחבא בו. הם נמלטו לעמק מסוכן המלא בארות חמר (בולענים?), מקום שהמלכים

מארץ שנער לא הכירו וחששו להיכנס אליו. כך, בשעת מנוסתם של מלכי סדום, שבו ארבעת המלכים וצבאם את תושבי סדום ורכושם.

לשון 'נפילה' מופיעה במקרא במקומות נוספים במשמעות זו, כגון אצל ארבעה המצורעים שנטשו את עירם כדי להינצל מהרעב: "וְנִפְּלָה אֶל מַחֲנֵה אֲרָם" (מלכים ב ז ד) וכן: "נִפְּלָה נָּא בְיַד ה'" (שמואל ב כד יד).

5. "תֶּן לִי הַנֶּפֶשׁ": מניעיו הסמויים של מלך סדום

דבריו אלה של אברהם טעונים ביאור. מדוע סירב לקבל מתנה כלשהי ממלך סדום? לא מדובר בעמדה עקרונית של "וְשׂוֹנֵא מַתָּנֹת יִחְיֶה" (משלי טו כז), שכן אברהם הסכים לקבל מתנות רבות מפרעה ומאבימלך (בראשית יב טז; שם כ יד-טז). יתר על כן, אותן מתנות שהסכים לקבל הגיעו ממלכים אשר אברהם פעל אך במעט לטובתם, אם בכלל. לעומתם, את תושבי סדום שחרר אברהם לאחר קרב מאומץ ולאחר שאברהם דלק למרחקים אחרי הצבא המתקיף, מעשה שמצדיק קבלת שכר. מדוע דווקא ממלך סדום סירב אברהם לקחת מאומה?

המניע לדחיית המתנות מוסבר על ידי אברהם עצמו, בדבריו למלך סדום: "וְלֹא תֹאמַר 'אֲנִי הֶעֱשַׁרְתִּי אֶת אַבְרָם'" (בראשית יד כג). לכאורה נראה נימוק זה עוד יותר תמוה. אברהם לא נימק את סירובו בכך שהקב"ה יעשירו והוא אינו צריך מתנות. כמו כן, אברהם לא הצהיר שאינו רוצה ברכוש שמקורו מפוקפק. מה כן אמר אברהם? שאינו רוצה שמלך סדום יאמר עליו כך וכך. מה אכפת לאברהם, המנצח במלחמה שהביס את הפולשים, מה יגיד מלך סדום?

גם הצעתו של מלך סדום קשה להבנה. מדוע ויתר מלך סדום בהינף יד על כל הרכוש, בלי להתמקח על מחיר השחרור (בראשית יד כא)? ושאלה אחרונה: למה בכלל ירצה מלך סדום לומר – דהיינו, לפרסם – שהוא העשיר את אברהם? מה ירוויח מכך?

התשובה לכל הנ"ל היא מדינית. אברהם אמנם הביס את ארבעת המלכים, כדרלעומר וחבריו, אך מלשון הכתוב משתמע שלא הרג אותם, אלא "וַיַּכֵּם, וַיִּרְדְּפֵם עַד חוֹבָה". על מלך סדום רבץ איום קיומי, שמא יחזרו המלכים המובסים לאחר זמן ויתקיפו בשנית. לכן, כדי להבטיח שאברהם

יבוא לעזרתו גם לעתיד, ביקש מלך סדום למסור לו את הרכוש על מנת ליצור מחויבות לשלומן וביטחונן של ערי הכיכר. את מגמת מלך סדום הבין יפה אברהם, ולכן סרב להצעת הרכוש, שלא יאמר מלך סדום "אֲנִי הֶעֱשַׁרְתִּי אֶת אַבְרָם" ושאברהם נשאר חייב לו. אברהם מתגלה לעינינו לא כצדיק תמים גומל חסדים בלבד, כי אם כזהיר, מציאותי ורואה את הנולד. אילו חי בינינו, היה יכול לכהן כשר חוץ מעולה.

חיבה יתירה לפרשת לך לך

אין תירוצים ביישוב ארץ ישראל

וְאַבְרָם בֶּן חָמֵשׁ שָׁנִים וְשִׁבְעִים שָׁנָה בְּצֵאתוֹ מֵחָרָן. (בראשית יב ד)

למה לא ציין הכתוב את גיל אברהם בצאתו מאור כשדים? היינו מצפים שהכתוב יציין את גילו בתחילת מסעו הארוך, אך הדבר צוּיַּן רק באמצע הדרך, כשאברהם המשיך לאחר חניית הביניים בחרן. נוצר הרושם שכל המסע מאור כשדים לחרן לא נזקף לזכותו של אברהם בקיום הוראת הקב"ה לעלות ארצה. ומה הטעם לכך? הרי אברהם לא נתעכב בחרן מרצונו, אלא נאלץ לשהות שם מפני חולשת אביו הזקן; האם מעשה של כיבוד אב גרע מזכויותיו?

אכן, קיים אברהם כיבוד אב. ואולם סוף סוף הוא הפסיק את עלייתו ארצה כשהגיע לחרן, ולכן נסיעתו מאור כשדים לא נזקפה לזכותו. הכתוב מלמדנו שכשמדובר ביישוב הארץ, אין כל תירוצים קבילים; אפילו סיבות טובות ועיכובים מוצדקים כשלעצמם אינם תחליף להשלמת יישוב הארץ.

סימנים מקדימים לבצורת

וַיִּסַּע אַבְרָם הָלוֹךְ וְנָסוֹעַ הַנֶּגְבָּה. (בראשית יב ט)

התורה מספרת על פרוץ הרעב בארץ כנען: "וַיְהִי רָעָב בָּאָרֶץ, וַיֵּרֶד אַבְרָם מִצְרַיְמָה

לָגוּר שָׁם כִּי כָבֵד הָרָעָב בָּאָרֶץ" (בראשית יב י), ומסתבר שאף המסע לארץ הנגב קשור לנושא הרעב. עוד לפני שהשתרר בארץ רעב של ממש, כבר היו לכך סימנים מקדימים, בדמות התמעטות המזון והמרעה, ולכן הוצרך אברהם לנדוד בארץ כדי לחפש מרעה: מאלון מורה לבית אל, מבית אל לנגב, ומהנגב למצרים.

חוט ושרוך

אִם מִחוּט וְעַד שְׂרוֹךְ נַעַל. (בראשית יד כג)

חוט – של צווארון, ושרוך – של נעליים. כלומר מכף רגל עד ראש.

מי יירש את אברהם?

וַיֹּאמֶר אַבְרָם: ה' אֱלוֹהִים מַה תִּתֶּן לִי וְאָנֹכִי הוֹלֵךְ עֲרִירִי, **וּבֶן מֶשֶׁק בֵּיתִי** הוּא דַּמֶּשֶׂק אֱלִיעֶזֶר. וַיֹּאמֶר אַבְרָם: הֵן לִי לֹא נָתַתָּה זָרַע, וְהִנֵּה **בֶן בֵּיתִי** יוֹרֵשׁ אֹתִי. (בראשית טו ב-ג)

יורשי אברהם האפשריים אינם כוללים את אליעזר, שאינו בן משפחת אברהם. תוכן הדברים אינו זהה בשני פסוקינו. בראשון אמר אברהם שהאדם הקרוב אליו בפועל הוא אליעזר, אך הוא 'דַּמֶּשֶׂק אֱלִיעֶזֶר', אדם ממוצא זר ולא ממשפחת אברהם. ולכן לא יכול להיות נחשב ליורש, היות שכבר בתקופת המקרא היורש היה השאֵר הקרוב מתוך בני המשפחה, וכדברי הכתוב: "וּנְתַתֶּם אֶת נַחֲלָתוֹ לִשְׁאֵרוֹ הַקָּרֹב אֵלָיו מִמִּשְׁפַּחְתּוֹ" (במדבר כז יא). לאברהם היו קרובי משפחה, ולכן אין סיבה שאליעזר יירש אותו. בהמשך דבריו אמר אברהם: "וְהִנֵּה **בֶן בֵּיתִי** יוֹרֵשׁ אֹתִי" – אך בדברים אלה אין אברהם מתכוון לעבדו; כוונתו ללוט אחיינו, שהוא ראוי לכינוי 'בֶן בֵּיתִי', דהיינו בן משפחתי, והוא זה שיירש את אברהם אם לא ייוולד לו בן. מול חשש זה שלוט יהיה יורשו, בישר לו הקב"ה: "לֹא יִירָשְׁךָ זֶה, כִּי אִם אֲשֶׁר יֵצֵא מִמֵּעֶיךָ" (בראשית טו ד).

ההמחשה שמעבר למשל

וַיּוֹצֵא אֹתוֹ הַחוּצָה, וַיֹּאמֶר הַבֶּט נָא הַשָּׁמַיְמָה וּסְפֹר הַכּוֹכָבִים, אִם תּוּכַל לִסְפֹּר אֹתָם וַיֹּאמֶר לוֹ כֹּה יִהְיֶה זַרְעֶךָ. (בראשית טו ה)

לא מדובר בתרגיל תיאורטי אלא בציווי ממשי מצד הקב"ה לאברהם להביט השמימה ולספור את הכוכבים. למה? הקב"ה ציווה את אברהם לא להסתפק בהבנה שכלית, אלא לחקוק את המסר באמצעות חוויה מוחשית, הבאה על ידי חקירת הטבע, שכן 'עיקרי הלבבות תלויין אחר הפעולות' כלשון ספר החינוך (מצווה צה; ושם מצווה טז: 'אחרי הפעולות נמשכים הלבבות'). הבט לשמים ונסה לספור בפועל את הכוכבים!

למה לא הזכיר ה' את מצרים בברית בין הבתרים?

יָדֹעַ תֵּדַע כִּי גֵר יִהְיֶה זַרְעֲךָ בְּאֶרֶץ לֹא לָהֶם, וַעֲבָדוּם וְעִנּוּ אֹתָם אַרְבַּע מֵאוֹת שָׁנָה. וְגַם אֶת הַגּוֹי אֲשֶׁר יַעֲבֹדוּ דָּן אָנֹכִי. (בראשית טו יג-יד)

למה לא גילה הקב"ה את זהות העם אשר ישעבד את צאצאיו של אברהם? פעמיים בברית בין הבתרים התייחס הקב"ה לעם זה מבלי לגלות את זהותו: "בְּאֶרֶץ לֹא לָהֶם", "הַגּוֹי אֲשֶׁר יַעֲבֹדוּ". שתי סיבות לדבר. ראשית, הברית אינה מכוונת רק כלפי שעבוד מצרים, אלא כלפי כל העמים העתידים לדכא את עם ישראל במשך הדורות, שעל כולן מובטח: "אֶת הַגּוֹי אֲשֶׁר יַעֲבֹדוּ דָּן אָנֹכִי". הקב"ה לא התייחס ישירות למצרים בברית בין הבתרים על מנת שלא לצמצם את בשורת הדין ובשורת הגאולה למצרים.

ניתן למצוא סיבה נוספת להעלמת זהות העם המשעבד מאברהם: לשרה הייתה "שִׁפְחָה מִצְרִית וּשְׁמָהּ הָגָר" (בראשית טז א), העתידה להינשא בהמשך לאברהם, ואילו ידע אברהם שהָגָר משתייכת לעם העתיד לשעבד את בניו, שמא היה ממאן לקחתה לאישה, ובכן נזהר הקב"ה שלא להשניא אותה על אברהם.

יש בברית מחויבות זמנית לעם האמורי

וְדוֹר רְבִיעִי יָשׁוּבוּ הֵנָּה כִּי לֹא שָׁלֵם עֲוֹן הָאֱמֹרִי עַד הֵנָּה. (בראשית טו טז)

אברהם התבשר כאן שמשך זמן הגלות של בניו איננו תלוי אך ורק במשעבדים העתידיים, אלא גם בגורמים נוספים. צאצאי אברהם יוכלו לרשת את הארץ רק לאחר ארבעה דורות מתחילת גרותם – בגלל שיקולים התלויים בעם האמורי.

האמורים היו קרובים לאברהם וקשורים אליו יותר מבני שאר העמים שחיו בארץ, הן מבחינת קירבת המגורים והן מבחינת קשרים מדיניים; כך סופר בפרשתנו שאברהם "שֹׁכֵן בְּאֵלֹנֵי מַמְרֵא **הָאֱמֹרִי**, אֲחִי אֶשְׁכֹּל וַאֲחִי עָנֵר – וְהֵם בַּעֲלֵי בְרִית אַבְרָם" (בראשית יד יג). הדור שישוב אל הארץ עתיד לכבוש תחילה את ממלכת סיחון מלך האמורי (במדבר כא כא-לב), וכדי שעם ישראל יהיה רשאי לעשות זאת דרושה 'תקופת צינון' של רשעות האמורים עד לרמה שקשרי אבותיהם עם אברהם לא יעמדו לזכותם.[4] עוון שאר עמי כנען כנראה כבר הושלם והם היו בני כיבוש, אך הקב"ה לא רצה להנחיל את הארץ חלקים חלקים – אלא רק לאחר שיושלם עוון כולם.

עסקת שחרורה של הגר

וַתֹּאמֶר שָׂרַי אֶל אַבְרָם... בֹּא נָא אֶל שִׁפְחָתִי אוּלַי אִבָּנֶה מִמֶּנָּה. (בראשית טז ב)

הגר שוחררה ממעמד שפחות על תנאי שהיא 'תבנה' את שרה, שתביא לה כבוד. לכן, כאשר במקום קיום התנאי אירע ההפך, כפי שהתלוננה שרה בהמשך "וָאֵקַל בְּעֵינֶיהָ", בטל למפרע תנאי השחרור, והגר חזרה להיות שפחה. גם אברהם הסכים לכך: "הִנֵּה שִׁפְחָתֵךְ בְּיָדֵךְ, עֲשִׂי לָהּ הַטּוֹב בְּעֵינָיִךְ" (בראשית טז ו).

[4] בכיוון זה נוכל להבין מדוע לא נרתע משה מלהילחם עם סיחון מלך האמורי בשונה מחששו ביחס לעוג מלך הבשן. ההבטחה על סילוק האמורי נכתבה כאן במפורש, ולכן משה ידע שזכות אברהם לא תעמוד לסיחון – וזאת לעומת עוג, שאפשר שזכויותיו לא נמחקו עדיין ולכן משה חשש לו (ראו נידה סא א).

הפסקת הנבואה מאברהם

וַיְהִי אַבְרָם בֶּן תִּשְׁעִים שָׁנָה וְתֵשַׁע שָׁנִים, וַיֵּרָא ה' אֶל אַבְרָם. (בראשית יז א)

פסוק זה לא נצרך לגלות לנו את גילו של אברהם באותו זמן, כי בסיום דברי הקב"ה יחזור הכתוב ויספר "וְאַבְרָהָם בֶּן תִּשְׁעִים וָתֵשַׁע שָׁנָה בְּהִמֹּלוֹ בְּשַׂר עָרְלָתוֹ" (בראשית יז כד). לכן נראה שהדגש בפסוקנו נמצא על "וַיֵּרָא ה' אֶל אַבְרָם" בהקשר הפסוק הקודם: "וְאַבְרָם בֶּן שְׁמֹנִים שָׁנָה וְשֵׁשׁ שָׁנִים בְּלֶדֶת הָגָר אֶת יִשְׁמָעֵאל לְאַבְרָם". הכתוב רמז כאן שהקב"ה לא התגלה לאברהם במשך שלוש עשרה שנים רצופות, מאז לידת ישמעאל.

ללכת לפני הקב"ה

וַיֹּאמֶר אֵלָיו אֲנִי אֵל שַׁדַּי, הִתְהַלֵּךְ לְפָנַי וֶהְיֵה תָמִים. (בראשית יז א)

את הציווי שבדברי ה' ניתן להבין כמשל: בדומה לאדם הצועד לפני חברו ואיננו מסתכל לאחוריו לראות אם חברו עדיין אתו – כך אברהם מצווה ללכת 'לפני' הקב"ה, תוך הפנמת דרכו של ה'. דרישה זו של הקב"ה מאברהם הינה מעבר למדרגות חנוך ונח: על חנוך ונח מספרת התורה שהלכו **את** האלוקים ("וַיִּתְהַלֵּךְ חֲנוֹךְ אֶת הָאֱלֹהִים", בראשית ה כב; "אֶת הָאֱלֹהִים הִתְהַלֶּךְ נֹחַ", בראשית ו ט) ואילו אברהם נצטווה להוסיף מעלה על מעלתם ולהתהלך **לפני** הקב"ה מבלי שה' יורה לו את הדרך.

בהמשך ההתגלות מבשר הקב"ה לאברהם על ברית שתיכרת "בֵּינִי וּבֵינֶךָ וּבֵין זַרְעֲךָ **אַחֲרֶיךָ**" (בראשית יז ז) – דווקא אלה שימשיכו ללכת בדרכיך לאחר מיתתך, וכפי שמפורש בהמשך בדברי הקב"ה אודות אברהם: "כִּי יְדַעְתִּיו לְמַעַן אֲשֶׁר יְצַוֶּה אֶת בָּנָיו וְאֶת בֵּיתוֹ אַחֲרָיו וְשָׁמְרוּ דֶּרֶךְ ה' לַעֲשׂוֹת צְדָקָה וּמִשְׁפָּט, לְמַעַן הָבִיא ה' עַל אַבְרָהָם אֵת אֲשֶׁר דִּבֶּר עָלָיו" (בראשית יח יט).

פרשת וירא

מהלך א: ענייני סדום

1. עושרה של סדום

התורה לא הייתה טורחת לספר על דשנותה של סדום "כְּגַן ה' כְּאֶרֶץ מִצְרַיִם" (בראשית יג י) אלמלא הייתה רשעותה של סדום פועל יוצא של מצבה הכלכלי. כמו כן לא הייתה התורה טורחת לספר פרטי פרטים על הכנסת האורחים הנדיבה של אברהם אלמלא רצתה להנגיד זאת ליחס תושבי סדום לאורחים.

בשל רווחתה ושגשוגה משכה סדום עניים שחיפשו מזור למצבם. בתגובה סגרו תושבי סדום את השערים. כיצד התקבל לוט? כבר העיר רמב"ן שלוט הגיע לסדום משופע בנכסים מרובים, ובוודאי התקבל בכבוד היאה לעשיר שכמותו. אך כאשר לוט הציע מחסה ומזון לעוברי אורח, ההמון זעם וביקש להפוך את אורחיו למקרה מבחן לגורל המצפה לפושטי הידיים שיגיעו לעירם.

את התכנסות "כָּל הָעָם מִקָּצֶה" (בראשית יט ד) להרע לאורחי לוט הנגידה התורה להכנסת האורחים של אברהם, שעלה ממצרים "כָּבֵד מְאֹד בַּמִּקְנֶה בַּכֶּסֶף וּבַזָּהָב" (בראשית יג ב). למרות עושרו, אברהם עצמו עמד על אורחיו לשרתם והגיש להם לחם בשפע, גם חמאה וחלב וגם בן בקר רך וטוב – הרבה מעבר לצרכיהם הבסיסיים של שלושה עוברי אורח. נדיבות לבו

נבעה מדרך ה' של עשיית צדקה. כך הסבירה התורה: "כִּי יְדַעְתִּיו לְמַעַן אֲשֶׁר יְצַוֶּה אֶת בָּנָיו וְאֶת בֵּיתוֹ אַחֲרָיו וְשָׁמְרוּ דֶּרֶךְ ה' לַעֲשׂוֹת צְדָקָה וּמִשְׁפָּט". לעומת זאת, תושבי סדום ראו את הונם כמי שמקנה להם עליונות על מי שנחות מהם במעמדו הכלכלי; ועל מניעת הצדקה נשפטו לכליה.[1]

חז"ל אמרו במסכת אבות: "האומר: שלי שלי ושלך שלך, זו מידה בינונית, ויש אומרים זו מידת סדום" (אבות ה י). נראה לי שאין מחלוקת בין שתי הדעות. מי שצובר הון רק לטובת עצמו ללא מתן צדקה, ואומר 'שלי שלי ושלך שלך' – אם יש לעני מה לאכול, אזי המקמץ ידו מלתת לו אינו חסיד כאברהם אבינו אך גם אינו רשע, כי אם בינוני. אבל אם העני הוא חסר כל והקומץ ידו עדיין גורס: 'שלי שלי ושלך שלך', במקרה זה כבר לא מדובר בבינוני אלא במידת סדום, המפקירה את הזולת.

2. את מי ביקש אברהם להציל?

וַיִּגַּשׁ אַבְרָהָם וַיֹּאמַר הַאַף תִּסְפֶּה צַדִּיק עִם רָשָׁע. (בראשית יח כג)

מפנייתו זו של אברהם אל הקב"ה, הפנייה הראשונה, משמע שאברהם לא ביקש להציל את ערי הכיכר אלא רק את הצדיקים שבהן. שכן אברהם תבע שאין להמית "צַדִּיק עִם רָשָׁע", אך לא עמד על כך שאין להמית את הרשעים. וכך מבואר מדבריו בהמשך: "הֲשֹׁפֵט כָּל הָאָרֶץ לֹא יַעֲשֶׂה מִשְׁפָּט?" (בראשית יח כה). הרי 'משפט' פירושו תשלום גמול לצדיקים והענשת הרשעים; אבל אם יציל הקב"ה גם את הרשעים, אין ההצלה נובעת מעשיית משפט אלא מגילוי רחמים.

מנגד, הפסוקים הבאים מעידים שאברהם ביקש להציל את כולם – צדיקים ורשעים כאחד: "וְלֹא תִשָּׂא לַמָּקוֹם לְמַעַן חֲמִשִּׁים הַצַּדִּיקִם?" (בראשית יח כד). כך גם מתבאר מתשובת ה' לאברהם, שהדיון היה על הצלת העיר כולה: "אִם אֶמְצָא בִסְדֹם חֲמִשִּׁים צַדִּיקִם בְּתוֹךְ הָעִיר, וְנָשָׂאתִי **לְכָל הַמָּקוֹם** בַּעֲבוּרָם" (שם כו). וכך המשיך אברהם עצמו בנסיון להציל את העיר כולה: "הֲתַשְׁחִית בַּחֲמִשָּׁה אֶת **כָּל הָעִיר**?" (שם כח).

---

[1] חומרת עונשן של ערי הכיכר הייתה מפני שסדום הינה בארץ ישראל, והארץ מקיאה עוברי עבירה. נראה שזו הסיבה לכך שדין עיר הנידחת שייך רק בארץ ישראל.

אם כן, את מי ביקש אברהם להציל?

כאשר אברהם הזכיר 'רשע' בפנייתו הראשונה, לא התכוון לרשעים גמורים, אלא לאנשים שנחשבים לרשעים בהשוואה לצדיקים; בדומה לכתוב: "כִּי יִהְיֶה רִיב בֵּין אֲנָשִׁים... וּשְׁפָטוּם, וְהִצְדִּיקוּ אֶת הַצַּדִּיק וְהִרְשִׁיעוּ אֶת הָרָשָׁע" (דברים כה א). רשע זה איננו רשע ממש, אלא הצד העומד מנגד הצד הצודק במשפט. כלומר, טיעונו של אברהם רומז שייתכן ותושבי סדום אינם רשעים גמורים, אלא אנשים בינוניים שרק לעומת צדיקים באמת הם נחשבים כרשעים. וזהו "וְהָיָה כַצַּדִּיק כָּרָשָׁע". שהרי היה צריך לומר 'והיה [גורל] הצדיק כרשע' (בכ"ף אחת), ומהו כצדיק כרשע? אלא מדובר במי שיכול להיחשב או כצדיק או כרשע, ובמילים אחרות – בינוני.

הראיה אותה הביא אברהם לטענה זו היא "אוּלַי יֵשׁ חֲמִשִּׁים צַדִּיקִם בְּתוֹךְ הָעִיר" (בראשית יח כד). עיר שמתגוררים בה צדיקים או אפילו צדיקים-למחצה, לא ייתכן שאין לה זכויות. מצד אחד, הם עדיין יכולים להשפיע על שכניהם לטובה, ומצד שני, עיר שמאפשרת לצדיקים לגור בתוכה אינה מושחתת לגמרי.

אמנם, רק קבוצת אנשים מסוגלת להשפיע על עיר, ולא בודדים. אברהם ביקש רחמים עד לרף תחתון של עשרה צדיקים, אך לא פחות מכך, כי עשרה הם המינימום הנחשבים ציבור. פחות מעשרה הם בגדר בודדים, שבדרך כלל אין בכוחם להשפיע על הרבים. הבודדים אף אינם מהווים ראיה לזכויות אנשי העיר, שכן תמיד ישנם יוצאים מהכלל, וגם בעיר של רשעים ייתכן ויהיו כמה שאינם כן – כדוגמת לוט שאכן לא השפיע על סדום.

3. למה התמנה לוט לשופט בסדום

שער העיר היה מקום מושבם של זקני העיר ושופטיה, כפי שידוע מהתנ"ך כולו. בשער העיר ישבו, לדוגמא, חשובי בני חת (בראשית כג י), אנשי שכם (בראשית לד כ), זקני עיר המקלט (יהושע כ ד), אחאב מלך ישראל ויהושפט מלך יהודה (מלכים א כב י ודברי הימים ב יח ט), צדקיהו (ירמיהו לח ז), השופטים שהנביא עמוס הוכיח (עמוס ה יב, טו), הזקנים שכינס בועז (רות ד א) והזקנים באיכה ששבתו מהשער (איכה ה יד). וכן בפרשנים ובמדרשי חז"ל ברוב מקומות אלו.

כך, מהכתוב "וְלוֹט יֹשֵׁב בְּשַׁעַר סְדֹם" (בראשית יט א) למדו חז"ל שתושבי סדום מינו את לוט לשופט עליהם, ולכן התרעמו בהמשך: "הָאֶחָד בָּא לָגוּר וַיִּשְׁפֹּט שָׁפוֹט?" (שם ט). וידועה השאלה: אם התרעמו עליו לבסוף, למה מינו אותו תחילה?

התשובה לשאלה זו תלויה דווקא באברהם, ומצריכה אותנו לחזור אחורה עשרים וחמש שנה (לעת השתקעותו של אברהם בארץ בגיל 75), עד למלחמת ארבעת המלכים את החמשה. שם פירשנו שמלך סדום חשש פן יחזור כדרלעומר ויתקוף שנית, ועל כן חיפש מלך סדום דרך להבטיח שאברהם יבוא לעזרתו גם במלחמה עתידית, אם וכאשר תפרוץ. לכן הציע שאברהם ייקח את הרכוש, על מנת ליצור מחויבות של אברהם כלפיו. אך אברהם לא רצה לכבול את עצמו במחויבות כלפי סדום וסירב לקחת אפילו שרוך נעל, ובנקודה זו נפסקו המגעים ביניהם.

אמנם לא נעלם רצונם של תושבי סדום להבטיח את עזרת אברהם בעתיד. מה עשו? מינו את לוט קרובו למשרה מכובדת בעיר, כך שהוא ייתפס בכל צרה אשר תבוא עליהם וייצא אברהם להצילו – ודרך אגב ינצלו גם הם – כפי שעשה בראשונה.

זו דוגמא קלאסית של 'אהבה התלויה בדבר', שאם בטל הדבר, בטלה האהבה (אבות ה טז). כעבור השנים נמוג פחדם של תושבי סדום ממלחמה מחודשת, ועם בוא המלאכים התפרצה שנאתם של תושבי סדום לזרים בכלל וללוט בפרט.

4. קיצונים ומתונים שבסדום

וַיֹּאמְרוּ גֶּשׁ הָלְאָה, וַיֹּאמְרוּ הָאֶחָד בָּא לָגוּר וַיִּשְׁפֹּט שָׁפוֹט עַתָּה נָרַע לְךָ מֵהֶם, וַיִּפְצְרוּ בָאִישׁ בְּלוֹט מְאֹד, וַיִּגְּשׁוּ לִשְׁבֹּר הַדָּלֶת. (בראשית יט ט)

למרות הנטייה לכלול את כל יושבי סדום ועמורה בקטגוריה אחת של 'רשעים', אפשר להבחין ביניהם בין רשעים-מתונים לקיצונים. כך המילה 'וַיֹּאמְרוּ' חוזרת על עצמה פעמיים בפסוקנו, לסמן ששתי קבוצות דיברו; ה'מתונים' הפצירו בלוט מאד, בדרך של הידברות ושכנוע, ואילו ה'קיצונים' איימו על לוט וניגשו לשבור את הדלת. אמנם "כָּל הָעָם מִקָּצֶה" (בראשית

יט ד) היה מאוחד בדרישה למסור לידו את האורחים, ורק נחלק בשאלה האם להפעיל כוח.

החילוק בין קיצונים למתונים התבטא גם בהמשך – בפסוק "וְאֶת הָאֲנָשִׁים אֲשֶׁר פֶּתַח הַבַּיִת הִכּוּ בַּסַּנְוֵרִים" (בראשית יט יא). אלה שעמדו בפתח הבית הם הקיצונים שרצו לשבור את הדלת, ורק הם נפגעו בנס הסנוורים. המתונים יותר, שעמדו בשולי ההתקהלות, לא ראו את הנס שנעשה על ידי המלאכים. לכן כשניסה לוט לשכנע את חתניו – שבוודאי השתייכו למתונים בעניין זה – שחורבן סדום מתקרב, הם לא ראו כל סיבה להאמין לו: "וַיְהִי כִמְצַחֵק בְּעֵינֵי חֲתָנָיו" (שם יד).

5. מבחן הכמיהה לסדום

המלאך הזהיר את לוט שלא להסתכל אחורה ולא לעצור באמצע הדרך: "וַיֹּאמֶר הִמָּלֵט עַל נַפְשֶׁךָ אַל תַּבִּיט אַחֲרֶיךָ וְאַל תַּעֲמֹד בְּכָל הַכִּכָּר, הָהָרָה הִמָּלֵט פֶּן תִּסָּפֶה" (בראשית יט יז). אזהרה זו הייתה בעבורו מבחן: אם יעצור ויביט, סימן שיש לו כמיהה לסדום. אשת לוט אכן הסתכלה לאחוריה ובכך ביטאה געגועים כלפי סדום – ולכן הוכרע גורלה להיספות עם שאר אנשי העיר. אם הייתה מזדעזעת מהרוע של סדום, הייתה אשת לוט מצליחה להתנתק מהמקום.

6. זלזול לוט בבנותיו – וגמולו

לוט הציע להפקיר את בנותיו להמון תמורת ביטחונם האישי של אורחיו: "הִנֵּה נָא לִי שְׁתֵּי בָנוֹת אֲשֶׁר לֹא יָדְעוּ אִישׁ, אוֹצִיאָה נָּא אֶתְהֶן אֲלֵיכֶם וַעֲשׂוּ לָהֶן כַּטּוֹב בְּעֵינֵיכֶם" (בראשית יט ח). הצעה מזעזעת זו חזרה אליו כבומרנג בהיותו עם בנותיו במערה: "וַתֹּאמֶר הַבְּכִירָה אֶל הַצְּעִירָה... לְכָה נַשְׁקֶה אֶת אָבִינוּ יַיִן וְנִשְׁכְּבָה עִמּוֹ" (שם לא, לב). הקשר שבין זלזול לוט בבנותיו לבין זלזולן בו רמוז בלשון הפסוק: "וַתַּהֲרֶיןָ שְׁתֵּי בְנוֹת לוֹט מֵאֲבִיהֶן" (שם לו). המילה 'שְׁתֵּי' מיותרת לכאורה, שהרי אנו כבר יודעים שהיו שתיים, והיה מספיק לומר 'ותהרין בנות לוט מאביהן'. אלא שהדבר נועד להקביל לדברי לוט "הִנֵּה נָא לִי שְׁתֵּי בָנוֹת". מאחר שלוט זלזל בבנותיו, הן גמלו לו כמעשיו. את נושא הזלזול בתוך משפחה פגשנו כבר באדם וחווה, וכן בנח ואשתו, וגם שם התוצאות לא איחרו לבוא.

מהלך ב: עקדת יצחק

נסיון העקדה נועד לבדוק את עומק אמונתו של אברהם, כמו גם את יסודותיה: האם יראת האלוהים של אברהם תמימה דיה כדי להחזיק מעמד במציאות הנוגדת לחלוטין את ההיגיון? כדי לברר זאת אין מתאים מִצִיוּוי עקדת יצחק, הנוגד את ההיגיון יותר מכל דבר אחר.

1. הדמות המרכזית בעקדת יצחק

וַיַּשְׁכֵּם אַבְרָהָם בַּבֹּקֶר וַיַּחֲבֹשׁ אֶת חֲמֹרוֹ, וַיִּקַּח אֶת שְׁנֵי נְעָרָיו אִתּוֹ וְאֵת יִצְחָק בְּנוֹ וַיְבַקַּע עֲצֵי עֹלָה, וַיָּקָם וַיֵּלֶךְ אֶל הַמָּקוֹם אֲשֶׁר אָמַר לוֹ הָאֱ-לֹהִים. (בראשית כב ג)

בתיאור ההשכמה מופיע אברהם לבדו, שחובש את חמורו בעצמו כפי שדייקו חז"ל (בראשית רבה נה ח), ורק לאחר מכן מצטרפים אליו שני נעריו ויצחק בנו כדי לסייע לו בחטיבת העצים. אמנם גם חטיבת העצים כתובה בלשון יחיד: "וַיְבַקַּע", אך נראה שאין הכוונה שדווקא אחד מהם עשה זאת, וכפי שנכתב בהמשך הפסוק "וַיָּקָם וַיֵּלֶךְ אֶל הַמָּקוֹם", לשון יחיד, למרות שהכוונה לכל הארבעה.

זוהי דרכה הלשונית של התורה במקרים רבים; גם אם כמה אנשים השתתפו בביצוע פעולה מסוימת, המעשה מיוחס לדמות העיקרית שאחראית לכך. דוגמת "וַתְּדַבֵּר מִרְיָם וְאַהֲרֹן בְּמֹשֶׁה" (במדבר יב א), שם מרים הובילה בביקורתה. כך גם כאן, העקדה קרויה אמנם על שם יצחק, אך בסופו של דבר מדובר בנסיון שהוטל על אברהם, ולכן שאר הדמויות שבסיפור העקדה טפלות לו.[2]

2. בשורת עקדת יצחק מול בשורת לידתו

בַּיּוֹם הַשְּׁלִישִׁי וַיִּשָּׂא אַבְרָהָם אֶת עֵינָיו, וַיַּרְא אֶת הַמָּקוֹם מֵרָחֹק. (בראשית כב ד)

את ההתקרבות להר המוריה מציינת התורה במילים "וַיִּשָּׂא אַבְרָהָם אֶת

[2] בשולי הפסוק: נראה שחטבו את העצים כבר אז, שלושה ימים לפני העקדה, כדי שהעצים יספיקו להתייבש ולבעור היטב.

עֵינָיו וַיַּרְא", במקביל ללשון הכתוב בתחילת הפרשה: "וַיִּשָּׂא עֵינָיו וַיַּרְא, וְהִנֵּה שְׁלֹשָׁה אֲנָשִׁים נִצָּבִים עָלָיו" (בראשית יח ב). הקבלה לשונית זו איננה הדמיון היחיד בין שתי הפרשיות הללו. בביקור המלאכים נאמר: "וַיִּקַּח בֶּן בָּקָר רַךְ וָטוֹב, וַיִּתֵּן אֶל **הַנַּעַר** וַיְמַהֵר לַעֲשׂוֹת אֹתוֹ" (שם ז), ואילו כאן אמר אברהם: "שְׁבוּ לָכֶם פֹּה עִם הַחֲמוֹר, וַאֲנִי **וְהַנַּעַר** נֵלְכָה עַד כֹּה" (בראשית כב ה). שם מסופר שאברהם "עֹמֵד עֲלֵיהֶם **תַּחַת הָעֵץ**" (בראשית יח ח), וכאן הוא עתיד לשים את בנו "עַל הַמִּזְבֵּחַ **מִמַּעַל לָעֵצִים**" (בראשית כב ט). שם נכתב על אברהם: "**וַיִּקַּח** חֶמְאָה וְחָלָב" (בראשית יח ח), ואילו כעת ייכתב עליו: "**וַיִּקַּח** אֶת הַמַּאֲכֶלֶת לִשְׁחֹט אֶת בְּנוֹ" (בראשית כב י). ככל שאברהם התקרב אל ארץ המוריה, שם צפויים להסתיים חייו של יצחק, מתעצם הניגוד לאירוע שבו נתבשר על חיים אלה – הגעת המלאכים לפתח אוהלו כדי לבשר לו על לידת יצחק.

3. ירא אֱלוֹהִים ולא פילוסוף

כשאברהם נצטווה על עקדת בנו, נאמר: "אֶת בִּנְךָ אֶת יְחִידְךָ אֲשֶׁר אָהַבְתָּ" (בראשית כב ב), ואילו לאחר עמידתו של אברהם בנסיון, נאמר רק "אֶת בִּנְךָ אֶת יְחִידֶךָ" (שם טז) – ולא "אֲשֶׁר אָהַבְתָּ". מדוע השמיט הכתוב מילים אלה?

כדי לענות על שאלה זו יש להעמיק במהות נסיון העקדה. לא ניתן להסביר שהמטרה הייתה לבדוק את עצם אמונת אברהם בקב"ה, שהרי כבר נאמר עליו "וְהֶאֱמִן בה'" (בראשית טו ו). אולם, אברהם תפס והשיג את מציאות הקב"ה בכוח השכל, על ידי היקש הגיוני, כדברי המדרש: "היה אבינו אברהם אומר: תאמר שהעולם הזה בלא מנהיג?" (בראשית רבה לט א). גם ויכוחו עם הקב"ה על הצלת סדום נבע מנקודת מוצא שכלית, על בסיס תפישתו שמשפט הקב"ה צריך להיות מובן לבשר ודם. מכאן נוכל להבין מדוע אברהם לא התווכח עם הקב"ה על ציווי עקדת יצחק כפי שהתווכח על השמדת סדום: הגזירה שהוטלה על סדום נבעה מנימוקים הגיוניים של צדק, משפט וביעור רֶשע, ולכן היה אברהם יכול להתווכח עם הקב"ה בכלים שכליים עד לנקודה מסוימת. בעקדת יצחק, לעומת זאת, ציווי הקב"ה נמצא מעבר להשגת השכל האנושי: לא הייתה

נקודת מוצא עליה ניתן להתווכח, ולא נותרה לאברהם אפוא ברירה אלא לקיים את הציווי האלוהי מבלי להרהר אחריו.

מכוח תפיסה זו, שמשפטי ה' אמורים להיות מובנים לבני אדם, שאל אברהם עוד לפני העקדה: "בַּמָּה אֵדַע כִּי אִירָשֶׁנָּה" (בראשית טו ח). לכן נראה שנסיון העקדה נועד כדי לבדוק דבר הנמצא **מעבר** לכל הסבר הגיוני. פירוש המושג 'להאמין ב...' הוא לאַמֵּת ולאַשֵּׁר, ובדרך כלל האדם מאשר את מה שהוא יודע ומבין.

בניגוד לתחושת ביטחון הנלווית להשגה שכלית ברורה, חוסר ההבנה מביא לפַּחַד, כי האדם ירא ממה שהוא אינו מבין. מציאת הסבר מובן והגיוני לציווי הקב"ה על עקדת יצחק היא משימה בלתי אפשרית, גם לאברהם וגם לנו. אברהם לא היה יכול לנמק ולהסביר לעצמו או לאחרים את מה שנדרש ממנו, לקחת את בנו יחידו ולהקריבו, דבר שסותר גם את ההבטחה האלוהית "כִּי בְיִצְחָק יִקָּרֵא לְךָ זָרַע" (בראשית כא יב); אם יצחק ימות כיצד תקוים הבטחה זו?

כאן נכנסים דברי המלאך האחרונים, שהשמיט מדבריו את הביטוי 'אֲשֶׁר אָהַבְתָּ': "עַתָּה יָדַעְתִּי כִּי יְרֵא אֱלוֹהִים אַתָּה, וְלֹא חָשַׂכְתָּ אֶת בִּנְךָ אֶת יְחִידְךָ מִמֶּנִּי" (בראשית כב יב). כך גילה לנו שעיקר מה שהועמד כאן למבחן לא היה עניין האהבה, אלא היראה. הגם שנסיון זה נגע בגבול כוח סבלו של האדם, עדיין אין בציווי להקריב את 'אֲשֶׁר אָהַבְתָּ' משום ביטול השכל האנושי; כי יש הגיון-מה באלוהים, באשר הוא אלוהים, גם בשעה שהוא מצווה על האדם להקריב לו את האהוב עליו מכל. לכן לאחר העמידה המוצלחת בנסיון אומר הקב"ה לאברהם: "עַתָּה יָדַעְתִּי כִּי יְרֵא אֱלוֹהִים אַתָּה": אינך כמי שמוכן להכיר רק במה ששכלו מצליח לתפוס, אלא "יְרֵא אֱלוֹהִים אַתָּה" ולא פילוסוף.

חיבה יתירה לפרשת וירא

שירות ע"י אברהם

יֻקַּח נָא מְעַט מַיִם וְרַחֲצוּ רַגְלֵיכֶם וְהִשָּׁעֲנוּ תַּחַת הָעֵץ: וְאֶקְחָה פַת לֶחֶם וְסַעֲדוּ לִבְּכֶם. (בראשית יח ד-ה)

"יֻקַּח נָא מְעַט מַיִם" – על ידי נערו של אברהם. "וְאֶקְחָה פַת לֶחֶם" – על ידי אברהם עצמו. אברהם לא רצה שאורחיו יחכו בצימאונם, ולכן הטיל את הבאת המים על נערו המהיר ממנו. לעומת זאת, לאחר שהאורחים שתו והשיבו את נפשם, שירת אותם אברהם בעצמו, כדי לכבדם.

אברהם התמצא במטבח

וַיְמַהֵר אַבְרָהָם הָאֹהֱלָה אֶל שָׂרָה, וַיֹּאמֶר מַהֲרִי שְׁלֹשׁ סְאִים קֶמַח סֹלֶת לוּשִׁי וַעֲשִׂי עֻגוֹת. (בראשית יח ו)

ראינו בפרשת לך לך ששרה הייתה שותפה בעסקי ממון יחד עם אברהם, שכן נאמר "אֶת כָּל רְכוּשָׁם אֲשֶׁר רָכָשׁוּ" (בראשית יב ה), לשון רבים. וכאן מתבאר שאברהם היה בקי בעסקי המטבח לצד שרה. משל לאומן הנכנס אצל אומן חברו, איננו אומר לו 'עשה לי כְּלִי' סתם, אלא מפרט 'קח חומר זה ועשה באופן זה'. כך גם אברהם פרט לשרה את הכמויות וסוג החומרים וההוראות איך להכין העוגות. אברהם אף הכין בעצמו את הבקר, כפי שנאמר שהביא לאורחים "חֶמְאָה וְחָלָב וּבֶן הַבָּקָר אֲשֶׁר עָשָׂה" (בראשית יח ח).

גילוי לב וספקות

וַיֹּאמֶר ה' אֶל אַבְרָהָם לָמָּה זֶה צָחֲקָה שָׂרָה. (בראשית יח יג)

הבשורה על לידת יצחק עוררה אצל אברהם ושרה תגובות דומות – צחוק המבטא לכאורה חוסר אמון. באברהם נאמר: "וַיִּפֹּל אַבְרָהָם עַל פָּנָיו **וַיִּצְחָק**, וַיֹּאמֶר בְּלִבּוֹ, הַלְּבֶן

מֵאָה שָׁנָה יִוָּלֵד וְאִם שָׂרָה הֲבַת תִּשְׁעִים שָׁנָה תֵּלֵד" (בראשית יז יז), ואצל שרה נאמר בדומה: **וַתִּצְחַק** שָׂרָה בְּקִרְבָּהּ לֵאמֹר, אַחֲרֵי בְלֹתִי הָיְתָה לִּי עֶדְנָה וַאדֹנִי זָקֵן" (בראשית יח יב).

אולם למרות הדמיון בין שתי התגובות, הקב"ה הקפיד על צחוקה של שרה ולא הקפיד על צחוקו של אברהם. מדוע?

תגובתו של אברהם הייתה שונה מתגובתה של שרה בנקודה בסיסית: גילוי לב. אברהם לא הסתיר מה' את צחוקו, שהרי התורה מעידה "וַיִּפֹּל אַבְרָהָם עַל פָּנָיו וַיִּצְחָק" – בגלוי, ולא בקרבו כפי שכתוב בשרה. מכיוון שאברהם לא ניסה להסתיר את ספקותיו, הקב"ה לא הקפיד על כך. מלבד זאת, אברהם פנה אל הקב"ה וביטא את חששו על בנו הגדול במפורש: וַיֹּאמֶר אַבְרָהָם אֶל הָאֱלוֹהִים לוּ יִשְׁמָעֵאל יִחְיֶה לְפָנֶיךָ (בראשית יז יח). כנגדו, שרה הסתירה את מחשבותיה. הסתרה זו מעידה שלא האמינה שרה במה שנתבשרה, בדומה לאדם המשוכנע שאין תשובה לשאלתו ולכן אינו שואל. שרה הכחישה שצחקה, היות שהצחוק היה ביטוי לחוסר אמונה.

הסתרה כזו מנוגדת גם לדרישת התורה באשר ליחסים בין-אישיים. התורה מצווה: "לֹא תִשְׂנָא אֶת אָחִיךָ בִּלְבָבֶךָ, הוֹכֵחַ תּוֹכִיחַ אֶת עֲמִיתֶךָ, וְלֹא תִשָּׂא עָלָיו חֵטְא" (ויקרא יט יז). כלומר, אל תסתיר תחושה שחברך פגע בך, בהנחה שחברך פגע במתכוון ועל כן אין לך מה לדבר אתו, אלא הוכֵח אותו ותן לו אפשרות להסביר את מעשיו או להתנצל.

הסיבה לאי-התגלות ה' לשרה

> וַיֹּאמֶר שׁוֹב אָשׁוּב אֵלֶיךָ כָּעֵת חַיָּה וְהִנֵּה בֵן לְשָׂרָה אִשְׁתֶּךָ וְשָׂרָה שֹׁמַעַת פֶּתַח הָאֹהֶל.
> (בראשית יח י)

כבר בפרשה הקודמת קיבל אברהם את הבשורה אודות הבן העתיד להיוולד לשרה: "וְאֶת בְּרִיתִי אָקִים אֶת יִצְחָק, אֲשֶׁר תֵּלֵד לְךָ שָׂרָה לַמּוֹעֵד הַזֶּה בַּשָּׁנָה הָאַחֶרֶת" (בראשית יז כא). אך אברהם לא סיפר זאת לאשתו, מפני שחשש ששרה לא תאמין לבשורה המופלאה אם תשמע אותה מפיו.

תמימות אינה ניקיון כפיים

וַיֹּאמֶר אֵלָיו הָאֱלוֹהִים בַּחֲלֹם גַּם אָנֹכִי יָדַעְתִּי כִּי בְתָם לְבָבְךָ עָשִׂיתָ זֹּאת. (בראשית כ ו)

אבימלך הצטדק על מעשיו: "בְּתָם לְבָבִי וּבְנִקְיֹן כַּפַּי עָשִׂיתִי זֹאת" (בראשית כ ה), ואילו הקב"ה הודה לו על תום לבבו בלבד. על ניקיון כפיים לא הודה לו, כי אבימלך התעסק עם נשים שבאו בגבולו ולא שייך לקרוא להתנהלות זו ניקיון כפיים. לכן אברהם התלונן בהמשך "רַק אֵין יִרְאַת אֱלוֹהִים בַּמָּקוֹם הַזֶּה" (שם יא).

ייאושה של הגר

וַיִּכְלוּ הַמַּיִם מִן הַחֵמֶת וַתַּשְׁלֵךְ אֶת הַיֶּלֶד תַּחַת אַחַד הַשִּׂיחִם. וַתֵּלֶךְ וַתֵּשֶׁב לָהּ מִנֶּגֶד הַרְחֵק כִּמְטַחֲוֵי קֶשֶׁת כִּי אָמְרָה אַל אֶרְאֶה בְּמוֹת הַיָּלֶד. (בראשית כא טו-טז)

רבים רגילים לבקר את הגר על השלכת הילד, שכן הדבר מעיד על ניתוק רגשי. אך פרשנות זו אינה לוקחת בחשבון את היותה של הגר שפחה שסולקה מביתה, עם לחם וחמת מים בלבד ללא רכוש אחר. נראה שפעולה זו שנעשתה ע"י אברהם השכם בבוקר אף הייתה ללא התראה. כאשר תעתה הגר במדבר וישמעאל התייבש, מסתבר שהגר חשבה שרצונו של אברהם היה שימות בנו. הגר פעלה בהלם וללא תקווה, והשליכה את ישמעאל תחת אחד השיחים. לזכותה ייאמר שלא התייחסה לגורלה שלה אלא לגורל הנער.

העקדה ודם ברית

כיצד ייתכן שאברהם ימית את בנו? מכיוון שאברהם כבר נצטווה לשלוח יד בגופו ובגוף בנו בברית המילה, לכן היה מסוגל גם לשלוח יד בבנו בעקדה. ישנו קשר נוסף בין שתי הפרשות: אפשר שהציות המהיר של אברהם למלאך משפקד לעצור את העקדה – בניגוד לכאורה למצוות הקב"ה – נבע מכך שאברהם זיהה את קולו של המלאך כמי שבישר לו על לידת יצחק.

פרשת חיי שרה

מהלך א: רכישת מערת המכפלה

בשלושה מישורים פעל אברהם לבדל את יצחק מעמי כנען. שיקול זה עמד מאחורי הדרישה לאחוזת קבר נפרדת לקבורת שרה, כמו גם הדרישה שלא להשיא את יצחק לאשה כנענית, וכן תרם להחלטתו לשלוח את בני קטורה קדמה אל ארץ קדם, משום שבני קטורה היו בני פילגש כנענית, כפי שכתב רמב"ן. נפתח בעניין אחוזת הקבר:

תחילה הציעו בני חת לתת לאברהם בחינם כל קבר שירצה, אך לבסוף אישרו מכירה לאברהם בסך ארבע מאות שקל כסף! מה השתנה, וסביב מה נסב המשא ומתן עם בני חת? אברהם דרש 'אֲחֻזַּת קֶבֶר', שהיא חלקה נפרדת בקצה שדה שנועדה לקבורה על ידי בני חת. בקשה זו הייתה עקרונית לאברהם, היות שאחוזת קבר תעגן את ההיאחזות של בית אברהם בארץ כנען ותקבע את הזהות הנבדלת של משפחתו. ואילו בני חת הציעו לו לקבור את שרה במבחר קבריהם, אך לא בחלקה נפרדת: "שְׁמָעֵנוּ אֲדֹנִי... בְּמִבְחַר קְבָרֵינוּ קְבֹר אֶת מֵתֶךָ" (בראשית כג ו). אברהם אמנם הוכר על ידי בני חת כ"נְשִׂיא אֱלוֹהִים", וקבורת שרה במבחר קבריהם תהיה להם לכבוד גדול, אך אברהם עמד על שלו, ואף הוסיף פרטים על מיקום אחוזת הקבר המבוקשת: "אִם יֵשׁ אֶת נַפְשְׁכֶם לִקְבֹּר אֶת מֵתִי מִלְּפָנַי שְׁמָעוּנִי וּפִגְעוּ לִי בְּעֶפְרוֹן בֶּן צֹחַר. וְיִתֶּן לִי אֶת מְעָרַת הַמַּכְפֵּלָה... בְּכֶסֶף מָלֵא יִתְּנֶנָּה לִי בְּתוֹכְכֶם לַאֲחֻזַּת קָבֶר" (שם ח-ט).

כיצד פעל אברהם להשגת מבוקשו? הוא פתח במשא ומתן בפני כל בני חת, ואף ציין שישלם בעבורו כסף מלא. עפרון דבק תחילה בקו של בני חת, שאפשרו לאברהם לקבור את שרה במבחר הקברים אך סירבו לבקשתו לאחוזה נבדלת. אך עפרון שמע את הצעת 'כֶּסֶף מָלֵא' ולכן התקרב לאברהם שלא באזני בני חת כבפעם הראשונה, והציג בפני אברהם בלבד את תביעתו המופקעת לארבע מאות שקל כסף, שכן התבייש להציג ברבים את המחיר המופרז: "וַיַּעַן עֶפְרוֹן אֶת אַבְרָהָם לֵאמֹר **לוֹ**: אֲדֹנִי שְׁמָעֵנִי אֶרֶץ אַרְבַּע מֵאֹת שֶׁקֶל כֶּסֶף בֵּינִי וּבֵינְךָ מַה הִוא וְאֶת מֵתְךָ קְבֹר" (בראשית כג יד-טו). הכתוב מדגיש: "לֵאמֹר **לוֹ**", באזניו – ולא כסגנונה של תורה 'ויען... לאמר'; ועפרון אף הדגיש שהדבר צריך להישאר "**בֵּינִי וּבֵינְךָ**", כדי שבני עירו לא יבקרו את סכום העסקה. אברהם הסכים לתשלום המופקע, ובעקבות העסקה שנסגרה בין אברהם ועפרון, התעשתו בני חת לבקשתו. הפסוק האומר "וַיִּשְׁקֹל אַבְרָהָם לְעֶפְרֹן אֶת־הַכֶּסֶף אֲשֶׁר דִּבֶּר בְּאָזְנֵי בְנֵי־חֵת אַרְבַּע מֵאוֹת שֶׁקֶל כֶּסֶף" (בראשית כג טז), אין משמעותו שאברהם פרסם ברבים את הסכום, אלא רק שהוא אכן קנה את מערת המכפלה בכסף מלא, כפי שהבטיח בראשית דבריו לבני חת: "בְּכֶסֶף מָלֵא יִתְּנֶנָּה לִּי" (שם ט).

פעמיים מספרת לנו התורה שהשדה והמערה קמו לאברהם למקנָה: "וַיָּקָם שְׂדֵה עֶפְרוֹן... וַיָּקָם הַשָּׂדֶה וְהַמְּעָרָה אֲשֶׁר בּוֹ לְאַבְרָהָם, לַאֲחֻזַּת קָבֶר מֵאֵת בְּנֵי חֵת (בראשית כג יז,כ). למה נכפל? כי מכירת המערה התבצעה בכמה שלבים: (1) תחילה העביר אברהם לעפרון את התשלום; (2) כתוצאה מכך קיבל ממנו את הבעלות על השדה; (3) ובשלב הסופי אישרו תושבי העיר את המכירה ואת ייעודה.

מהלך ב: המחלוקת בין אליעזר לאברהם

> לֹא תִקַּח אִשָּׁה לִבְנִי מִבְּנוֹת הַכְּנַעֲנִי אֲשֶׁר אָנֹכִי יוֹשֵׁב בְּקִרְבּוֹ. כִּי אֶל אַרְצִי וְאֶל מוֹלַדְתִּי תֵּלֵךְ וְלָקַחְתָּ אִשָּׁה לִבְנִי לְיִצְחָק. (בראשית כד ג-ד)

אברהם הורה לעבדו ללכת דווקא אל ארצו ארץ שנער, ואל מולדתו – העיר אור כשדים, אך לא הזכיר את בית אביו שבעיר חרן. הדבר מעורר פליאה: מדוע לא הנחה אברהם את אליעזר (כפי שזיהו חז"ל את עבד

אברהם) ללכת הישר אל חרן, מקום קרובי משפחתו – כפי שהלה אכן עשה?! שתיקת אברהם בנושא בית אביו בולטת עוד יותר לנוכח הצגת הדברים על ידי אליעזר בפני משפחת רבקה. אליעזר הצהיר שלוש פעמים שהוא נצטווה ללכת דווקא אל משפחת אברהם בחרן!

ייתכן שהסיבה להעדפתו של אברהם את אור כשדים טמונה בכך שהוא התגורר בעיר זו במשך כשבעים שנה. יש להניח שהוא השפיע על סביבתו, ושרבים מתושבי עיר מולדתו הכירו בה' כאלוהי משפחת אברהם – אם כי לא כאלוהי העולם – יותר מאשר אנשי חרן, ולכן הוא הניח שימצא אליעזר דווקא שם אישה מתאימה ליצחק. הגם שבאותם ימים, נערה הנישאת אל תוך משפחה הייתה מקבלת על עצמה את פולחן בעלה, בכל זאת קיווה אברהם שיוכל אליעזר למצוא אישה שאמונתה קרובה לאמונתו.

אך אליעזר לא הסכים עם אברהם, וסבר שעדיף לו ללכת דווקא לחרן; לעומת בת אור כשדים הרחוקה, יקל עליו יותר למצוא בת חרן שתסכים ללכת לכנען, הקרובה יחסית. כך הוא טען: "אוּלַי לֹא תֹאבֶה הָאִשָּׁה לָלֶכֶת אַחֲרַי אֶל הָאָרֶץ הַזֹּאת" (בראשית כד ה). כלומר, אולי לא תסכים האישה ללכת את כל הדרך הארוכה מאור כשדים עד ארץ כנען; במקום זאת הציע אליעזר תכנית אחרת – "הֶהָשֵׁב אָשִׁיב אֶת בִּנְךָ אֶל הָאָרֶץ אֲשֶׁר יָצָאתָ מִשָּׁם?" (שם). כוונת אליעזר רמוזה כאן פעם נוספת, כשהאריך בדבריו ואמר "הָאָרֶץ אֲשֶׁר יָצָאתָ מִשָּׁם" במקום להשיב בקצרה – "אל ארצך". אברהם דיבר על אור כשדים ואילו אליעזר תמך בהליכה לחרן.

אברהם דחה את ההצעה והזהיר: "הִשָּׁמֶר לְךָ פֶּן תָּשִׁיב אֶת בְּנִי שָׁמָּה"(בראשית כד ו), אך הוא קיבל חלקית את טענתו של אליעזר, והותיר את הבחירה בידיו: "ה' אֱלוֹהֵי הַשָּׁמַיִם אֲשֶׁר לְקָחַנִי מִבֵּית אָבִי וּמֵאֶרֶץ מוֹלַדְתִּי, הוּא יִשְׁלַח מַלְאָכוֹ לְפָנֶיךָ" (שם ז) – לקחת אישה מהיכן שתראה לנכון, אם מ'בית אבי' בחרן ואם מ'[עיר] מולדתי' באור כשדים. ההכרעה בין השיקולים השונים הוטלה לבסוף על אליעזר[1]; איזו הדרכה בכל זאת מסר אברהם לאליעזר? על כך נרחיב להלן.

---

[1] וכך מסיים הכתוב את הדיון: "וישם העבד את ידו תחת ירך אברהם אדניו, וישבע לו על הדבר הזה" (שם ט) – כלומר, רק על כך שהוא לא ישיב את יצחק לארם נהריים. אך לא נשבע

מהלך ג: הסתמכות על הנס

ה' אֱלוֹהֵי הַשָּׁמַיִם... הוּא יִשְׁלַח מַלְאָכוֹ לְפָנֶיךָ וְלָקַחְתָּ אִשָּׁה לִבְנִי מִשָּׁם. (בראשית כד ז)

עד לפרשת בחירת האישה התנהל אברהם ללא ציפייה להתערבות אלוהית. אדרבה, הוא תכנן במדוקדק את תכניותיו, תוך נטילת אחראיות לתוצאות. כך תכנן אברהם דרך הישרדות במסעותיו; כך נפרד מלוט עקב מריבות הרועים; כך דלק אחרי ארבעת המלכים לשחרר את לוט; כך בנה אסטרטגיה של התנהלות מול מלך סדום. ואילו בחיפוש אישה ליצחק, סמך אברהם על כך שיהיה סיוע משמים. מה גרם לחריגה זו?

הקב"ה הבטיח לאברהם שיעשהו גוי גדול, ושביצחק יקרא לו זרע. כמו כן הבטיח ה' שדור רביעי ישובו לארץ כנען. מסתבר שאברהם לא השיא את יצחק עד זקנותו כי חשש להיטמע בין עמי כנען. כאשר הזקין, הבין שהזמן אוזל ועליו לפעול. הבטחת "וְאֶעֶשְׂךָ לְגוֹי גָּדוֹל" (בראשית יב ב) לא תוכל להתממש אם צאצאי אברהם ייטמעו בין עמי כנען. היות שמטרת שליחת עבדו אל ארצו הייתה לבדל את צאצאיו מעמי כנען, ובאותו זמן למצוא אישה המכירה בה' – סבור היה אברהם שה' ישלח מלאכו לפניו.

בשל כך דיבר אברהם על האישה, בה"א הידיעה: "וְאִם לֹא תֹאבֶה הָאִשָּׁה לָלֶכֶת אַחֲרֶיךָ, וְנִקִּיתָ מִשְּׁבֻעָתִי" (בראשית כד ח). הכוונה לאותה אישה שיבחר המלאך. אברהם התנה שאם אישה זו תסרב ללכת לארץ כנען, יהיה אליעזר רשאי להימנע מלחפש אישה אחרת (שלא תיבחר על ידי מלאך). ובכל זאת חזר אברהם והזהיר שאסור לו להוציא את יצחק מחוץ לארץ כנען: "וְנִקִּיתָ מִשְּׁבֻעָתִי זֹאת, רַק אֶת בְּנִי לֹא תָשֵׁב שָׁמָּה" (שם). הרי לנו שאברהם הקפיד על ישיבת ארץ ישראל עד כדי כך שהיה מוכן לוותר על זיווגו של בנו באמצעות מלאך ה'.

כך, אליעזר יצא לארם נהריים כדי לחפש אישה ליצחק, אך את מלאכת מציאת האישה הוא השאיר לקב"ה: "וַיֹּאמַר, ה' אֱלֹוהֵי אֲדֹנִי אַבְרָהָם, הַקְרֵה נָא לְפָנַי הַיּוֹם... וְאָמְרָה שְׁתֵה וְגַם גְּמַלֶּיךָ אַשְׁקֶה, אֹתָהּ הֹכַחְתָּ לְעַבְדְּךָ לְיִצְחָק"

לו על מה שדובר בתחילה, שהוא ילך לחפש אישה דווקא באור כשדים. ואכן בהמשך מיוחסת בחירת הדרך לאליעזר: "והאיש משתאה לה, לדעת ההצליח ה' דרכו אם לא" (בראשית כד כא).

(בראשית כד יב, יד). אליעזר לא ניסה למצוא אישה בדרכים מקובלות, אלא ביקש התערבות נסית – דבר שאיננו מצוי כל כך במקרא. אולם הוא לא נהג כך על דעת עצמו, אלא הבין זאת מדברי אדונו, אברהם, שרמז לו שיוכל לצפות לסיוע אלוהי: "ה' אֱלוֹהֵי הַשָּׁמַיִם... הוּא יִשְׁלַח מַלְאָכוֹ לְפָנֶיךָ וְלָקַחְתָּ" (שם ז).

כבר בדברים אלה, קודם שנקרא את המשך הפרשה, יכולים אנו לגלות רמזים לאירועים שיתרחשו בהמשך. אברהם ברך את אליעזר שהקב"ה ישלח את מלאכו **לפניו** – וכוונתו הייתה שהמלאך יפעל להצלחת שליחות עבדו עוד קודם הגעתו אל היעד, וכשיבוא לחרן הכל כבר יהיה מסודר. ואכן כך בדיוק התרחש, כפי שמתאר הכתוב: "וַיְהִי הוּא טֶרֶם כִּלָּה לְדַבֵּר – וְהִנֵּה רִבְקָה יֹצֵאת..." (בראשית כד טו).

מהלך ד: רבקה וגלגל המים

אליעזר יצא למצוא אישה ליצחק. עם הגיעו לחרן נשא תפילה לקב"ה, ובה ביקש: "וְהָיָה הַנַּעֲרָ אֲשֶׁר אֹמַר אֵלֶיהָ הַטִּי נָא כַדֵּךְ וְאֶשְׁתֶּה, וְאָמְרָה שְׁתֵה וְגַם גְּמַלֶּיךָ אַשְׁקֶה, אֹתָהּ הֹכַחְתָּ לְעַבְדְּךָ לְיִצְחָק" (בראשית כד יד). בקשה זו התממשה מיד, כפי שהכתוב מתאר בהרחבה: "וַיָּרָץ הָעֶבֶד לִקְרָאתָהּ וַיֹּאמֶר הַגְמִיאִינִי נָא מְעַט מַיִם מִכַּדֵּךְ. וַתֹּאמֶר שְׁתֵה אֲדֹנִי... וַתְּכַל לְהַשְׁקֹתוֹ, וַתֹּאמֶר גַּם לִגְמַלֶּיךָ אֶשְׁאָב עַד אִם כִּלּוּ לִשְׁתֹּת. וַתְּמַהֵר וַתְּעַר כַּדָּהּ אֶל הַשֹּׁקֶת וַתָּרָץ עוֹד אֶל הַבְּאֵר לִשְׁאֹב, וַתִּשְׁאַב לְכָל גְּמַלָּיו" (שם יז-כ).

מה מתואר כאן? אליעזר הביא עמו לחרן גמלים במספר לא מבוטל: "עֲשָׂרָה גְמַלִּים מִגְּמַלֵּי אֲדֹנָיו" (בראשית כד י). עשרה גמלים, הבאים ממסע ארוך ומצמיא, מסוגלים לשתות למעלה מאלף ליטר מים. ואכן, יש פרשנים שהתלהבו ממסירותה של רבקה, שהתאמצה כביכול למלא ולרוקן את כדה מאות פעמים ברציפות כדי להרוות את צימאונם של כל הגמלים.

ואולם תיאור זה אינו מסתבר כלל. ראשית, מניין לנערה צעירה כוח פיזי לבצע משימה כזאת. יתר על כן, למה יעמיד עבד אברהם את הנערה במבחן של עבודת פרך, וכי אליעזר חיפש שפחה בעבור יצחק? ועוד,

האין זה חוסר דרך ארץ – הגובל בחילול השם – לתת לנערה להתאמץ כה, מבלי לנקוף אצבע לעזור לה?

לכן נראה שהייתה כאן מציאות אחרת לגמרי. התורה משתמשת בפרשתנו בשלושה מונחים שונים כדי להבחין בין שלושה סוגי מקווה מים: 'עין' (בראשית כד טז) בה מילאו כדים לצרכי בני אדם, 'באר' (שם כ) ממנה שאבו מים לבהמות, ו'שוקת' (שם) אליה שפכו את המים שנשאבו מן הבאר, כדי לאפשר לבהמות גישה נוחה אל המים. אליעזר דייק בניסוח בקשתו: "הַטִּי נָא כַדֵּךְ וְאֶשְׁתֶּה, וְאָמְרָה שְׁתֵה" – מן הכד; "וְגַם גְּמַלֶּיךָ אַשְׁקֶה" – מן השוקת. באותה תקופה השקו את השדות במצרים ובאזור באמצעות גלגלי מים ומכשירים מכניים דומים, שהופעלו על ידי דיווש בפֶּדַלים או בפעולה ידנית, והעלו את המים מהנהר או מהבאר. כך מתוארת השקיית השדות במצרים: "וְהִשְׁקִיתָ בְרַגְלְךָ כְּגַן הַיָּרָק" (דברים יא י). חרן הייתה עיר גדולה שישבה על אם הדרך בין בבל לארץ כנען, ושיירות רבות הגיעו אליה בנוסף על המקנה של אנשי העיר, ובוודאי היו בה הסדרים קבועים להשקיית הבהמות. רבקה העלתה את המים מהבאר באמצעות מכונה, ולא על ידי מילוי ידני של כדה. כך מדויק גם מהמשך הפסוקים: "גַּם לִגְמַלֶּיךָ **אֶשְׁאָב**" – על ידי מכשיר, בניגוד ל"**וַתְּמַלֵּא** כַדָּהּ" בעצמה, וכן: "וַתָּרָץ עוֹד אֶל הַבְּאֵר – לִשְׁאֹב, וַתִּשְׁאַב לְכָל גְּמַלָּיו" (בראשית כד כ). כוונת הכתוב "ותער כדה אל השוקת" היא שלאחר שאליעזר סיים לשתות, רוקנה רבקה את שארית המים שנותרו בכד, ואז רצה אל הבאר כדי לשאוב לגמלים.

הסבר זה הופך את הפרשה חיה ומתקבלת על הדעת. אליעזר לא התמקד ביכולת הפיזית של האישה המיועדת ליצחק, אלא במידותיה ותכונותיה. ההצלחה במבחן הועמדה על תשובת "שְׁתֵה – וְגַם גְּמַלֶּיךָ אַשְׁקֶה"; מן הסתם, כל נערה שתתבקש להטות כדה ולהשקות אדם הבא מן הדרך תמלא אחר הבקשה, שכן זהו נימוס בסיסי ביותר ואין בו כדי להוכיח שהנערה ראויה ליצחק. על כך תוכיח השקיית הגמלים מבלי שאליעזר יבקש זאת.[2]

[2] אין לומר שאליעזר התנה את המבחן בכך שהנערה תציע לו 'שתה' מבלי שיבקש, שכן פשט הפסוק סותר זאת. אין זה מדרך הצניעות לפנות כך לאיש זר – כדברי הגמרא על הפסוק "אשר

רבקה אכן עמדה במבחן זה – ובהצטיינות יתירה, כפי שהכתוב מדגיש שלוש פעמים: "**וַתְּמַהֵר** וַתֹּרֶד כַּדָּהּ עַל יָדָהּ וַתַּשְׁקֵהוּ", "**וַתְּמַהֵר** וַתְּעַר כַּדָּהּ אֶל הַשֹּׁקֶת, **וַתָּרָץ** עוֹד אֶל הַבְּאֵר" (בראשית כד יח, כ). מעשה החוזר על עצמו שלוש פעמים נחשב ל'חזקה' (יבמות סד ב), ורבקה אכן הוחזקה בזריזות מופלאה בגמילות חסדים, ממנה התפעל אליעזר: "וְהָאִישׁ מִשְׁתָּאֵה לָהּ" (שם כא). חזקה דומה של זריזות בגמילות חסדים כבר הופיעה אצל חמיה העתידי של רבקה – אברהם – בפרשת ביקור המלאכים: "**וַיָּרָץ** לִקְרָאתָם מִפֶּתַח הָאֹהֶל", "**וַיְמַהֵר** אַבְרָהָם הָאֹהֱלָה", "וְאֶל הַבָּקָר **רָץ** אַבְרָהָם".[3] ההקבלה בין שני המקרים מאירה באור חדש את זיווגם של יצחק ורבקה: גומלת חסדים בזריזות זוכה להשתדך עם משפחה של גומלי חסדים בזריזות.

מהלך ה: התחכום בשכנוע המשפחה

דברי העבד במטרה לשכנע את המשפחה: "הַגִּידוּ לִי, וְאִם לֹא הַגִּידוּ לִי, וְאֶפְנֶה עַל יָמִין אוֹ עַל שְׂמֹאל" (בראשית כד מט), מתפרשים בשתי דרכים: או 'עַל יָמִין' לכיוון אור כשדים שבמזרח ו'עַל שְׂמֹאל' חזרה אל כנען שבמערב, או בפשטות כמטאפורה – ימינה ושמאלה אל בתים אחרים בעיר חרן. אליעזר הודיע כאן לקרובי רבקה שאם הם יתנגדו לשידוך עם יצחק, הוא ילך לחפש אישה ממשפחה אחרת. אולם למעשה, הורה אברהם לאליעזר שאם האישה שתיבחר לא תבוא אתו, אין עליו חיוב לחפש אישה אחרת.

זוהי דוגמא אחת מבין הבדלים רבים בין המציאות המתוארת בכתוב לבין הגרסה אותה מסר אליעזר, בתבונה רבה; מצד אחד סיפר למשפחת רבקה שאברהם הנחה אותו ללכת דווקא אליהם – קרובי המשפחה: "וְלָקַחְתָּ אִשָּׁה לִבְנִי מִמִּשְׁפַּחְתִּי וּמִבֵּית אָבִי" (בראשית כד מ), על אף שאברהם לא הזכיר את משפחתו, ומאידך הבהיר להם שיש לו אלטרנטיבה אם יסרבו. כמו כן סיפר להם שאת התכשיטים הוא נתן לרבקה רק לאחר

לא קדמו אתכם בלחם ומים" (דברים כג ה): "דרכו של איש לקדם, ולא דרכה של אשה לקדם" (יבמות עו ב, ראו שם).

3 בהתאמה: בראשית יח ב, שם ו-ז. וכן זירז אברהם את בני ביתו: "מהרי שלש סאים קמח סולת לושי ועשי עגות", "ויתן אל הנער וימהר לעשות אתו" (בראשית יח ו-ז).

ששמע שהיא "בַּת בְּתוּאֵל בֶּן נָחוֹר אֲשֶׁר יָלְדָה לוֹ מִלְכָּה", בעוד הכתוב מתאר שאליעזר המתפעל עשה זאת ברגע שרבקה סיימה את המלאכה, ורק לאחר מכן שאל אותה "בַּת מִי אַתְּ" (בראשית כד כג). כמו כן הסתיר ממשפחת רבקה את העובדה שאברהם אסר עליו להשיב את יצחק אל ארצם. בנוסף, אברהם התנה את ביטול השבועה בסירוב האישה המיועדת: "וְאִם לֹא תֹאבֶה הָאִשָּׁה לָלֶכֶת אַחֲרֶיךָ וְנִקִּיתָ מִשְּׁבֻעָתִי" (שם ח), אך אליעזר סיפר לקרובי רבקה שהדבר תלוי גם בהם: "כִּי תָבוֹא אֶל מִשְׁפַּחְתִּי וְאִם לֹא יִתְּנוּ לָךְ וְהָיִיתָ נָקִי מֵאָלָתִי" (שם מא).

לשינויים הללו יש מכנה משותף: האדרת כבודם של קרובי רבקה, במגמה להחמיא להם ולפרוט על מיתרי גאוותם וחשיבותם העצמית, דבר שיגדיל את הסיכוי לקבל את הסכמתם לשידוך.

חיבה יתירה לפרשת חיי שרה

הספד ובכי יחד עם בני חת

> וַתָּמָת שָׂרָה בְּקִרְיַת אַרְבַּע הִוא חֶבְרוֹן בְּאֶרֶץ כְּנָעַן, וַיָּבֹא אַבְרָהָם לִסְפֹּד לְשָׂרָה וְלִבְכֹּתָהּ. (בראשית כג ב)

אברהם בא כדי לספוד לשרה, אמנם לא מפורש להיכן בא. אך מכיוון שהספד דרכו להינשא בפני רבים, נראה שכוונת הכתוב לומר שאברהם בא אל בני חת כדי להספיד את שרה באוזניהם. הבכי המוזכר בפסוקנו ניתן אף הוא להתפרש כפעולה בה משתף אברהם את בני חת, שכן ניתן לקרוא זאת גם כ'לַבְכּוֹתָהּ' – לְהַבְכּוֹת אחרים יחד עמו, כפי שנאמר במדרש על הפסוק "בָּכוֹ תִבְכֶּה בַּלַּיְלָה": "בֹּכָה וּמְבַכָּה אחרים עמה" (איכה רבה א כג).

נחור וכיבוד אביו

וַיָּקָם וַיֵּלֶךְ אֶל אֲרַם נַהֲרַיִם אֶל עִיר נָחוֹר. (בראשית כד י)

כפי שמתברר בהמשך הפרשה, 'עִיר נָחוֹר' שבפסוקנו היא העיר חרן, בה עצרו אברהם ותרח אביו במסעם אל ארץ כנען. בסוף פרשת לך לך הכתוב מפרט את שמות היוצאים מאור כשדים, אך נחור איננו מוזכר ביניהם: "וַיִּקַּח תֶּרַח אֶת אַבְרָם בְּנוֹ, וְאֶת לוֹט בֶּן הָרָן בֶּן בְּנוֹ, וְאֵת שָׂרַי כַּלָּתוֹ אֵשֶׁת אַבְרָם בְּנוֹ, וַיֵּצְאוּ אִתָּם מֵאוּר כַּשְׂדִּים" (בראשית יא לא). מסתבר שנחור לא רצה בתחילה לנדוד עם קרוביו עד ארץ כנען הרחוקה, אך כששמע שתרח עצר באמצע הדרך והתיישב בחרן, שינה נחור דעתו והחליט לבוא ולסעוד את אביו בזקנתו. ייתכן אף שאברהם דחה את המשך המסע אל ארץ כנען עד בואו של נחור לחרן, כדי שאביהם הזקן לא ייעזב לבדו.

אליעזר: 'עבד' או 'איש'?

וְהָאִישׁ מִשְׁתָּאֵה לָהּ, מַחֲרִישׁ לָדַעַת הַהִצְלִיחַ ה' דַּרְכּוֹ אִם לֹא. (בראשית כד כא)

בכל חמש הפעמים הקודמות בהן מוזכר אליעזר בפרשה זו, הוא מכונה 'עבד': "וַיֹּאמֶר אַבְרָהָם אֶל עַבְדּוֹ" (בראשית כד ב), "וַיֹּאמֶר אֵלָיו הָעֶבֶד" (שם ה), "וַיָּשֶׂם הָעֶבֶד אֶת יָדוֹ" (שם ט), "וַיִּקַּח הָעֶבֶד עֲשָׂרָה גְמַלִּים" (שם י), "וַיָּרָץ הָעֶבֶד לִקְרָאתָהּ" (שם יז). ואילו מפסוקנו ואילך משתדרג מעמדו של אליעזר, והוא הופך ל'איש': "וְהָאִישׁ מִשְׁתָּאֵה לָהּ" (שם כא), "וַיִּקַּח הָאִישׁ נֶזֶם זָהָב"(שם כא), "וַיִּקֹּד הָאִישׁ וַיִּשְׁתַּחוּ לה'" (שם כו), "וַיָּרָץ לָבָן אֶל הָאִישׁ" (שם כט), "לֵאמֹר 'כֹּה דִבֶּר אֵלַי הָאִישׁ', וַיָּבֹא אֶל הָאִישׁ" (שם ל), "וַיָּבֹא הָאִישׁ הַבַּיְתָה" (שם לב).

מה פשר השינוי במעמדו של אליעזר? התשובה טמונה בפסוקנו: "ההצליח ה' דרכו אם לא". כל עוד לא היה ידוע אם תכניתו העצמאית של אליעזר תנחל הצלחה, הוא קרוי 'עבד'; אך כעת, כאשר כבר יודעים שהקב"ה סייע לו והוא מצא אישה ראויה, הריהו הופך ל'איש' – אדם חשוב העומד בזכות עצמו. כך גם בהמשך, אף על פי שאליעזר גילה לבני הבית שהוא עבד – "עֶבֶד אַבְרָהָם אָנֹכִי" (בראשית כד לב) – הם מוסיפים להתייחס אליו כ'איש' דווקא: "הֲתֵלְכִי עִם הָאִישׁ הַזֶּה" (שם נח), ובכך נחשפת הערכתם כלפיו.

גם בהמשך מתבטא פער זה בין תפיסת אליעזר את עצמו לבין תפיסת הסובבים אותו, כשהכתוב חוזר לתארו כ'עבד' (בראשית כד נט, סא, סה-סו) ואילו בעיני רבקה ונערותיה הוא עדיין 'האיש' (שם סא), עד שרבקה רואה את יצחק והוא נעשה ל'האיש' בעיניה, לעומת אליעזר שחזר להיות 'העבד' (שם סה).

זהות מלוויו של אליעזר

> וַיִּתֵּן תֶּבֶן וּמִסְפּוֹא לַגְּמַלִּים, וּמַיִם לִרְחֹץ רַגְלָיו וְרַגְלֵי הָאֲנָשִׁים אֲשֶׁר אִתּוֹ. (בראשית כד לב)

אליעזר לא יצא לבדו לחפש אישה ליצחק; הוא הביא עמו שיירה שלמה, הכוללת גמלים, רכוש רב ואנשים נוספים שילוו אותו. מי היו אנשים אלמונים אלה?

נראה שמדובר בפועלים שכירים, או לחילופין בני בריתו של אברהם, אך לא בעבדים נוספים שלו. לכן הם מכונים בפסוקנו 'אנשים' ולא 'עבדים', ולכן אליעזר מבקש מלבן ובתואל: "שַׁלְּחֻנִי לַאדֹנִי" (בראשית כד נד), בלשון יחיד, ולא 'שלחונו לאדוננו', בלשון רבים, כי הוא מתכוון רק לעצמו ולא לאנשים שאתו.

יוצא מכאן שאברהם לא שלח עבדים פשוטים למסע אל ארם נהריים, ומסתבר שהסיבה לכך הייתה החשש שהם עלולים לברוח ולהיעלם במהלך הדרך הארוכה. רק על אליעזר, שהיה "זְקַן בֵּיתוֹ הַמֹּשֵׁל בְּכָל אֲשֶׁר לוֹ" (בראשית כד ב), היה אברהם יכול לסמוך. באופן דומה אנו מוצאים שגם בני יעקב הלכו בעצמם לרעות את צאן אביהם בשכם ולא שלחו עבדים לעשות זאת (בראשית לז יב ואילך), ואפשר שמאותה סיבה העדיף יעקב לשלוח דווקא את בניו להביא אוכל ממצרים הרחוקה (בראשית מב ב ואילך),[4] ולא את עבדיו, שעלולים לנצל את ההזדמנות ולברוח.

[4] זאת במידה ונשארו לו עבדים, בשנות הרעב, וראו להלן בפרשת מקץ.

דעתם המעורבת של לבן ובתואל

לֹא נוּכַל דַּבֵּר אֵלֶיךָ רַע אוֹ טוֹב. הִנֵּה רִבְקָה לְפָנֶיךָ קַח וָלֵךְ. (בראשית כד נ-נא)

למרות שלבן ובתואל הסכימו לשידוך, עדיין קיננו בהם ספקות, כפי שיעידו בהמשך נסיונות העיכוב מצדם: "תֵּשֵׁב הַנַּעֲרָ אִתָּנוּ יָמִים אוֹ עָשׂוֹר אַחַר תֵּלֵךְ", "נִקְרָא לַנַּעֲרָ וְנִשְׁאֲלָה אֶת פִּיהָ" (בראשית כד נה, נז).

אך מעבר ללבטים בנושא עזיבת רבקה את הבית לארץ רחוקה, מבצבצת בין מילות הכתוב צרות עין בנושא העסקה, ושמא הרהרו האב והאח אם יכלו לדרוש מחיר גבוה יותר מהמגדנות שנתן להם אליעזר. לבן ובתואל ענו לאליעזר: "לא נוכל דבר אליך רע או טוב" – והקדמת ה'רַע' ל'טוֹב' חושפת את דעתם האמתית; בדומה לנאמר בפרשת אמנון ותמר: "וְלֹא דִבֶּר אַבְשָׁלוֹם עִם אַמְנוֹן לְמֵרַע וְעַד טוֹב כִּי שָׂנֵא אַבְשָׁלוֹם אֶת אַמְנוֹן" (שמואל ב יג כב), ובניגוד לקב"ה שהקדים 'טוב' ל'רע' כשאמר ללבן: "הִשָּׁמֶר לְךָ פֶּן תְּדַבֵּר עִם יַעֲקֹב מִטּוֹב עַד רָע" (בראשית לא כד).[5]

מסר זה עולה גם מחלקו השני של פסוקנו. האמירה "הִנֵּה רִבְקָה לְפָנֶיךָ קַח וָלֵךְ" מבטאת נימה של התרעמות כלפי הלוקח, בדומה לדברי פרעה שהשתמש באותה לשון: "לָמָה אָמַרְתָּ אֲחֹתִי הִוא?... וְעַתָּה הִנֵּה אִשְׁתְּךָ, קַח וָלֵךְ!" (בראשית יב יט) כאשר גירש את אברהם.

[5] וכך הוא פשט הדברים, שאילולי "מה' יצא הדבר" אכן היו לבן ובתואל מדברים עם אליעזר "רע או טוב".

פרשת תולדות

מהלך א: דמותה של רבקה

במשך הדורות הועלו שאלות רבות באשר ליחסים במשפחת יצחק ורבקה, שהגיעו לכאורה לנקודת רתיחה בבחירת יצחק בעשו לקבלת הברכה. למראית עין הביאו יחסים אלה לגלגול הברכות ליעקב בדרכים פסולות, תוך זלזול באביו הישיש ורמיסת זכויות אחיו הבכור. לדעתנו קריאה מדוקדקת של הפרשה תוביל למסקנה הפוכה. נפתח במערכת היחסים שבין יצחק ורבקה.

יש שתארו את רבקה כמי שהתבטלה והקטינה את עצמה בפני בעלה, פחדה ממנו ולא העזה להתווכח אתו.[1] לדעתנו זוהי תמונה מעוותת שאינה משקפת את אופייה הפעלתני של רבקה; אדרבה, דומה שהיא הייתה דמות ייחודית בין ארבע האימהות, עצמאית ובעלת יוזמה ותעוזה, כפי שהכתוב מתאר אותה בהרחבה למן הרגע הראשון:

א. רבקה הציעה מיוזמתה לעבד אברהם: "גַּם לִגְמַלֶּיךָ אֶשְׁאָב" (בראשית כד יט), וקיימה את דבריה במלואם: "וַתִּשְׁאַב לְכָל גְּמַלָּיו" (שם כ).

ב. בהמשך אמרה על דעת עצמה: "גַּם תֶּבֶן גַּם מִסְפּוֹא רַב עִמָּנוּ, גַּם מָקוֹם לָלוּן", כמי שאיננה צריכה ליטול רשות מהוריה כדי להכניס אורחים (רבים!) או לתת להם ממלאי התבן המשפחתי.

---

[1] העמק דבר, בראשית כד סה.

ג. שידוכיה לא נעשו באופן פאסיבי או מתוך הסכמתה שבשתיקה. בני משפחתה שאלו את דעתה – "נִקְרָא לַנַּעֲרָ וְנִשְׁאֲלָה אֶת פִּיהָ" (בראשית כד נז) – והיא זאת שהחליטה: "אֵלֵךְ" (שם נח).

ד. קרוביה השתאו ממנה ובירכוה בברכת "אֲחֹתֵנוּ אַתְּ הֲיִי לְאַלְפֵי רְבָבָה" (בראשית כד ס). תחילת ברכה זו דומה להפליא בתוכנה לברכת אברהם שה' יעשנו לגוי גדול; והֶמשכה "וְיִירַשׁ זַרְעֵךְ אֵת שַׁעַר שֹׂנְאָיו" (שם) מקביל לברכת ה' לאברהם לאחר העקדה, "וְיִרַשׁ זַרְעֲךָ אֵת שַׁעַר אֹיְבָיו" (בראשית כב יז).

ה. אפילו נפילתה מן הגמל לאחר שראתה את יצחק רומזת לעצמאותה, כי היא קפצה מבלי לחכות שאחרים יקשרו ויבריכו את הגמל ויורידוה.

ו. ויותר מכל, אופייה של רבקה התבטא בתוכנית שרקמה להסב את הברכה מעֵשָׂו אל יעקב, תוך נכונות לשאת בתוצאות: "עָלַי קִלְלָתְךָ בְּנִי" (בראשית כז יג)! תכנית זו מפריכה כל טענה כאילו הביטה ביצחק ביראת רוממות יתירה.

ואף על פי כן – ואולי דווקא משום כך – מעיד הכתוב על יצחק ורבקה: "וַתְּהִי לוֹ לְאִשָּׁה וַיֶּאֱהָבֶהָ, וַיִּנָּחֵם יִצְחָק אַחֲרֵי אִמּוֹ" (בראשית כד סז).

מהלך ב: התקשרות בין יצחק ורבקה

באשר לטענה שיצחק ורבקה לא שוחחו האחד עם השני, שהרי לא הוזכר שדיווחה לו על נבואת "שְׁנֵי גוֹיִם בְּבִטְנֵךְ" (בראשית כה כג) – אין הכרח בדבר. ועוד, הנבואה מתפרשת בשתי דרכים הפוכות: או שהרב יעבוד את הצעיר, או שאת הרב יעבוד הצעיר. רבקה פירשה שה'רב' – הגדול – יעבוד את הצעיר, ואילו יצחק פירש להפך, שהצעיר יעבוד את ה'רב'. כמו כן יתכן שרבקה פירשה את הנבואה כמכוונת רק לאומות שתצאנה לעתיד מהבנים, ואילו יצחק סבר שהדברים תקפים גם לגבי הבנים עצמם: מי שאמיץ יותר – "וּלְאֹם מִלְאֹם יֶאֱמָץ" (שם) – הוא שישלוט. סביר להניח שיצחק ורבקה אכן דנו בפירוש הנבואה, וכל אחד החזיק בפירושו.

לעומת המחלוקת סביב זהות הבן היורש – שררה תמימות דעים בין יצחק ורבקה בנושא התנהגותן של נשות עֵשָׂו. אלה היו "מֹרַת רוּחַ לְיִצְחָק

וּלְרִבְקָה" (בראשית כו לה), לשניהם, וברוח זו רבקה פנתה אל יצחק ואמרה שקצה בחייה מפני בנות חת (בראשית כז מו). תמימות דעים זו עולה גם מיציאת יעקב לחרן, עליה מספר הכתוב שיעקב שמע "אֶל אָבִיו וְאֶל אִמּוֹ" (בראשית כח ז) שציווהו לקחת אישה מבנות פדן ארם ולא מבנות כנען. את חילוקי הדעות ביניהם אנו מוצאים סביב נושא אחד בלבד: זהות הבן הראוי לברכה. מחלוקת זו התקיימה עד שרבקה הכריעה אותה במו ידיה, באמצעות יעקב, ולבסוף הודה לה יצחק גם בנושא זה, באומרו: "גַּם בָּרוּךְ יִהְיֶה" (בראשית כז לג).

על התקשורת בין יצחק ורבקה יכולים אנו ללמוד גם מן הפסוק "וְרִבְקָה שֹׁמַעַת בְּדַבֵּר יִצְחָק אֶל עֵשָׂו בְּנוֹ" (בראשית כז ה). פסוק זה נאמר לאחר שיצחק ציווה על עשו לצוד ציד על מנת להתברך, ולכאורה היה על התורה לכתוב 'ורבקה שמעה', או 'ותשמע רבקה', בלשון עבר. אך התורה נקטה בלשון הווה ש"רבקה **שֹׁמַעַת**" – שהייתה רגילה לשמוע.[2] אכן לא הייתה זו האזנה אקראית שהביאה לחשיפת תכנית ברכת עֵשָׂו, אלא התנהלות קבועה של רבקה. רבקה לא צותתה בסתר לבעלה; ואף יצחק לא הסתיר ממנה את כוונתו לברך את עֵשָׂו. אותה הלשון נאמרה אצל שרה: "**וְשָׂרָה שֹׁמַעַת** פֶּתַח הָאֹהֶל" (בראשית יח י), כשעמדה פתח האוהל ולא מאחורי הדלת, והמלאך אמר את דבריו מתוך ידיעה שהדברים מגיעים לאוזניה. כך גם כאן, יצחק דיבר עם עֵשָׂו ביודעו שרבקה רגילה לשמוע – וכך היה, כמסתבר, לאורך נישואיהם.

סביר להניח שהמחלוקת בין יצחק לרבקה סביב זהות הבן הראוי לברכה הייתה קיימת זמן רב, כבר מגיל ההתבגרות ("וַיִּגְדְּלוּ הַנְּעָרִים", בראשית כה כז). יצחק לא הסתיר את כוונתו לברך את עֵשָׂו, וכאשר רבקה נוכחה לדעת שאין ביכולתה להזיזו מהחלטתו, היא טוותה – כבר אז – תכנית פעולה שתאפשר ליעקב להשיג את הברכה. כעת, כשהגיעה שעת הכושר, חשפה רבקה את תכניתה.

---

[2] השוו מלכים א י א: "ומלכת שבא שומעת את שֵׁמַע שלמה לשם ה', ותבוא לנסותו בחידות", וכפי שפירש רד"ק: "שומעת תמיד את שמע שלמה". כך גם בפסוק "והם לא ידעו כי שומע יוסף, כי המליץ בינותם" (בראשית מב כג), משמעות המילה 'שומע' היא 'מבין' ויודע את שפתם (כפי שפירשו רש"י ורשב"ם), כלומר שגם כאן מדובר במציאות קבועה ונמשכת.

כך משתמע מהוראת רבקה ליעקב לקחת שני גדיי עִזים. יצחק בוודאי היה מסתפק במטעמים מגְדִי אחד, אך רבקה ביקשה שני גדיים לצורך הפרוות, משום שנצרכו שניים כדי לכסות את שתי ידיו ואת צווארו של יעקב (בראשית כז טז). כל זה בטרם אמר יעקב: "אוּלַי יְמֻשֵּׁנִי אָבִי" (שם יב)!

עובדה זו גם נלמדת מהלשון 'וְרִבְקָה אָמְרָה': "וְרִבְקָה אָמְרָה אֶל יַעֲקֹב בְּנָהּ לֵאמֹר הִנֵּה שָׁמַעְתִּי אֶת אָבִיךָ מְדַבֵּר אֶל עֵשָׂו אָחִיךָ לֵאמֹר" (בראשית כז ו). בניגוד ללשון 'וְרִבְקָה שֹׁמַעַת', בלשון הווה, כאן מופיע התיאור בלשון עבר: 'וְרִבְקָה אָמְרָה'. לשון זו מציינת את העבר הרחוק. מבנה לשוני זה מופיע גם בפרשת סדום: "וה' אָמָר, הַמְכַסֶּה אֲנִי מֵאַבְרָהָם אֲשֶׁר אֲנִי עֹשֶׂה" (בראשית יח יז), כלומר שהקב"ה החליט מכבר לספר לאברהם על הפיכת סדום. כך גם נאמר: "וְיוֹסֵף אָמַר לַאֲשֶׁר עַל בֵּיתוֹ, קוּם רְדֹף אַחֲרֵי הָאֲנָשִׁים" (בראשית מד ד), שיוסף תכנן קודם לכן את הטמנת הגביע והרדיפה אחרי אחיו. כך גם הפעילה רבקה עתה את תכנית המגירה אשר נבנתה מכבר למקרה שלא תצליח לשכנע את יצחק לבחור ביעקב.

מהלך ג: מדוע אהב יצחק את עשו, ורבקה את יעקב?

> וַיֵּצֵא הָרִאשׁוֹן אַדְמוֹנִי, כֻּלּוֹ כְּאַדֶּרֶת שֵׂעָר, וַיִּקְרְאוּ שְׁמוֹ עֵשָׂו. וְאַחֲרֵי כֵן יָצָא אָחִיו, וְיָדוֹ אֹחֶזֶת בַּעֲקֵב עֵשָׂו... וַיִּגְדְּלוּ הַנְּעָרִים, וַיְהִי עֵשָׂו אִישׁ יֹדֵעַ צַיִד אִישׁ שָׂדֶה, וְיַעֲקֹב אִישׁ תָּם יֹשֵׁב אֹהָלִים. וַיֶּאֱהַב יִצְחָק אֶת עֵשָׂו כִּי צַיִד בְּפִיו, וְרִבְקָה אֹהֶבֶת אֶת יַעֲקֹב. (בראשית כה כה-כח)

עֵשָׂו ויעקב נבדלו האחד מהשני הן בגוף, הן בעיסוק והן באישיות. הכינוי בו מתואר עֵשָׂו, 'אַדְמוֹנִי', איננו מכוּוָן רק למראהו החיצוני של עֵשָׂו, שהיה שעיר במקום שיעקב היה 'אִישׁ חָלָק' (בראשית כז יא). הכוונה לנטיית לבו; עֵשָׂו היה בטבעו ובמזגו אדמוני, תוסס וחם-מזג המתקשה לשבת בשקט, ולכן היה לאיש שדה – בדומה לדוד המלך, שאף הוא מתואר כ'אַדְמוֹנִי' (שמואל א טז יב) ובעת שאחיו ישבו בסעודת הזבח, נשאר הוא בשדה לרעות בצאן (שם יא). יעקב, בניגוד לעֵשָׂו, היה בעל מזג שקט ומתבונן והעדיף לשבת אהלים.

הבדלים אלה מבוארים בפסוק "וַיְהִי עֵשָׂו אִישׁ יֹדֵעַ צַיִד אִישׁ שָׂדֶה, וְיַעֲקֹב

אִישׁ תָּם יֹשֵׁב אֹהָלִים". התואר של עֵשָׂו 'יֹדֵעַ צַיִד' מתאים למי שלמד היטב את מלאכת הציד, ולא יותר מכך. אך התורה לא קבעה ש"ויהי עשו יודע ציד" אלא "ויהי עשו **איש** יודע ציד" – שהציד טבוע באישיותו. כך גם לגבי 'אִישׁ שָׂדֶה': טבעו של עֵשָׂו לא סבל ישיבה ממושכת בבית.

בניגוד לעֵשָׂו, יעקב אמנם היה "אִישׁ תָּם" באופיו אך "יֹשֵׁב אֹהָלִים" בבחירתו. לא נאמר עליו שהיה 'איש אהלים' או 'איש יושב אהלים', כי העדפתו לשבת אהלים לא נבעה מכורח אישיותו. הוא היה מסוגל להתמודד עם חיי מעש במידה הדומה לעֵשָׂו – כפי שהוכיח בשנות שהותו אצל לבן ("הָיִיתִי בַיּוֹם אֲכָלַנִי חֹרֶב וְקֶרַח בַּלָּיְלָה וַתִּדַּד שְׁנָתִי מֵעֵינָי", בראשית לא מ) – אך העדיף סגנון חיים שונה.

רבים התלבטו בשאלה, מדוע אהב יצחק את עֵשָׂו הצייד החושני, ולא את יעקב התם. רש"י הביא מהמדרש שעֵשָׂו 'צד' ורימה את אביו הזקן, כאילו הוא מדקדק במצוות (על פי מדרש תנחומא ח), אך אין זה מכבודו של יצחק אבינו לציירו כמרומה. והגם שעיניו של יצחק כהו מראות, כהות זאת הייתה בזקנתו, ואילו התורה מספרת על אהבת יצחק לעֵשָׂו מיד לאחר "וַיִּגְדְּלוּ הַנְּעָרִים", קודם שהזקין. מלבד זאת, נאמר על יצחק בזקנתו שעיניו כהו מֵראות, אבל שאר חושיו לא נפגמו: אזניו לא כבדו משמוע – "וַיֹּאמֶר הַקֹּל קוֹל יַעֲקֹב" (בראשית כז כב), ידיו לא איבדו את רגישותן – "וַיְמֻשֵּׁהוּ וַיֹּאמֶר... וְהַיָּדַיִם יְדֵי עֵשָׂו" (שם), וחוש הריח לא נפגם – "וַיָּרַח אֶת רֵיחַ בְּגָדָיו וַיְבָרְכֵהוּ... רֵיחַ בְּנִי כְּרֵיחַ שָׂדֶה אֲשֶׁר בֵּרֲכוֹ ה'" (שם כז). נראה אפוא שמלבד עיוורונו היה יצחק פיקח לכל דבר, וכפי שמעידה גם תפיסתו המידית את המצב: "בָּא אָחִיךָ בְּמִרְמָה וַיִּקַּח בִּרְכָתֶךָ" (שם לה). לכן חשש יעקב שייחשף, ואמר: "אוּלַי יְמֻשֵּׁנִי אָבִי וְהָיִיתִי בְעֵינָיו כִּמְתַעְתֵּעַ" (שם יב). לאור כל זאת, לא מסתבר שעֵשָׂו היה יכול לרמות את יצחק בנקודה כה מהותית, ולאורך שנים.

לנו נראה שיצחק אכן הכיר בחסרונותיו של עֵשָׂו, ובכל זאת אהב אותו. התורה מסבירה שיצחק אהב את עֵשָׂו "כִּי צַיִד בְּפִיו", אך לא ביארה – בפיו של מי? רש"י הסביר על פי אונקלוס שהכוונה לפיו של יצחק, ש"מִצֵּידֵיה [של עֵשָׂו] הוה אכיל". פירוש זה, שיצחק אהב את עשו כי היה אוכל מצֵידו של עשו, מעורר פליאה: וכי יצחק, העשיר המופלג אשר עליו נאמר "וַיִּגְדַּל

הָאִישׁ וַיֵּלֶךְ הָלוֹךְ וְגָדֵל עַד כִּי גָדַל מְאֹד" (בראשית כו יג) היה זקוק לציד של עֵשָׂו? גם אם נֹאמר שכוונת הפסוק למטעמים שאהב יצחק ואשר עֵשָׂו ידע להכין – "וַעֲשֵׂה לִי מַטְעַמִּים כַּאֲשֶׁר אָהַבְתִּי" (בראשית כז ד) – הלוא גם רבקה ידעה להכין מטעמים אלה: "וְאֶעֱשֶׂה אֹתָם מַטְעַמִּים לְאָבִיךָ כַּאֲשֶׁר אָהֵב" (שם ט). והרי כאשר יעקב הגיש את מטעמי רבקה לאביו, לא הבחין יצחק בטעם הבשר שהכינה רבקה שאינו בשר ציד.

לנו נראה הפוך, שהמלים "כִּי צַיִד בְּפִיו" אין כוונתן לפיו של יצחק, אלא של עֵשָׂו. עֵשָׂו זכה להערכת אביו כי היה עצמאי וכלכל את עצמו מצֵידו. זאת בניגוד ליעקב שישב באוהל וניזון משל הוריו. מסתבר שיצחק ראה בעֵשָׂו מה שהיה חסר בעצמו. יצחק לא נלחם במלכים כאברהם אביו, לא נאבק עם המלאך כיעקב בנו, ואף לא יצא מגבולות ארץ כנען. ואולי נזדעזעה נפשו מן העקדה; שהרי כאשר יעקב הוכיח את לבן, הוא כינה את הקב"ה 'אלוהי אברהם ופחד יצחק' (בראשית לא מב). יצחק ראה בעֵשָׂו גיבור ציד ולכן אהבו. ייתכן שהתורה רומזת במילים "כִּי צַיִד בְּפִיו" [=בפי עשו] שעשו נהג להתרברב בפני יצחק על צידו, ודיבורים אלה עשו רושם.

מדוע הייתה תכונה זו כה חשובה בעיני יצחק? יצחק חיפש יורש שעל ידו תתקיים "הַשְּׁבֻעָה אֲשֶׁר נִשְׁבַּעְתִּי לְאַבְרָהָם אָבִיךָ" (בראשית כו ג). השאלה שעמדה בראש מעייניו של יצחק הייתה, מי מבניו מתאים לייסד עם גדול ולממש בכך את ברכת ה' לאברהם? על פניו עֵשָׂו התאים לכך, ואילו התכונות הרוחניות החסרות לו יוכלו עֵשָׂו או צאצאיו לסגל לעצמם בהמשך. אך מה תועיל רוחניותו של יעקב, אם איננו מסוגל להתמודד עם החיים שמחוץ לאוהל?

כך סבר יצחק, ובכך הייתה טעותו. הוא לא הבחין בכך שיעקב לא ישב אהלים עקב היעדר יכולת לעסוק בחיי מעש. הוא לא הכיר בעמידותו של יעקב, כפי שזו התבטאה לאחר מכן למשך עשרים שנות התמודדות בבית לבן. הוא סבר שעליו לבחור בין שני בנים שלכל אחד חסרונות משלו, ובחר בעֵשָׂו איש המעשה ולא ביעקב איש הרוח, כי ברוח ללא מעשים לא יכון עם.

ועדיין נצטרך להסביר מדוע הפך עֵשָׂו רשע, כפי שמשתמע מהחלטתו לרצוח את יעקב. לא מזג אישי חם ותוסס גורם לרשעות, ואף לא השפעת

מקצוע. מה ששיחק כאן היה הגורם הסביבתי: יעקב שישב בביתו נשאר סמוך להוריו והיה נתון להשפעתם, ואילו עֵשָׂו לן בשדות, הרחק מהוריו ומן היישוב, והתחבר לטיפוסים מפוקפקים ואלימים שהסתובבו שם. מכאן קצרה הדרך ללמוד ממעשיהם ולהיות מושפע מתכונותיהם.

רבקה, בניגוד ליצחק, העדיפה את יעקב.[3] הסיבה לכך נעוצה אף היא בפסוק "כִּי צַיִד בְּפִיו, וְרִבְקָה אֹהֶבֶת אֶת יַעֲקֹב". משמע, רבקה אהבה את יעקב דווקא בגלל הציד שבפי עֵשָׂו. כמי שנולדה בחרן בבית בתואל, היא הכירה טיפוסים פעלתנים מסוגו של עֵשָׂו – לבן אחיה, למשל – ולא התרשמה מהם. היא העדיפה את יעקב התם, שכדוגמתו לא היה מצוי בבית אביה. ועוד, יעקב היה דומה באופיו ליצחק, ואת יצחק אהבה רבקה.

מהלך ד: המוני בני הדתות

הבדל אחד בולט מפריד בין הברכות לאבות. אברהם ויעקב הובטחו שמשפחות האדמה יתברכו בהם ובזרעם, ואילו יצחק הובטח רק שיתברכו בזרעו: "וַיֵּרָא אֵלָיו ה' וַיֹּאמֶר... וְהִתְבָּרְכוּ בְזַרְעֲךָ כֹּל גּוֹיֵי הָאָרֶץ" (בראשית כו ב, ד). מה פשר הבדל זה?

הדבר יובן על פי התפלגות הדתות העתידות לצאת מזרע האבות במהלך הדורות. אברהם הוליד את ישמעאל, שמזרעו יצאה דת האסלם על המוני מאמיניה. מזרעו של יעקב יצא אותו האיש וממנו הדת הנוצרית שמאמיניה רואים את עצמם כמחליפים את בני ישראל [=יעקב] כביכול. אלו כמו אלו הם 'משפחות האדמה', המייחסות את עצמן באופן ישיר לאברהם או ליעקב, ולכן נאמר לשניהם "ונברכו **בך**", באופן אישי. לעומת הנצרות והאסלם, לא נוצרה במהלך הדורות דת המונים שייחסה את עצמה ליצחק. עֵשָׂו בנו היה רק "אֲבִי אֱדוֹם" (בראשית לו ט), עם לא-גדול שישב בעבר הירדן ונכחד בתקופת בית שני. בימי צדקיהו האדומים עדיין היו קיימים כאומה עם מלך (ירמיהו כז ג), אך הנביא הודיע להם על חורבנם הסופי

---

[3] לשון הכתוב "ויאהב יצחק את עֵשָׂו" בוי"ו ההיפוך, לעומת "ורבקה אוהבת את יעקב" בלשון הווה נמשך, מרמזת שרבקה אהבה את יעקב מראשיתו, בניגוד ליצחק שהעדיף את עֵשָׂו רק לאחר שגדל והחל לעסוק בציד. כך היא דרכה של אמהות, שהאֵם מכירה את אופי בניה הקטנים יותר מהאב, ואכן רבקה זיהתה את טבעם של יעקב ועֵשָׂו עוד מילדותם.

"כְּמַהְפֵּכַת סְדֹם וַעֲמֹרָה... לֹא־יֵשֵׁב שָׁם אִישׁ וְלֹא־יָגוּר בָּהּ בֶּן־אָדָם" (ירמיהו מט יח, ויחזקאל כה יב-יד). ובימי בית שני הם נכבשו ונתגיירו. אמנם חז"ל כינו את האומה הרומית בשם 'אדום' וזיהו את בניה כצאצאי עשו (יומא י א, מכות יב א, ועוד), אך הרומאים לא ייחסו עצמם ליצחק.

"וְנִבְרְכוּ בְךָ" (בראשית יב ג; שם כח יד) – אך אין אתה מתברך בהם, שבני דתות אלה מררו חייהם של ישראל מאז ועד עולם. וכן אמר הקב"ה לאברהם: "וֶהְיֵה בְּרָכָה" (בראשית יב ב), היה ברכה לאחרים.

מהלך ה: למה שלח יצחק את עשו לצוד ציד?

> וְעַתָּה שָׂא נָא כֵלֶיךָ תֶּלְיְךָ וְקַשְׁתֶּךָ, וְצֵא הַשָּׂדֶה וְצוּדָה לִּי צָיִד. וַעֲשֵׂה לִי מַטְעַמִּים כַּאֲשֶׁר אָהַבְתִּי וְהָבִיאָה לִּי וְאֹכֵלָה, בַּעֲבוּר תְּבָרֶכְךָ נַפְשִׁי בְּטֶרֶם אָמוּת. (בראשית כז ג-ד)

מהו המניע לבקשת יצחק שעֵשָׂו יצא לצוד ציד קודם שיברך אותו? היה בכך סימן שעדיין התלבט יצחק בין שני בניו. משל לאדם המבקש לקנות אבן יקרה ומתקשה לבחור באחת מבין שתיים. גם לאחר הכרעתו לטובת אחת מהן, אם הוא עדיין מתלבט, הוא יבקש פעם נוספת לבחון את האבן היקרה שבה בחר.

הוא המצב בו היה יצחק נתון. היו לו שני בנים, ולשניהם יתרונות וחסרונות. כאמור, הוא בחר לברך את עֵשָׂו בשל עצמאותו ותושייתו, אך לא היה שלם בבחירתו. הוא המשיך להתלבט בין הבנים גם לאחר שנפלה החלטתו לברך את עֵשָׂו. לכן ביקש יצחק מעֵשָׂו לצאת לשדה על מנת להפגין שוב את צדדי היתרון שלו כדי שיוכל לברכו בלב שלם, ללא התלבטויות.

מהלך ו: למה ברך יצחק את עשו אם היה מסופק בזהותו?

> וַיִּגַּשׁ יַעֲקֹב אֶל יִצְחָק אָבִיו וַיְמֻשֵּׁהוּ וַיֹּאמֶר, הַקֹּל קוֹל יַעֲקֹב וְהַיָּדַיִם יְדֵי עֵשָׂו. (בראשית כז כב)

דבריו אלה של יצחק נאמרו בסיומה של חקירה שערך לבנו העומד לפניו

לפני מתן הברכה: "מִי אַתָּה, בְּנִי", "מַה זֶּה, מִהַרְתָּ לִמְצֹא בְּנִי", "גְּשָׁה נָּא וַאֲמֻשְׁךָ בְּנִי, הַאַתָּה זֶה בְּנִי עֵשָׂו אִם לֹא" (בראשית כז יח-כא).

מתעוררת תהייה גדולה: יצחק ביקש למשש את בנו העומד לפניו על מנת לעמוד על זהותו. אך המישוש לא הוביל למסקנה חד-משמעית, אלא להפך, לפליאה גדולה – כפי שהתבטא יצחק בדברי השתוממות: "הַקֹּל קוֹל יַעֲקֹב וְהַיָּדַיִם יְדֵי עֵשָׂו". אם יצחק עדיין היה מסופק לגבי זהות הבן הניצב לפניו, למה המשיך וברכו? היה לו לעצור כל עוד קנן ספק בלבו.

לי נראה שהקריאה "הַקֹּל קוֹל יַעֲקֹב וְהַיָּדַיִם יְדֵי עֵשָׂו" לא הייתה ביטוי לבלבול או ספק מצד יצחק, אלא קריאת צהלה. סוף סוף עמד לפני יצחק בן שלכאורה היו בו גם את 'קול יעקב' וגם את 'ידי עֵשָׂו'. בן זה ידע לצוד ציד, אבל הזכיר בדיבורו לאביו את שם ה' – "כִּי הִקְרָה ה' אֱלֹקֶיךָ לְפָנָי" (בראשית כז כ). הבן דיבר בעדינות ודאג לנוחיות אביו באמרו "קוּם נָא שְׁבָה" (שם יט), שלא כעֵשָׂו אשר לאחר מכן יצווה "יָקֻם אָבִי וְיֹאכַל מִצֵּיד בְּנוֹ" (שם לא). היות שסגנון דיבור יכול להשתנות אך לא כן העור, יצחק הסיק שבעקבות בחירתו בעֵשָׂו לקבלת הברכה, עבר עֵשָׂו מהפך מסוים וסיגל לעצמו את התודעה הרוחנית של יעקב ואת עדינות דיבורו. אז פרצה מפיו קריאת שמחה: "הַקֹּל קוֹל יַעֲקֹב וְהַיָּדַיִם יְדֵי עֵשָׂו"! סוף סוף, כך חשב יצחק, יש לו בן המאחד בתוכו את מלוא התכונות הנדרשות להנחלת הברכה, ולכן ברכו בלב שלם.

מיד לאחר מכן התברר ליצחק שהוא טעה, אבל למעשה גם צדק: לא עֵשָׂו הוא שלמד לדבר בסגנונו של יעקב, אלא יעקב הוא שלמד לפעול בתעוזה, ב'ידיו' של עֵשָׂו. לא עֵשָׂו הוא הבן המושלם אלא יעקב, ולכן הוא הראוי לברכה. אמנם יצחק התעצב שבנו האהוב עֵשָׂו לא סיגל לעצמו את קול יעקב, ולכן חרד ואמר: "מִי אֵפוֹא הוּא הַצָּד צַיִד וַיָּבֵא לִי וָאֹכַל מִכֹּל בְּטֶרֶם תָּבוֹא וָאֲבָרְכֵהוּ" (בראשית כז לג); אך במקום לבטל את הברכה, אישרר אותה ואמר: "גַּם בָּרוּךְ יִהְיֶה" (שם). לא עֵשָׂו הוא הבן המושלם אלא יעקב – ולכן הוא הראוי לברכה.

וכן בכל הדורות ידע עם ישראל לשרוד כיוון ששילב ידי עֵשָׂו עם קול יעקב.

מהלך ז: עריות ועסקי ממון בגרר

וַיִּקְרָא אֲבִימֶלֶךְ לְיִצְחָק וַיֹּאמֶר אַךְ הִנֵּה אִשְׁתְּךָ הִוא וְאֵיךְ אָמַרְתָּ אֲחֹתִי הִוא וַיֹּאמֶר אֵלָיו יִצְחָק כִּי אָמַרְתִּי פֶּן אָמוּת עָלֶיהָ. (בראשית כו ט)

יחסי האבות עם שכניהם היו סבוכים. מצד אחד כינו בני חת את אברהם 'נְשִׂיא אֱלוֹהִים', ומנגד לא מיהרו לאפשר לו היאחזות במקום, דבר שבא לידי ביטוי במשא ומתן על אחוזת הקבר. גם נסיעותיהם של האבות לוו בסכנות והתנכלויות, מולן נזקקו האבות לגלות תושייה – אשר פעמים הועילה ופעמים לא.

לעתים השתנו התנאים לטובה מתקופה לתקופה. כך, גם במצרים וגם בגרר הציג אברהם את שרה כאחותו ושרה נלקחה ע"י המלך. ייתכן שבמשך השנים שחלפו מאז שהותו שם של אברהם, הסכנה שנשקפה לאורח נשוי פחתה, אולי בהשפעת המלך החדש. אמנם כשאבימלך התלונן על שהוצגה רבקה כפנויה, תרץ יצחק שחשש לחייו, "פֶּן אָמוּת עָלֶיהָ". טיעון זה של יצחק מזכיר את דברי אברהם אל מלך גרר הקודם – "וַהֲרָגוּנִי עַל דְּבַר אִשְׁתִּי" (בראשית כ יא) – אך אברהם אמר "וַהֲרָגוּנִי", ודאי, ואילו יצחק חשש מן הספק: "פֶּן אָמוּת עָלֶיהָ". כמו כן, אברהם הצדיק את עמדתו בקביעה שאנשי גרר הם נעדרי יראת שמים – "אֵין יִרְאַת אֱלוֹהִים בַּמָּקוֹם הַזֶּה" (בראשית כ יא) – ואילו יצחק לא העלה טענה כזאת.

הצו התקיף שהוציא אבימלך השני, היה נחרץ משל קודמו: "וַיְצַו אֲבִימֶלֶךְ אֶת כָּל הָעָם לֵאמֹר, הַנֹּגֵעַ בָּאִישׁ הַזֶּה וּבְאִשְׁתּוֹ מוֹת יוּמָת" (בראשית כו יא). ייתכן שתחת שלטונו נעשתה ממלכת גרר למקום מתוקן יותר. בעוד קודמו התעסק בעצמו בנשים שהזדמנו לממלכתו: "וַיִּשְׁלַח אֲבִימֶלֶךְ מֶלֶךְ גְּרָר וַיִּקַּח אֶת שָׂרָה" (בראשית כ ב) בעצמו, ומיד בבואה לעירו, הרי שאבימלך השני לא ניסה לעשות כן, אפילו כש"אָרְכוּ לוֹ שָׁם הַיָּמִים" (בראשית כו ח).

אולם השיפור, אם היה כזה, חל בענייני נפשות ועריות, ואילו הונו העצום של יצחק עורר את קנאתם של הפלשתים. כאשר אסף יבול של מאה שערים, ובעקבות הצלחתו רכש צאן ובקר ועבדים בנוסף על מה שירש מאביו, החלו פלשתים להצר ליצחק: (1) תחילה סתמו את הבארות שחפר

אברהם; (2) ולאחר מכן גרשו את יצחק אל נחל גרר. (3) בגרר חפרו עבדי יצחק מחדש את הבארות שחפר אברהם ואשר סתמום פלשתים, ואלה המשיכו לריב עם יצחק על זכויות המים עד לחפירת הבאר השלישית, לה קרא 'רְחֹבוֹת' (בראשית כו כב). בניגוד למקרים הקודמים, לא התחולל ריב סביב באר זו ורועי גרר לא ניסו לסותמה. במה זכתה הבאר 'רְחֹבוֹת' שלא רבו עליה? היא נחפרה בידי יצחק בעצמו; זאת בניגוד לשתי הבארות הקודמות – 'עֵשֶׂק' ו'שטנה' – שנחפרו על ידי עבדיו בלבד: "וַיַּחְפְּרוּ עַבְדֵי יִצְחָק בַּנָּחַל", "וַיַּחְפְּרוּ בְּאֵר אַחֶרֶת". מסתבר שהפלשתים נרתעו מלפגוע בצורה ישירה ביצחק, מה שאין כן לגבי עבדיו; לכן חפר יצחק בעצמו את הבאר השלישית.

כיצד נפתרו סופית סכסוכי רועי גרר עם עבדי יצחק? כאשר יצחק כרת כאביו ברית עם אבימלך – "וַיִּשָּׁבְעוּ אִישׁ לְאָחִיו" – רק אז הניחו הפלשתים לעבדי יצחק והפסיקו לפגוע בבארותיהם: "וַיָּבֹאוּ עַבְדֵי יִצְחָק וַיַּגִּדוּ לוֹ עַל אֹדוֹת הַבְּאֵר אֲשֶׁר חָפָרוּ" – באר שלא נסתמה – "וַיֹּאמְרוּ לוֹ מָצָאנוּ מָיִם" (בראשית כו לא-לב).

חיבה יתירה לפרשת תולדות

התרוצצות הבנים

> וַיִּתְרֹצְצוּ הַבָּנִים בְּקִרְבָּהּ וַתֹּאמֶר אִם כֵּן לָמָּה זֶּה אָנֹכִי וַתֵּלֶךְ לִדְרֹשׁ אֶת ה'... וַיִּמְלְאוּ יָמֶיהָ לָלֶדֶת וְהִנֵּה תוֹמִם בְּבִטְנָהּ. (בראשית כה כב, כד)

ישנן שתי דרכים להבנת התרוצצות זו. הראשונה היא התרוצצות פיזית: רבקה לא הכירה בסביבתה תופעה של תאומים, וחששה שמא הבעיטות והתנועות הרבות של העוברים מסמנות הפלה שמתקרבת. אפשרות שנייה היא התרוצצות רגשית: בהשראת קושי ההיריון ותנועות העוברים הרבות, חלמה או דמיינה רבקה שבבטנה יש התרוצצות, ודמיון זה הטריד את מנוחתה. הלשון 'בקרבה' מצויה גם אצל שרה: "וַתִּצְחַק שָׂרָה בְּקִרְבָּהּ" (בראשית יח יב), שגם שם אין הכוונה לתחושה פיזית.

רש"י הביא את דברי חז"ל שכאשר התקרבה רבקה לבתי עבודה זרה עֵשָׂו פירכס וביקש להיוולד, ואילו יעקב פירכס וביקש להיוולד כאשר עברה ליד בית המדרש (בראשית רבה סג ו). אין משמעות המדרש שעֵשָׂו עבד עבודה זרה עוד מבטן אמו, כי האדם איננו צדיק או רשע מלידה. הדבר גם רמוז במילה 'תוֹמִם' – 'תאומים' בכתיב חסר – כלומר תְּמִימִים ושלמים, כי עֵשָׂו לא נולד רשע. אין כוונת המדרש ליעקב ועֵשָׂו עצמם, אלא לצאצאיהם, העמים אדום וישראל העתידים לצאת מזרעם, כדברי ה' לרבקה: "שְׁנֵי גוֹיִם בְּבִטְנֵךְ וּשְׁנֵי לְאֻמִּים מִמֵּעַיִךְ יִפָּרֵדוּ". ובא המדרש לומר שאדום עבד עבודה זרה מיום היווסדו, והיפוכו בישראל.

מסך הפירושים עולה שהמילה 'וַיִּתְרֹצֲצוּ' נדרשת מלשון ריצה ומלשון רצון ומלשון רצץ; והמילה 'בקרבה' מלשון קְרָב (מלחמה), ומלשון קירבה (התקרבות) – וכך המדרש מבוסס מכל הכיוונים.

מכירת הבכורה

וַיֹּאמֶר יַעֲקֹב הִשָּׁבְעָה לִּי כַּיּוֹם וַיִּשָּׁבַע לוֹ, וַיִּמְכֹּר אֶת בְּכֹרָתוֹ לְיַעֲקֹב. וְיַעֲקֹב נָתַן לְעֵשָׂו לֶחֶם וּנְזִיד עֲדָשִׁים, וַיֹּאכַל וַיֵּשְׁתְּ וַיָּקָם וַיֵּלַךְ, וַיִּבֶז עֵשָׂו אֶת הַבְּכֹרָה. (בראשית כה לג-לד)

לא פחות משמונה פעולות מתוארות כאן בתורה, כולן במבנה לשוני זהה של וי"ו ההיפוך – "וַיֹּאמֶר", "וַיִּשָּׁבַע", "וַיִּמְכֹּר", "וַיֹּאכַל", "וַיֵּשְׁתְּ", "וַיָּקָם", "וַיֵּלַךְ", "וַיִּבֶז" – מלבד פעולה אחת, יוצאת דופן מחברותיה: "וְיַעֲקֹב נָתַן" – בלשון עבר, ולא 'ויתן יעקב' כבשאר הפעלים. משמעות הלשון היא שיעקב כבר נתן לעֵשָׂו את הנזיד עוד קודם שעֵשָׂו נשבע לו. יעקב דאג לכך שעֵשָׂו יבצע את המכירה מרצונו החופשי, כאשר הפת כבר 'מצויה בסלו' ומונחת לפניו, וכך לא יוכל עֵשָׂו לטעון שמכירת הבכורה נעשתה באונס, תוך ניצול מצב הרעבון בו היה שרוי.

כך היה סדר האירועים: תחילה ביקש עֵשָׂו את התבשיל, אחר כך נתן לו יעקב את מבוקשו והניח לפניו את הנזיד תוך שהוא מבקש לקנות ממנו את הבכורה, ועֵשָׂו הסכים לעסקה ונשבע, ולבסוף אכל, שתה, קם והלך. כוונת הקביעה "וַיִּבֶז עֵשָׂו אֶת הַבְּכֹרָה" היא שעֵשָׂו היה יכול להציע תשלום אחר תמורת הנזיד שיעקב נתן

לו, אך מכיוון שבעיניו הבכורה הייתה חסרת חשיבות, העדיף לוותר עליה במקום לשלם בעבור הנזיד בכסף או בנכסים. עֵשָׂו היה שקוע בחיי שעה, ודברים בעלי משמעות עתידית בלבד – כמו הבכורה, כי באותה שעה לא היה יצחק זקן – לא עניינו אותו, כדבריו בפסוק הקודם: "הִנֵּה אָנֹכִי הוֹלֵךְ לָמוּת וְלָמָּה זֶּה לִי בְּכֹרָה?" יש להעיר שהעובדה שעשו נדרש לשלם בעבור נזיד שהכין יעקב אחיו, ולא ראה זאת כדרישה חריגה, מעידה על ריחוק ומתח ששררו כבר אז בין השניים, מתח המזכיר דברי הפסוק "וְיָדוֹ אֹחֶזֶת בַּעֲקֵב עֵשָׂו".

בשולי הדברים: עֵשָׂו ביקש מיעקב "הַלְעִיטֵנִי נָא מִן הָאָדֹם הָאָדֹם הַזֶּה", כלומר מן הנזיד, אך יעקב נתן לו "לחם ונזיד עדשים". כך גם להלן, בפרשת הברכות: יצחק ביקש "וַעֲשֵׂה לִי מַטְעַמִּים" (בראשית כז ד), ואילו רבקה הכינה בעבורו "אֶת הַמַּטְעַמִּים וְאֶת הַלֶּחֶם" (שם יז). באותם ימים אכלו את התבשיל תמיד עם לחם; ההבדל בין שתי הארוחות היה שאצל עֵשָׂו הלחם היה עיקר וקדם לנזיד, ואילו אצל יצחק קדמו המטעמים ללחם, כדרכם של ישישים.

כיצד הכיר עֵשָׂו את בנות חת

וַיְהִי עֵשָׂו בֶּן אַרְבָּעִים שָׁנָה, וַיִּקַּח אִשָּׁה אֶת יְהוּדִית בַּת בְּאֵרִי הַחִתִּי וְאֶת בָּשְׂמַת בַּת אֵילֹן הַחִתִּי. וַתִּהְיֶיןָ מֹרַת רוּחַ לְיִצְחָק וּלְרִבְקָה. (בראשית כו לד-לה)

נישואי עֵשָׂו התרחשו בתקופה בה התגוררו יצחק ומשפחתו בארץ פלשתים, אך עֵשָׂו לא לקח נשים מקומיות, אלא דווקא מבנות חת שישבו בחברון וסביבותיה. מסתבר שיצחק ובניו נהגו לפקוד את קבר שרה, "בַּמְּעָרָה אֲשֶׁר בִּשְׂדֵה הַמַּכְפֵּלָה, אֲשֶׁר עַל פְּנֵי מַמְרֵא בְּאֶרֶץ כְּנָעַן, אֲשֶׁר קָנָה אַבְרָהָם אֶת הַשָּׂדֶה מֵאֵת עֶפְרֹן הַחִתִּי לַאֲחֻזַּת קָבֶר" (בראשית מט ל) – ועֵשָׂו ניצל את ההזדמנויות הללו כדי להתרועע עם בנות המקום ולהכירן.

אין הכתוב מפרט במה היו נשים אלה "מֹרַת רוּחַ לְיִצְחָק וּלְרִבְקָה", אך לשון הכתוב רומזת שהן לא שמעו בקול יצחק ורבקה בעניין עבודת ה'; בדומה ללשון הנביא – "וְהֵמָּה **מָרוּ** וְעִצְּבוּ אֶת **רוּחַ** קָדְשׁוֹ" (ישעיהו סג י), כלומר המרו את רוח ה', ומכאן סמך לדברי רש"י שנשות עשו עבדו עבודה זרה. וכן אמר יחזקאל: "וָאֵלֵךְ **מַר** בַּחֲמַת **רוּחִי**"

(יחזקאל ג יד) בתגובה להודעת הקב"ה ש"וּבֵית יִשְׂרָאֵל לֹא יֹאבוּ לִשְׁמֹעַ אֵלֶיךָ" (שם ז). זהו הביטוי הדומה ביותר בתנ"ך ל"מַרַת רוּחַ", ולהבדיל מ"מָרַת נָפֶשׁ" (שמואל א א י).

לרמות בחצי פה

וְעַתָּה בְנִי שְׁמַע בְּקֹלִי לַאֲשֶׁר אֲנִי מְצַוָּה אֹתָךְ. לֶךְ נָא אֶל הַצֹּאן וְקַח לִי מִשָּׁם שְׁנֵי גְּדָיֵי עִזִּים טֹבִים, וְאֶעֱשֶׂה אֹתָם מַטְעַמִּים לְאָבִיךָ כַּאֲשֶׁר אָהֵב. וְהֵבֵאתָ לְאָבִיךָ וְאָכָל, בַּעֲבֻר אֲשֶׁר יְבָרֶכְךָ לִפְנֵי מוֹתוֹ. (בראשית כז ח-י)

פרט אחד, והוא הנדבך המרכזי, חסר בדברי רבקה ליעקב – הוראה מפורשת להתחזות לעֵשָׂו. מסתבר שרבקה לא רצתה לצוות בפה מלא לרמות את בעלה, אף שהדבר היה מובן מאליו, והשאירה ליעקב להבין במה מדובר. לכן היא הקדימה לדבריה את הבקשה: "וְעַתָּה בְנִי שְׁמַע בְּקֹלִי, לַאֲשֶׁר אֲנִי מְצַוָּה אֹתָךְ". 'שמע **ב**קֹלִי', בבי"ת – עשׂה את הדברים אותם אני אומרת לך, ושמע '**לַ**אֲשֶׁר אֲנִי מְצַוָּה אֹתָךְ', בלמ"ד – הבֵן את דברי.

דרכו של עֵשָׂו בהבנת הברכה

וַיִּשְׂטֹם עֵשָׂו אֶת יַעֲקֹב עַל הַבְּרָכָה אֲשֶׁר בֵּרְכוֹ אָבִיו, וַיֹּאמֶר עֵשָׂו בְּלִבּוֹ יִקְרְבוּ יְמֵי אֵבֶל אָבִי וְאַהַרְגָה אֶת יַעֲקֹב אָחִי. (בראשית כז מא)

המשמעות הפשוטה של "יִקְרְבוּ יְמֵי אֵבֶל אָבִי" היא שציפה עֵשָׂו ליום בו יוכל לפגוע באחיו בלי לצער את אביו. אולם נראה להציע פירוש נוסף. בפסוק הקודם בירך יצחק את עֵשָׂו: "וְהָיָה כַּאֲשֶׁר תָּרִיד, וּפָרַקְתָּ עֻלּוֹ מֵעַל צַוָּארֶךָ"; המילה 'תָּרִיד' היא מלשון 'מרודים', כלומר צער ואבלות, כמו "זְכָר עָנְיִי וּמְרוּדִי" (איכה ג יט) ו"אָרִיד בְּשִׂיחִי וְאָהִימָה" (תהלים נה ג). ייתכן שעֵשָׂו הבין את דברי אביו כמתייחסים לו אישית, כלומר שכאשר הוא יצטער בימי אבל אביו, אז יגיע הזמן להתנקם מיעקב.

לפי זה מובן מדוע הכתוב מציין שעֵשָׂו שׂטֵם את יעקב "עַל הַבְּרָכָה אֲשֶׁר בֵּרְכוֹ אָבִיו". לכאורה האזכור מיותר, כי גלוי לכל מדוע עֵשָׂו שנא את יעקב; אולם הכתוב רמז כאן

שהעיתוי לרצח יעקב נבע ישירות מהברכה "אֲשֶׁר בֵּרֲכוֹ אָבִיו" – אותה ברכה שברך יצחק את עֵשָׂו.

השמועה שהגיעה לאוזני רבקה

וַיֻּגַּד לְרִבְקָה אֶת דִּבְרֵי עֵשָׂו בְּנָהּ הַגָּדֹל, וַתִּשְׁלַח וַתִּקְרָא לְיַעֲקֹב בְּנָהּ הַקָּטָן, וַתֹּאמֶר אֵלָיו הִנֵּה עֵשָׂו אָחִיךָ מִתְנַחֵם לְךָ לְהָרְגֶךָ. וְעַתָּה בְנִי שְׁמַע בְּקֹלִי וְקוּם בְּרַח לְךָ אֶל לָבָן אָחִי חָרָנָה. (בראשית כז מב-מג)

רבקה סיפרה ליעקב על כוונתו של אחיו, וציוותה עליו לברוח לחרן. מדוע נחפזה, הרי עֵשָׂו לא זמם להרוג את יעקב מיד, אלא רק אחרי פטירתו של יצחק?

מסתבר שהיא לא ידעה במדויק את כוונתו של עֵשָׂו, שהרי עשו אמר 'בְּלִבּוֹ', והוא לא גילה מה שבלבו. השמועה על כוונתו להרוג את יעקב הגיעה לאוזני רבקה בצורה כללית בלבד, כנראה על ידי מידע ממקורביו של עֵשָׂו, שהתרברב בפניהם שהוא יפגע באחיו, אך מבלי שקבע מועד לכך. רבקה העריכה בעצמה שנשקפת סכנה מיידית ואמרה: "הִנֵּה עֵשָׂו אָחִיךָ מִתְנַחֵם לְךָ לְהָרְגֶךָ". דבריה "וְיָשַׁבְתָּ עִמּוֹ יָמִים אֲחָדִים עַד אֲשֶׁר תָּשׁוּב חֲמַת אָחִיךָ" (בראשית כז מד) הם דברי שכנוע שבאו להמתיק את גזירת הבריחה.

פרשת ויצא

מהלך א: הזדהות יעקב עם אבותיו

וְהִנֵּה ה' נִצָּב עָלָיו, וַיֹּאמַר אֲנִי ה' אֱלוֹהֵי אַבְרָהָם אָבִיךָ וֵאלוֹהֵי יִצְחָק, הָאָרֶץ אֲשֶׁר אַתָּה שֹׁכֵב עָלֶיהָ לְךָ אֶתְּנֶנָּה וּלְזַרְעֶךָ. (בראשית כח יג)

אביו הביולוגי של יעקב הוא יצחק, אבל בחלום הסולם הודיע הקב"ה ליעקב שהוא אלוהי אברהם **אביו**, ואלוהי יצחק; ולא תאר הקב"ה את יצחק כאבי יעקב. מה פֵּשרה של השמטת אבהותו של יצחק?

השימוש במילה 'אָבִיךָ' בדברי הקב"ה כאן איננו במובן של הורֶה, אלא במשמעות של מורה דרך. בדומה לכך אמר יוסף לאחיו: "וַיְשִׂימֵנִי לְאָב לְפַרְעֹה" (בראשית מה ח), וכן אמר אלישע על אליהו: "אָבִי, אָבִי, רֶכֶב יִשְׂרָאֵל וּפָרָשָׁיו" (מלכים ב ב יב), וגם המלך יואש אמר כן על אלישע עצמו (מלכים ב יג יד). בשעה שיעקב יצא לכיוון חרן, עיר שהייתה תחנתו האחרונה של אברהם לפני כניסתו לארץ, אין פלא שהרגיש קרוב יותר לסבו מאשר לאביו, יצחק, שמעולם לא יצא מגבולות ארץ ישראל ולא נחשף לקשיים עמם יידרש יעקב להתמודד בחרן.

מסתבר שסיבות נוספות הביאו את יעקב להזדהות בשעה זו דווקא עם אברהם ולא עם יצחק אביו. מעבר לכך שיש נכדים החשים קירבה אל סבם כפי שחשים לאביהם, יעקב גם יכול היה לראות באברהם סמל של אומץ – במלחמתו עם המלכים ובשאר עלילותיו. לעומת זאת, יצחק

היה יכול להיתפש בעיני יעקב כדמות פאסיבית בעיקרו. התורה מעידה שיצחק חרד "חֲרָדָה גְּדֹלָה עַד מְאֹד" (בראשית כז לג) בעוד לא מצאנו חרדה אצל אברהם. יעקב עצמו יזכיר את מידת הפחד של אביו בדבריו אל לבן, המדגישים את אופיו השונה של יחסם של אביו ושל סבו לקב"ה: "אֱלֹהֵי אָבִי, אֱלֹהֵי אַבְרָהָם וּפַחַד יִצְחָק" (בראשית לא מב), ושוב בהישָׁבעו "בְּפַחַד אָבִיו יִצְחָק" (שם נג). הודות לתחושתו זו של יעקב, הקב"ה מזכיר כאן כאביו דווקא את אברהם, ולא את יצחק.

אמנם, תחושת יעקב זו כלפי אביו לא ארכה ימים. לאחר שובו לארץ, בפרשת וישלח, מצטט הכתוב את תפילתו של יעקב לפני המפגש עם עֵשָׂו, ושם הוא אומר שהקב"ה הוא "אֱלֹהֵי אָבִי אַבְרָהָם וֵאלֹהֵי **אָבִי** יִצְחָק" (בראשית לב י). מדוע שב יעקב בתפילתו להתייחס אל יצחק כאביו?

לפי הסברנו, הייחוס אל האב במקרה זה הוא עניין של הזדהות, והדבר מובן בהחלט. יציאת יעקב מארץ ישראל לא הייתה בהולה. על אף שרבקה ציוותה ליעקב: "שְׁמַע בְּקֹלִי וְקוּם **בְּרַח** לְךָ אֶל לָבָן אָחִי חָרָנָה" (בראשית כז מג), מעיד הכתוב שיעקב **יצא** מבאר שבע "**וַיֵּלֶךְ** חָרָנָה" (בראשית כח י), ולא ברח מהארץ. לעומת זאת, יעקב **ברח** מחרן, "הוּא וְכָל אֲשֶׁר לוֹ" (בראשית לא כא). יתירה מכך, תפילתו אל הקב"ה נאמרת בזמן שירא יעקב מאד (בראשית לב ח) מפני המפגש המתקרב עם עֵשָׂו וארבע מאות אנשיו, ושטח תפילתו: "הַצִּילֵנִי נָא מִיַּד אָחִי מִיַּד עֵשָׂו, כִּי יָרֵא אָנֹכִי אֹתוֹ פֶּן יָבוֹא וְהִכַּנִי אֵם עַל בָּנִים" (שם יב). בשעה הרת גורל זו, כשיעקב פחד מבשר ודם והכיר שאין בכוחו שלו להיוושע, הוא מבין סוף סוף לרוחו של יצחק אביו, ומזדהה עמו ומתפלל אל "אֱלֹהֵי אָבִי אַבְרָהָם" וגם "וֵאלֹהֵי אָבִי יִצְחָק" (שם י).

מהלך ב: אופי המסע בתקופת האבות

וַיִּשָּׂא יַעֲקֹב רַגְלָיו וַיֵּלֶךְ אַרְצָה בְנֵי קֶדֶם. (בראשית כט א)

פסוקנו, המדגיש שיעקב הלך דווקא ברגליו מזמין אותנו להציץ אל תרבותם של אנשי קדם. יעקב לא רכב על בהמה כלשהי, אלא הלך לחרן רגלית. בדומה אנו מוצאים גם אצל אברהם בפרשת העקדה: "**וַיָּקָם וַיֵּלֶךְ**

אֶל הַמָּקוֹם" – ברגל, ואילו חבישת חמורו הייתה לצורך נשיאת עצי העולה לאחר ביקועם (בראשית כב ג). לכן אמר אברהם לנעריו לשבת ולהמתין "עם החמור" (שם ה), משום שהיה עמם רק חמור אחד ששימש לנשיאת משאות ולא לרכיבה. במיוחד מורגש דבר זה באליעזר עבד אברהם, שלקח אתו לא פחות מעשרה גמלים, ולמרות זאת הוא עצמו לא רכב עליהם אלא הלך ברגליו: "וַיִּקַּח הָעֶבֶד עֲשָׂרָה גְמַלִּים... **וַיָּקָם וַיֵּלֶךְ** אֶל אֲרַם נַהֲרַיִם" (בראשית כד י). גם בספר יהושע, בסוף תקופת האבות, עדיין הייתה קיימת תרבות זו. רק במהלך ספר שופטים מתחילות להופיע עדויות על גברים הנוהגים לרכב על בהמות. ייתכן שהתופעה התחילה בזיקה למעמד כלכלי, כך "רֹכְבֵי אֲתֹנוֹת צְחֹרוֹת" (שופטים ה י) שבשירת דבורה, כך לגבי בניו של השופט יאיר הגלעדי: "שְׁלֹשִׁים בָּנִים רֹכְבִים עַל שְׁלֹשִׁים עֲיָרִים" (שופטים י ד), כך לגבי בניו ונכדיו של השופט עבדון בן הלל הפרעתוני: "אַרְבָּעִים בָּנִים וּשְׁלֹשִׁים בְּנֵי בָנִים רֹכְבִים עַל שִׁבְעִים עֲיָרִם" (שופטים יב יד). רכיבה זו הוזכרה משום שהתופעה הייתה חריגה ובולטת, גם מבחינת מספר הבנים וגם מבחינת העיָרים. וברוח זו מצאנו גם כאשר דוד ביקש להמליך את שלמה, שציווה להרכיב את שלמה "עַל הַפִּרְדָּה אֲשֶׁר לִי" (מלכים א א לג) לרדת לגיחון ולמשוח אותו שם למלך.

הגבר היחיד בתורה המופיע רוכב על בהמה הוא בלעם, עליו מסופר "וְהוּא רֹכֵב עַל אֲתֹנוֹ" (במדבר כב כב). כך היה הרגלו של בלעם מאז ומתמיד: "וַתֹּאמֶר הָאָתוֹן אֶל בִּלְעָם הֲלוֹא אָנֹכִי אֲתֹנְךָ אֲשֶׁר רָכַבְתָּ עָלַי מֵעוֹדְךָ עַד הַיּוֹם הַזֶּה" (שם ל). הוא רכב על אתונו, אך שני נעריו ליווהו ברגל: "וְהוּא רֹכֵב עַל אֲתֹנוֹ וּשְׁנֵי נְעָרָיו עִמּוֹ" (שם כב). ייתכן שרכיבתו הביעה התנשאות, וכדברי חז"ל שהיו לו "רוח גבוה ונפש רחבה" (אבות ה יט).

בניגוד לגברים, שבתקופה זו כנראה לא נהגו לרכב בעצמם על בהמות, קיימות בכתוב עדויות רבות לכך שנשים וילדים נהגו לעבור את הדרך רכובים על גבי בהמות. כך מסופר אצל יעקב עצמו: "וַיָּקָם יַעֲקֹב וַיִּשָּׂא אֶת בָּנָיו וְאֶת נָשָׁיו עַל הַגְּמַלִּים" (בראשית לא יז), וכן מסופר על משה, שלקח "אֶת אִשְׁתּוֹ וְאֶת בָּנָיו וַיַּרְכִּבֵם עַל הַחֲמֹר, וַיָּשָׁב אַרְצָה מִצְרָיִם" (שמות ד כ), ומשתמע שמשה עצמו הלך ברגל. כך מסופר גם על רבקה ומלוותיה, שרכבו על גמלי אליעזר: "וַתָּקָם רִבְקָה וְנַעֲרֹתֶיהָ וַתִּרְכַּבְנָה עַל הַגְּמַלִּים"

(בראשית כד סא). אף בספר יהושע מסופר על עכסה בת עתניאל: "ותצנח מעל החמור" (יהושע טו יח).

יש להעיר שכך היה לגבי בהמות כגון גמלים, חמורים, אתונות, עיָרים ופרדות. אך יוצא דופן אחד ישנו, והוא הסוס, אשר שימושו בתקופה זו היה למטרת לוחמה בלבד. כך מפורש בברכת יעקב לבנו דן: "הַנֹּשֵׁךְ עִקְּבֵי סוּס וַיִּפֹּל רֹכְבוֹ אָחוֹר" (בראשית מט יז), וכן בשירת הים: "סוּס וְרֹכְבוֹ רָמָה בַיָּם" (שמות טו א) – אם בסוסים רתומים למרכבות ואם בפרשים (בראשית נ ט וכן ביציאת מצרים), אך תמיד בהקשר צבאי.

למה הורכבו נשים וילדים על בהמות וגמלים, ואילו גברים הלכו ברגל? ייתכן שהגמלים בתקופת המקרא היו עדיין חיות נדירות ויקרות בארץ ישראל, אך לא כן החמורים. ייתכן שהתופעה קשורה לגורמים נוספים אשר לא ידועים לנו. בכל אופן, הדבר מאיר לנו את קשיי הדרך שעברו אבותינו במסעותיהם.

מהלך ג: ויהיו בעיניו כימים אחדים באהבתו אתה

יש מהפרשנים שטרחו להסביר כיצד היו שבע שנים כימים אחדים בעיני החתן המייחל לכלתו המובטחת – כאשר האינטואיציה גורסת הפוך, ששבע שנות המתנה היו צריכות להיתפש כימים ארוכים ומבוזבזים. הרד"ק כתב שלאחר מעשה היו שבע השנים בעיניו כימים אחדים, כאילו עבד בעבור רחל שבעה ימים. החזקוני והספורנו כתבו שרחל הייתה כה ראויה בעיניו של יעקב עד שאם לבן היה דורש מחיר גבוה מכך, היה יעקב מסכים מרוב אהבתו את רחל; דהיינו לא היו אלה ימים אחדים מצד חווייתו של יעקב כי אם מצד ראָיותה של רחל.

לי לא נראה לפרש כן, שהרי לבן לא תבע מחיר זה, אלא יעקב הציעו!

לכן נראה לי יותר פירושו של רש"י, שכתב בעקבות חז"ל בבראשית רבה (ע יז): "הם ימים אחדים שאמרה לו אמו". כוונתו לדבריה של רבקה כאשר ציוותה את יעקב לברוח מפני עשו: "וְעַתָּה בְנִי שְׁמַע בְּקֹלִי וְקוּם בְּרַח לְךָ אֶל לָבָן אָחִי חָרָנָה. וְיָשַׁבְתָּ עִמּוֹ יָמִים אֲחָדִים עַד אֲשֶׁר תָּשׁוּב חֲמַת אָחִיךָ... וְשָׁלַחְתִּי וּלְקַחְתִּיךָ מִשָּׁם" (בראשית כז מג-מה).

שלא כאליעזר שבא לחרן עם עשרה גמלים טעונים כל טוב, יעקב הגיע לבית לבן חסר כל. כמי שנמלט מפני אחיו, היה יעקב צריך לדאוג ללחם לאכול ובגד ללבוש ולקורת גג. חששותיו של יעקב בנושאים אלה התבטאו כבר בנדרו בבית אל בצאתו מארץ ישראל: "אִם יִהְיֶה אֱלֹהִים עִמָּדִי וּשְׁמָרַנִי בַּדֶּרֶךְ הַזֶּה אֲשֶׁר אָנֹכִי הוֹלֵךְ וְנָתַן לִי לֶחֶם לֶאֱכֹל וּבֶגֶד לִלְבֹּשׁ" (בראשית כח כ). כאשר לבן שאל את יעקב מה משכורתו אשר מבקש, ראה יעקב הזדמנות להבטיח את עתידו מכל הבחינות. למה הציע יעקב לעבוד דווקא שבע שנים? אפשר שזו הייתה התקופה המקובלת של 'חוזה עבודה' באותם ימים, בדומה לעבד עברי שעבד עד שבע שנים. ייתכן גם שזו נראתה לו 'תקופת צינון' ראויה אשר עד אז ודאי תשלח אמו לקרוא לו לחזור לבית אביו. כך יזכה יעקב לקורת גג עד יעבור זעמו של עֵשָׂו, ואף לשאת לאישה את רחל.

יעקב הציע ללבן שיעבוד שבע שנים "בְּרָחֵל בִּתְּךָ, הַקְּטַנָּה" (בראשית כט יח). למה כינה יעקב את רחל 'קְטַנָּה', ואילו לבן כינה אותה 'צְעִירָה'? הסיבה היא פשוטה: בתחילת שבע השנים עדיין הייתה רחל ילדה, לעומת לאה שכבר הגיעה לגיל ההתבגרות. יש בכוח הנחה זו להסביר למה לא ביקש יעקב מלבן לשאת מיד את רחל. שהרי גם אם יעקב חיפש קורת גג עד יעבור זעמו של עֵשָׂו, הוא יוכל לשאת עתה את רחל ולהמשיך לשהות בבית אביה. אך כיוון שרחל הייתה עדיין קטנה, לכן הציע יעקב להמתין שבע שנים עד שתגדל. לשון הכתוב מדויקת, שלכן אמר לבן בתום שבע השנים: "לֹא יֵעָשֶׂה כֵן בִּמְקוֹמֵנוּ לָתֵת הַצְּעִירָה לִפְנֵי הַבְּכִירָה" (שם כו). לבן קרא לרחל 'צְעִירָה' ולא 'קְטַנָּה', כי בעת הנישואים כבר הייתה גם רחל בוגרת.

אמנם לא מצאנו שרבקה קראה ליעקב כעבור 'יָמִים אֲחָדִים'. ייתכן שראתה שעֵשָׂו לא שב מזעמו, ולכן לא הבשילו התנאים לקרוא לו. ייתכן אפילו ששלחה את דבורה מניקתה לומר ליעקב שעליו להישאר עוד בחרן משום שעֵשָׂו לא השלים עם נטילת הברכה. שהרי שאנו מוצאים את דבורה שבה לארץ ישראל עם פמלייתו של יעקב (בראשית לה ח), ואין התורה מסבירה כיצד הגיעה ליעקב.

מהלך ד: מעגל הרמאות

"וַיֶּאֱסֹף לָבָן אֶת כָּל אַנְשֵׁי הַמָּקוֹם וַיַּעַשׂ מִשְׁתֶּה. וַיְהִי בָעֶרֶב, וַיִּקַּח אֶת לֵאָה בִתּוֹ וַיָּבֵא אֹתָהּ אֵלָיו" (בראשית כט כב-כג). לבן עשה משתה גדול – לכל אנשי המקום – מתוך ציפייה שיעקב ישתה יין לרוב ויתבסם, או ישתכר, וכך יקשה עליו לזהות את לאה ולגלות את התרמית בשעת מעשה. לכן מסופר בהמשך: "וַיְהִי בַבֹּקֶר וְהִנֵּה הִוא לֵאָה" (שם כה). "וַיְהִי בַבֹּקֶר" – כלשון הכתוב "וַיְהִי בַבֹּקֶר בְּצֵאת הַיַּיִן" (שמואל א כה לז), כלומר שאחרי שהשינה הפיגה את השפעת היין, גילה יעקב שזו לאה.

אמנם, מלשון הביטוי "וְהִנֵּה הִוא לֵאָה" (בראשית כט כה) משמע שעל אף השפעת היין, כבר בלילה חשד יעקב שמדובר בלאה; המילה 'והנה' מתפרשת כ'אכן', דוגמת "וַיֹּאמֶר מֹשֶׁה אֶל אַהֲרֹן... הֵחֵל הַנָּגֶף. וַיִּקַּח אַהֲרֹן... וַיָּרָץ אֶל תּוֹךְ הַקָּהָל, **וְהִנֵּה** הֵחֵל הַנֶּגֶף" (במדבר יז יב),[1] שפירושו אכן החל הנגף, כפי שאמר משה. כך גם אצל יעקב – "וַיְהִי בַבֹּקֶר, וְהִנֵּה" התאמתו חששותיו: אכן זו לאה.

מעשה הרמאות של לבן מהווה סגירת מעגל: יעקב רימה את אביו במעשה גניבת הברכה, וכתוצאה מכך התעוררה חמת עשָׂו, כך שהוא נאלץ לברוח לחרן – והנה, שם בחרן הוא מרומה בחזרה על ידי דודו לבן, שלמעשה מכריח אותו נגד רצונו לשאת שתי נשים. לפי פירושנו מתווספת עוד הקבלה: יעקב רימה את אביו למרות חשדו של יצחק לגבי זהות בנו, ולבן רימה את יעקב על אף חששותיו של יעקב לגבי זהותה של כלתו – "וְהִנֵּה הִוא לֵאָה"!

אך סגירת המעגל לא נעצרת כאן. בהמשך נולדו ליעקב בנים משתי נשיו, ובאופן טבעי נוצרו ביניהם מתח ויריבות מעמָדית – בני לאה מול בני רחל – וכך נוצרה האיבה שבגללה נמכר יוסף לעבד, מעשה שהביא בסופו של דבר לירידת משפחת יעקב למצרים ולתחילת הגלות. וכל זה התגלגל ממעשה גניבת הברכה. יעקב היה ראוי לברכה, כפי שיצחק עצמו הודה:

---

[1] וכן "ראיתי את העם הזה והנה עם קשה עורף הוא" (שמות לב ט), ומקבילו בדברי משה בדברים (ט יג), כלומר 'אכן זהו עם קשה עורף' כפי שהתברר כבר לפני כן. וכן: "ויישן ויחלֹם שנית... ויקץ פרעה והנה חלום" (בראשית מא ה, ז) כלומר 'אכן שוב זהו חלום'.

"גַּם בָּרוּךְ יִהְיֶה" (בראשית כז לג), אך השתלשלות זו מלמדת אותנו שמכל מקום, כדברי חז"ל, אין ותרנות לפני המקום. כל מעשה רע לכשעצמו, גורר בהכרח תוצאה הדומה לו – כדברי המדרש שגניבת הברכה על ידי יעקב הביאה בסופו של דבר לגזירת המן על היהודים (בראשית רבה סז ד, אסתר רבה ח א).

מהלך ה: טכנולוגיה של פעם

אִם כֹּה יֹאמַר נְקֻדִּים יִהְיֶה שְׂכָרֶךָ, וְיָלְדוּ כָל הַצֹּאן נְקֻדִּים. (בראשית לא ח)

יעקב תאר לנשותיו את מעללי אביהן והסביר כיצד "לֹא נְתָנוֹ אֱלוֹהִים לְהָרַע עִמָּדִי". כשלבן קבע שיעקב יקבל את הגדיים הנקודים, גרם הקב"ה לכך שנולדו רק גדיים כאלה. וכן: "וְאִם כֹּה יֹאמַר עֲקֻדִּים יִהְיֶה שְׂכָרֶךָ, וְיָלְדוּ כָל הַצֹּאן עֲקֻדִּים", ובסיכום: "וַיַּצֵּל אֱלוֹהִים אֶת מִקְנֵה אֲבִיכֶם וַיִּתֶּן לִי".

יעקב תאר את מעשיו של לבן בלשון עתיד – "אִם כֹּה יֹאמַר". לפי פשט העניין, אירועים אלו כבר התרחשו. התורה משתמשת בלשון עתיד לומר שכך היה מנהגו הקבוע של לבן, וכך עשה פעם אחר פעם, ולא שעשה כן פעם אחת; דוגמת דברי איוב לאשתו: "כְּדַבֵּר אַחַת הַנְּבָלוֹת תְּדַבֵּרִי" (איוב ב י), שכוונתו לומר 'דיברת'. אולם ניתן גם להבין את דברי יעקב כפשוטם, בלשון עתיד, וכן את המשך הפסוק "וְיָלְדוּ כָל הַצֹּאן" – יֵילדו בעתיד; דוגמת: "אִשָּׁה כִּי תַזְרִיעַ וְיָלְדָה זָכָר" (ויקרא יב ב), כלומר 'תלד זכר'. מה שמביא אותנו לפרש כך הוא העובדה שלבן אכן לא אמר בשום מקום ש"נְקֻדִּים יִהְיֶה שְׂכָרֶךָ", אלא ביקש מיעקב "נָקְבָה שְׂכָרְךָ עָלַי וְאֶתֵּנָה" (בראשית ל כח) – ויעקב הוא זה שהעלה את הרעיון ש"וְנָקֹד בָּעִזִּים וְהָיָה שְׂכָרִי" (שם לב)! וללבן לא נותר אלא להסכים: "וַיֹּאמֶר לָבָן הֵן לוּ יְהִי כִדְבָרֶךָ" (שם לד). אם כן, מה פשר גרסתו, התמוהה לכאורה, של יעקב למהלך האירועים?

אולם כך אמר יעקב לנשיו: 'כל מאמציו של לבן אביכן לא יועילו לו; גם אם הוא ימשיך בנסיונותיו ויאמר הפעם ש'נְקֻדִּים' בלבד יהיו שכרי ולא טלואים, או 'עֲקֻדִּים' בלבד, או כל רעיון אחר שיעלה על דעתו, בכל מקרה לא יעלה בידו להרע לי – כי העניין איננו תלוי בזן זה או אחר

של מקנה אלא בהחלטת הקב"ה: "וַיַּצֵּל אֱלֹהִים אֶת מִקְנֵה אֲבִיכֶם וַיִּתֶּן לִי" (בראשית לא ט).

פעמיים מפורשת הכרתו של יעקב בכך שכל הצלחתו באה מאת הקב"ה. בתחילת דבריו – "וְלֹא נְתָנוֹ אֱלֹהִים לְהָרַע עִמָּדִי" (בראשית לא ז), ובסיומם – "וַיַּצֵּל אֱלֹהִים אֶת מִקְנֵה אֲבִיכֶם וַיִּתֶּן לִי".

דבריו אלו של יעקב מעוררים שאלה: מדוע התאמץ ודאג יעקב לסדר את המקלות ואת הצאן דווקא באופן מסוים, האמור להביא לתוצאות מדויקות – הלוא הוא עצמו יודע שהכל בידי שמים, ולא המקלות הם אלה ש'יצילו' את הצאן אלא הקב"ה! הכתוב אף מאריך בתיאור מאמצי יעקב, ומפרט בשישה פסוקים שלמים את סוג המקלות, צורת הקילופים שעשה יעקב, ועת הצבתם בשקתות: "וַיִּקַּח לוֹ יַעֲקֹב מַקַּל לִבְנֶה לַח וְלוּז וְעַרְמוֹן, וַיְפַצֵּל בָּהֵן פְּצָלוֹת לְבָנוֹת מַחְשֹׂף הַלָּבָן אֲשֶׁר עַל הַמַּקְלוֹת. וַיַּצֵּג אֶת הַמַּקְלוֹת אֲשֶׁר פִּצֵּל בָּרְהָטִים בְּשִׁקְתוֹת הַמָּיִם אֲשֶׁר תָּבֹאןָ הַצֹּאן לִשְׁתּוֹת, לְנֹכַח הַצֹּאן, וַיֵּחַמְנָה בְּבֹאָן לִשְׁתּוֹת. וַיֶּחֱמוּ הַצֹּאן אֶל הַמַּקְלוֹת, וַתֵּלַדְןָ הַצֹּאן עֲקֻדִּים נְקֻדִּים וּטְלֻאִים..." (בראשית ל לז-לט). תאור ארוך זה יוצא דופן בפרטנותו. האם מטרת התורה היא לספר על השיטות בהן נהגו לגדל בהמות, או ללמדנו באילו מקלות להשתמש לצורך ריבוי הכבשים בעדר?

ניתן ללמוד מכאן על היחס הראוי בין ביטחון להשתדלות. יעקב הכיר שהצלחתו תבוא מאת הקב"ה, אך יחד עם זאת ידע שאין לו לשבת בטל ולסמוך על התערבות אלוהית – אפילו במקום שבו אי אפשר להצליח ללא התערבות כזאת! התורה מאריכה בתיאור המעשה, ללמדנו שחובה על האדם לפעול בכוחות עצמו, על פי הידע המקובל בתקופתו – ועם זאת להודות שהקב"ה הוא הסיבה להצלחת מעשי האדם, וכאמור: "כִּי הוּא הַנֹּתֵן לְךָ כֹּחַ לַעֲשׂוֹת חָיִל" (דברים ח יח). ובקיצור: אין סומכין על הנס.

מהלך ו: פשר המפגש על הבאר

> וַיַּרְא וְהִנֵּה בְאֵר בַּשָּׂדֶה וְהִנֵּה שָׁם שְׁלֹשָׁה עֶדְרֵי צֹאן רֹבְצִים. (בראשית כט ב)

יש המתארים את מפגש יעקב עם הרועים ליד הבאר כמפגן של גבורת

שרירים מפליאה מצדו של יעקב, המזנק ומסיר בִּן רגע אבן אשר רועי שלושה עדרים גם יחד לא יכלו להזיז. ומסתבר שלכל עדר היה יותר מרועה אחד, כדברי רמב"ן. אולם דומה שתיאור זה אינו הולם את המציאות, ויעקב הבורח מעֵשָׂו איננו מתואר כאחד הנפילים.

ניתן להציע הסבר פשוט, המיישב באחת את כל פרשייה זו על פי "דרך ארץ של בני אדם" (כלשון רשב"ם בפרשת תזריע). הרועים המופיעים כאן אינם מבוגרים, אלא **ילדים**. רעיית צאן נחשבה למקצוע פשוט, שאיננו דורש מיומנות או הכשרה מיוחדת, ולכן היה נהוג שגם קטנים וקטנות יעסקו ברעיית צאן – כפי שאנו מוצאים בכתוב יותר מפעם אחת: שבע בנות יתרו רעו צאן (שמות ב טז-יז), חלקן בוודאי צעירות ואף ילדות. רחל אף היא רעתה צאן בקטנותה כמסופר בפרשתנו: "וְרָחֵל בָּאָה עִם הַצֹּאן אֲשֶׁר לְאָבִיהָ כִּי רֹעָה הִוא" (בראשית כט ט).

לאור הנחה זו נעשית פרשתנו מובנת בהרבה. רועי-הצאן הילדים לא יכלו לגלול לבדם את האבן, עקב משקלה הכבד – אך יעקב כמבוגר היה יכול. עובדת היותם ילדים מסבירה גם את דבריו המתנשאים כביכול של יעקב, הנוזף בהם: "הֵן עוֹד הַיּוֹם גָּדוֹל, לֹא עֵת הֵאָסֵף הַמִּקְנֶה, הַשְׁקוּ הַצֹּאן וּלְכוּ רְעוּ!" (בראשית כט ז). אין זה מן הנימוס לצוות כך על מבוגרים, במיוחד מצד אדם שכלל איננו תושב המקום – אך כשמסבירים שמדובר בילדים, סגנונו של יעקב מובן. גם רחל, כאמור, הייתה קטנה, ולכן "וַיִּשַּׁק יַעֲקֹב לְרָחֵל" (שם יא), כקרוב הנושק לאחיינית. וכך הוא מספר לה מיד: "כִּי אֲחִי אָבִיהָ הוּא וְכִי בֶן רִבְקָה הוּא" (שם יב); "אֲחִי אָבִיהָ" – מצד אביו הוא נכד אברהם אחי נחור סבה, ומצד אמו הוא 'בֶּן רִבְקָה' דודתה.

מהלך ז: יחסי האחיות ופרשת הדודאים

לבן אמר: "לֹא יֵעָשֶׂה כֵן בִּמְקוֹמֵנוּ לָתֵת הַצְּעִירָה לִפְנֵי הַבְּכִירָה" (בראשית כט כו). במקומו של לבן לא נהגו להשיא את הצעירה לפני הבכירה – אבל נהגו להשיא את שתיהן יחד, כפי שמשתמע מדקות הדברים. כנגד מנהג זה ציוותה התורה: "וְאִשָּׁה אֶל אֲחֹתָהּ לֹא תִקָּח לִצְרֹר" (ויקרא יח יח) – כלומר לא לשאת אחיות 'בצרורות'. היות שמעשה זה לא היה זר בחרן, ציפתה לאה ליחס חיובי מצד יעקב ואף שאחותה תשלים עם המצב.

בהמשך הפרשה מסופר: "וַיֶּאֱהַב גַּם אֶת רָחֵל מִלֵּאָה" (בראשית כט ל). אהבת יעקב לרחל הוזכרה כבר, אך כאן הכתוב מלמדנו שהוא אהב גם את לאה, אם כי, את רחל הוא אהב יותר. אמנם לאה עצמה תעיד בהמשך: "כִּי שְׂנוּאָה אָנֹכִי" (שם לג). אין הכוונה שיעקב שנא אותה, אלא רק שהרגישה שנואה, כי אישה שאיננה אהובה כרעותה נקראת 'שנואה', כלשון התורה: "כִּי תִהְיֶיןָ לְאִישׁ שְׁתֵּי נָשִׁים הָאַחַת אֲהוּבָה וְהָאַחַת שְׂנוּאָה" (דברים כא טו). אין הכוונה לשנואה ממש, אלא למי ש'שנואה' בהשוואה לאישה השנייה, האהובה ממנה.

תחושתה של לאה מסייעת להבין את המשך היחסים בינה לבין רחל. מדרכו של עולם, שתי נשים הנשואות לאיש אחד הן 'צרות' ויריבות זו לזו, אולם במקרה שלפנינו הכתוב מספר רק אחרי לידת יהודה שרחל קינאה באחותה (בראשית ל א)! מה השתנה דווקא אז?

עד לידת יהודה הייתה לאה ממורמרת על אהבתו היתרה של יעקב לרחל, דבר שהתבטא בשמות שנתנה לבניה: ראובן – "כִּי רָאָה ה' בְּעָנְיִי כִּי עַתָּה יֶאֱהָבַנִי אִישִׁי" (בראשית כט לב); שמעון – "כִּי שָׁמַע ה' כִּי שְׂנוּאָה אָנֹכִי" (שם לג); לוי – כי "עַתָּה הַפַּעַם יִלָּוֶה אִישִׁי אֵלַי" (שם לד). אדם איננו רגיל לקנא במי שמצטער ומתאבל על גורלו, ולכן במשך תקופה זו לא התעוררה ברחל קנאה כלפי לאה. אולם לאחר לידת יהודה חל שינוי בתדמיתה העצמית של לאה: "וַתַּהַר עוֹד וַתֵּלֶד בֵּן וַתֹּאמֶר **הַפַּעַם אוֹדֶה אֶת ה'**, עַל כֵּן קָרְאָה שְׁמוֹ יְהוּדָה וַתַּעֲמֹד מִלֶּדֶת" (שם לה). לאחר שילדה ארבעה בנים, נחלשו רגשי הנחיתות שלה כלפי אחותה האהובה ממנה, וכתוצאה החלה רחל לקנא בה.

המתח בין האחיות בא על ביטויו גם בפרשת הדודאים. ראובן מצא דודאים בשדה והביא אותם אל לאה אמו, שכנראה סיפרה על כך לרחל. רחל לא ביקשה שתתן לאה לה 'מדודאים אלה' אלא מדודאי בנה – כאומרת: 'לי אין בן שימצא בשדה ויביא לי, לכן אנא תני לי במקום זאת'. תגובתה של לאה נראית מוגזמת במבט ראשון. רחל ביקשה ממנה "מִדּוּדָאֵי בְּנֵךְ" (בראשית ל יד), כלומר לקבל חלק מהם, כפי שביקש עשו לקבל "מִן הָאָדֹם הָאָדֹם הַזֶּה" (בראשית כה ל) – אך לאה הגיבה בעצבנות והאשימה את רחל שמבקשת "לָקַחַת גַּם אֶת דּוּדָאֵי בְּנִי", כלומר את כולם?!

נראה שהדברים נאמרו על משקל המשפט הקודם: "הַמְעַט קַחְתֵּךְ אֶת אִישִׁי וְלָקַחַת גַּם אֶת דּוּדָאֵי בְּנִי" (בראשית ל טו). אף על פי שיעקב נשוי לשתיהן, לאה הרגישה שרחל 'לקחה' את כולו, וכך היא הרגישה גם לגבי הדודאים, שאם הם יחולקו בין שתיהן – שוב יֵצֵא שרחל מקבלת את הכל. מדוע? התשובה פשוטה: יעקב היה אמור להיות עם רחל באותו לילה, ואם יהיו בידיה דודאים, הם לא יעשו שוב רושם על יעקב כשיגיע תורה של לאה, ואם כן לא תהיה בהם תועלת. כנגד חשש זה השיבה רחל: "לָכֵן יִשְׁכַּב עִמָּךְ הַלַּיְלָה תַּחַת דּוּדָאֵי בְנֵךְ" – 'אל לך לדאוג, יעקב יבוא אלייך תחילה, ותוכלי להשתמש לפָנַי בדודאים שיישארו ברשותך'.

מה טיבם של דודאים אלה, ומהו הרושם שאמורים לעשות? התשובה טמונה אולי בדברי רחל: "לָכֵן יִשְׁכַּב עִמָּךְ הַלַּיְלָה תַּחַת דּוּדָאֵי בְנֵךְ". מקובל לפרש את הביטוי 'תַּחַת דּוּדָאֵי בְנֵךְ' כ'תמורת הדודאים', אך ניתן גם לקרוא זאת בצורה פשוטה: 'הוא יהיה אתך מתחת לדודאים', דוגמת "תַּחַת הַתַּפּוּחַ עוֹרַרְתִּיךָ" (שיר השירים ח ה). ייתכן שאנשים ייחסו לדודאים סגולה של פוריות או של אפרודיזיאק.

חיבה יתירה לפרשת ויצא

'ויקח' פירושו סילק

וַיִּפְגַּע בַּמָּקוֹם וַיָּלֶן שָׁם כִּי בָא הַשֶּׁמֶשׁ וַיִּקַּח מֵאַבְנֵי הַמָּקוֹם, וַיָּשֶׂם מְרַאֲשֹׁתָיו וַיִּשְׁכַּב בַּמָּקוֹם הַהוּא. (בראשית כח יא)

יעקב ביקש מקום ללון; והוא אמנם מצא מקום שטוח, אך מלא אבנים, כמצוי בשטחים הרריים בארץ ישראל. לכן לקח – דהיינו הרים – מאבני המקום וסיקל את השטח אותו בחר ללינתו.

משל ונמשל

> וַיַּחֲלֹם, וְהִנֵּה סֻלָּם מֻצָּב אַרְצָה וְרֹאשׁוֹ מַגִּיעַ הַשָּׁמָיְמָה, וְהִנֵּה מַלְאֲכֵי אֱלֹוהִים עֹלִים וְיֹרְדִים בּוֹ. וְהִנֵּה ה' נִצָּב עָלָיו. (בראשית כח יב-יג)

מה ראה יעקב בחלומו? הכתוב מתאר את הסולם כ"**מֻצָּב** אַרְצָה": 'מֻצָּב' דווקא, כלומר על ידי אחרים, ולא 'ניצב' מעצמו כפי שכותבת התורה בהמשך על הקב"ה: "וְהִנֵּה ה' נִצָּב עָלָיו". גם לא 'הוצב' הסולם, בלשון עבר, כי יעקב ראה את הסולם בשעת הצבתו. "מֻצב **אַרְצָה**" דווקא, כלומר שהסולם הורד מן השמים אל הארץ, ולכן ראשו עדיין "מַגִּיעַ הַשָּׁמָיְמָה".

המילה 'וְהִנֵּה' חוזרת כאן על עצמה שלוש פעמים, עובדה המלמדת על הסדר שבו ראה יעקב את הדברים: תחילה ראה את הסולם בשעת הצבתו; לאחר מכן התחילו מלאכי אלוהים לעלות ולרדת בו; ולבסוף ראה יעקב בחלומו שה' ניצב עליו, כלומר עומד סמוך לו כביכול, כפי שנאמר באברהם: "וְהִנֵּה שְׁלֹשָׁה אֲנָשִׁים נִצָּבִים עָלָיו" (בראשית יח ב).

מהי הסמליות הטמונה בחזון זה? ניתן לראות בסדר הדברים מָשָׁל לתורה. התורה מוצבת בארץ, ולכן נאמר עליה: "לֹא בַשָּׁמַיִם הִוא" (דברים ל יב), ועם זאת ראשה מגיע השמימה, וכן נאמר בתהלים: "דְּבָרְךָ נִצָּב בַּשָּׁמָיִם" (תהלים קיט פט). התורה מכילה "מַלְאֲכֵי אֱלֹוהִים": מצוות, ה"עֹלִים" – אלה מצוות עשה המקרבות את ישראל לקב"ה, ו"יֹרְדִים" – מצוות לא תעשה. על ידי לימוד התורה וקיום המצוות זוכה האדם ש"ה' נִצָּב עָלָיו", להשראת השכינה.

מקומות קדושים

> וַיִּיקַץ יַעֲקֹב מִשְּׁנָתוֹ, וַיֹּאמֶר אָכֵן יֵשׁ ה' בַּמָּקוֹם הַזֶּה, וְאָנֹכִי לֹא יָדָעְתִּי. (בראשית כח טז)

הצהרתו של יעקב – "אָכֵן יֵשׁ ה' בַּמָּקוֹם הַזֶּה!" – אינה מובנת לכאורה. וכי הקב"ה נמצא רק שם או דווקא שם? הרי הוא נמצא בכל מקום. ומה פירוש התפעלותו של יעקב: "וְאָנֹכִי לֹא יָדָעְתִּי", ממנה משתמע שהיה עליו לדעת זאת?

המילים הראשונות ששמע יעקב בחלומו הן "אֲנִי ה'", וכנגד מילים אלה הכריז בהתרגשות: "אָכֵן יֵשׁ ה' בַּמָּקוֹם הַזֶּה!". מסתבר שיעקב הכיר מקומות מקודשים נוספים בארץ ישראל, כמקומות שבהם בנו אבותיו מזבחות, ואולי אף את הר המוריה מקום העקדה; וכעת התגלה לו בחלום שהמקום הנוכחי אף הוא קדוש. יעקב הופתע מכך, כיוון שלא היה ידוע לו על מקום זה, ואבותיו אברהם ויצחק לא סיפרו לו עליו, לכן הוא המשיך ותהה: "וְאָנֹכִי לֹא יָדָעְתִּי".

לשוב בשלום עם אחיו

אִם יִהְיֶה אֱלוֹהִים עִמָּדִי וּשְׁמָרַנִי בַּדֶּרֶךְ הַזֶּה אֲשֶׁר אָנֹכִי הוֹלֵךְ, וְנָתַן לִי לֶחֶם לֶאֱכֹל וּבֶגֶד לִלְבֹּשׁ. וְשַׁבְתִּי בְשָׁלוֹם אֶל בֵּית אָבִי, וְהָיָה ה' לִי לֵאלוֹהִים. (בראשית כח כ-כא)

יעקב נאלץ לעזוב את בית הוריו בגלל שנאתו של עֵשָׂו, והוא יוכל לשוב ולחיות שם רק לאחר ששנאה זו תשקע. את עצם חזרתו לארץ הבטיחו הקב"ה – "וַהֲשִׁבֹתִיךָ אֶל הָאֲדָמָה הַזֹּאת" (בראשית כח טו) – אך הפיוס עם עֵשָׂו לא הובטח לו, והוא תלוי במעשיו של יעקב, שעליו לעשות שלום עם עשָׂו. הקב"ה לא הבטיח לו 'והשיבתיך **בשלום**'; בדומה ליוה"כ שאינו מכפר על עוונות שבין אדם לחברו.

למי נתן יעקב מעשר?

וְכֹל אֲשֶׁר תִּתֶּן לִי עַשֵּׂר אֲעַשְּׂרֶנּוּ לָךְ. (בראשית כח כב)

לְמה התכוון יעקב כשנדר לתת לקב"ה מעשר מכל רכושו? רשב"ם פירש שיעקב התכוון להקרבת קרבנות, אך לא מסתבר שיעקב נדר להעלות עשירית מכל נכסיו על המזבח, שכן זוהי כמות מוגזמת והקרבה יתר על המידה: "הַחֵפֶץ לה' בְּעֹלוֹת וּזְבָחִים?" (שמואל א טו כב).

בפרשת וירא עסקנו באמונתם של עמי כנען בתקופת האבות, וראינו שהיו ביניהם כאלה שאחזו באמונה בבורא עולם – ובראשם מלכי-צדק מלך שלם, עליו מסופר: "וְהוּא כֹהֵן לְאֵל עֶלְיוֹן" (בראשית יד יח), כלומר משמש לפני האלוהים, כתרגום אונקלוס: "והוא משמיש קדם אל עלאה".

אם כן, כשיעקב נדר להפריש מעשר לקב"ה, ייתכן שהתכוון להפרישו ליורשיו של מלכי-צדק, שהמשיכו כנראה לשמש כהנים לאל עליון. אם נכונה השערה זו, יעקב הלך כאן בדרך סבו, אברהם, שנתן אף הוא מעשר למלכי-צדק: "וַיִּתֶּן לוֹ מַעֲשֵׂר מִכֹּל" (בראשית יד כ).[2]

כוונתם ההפוכה של שני הקרובים

> וַיְהִי כִשְׁמֹעַ לָבָן אֶת שֵׁמַע יַעֲקֹב בֶּן אֲחֹתוֹ, וַיָּרָץ לִקְרָאתוֹ וַיְחַבֶּק לוֹ וַיְנַשֶּׁק לוֹ וַיְבִיאֵהוּ אֶל בֵּיתוֹ. (בראשית כט יג)

פשר התלהבותו הרבה של לבן מבואו של יעקב טמון במילים "שֵׁמַע יַעֲקֹב". ביטוי זה הוא מלשון שמועה, דוגמת: "וּמַלְכַּת שְׁבָא שֹׁמַעַת אֶת שֵׁמַע שְׁלֹמֹה" (מלכים א י א), או: "כִּי גָדוֹל מָרְדֳּכַי בְּבֵית הַמֶּלֶךְ וְשָׁמְעוֹ הוֹלֵךְ בְּכָל הַמְּדִינוֹת" (אסתר ט ד). לבן שמע את השמועות שהילכו סביב אחיינו, על כך שרימה את אביו וגנב את הברכה, וחשב שיעקב דומה לו באופיו; לכן רץ לקראתו בחיבוקים ונשיקות, כמי שמצא אדם כלבבו. לכן אומר הכתוב: "אֶת שֵׁמַע יַעֲקֹב בֶּן אֲחֹתוֹ" (בראשית כט יג), ולא 'בן רבקה' או 'בן רבקה אחותו', כי לבן לא התעניין ביעקב מצד היותו בנה של רבקה, אלא מצד זה שבני אחות דומים לדודיהם, כדברי הגמרא: "רוב בנים דומין לאחי האם" (בבא בתרא קי א).

יעקב, מצדו, נעתר לחיבוקיו של לבן מסיבה דומה אך הפוכה: גם הוא ציפה שדודו יהיה דומה לו, וקיווה למצוא שלבן, מארחו לתקופה הקרובה, תמים אף הוא כמוהו; לכן כשיעקב פגש את רחל, התורה מדגישה – שלוש פעמים באותו פסוק – שהוא מחפש את דודו לבן 'אחי אמו': "וַיְהִי כַּאֲשֶׁר רָאָה יַעֲקֹב אֶת רָחֵל בַּת לָבָן **אֲחִי אִמּוֹ** וְאֶת צֹאן לָבָן **אֲחִי אִמּוֹ**, וַיִּגַּשׁ יַעֲקֹב וַיָּגֶל אֶת הָאֶבֶן מֵעַל פִּי הַבְּאֵר וַיַּשְׁקְ אֶת צֹאן לָבָן **אֲחִי אִמּוֹ**" (בראשית כט י).

---

[2] אמנם חז"ל אמרו על מלכיצדק "הוא כהן ואין זרעו כהן" (נדרים לב ב), אך אין הכוונה בהכרח לבניו או נכדיו, אלא לכלל צאצאיו, שיוחלפו בעתיד על ידי שבט לוי (וראו ר"ן שם). והגם שהמדרש קובע ששלשלת המסורה עברה כבר אז ממלכי-צדק לאברהם (במדבר רבה ד ח), עדיין מסתבר שיורשיו של מלכי-צדק המשיכו לשמש לפני האלוהים.

דעתו של לבן על יעקב

וַיֹּאמֶר לָבָן לְיַעֲקֹב הֲכִי אָחִי אַתָּה וַעֲבַדְתַּנִי חִנָּם, הַגִּידָה לִּי מַה מַּשְׂכֻּרְתֶּךָ. (בראשית כט טו)

כאמור לעיל, לבן ציפה תחילה שיעקב ידמה לו באופיו כשני אחים; אולם כעת, כשעבר חודש ויעקב לא התגלה כרמאי ממולח, התאכזב לבן והפטיר: "הכי אחי אתה?!".

דרכם של סחטנים

וַיֹּאמֶר לָבָן טוֹב תִּתִּי אֹתָהּ לָךְ מִתִּתִּי אֹתָהּ לְאִישׁ אַחֵר. (בראשית כט יט)

תגובתו של לבן לבקשת יעקב ממשיכה להצביע על אכזבתו מיעקב: הוא איננו מקבל בשמחה את הבקשה, אלא מגיב בזלזול שעדיף לתת לך מאשר למישהו אחר. כלומר, שידוך זה כשלעצמו איננו טוב בעיניו, והסכמתו ניתנת רק כי הוא איננו רואה בין שכניו בחרן מועמד טוב יותר. לפי אפשרות אחרת, לבן מעוניין שיעקב יכיר לו טובה, דבר שעשוי להניב לו רווח בעתיד, ולכן הוא מעמיד פנים כאילו הוא איננו מרוצה – יותר ממה שבאמת – כדרכם של רמאים הבקיאים ורגילים במלאכת הסחטנות.

רחל ובניה

וַתַּהַר וַתֵּלֶד בֵּן וַתֹּאמֶר אָסַף אֱלוֹהִים אֶת חֶרְפָּתִי. וַתִּקְרָא אֶת שְׁמוֹ יוֹסֵף לֵאמֹר יֹסֵף ה' לִי בֵּן אַחֵר. (בראשית ל כד)

רחל ילדה את יוסף והרגישה שסוף סוף "אָסַף אֱלוֹהִים אֶת חֶרְפָּתִי", אך יחד עם זאת היא הביטה קדימה וביקשה: "יֹסֵף ה' לִי בֵּן אַחֵר" – בן נוסף, כפי שהיא כבר תבעה מיעקב בעבר: "הָבָה לִּי **בָנִים** וְאִם אַיִן מֵתָה אָנֹכִי". לא 'בן' אלא 'בנים' בלשון רבים, כלומר לפחות שניים.

ניתן למצוא כאן רמז לגורלו של יוסף וצאצאיו. שבטי אפרים ומנשה עתידים לגלות בגלות אשור ולהיאבד שם, כדעה שבגמרא: "עשרת השבטים אינן עתידין

לחזור",[3] ולא יישאר לרחל אלא בנה הנוסף – בנימין; לכן "אִם אַיִן", אם יהיה לרחל רק בן אחד – יוסף – ולא 'בָנִים' כבקשתה, אזי "מֵתָה אָנֹכִי", כי לא יישארו ממנה צאצאים לדורות.

בעלות לבן על משפחת יעקב

וַיְהִי כַּאֲשֶׁר יָלְדָה רָחֵל אֶת יוֹסֵף וַיֹּאמֶר יַעֲקֹב אֶל לָבָן שַׁלְּחֵנִי וְאֵלְכָה אֶל מְקוֹמִי וּלְאַרְצִי. תְּנָה אֶת נָשַׁי וְאֶת יְלָדַי אֲשֶׁר עָבַדְתִּי אֹתְךָ בָּהֵן וְאֵלֵכָה. (בראשית ל כה-כו)

דברי יעקב זקוקים לביאור: מדוע הוא מבקש מלבן "תְּנָה אֶת נָשַׁי", כאילו נשותיו עדיין נמצאות ברשות לבן אביהן? הרי יעקב עבד שבע שנים לפני נישואיו עם לאה, ושבע שנים נוספות כדי לקבל את רחל, ואם כן אפילו לפי קנה המידה של לבן הערמומי, קיבל יעקב בצדק ובתשלום מלא את נשיו – ומדוע עדיין יש ללבן זכויות עליהן?

התשובה טמונה בהמשך הדברים: "תְּנָה אֶת נָשַׁי **וְאֶת יְלָדַי**". זכויותיו של לבן על משפחת יעקב לא נבעו מכוח היותו אבי רחל ולאה, כשם שהן לא נבעו מהיותו סבם של ילדי יעקב. ממה נבעו? הם נבעו מכוח היותם סמוכים על שולחנו של לבן. פירוש זה עולה מן הכתובים, מהם משתמע שבשלב זה עדיין לא היה ליעקב הון עצמי, כפי שהוא יאמר מיד: "מָתַי אֶעֱשֶׂה גַם אָנֹכִי לְבֵיתִי", וימשיך ויבקש לקבל חלק מצאן לבן – ורק לאחר מכן, בסיום הדברים, יספר הכתוב: "וַיִּפְרֹץ הָאִישׁ מְאֹד מְאֹד וַיְהִי לוֹ צֹאן רַבּוֹת וּשְׁפָחוֹת וַעֲבָדִים וּגְמַלִּים וַחֲמֹרִים" (בראשית ל מג), שלא היו לו קודם. רוב זמנו היה יעקב בשדה, רועה את צאן לבן, ומשפחתו התגוררה בבית הסב ואכלה על שולחנו – ומכאן נבעה תחושת האפוטרופסות של לבן על משפחת יעקב.

[3] דעת ר' עקיבא במשנה סנהדרין קי ב, ואילו ר' אליעזר חולק. ובגמרא מובאת דעה נוספת בשם ר' שמעון, התולה את שובם במעשיהם.

רגישות יעקב כלפי נשיו

וַיֹּאמֶר אֵלַי מַלְאַךְ הָאֱלוֹהִים בַּחֲלוֹם... קוּם צֵא מִן הָאָרֶץ הַזֹּאת וְשׁוּב אֶל אֶרֶץ מוֹלַדְתֶּךָ (בראשית לא יא-יג)

כפי שמסופר כמה פסוקים קודם לכן, הקב"ה הורה ליעקב: "שׁוּב אֶל אֶרֶץ **אֲבוֹתֶיךָ**" – אך יעקב שינה את נוסח הציווי, וסיפר לרחל ולאה שהוא נצטווה לשוב "אֶל אֶרֶץ **מוֹלַדְתֶּךָ**". אחד הדברים שמפניהם מותר לאדם לשַׁנּוֹת בדיבורו הוא השלום (יבמות סה ב), ונראה שזוהי הסיבה לשינוי הנוכחי: הביטוי "שוב אל ארץ אבותיך" מתייחס לאבותיו של יעקב בלבד, ואין זה מן הרגישות לומר כך לאישה הנדרשת לעשות ההפך – לקום ולעזוב את אבותיה ומשפחתה; לכן העדיף יעקב להשתמש בביטוי פחות טעון, "אֶרֶץ מוֹלַדְתֶּךָ".

אמנם, כפי שהכתוב מספר מיד, זהירותו של יעקב לא הייתה נצרכת; לא רק שרחל ולאה לא רחשו רגשי חיבה כלפי בית אביהן, אלא להפך – הן שָׂמְחוּ לנטוש את לבן ומשפחתו: "וַתַּעַן רָחֵל וְלֵאָה וַתֹּאמַרְנָה לוֹ, הַעוֹד לָנוּ חֵלֶק וְנַחֲלָה בְּבֵית אָבִינוּ?! הֲלוֹא נָכְרִיּוֹת נֶחְשַׁבְנוּ לוֹ" (בראשית לא יד-טו).

כיצד העז לבן לדבר עם יעקב

הִשָּׁמֶר לְךָ פֶּן תְּדַבֵּר עִם יַעֲקֹב מִטּוֹב עַד רָע. (בראשית לא כד)

את הוראת הקב"ה ללבן אנו רגילים להבין במשמעות של 'אל תדבר אתו דבר, לא טוב ולא רע', בדומה לדברי לבן ובתואל לאליעזר: "לֹא נוּכַל דַּבֵּר אֵלֶיךָ רַע אוֹ טוֹב" (בראשית כד נ). אולם מלבד ההבדל בין שני הביטויים – 'רע **או** טוב' לעומת 'מטוב **ועד** רע' – יש הבדל גם בתוצאה, כי לא רק שלבן דיבר לבסוף עם יעקב, אלא הוא גם דיבר אתו 'רע' מאד: "וַיֹּאמֶר לָבָן לְיַעֲקֹב, מֶה עָשִׂיתָ?! וַתִּגְנֹב אֶת לְבָבִי, וַתְּנַהֵג אֶת בְּנֹתַי כִּשְׁבֻיוֹת חָרֶב! לָמָּה נַחְבֵּאתָ לִבְרֹחַ, וַתִּגְנֹב אֹתִי וְלֹא הִגַּדְתָּ לִּי, וָאֲשַׁלֵּחֲךָ בְּשִׂמְחָה וּבְשִׁרִים בְּתֹף וּבְכִנּוֹר. וְלֹא נְטַשְׁתַּנִי לְנַשֵּׁק לְבָנַי וְלִבְנֹתָי, עַתָּה הִסְכַּלְתָּ עֲשׂוֹ!" (בראשית לא כו-כח). וכאילו לא די בכך, בסיום דבריו התוקפניים פנה לבן לכלל הנוכחים ומזכיר את צו הקב"ה: "יֶשׁ לְאֵל יָדִי לַעֲשׂוֹת עִמָּכֶם רָע! וֵאלוֹהֵי אֲבִיכֶם אֶמֶשׁ אָמַר אֵלַי לֵאמֹר הִשָּׁמֶר לְךָ מִדַּבֵּר עִם יַעֲקֹב מִטּוֹב עַד רָע" – והלוא לפני רגע הוא דיבר אתו רע!

אכן, משמעות הציווי "הִשָּׁמֶר לְךָ פֶּן תְּדַבֵּר עִם יַעֲקֹב מִטּוֹב עַד רָע" שונה לחלוטין מהבנתנו הפשוטה. הקב"ה לא אסר על לבן לדבר 'רע' עם יעקב, ובוודאי שלא אסר עליו לדבר עמו 'טוב' או לדבר עמו בכלל; מה שנאסר על לבן הוא לנהוג כהרגלו בצביעות ובערמומיות, לפתוח בדבריו בחלקלקות ובפנים שוחקות ולסיימם בלחץ ואיומים – דהיינו לעבור 'מִטּוֹב עַד רָע'. ואכן לבן מילא את הוראת הקב"ה, ולא העמיד פנים שוחקות אלא ניגש ישר לעניין: "מֶה עָשִׂיתָ?!".

ניתן להציע בכיוון זה הסבר נוסף: הקב"ה הזהיר את לבן שלא ייקח את ה'טּוֹב' ויעביר אותו 'עַד רָע', כלומר שלא יפרש את כוונותיו ומעשיו של יעקב באופן שלילי. לכן לבן הודה בסוף דבריו: "וְעַתָּה הָלֹךְ הָלַכְתָּ כִּי נִכְסֹף נִכְסַפְתָּה לְבֵית אָבִיךָ" ולא ניסה לטעון שבריחת יעקב נבעה ממניעים שפלים. אמנם, על דבר אחד טען לבן שאי אפשר לפרשו לטובה בשום אופן – "לָמָּה גָנַבְתָּ אֶת אֱלֹהָי" (בראשית לא ל) – ואכן זוהי הסיבה המרכזית לרדיפתו אחר יעקב.

פרשת וישלח

מהלך א: למה בא עשָׂו עם ארבע מאות איש?

המלאכים ששלח יעקב שבו אליו ודיווחו: "בָּאנוּ אֶל אָחִיךָ אֶל עֵשָׂו וְגַם הֹלֵךְ לִקְרָאתְךָ וְאַרְבַּע מֵאוֹת אִישׁ עִמּוֹ" (בראשית לב ז). לא ברור מה הייתה מטרתו של עשָׂו בצאתו לקראת יעקב עם ארבע מאות איש. מטרת צבא בלתי מידתי בגודלו אינה בהכרח להילחם. ייתכן להפך – ליצור הרתעה שתחסוך את הצורך בקרב. כך אנו מוצאים אצל בני ישראל כאשר התקרבו לגבול אדום, שאז יצא "אֱדוֹם לִקְרָאתוֹ בְּעַם כָּבֵד וּבְיָד חֲזָקָה" (במדבר כ כ), לא במטרה להילחם עִם בני ישראל, שהרי לא נערכה שם כל מלחמה, אלא כדי להרתיעם ולהבהיר שאין טעם בלחימה; ואכן, "וַיֵּט יִשְׂרָאֵל מֵעָלָיו" (שם כא). כך ייתכן גם בפרשתנו, שהביא עֵשָׂו עמו חיל גדול בכדי שנוכחותם תבהיר ליעקב שאין טעם בלחימה.

ייתכן שעשָׂו ביקש למנוע מיעקב מלחזור לחברון על מנת להיאחז בארץ מגורי יצחק. יצחק ברך את יעקב ב"בִּרְכַּת אַבְרָהָם לְךָ וּלְזַרְעֲךָ אִתָּךְ לְרִשְׁתְּךָ אֶת **אֶרֶץ מְגֻרֶיךָ** אֲשֶׁר נָתַן אֱלוֹהִים לְאַבְרָהָם" (בראשית כח ד). עשו התחיל להתנחל בשעיר כבר בשעת שבתו של יעקב בבית לבן, שהרי בחזרתו מחרן שלח יעקב מלאכים אל עשו "אַרְצָה שֵׂעִיר שְׂדֵה אֱדוֹם" (בראשית לב ד). אך בתקופה זו, עדיין היה עיקר מושבו של עשָׂו בארץ כנען, בארץ מגורי אביו. אולם ארץ מגורי יצחק לא הספיקה לשבתם של שני האחים גם יחד, וארבע מאות האיש היו יכולים לסמן ליעקב שעליו לשנות תכנית חזרתו. לאחר התפייסות האחים וחזרתו של יעקב אל יצחק בחברון,

דווקא עשָׂו הוא שהעתיק סופית את מקום מושבו לשעיר. אז אסף עשָׂו את ביתו על כל אנשי ביתו ורכושו ועבר סופית לאדום: "אֶת נָשָׁיו וְאֶת בָּנָיו וְאֶת בְּנֹתָיו וְאֶת כָּל נַפְשׁוֹת בֵּיתוֹ וְאֶת מִקְנֵהוּ וְאֶת כָּל בְּהֶמְתּוֹ וְאֵת כָּל קִנְיָנוֹ אֲשֶׁר רָכַשׁ בְּאֶרֶץ כְּנָעַן וַיֵּלֶךְ אֶל אֶרֶץ מִפְּנֵי יַעֲקֹב אָחִיו. כִּי הָיָה רְכוּשָׁם רָב מִשֶּׁבֶת יַחְדָּו וְלֹא יָכְלָה אֶרֶץ מְגוּרֵיהֶם לָשֵׂאת אֹתָם מִפְּנֵי מִקְנֵיהֶם" (בראשית לו ו-ז).

מהלך ב: שכם – תכניתו של יעקב שלא יצאה לפועל

כשיעקב חזר ארצה לאחר עשרים שנות גלות בבית לבן, פעולתו הראשונה הייתה קניית חלקת שדה סמוך לשכם: "וַיָּבֹא יַעֲקֹב שָׁלֵם עִיר שְׁכֶם אֲשֶׁר בְּאֶרֶץ כְּנַעַן, בְּבֹאוֹ מִפַּדַּן אֲרָם... וַיִּקֶן אֶת חֶלְקַת הַשָּׂדֶה אֲשֶׁר נָטָה שָׁם אָהֳלוֹ, מִיַּד בְּנֵי חֲמוֹר אֲבִי שְׁכֶם, בְּמֵאָה קְשִׂיטָה" (בראשית לג יח-יט). רכישה זו מעוררת שתי שאלות:

ראשית, מכל ערי כנען, מדוע הלך יעקב לשכם? חשיבותה בעיני יעקב מודגשת מקנייתו של חלקת השדה במקום. מלבד מערת המכפלה שנועדה רק לקבורה, לא נודעה לנו רכישת קרקע בארץ כנען פרט לשכם. ניכר מכך שיעקב התכוון להשתקע בשכם – אך מדוע דווקא שם?

שנית, כאשר באו חמור ושכם בנו אל יעקב בעקבות מעשה דינה, הציע חמור: "בְּנֹתֵיכֶם תִּתְּנוּ לָנוּ וְאֶת בְּנֹתֵינוּ תִּקְחוּ לָכֶם. וְאִתָּנוּ תֵּשֵׁבוּ וְהָאָרֶץ תִּהְיֶה לִפְנֵיכֶם, שְׁבוּ וּסְחָרוּהָ וְהֵאָחֲזוּ בָּהּ" (בראשית לד ט-י). בני יעקב השיבו בחיוב להצעתו: "אַךְ בְּזֹאת נֵאוֹת לָכֶם, אִם תִּהְיוּ כָמֹנוּ לְהִמֹּל לָכֶם כָּל זָכָר. וְנָתַנּוּ אֶת בְּנֹתֵינוּ לָכֶם וְאֶת בְּנֹתֵיכֶם נִקַּח לָנוּ וְיָשַׁבְנוּ אִתְּכֶם וְהָיִינוּ לְעַם אֶחָד" (שם טו-טז). יעקב נכח במעמד זה ולא מחה על הצעת בניו. הם עצמם דיברו במרמה – אולם יעקב לא היה שותף למזימתם, וכשנודע לו עליה הגיב: "עֲכַרְתֶּם אֹתִי!" (שם ל) ועד יום מותו לא מחל להם ואף קלל אותם: "שִׁמְעוֹן וְלֵוִי אַחִים כְּלֵי חָמָס מְכֵרֹתֵיהֶם... אָרוּר אַפָּם כִּי עָז" (בראשית מט ה-ז). האם הסכים להצעתם? האם תמך ברעיון ההשתלבות עם אנשי שכם על מנת להיהפך "לְעַם אֶחָד"?!

אכן, כן. כדי להבין את שיקולי יעקב, נקדים הקדמה קצרה אודות שם

המקום. הכתוב מספר שיעקב בא "שָׁלֵם עִיר שְׁכֶם". אנו יודעים מהמשך ספר בראשית על מקום ששמו שכם (בראשית לז יב), שם רעו בני יעקב את צאן אביהם. מקובל להניח שהעיר אליה הגיעו יעקב ומשפחתו נקראה 'שכם'. כך פירש רש"י על פי הגמרא בשבת (לג א): "שלם בגופו, שנתרפא מצליעתו; שלם בממונו, שלא חסר כלום מכל אותו דורון; שלם בתורתו, שלא שכח תלמודו בבית לבן" (רש"י, בראשית לג יח). אולם רשב"ם פירש אחרת, שהעיר נקראה 'שלם': "שָׁלֵם, עיר[ו של] שְׁכֶם" דוגמת "חֶשְׁבּוֹן, עִיר סִיחֹן" (במדבר כא כו). פרשנותו זו של רשב"ם מתקבלת על הדעת, שהרי לא מסתבר שהכתוב יתאר את יעקב כמי שהגיע "שלם בגופו ובממונו" לעיר שלא ביקר בה מעולם ולא נודע שפניו היו מיועדות אליה. עיר זו הייתה מקום מגוריו של שכם בן חמור, ומסתבר שלאחר רציחתו נקרא המקום על שמו. (לחילופין, ייתכן שחמור בנה את העיר וקרא אותה על שם בנו עוד בחייו, כפי שקין בנה עיר וקראה על שם בנו חנוך. הפסוק המספר שאברהם עבר בארץ "עַד מְקוֹם שְׁכֶם" אינו סותר הבנה זו, שכן התורה כינתה את האזור "מקום שכם" על שם העתיד – ולכן נאמר 'מקום שכם' ולא 'עיר שכם', כי עדיין לא הייתה עיר כזו.)

בתקופת האבות היו בארץ כנען לפחות שתי ערים בשם שלם: שלם של מלכיצדק בימי אברהם, שהיא ירו-שלם, ושלם של שכם. מקומות שונים בעלי אותו שם מצויים בתנ"ך: כך אנו מוצאים את הגִלגל באזור אלוני מורה (דברים יא ל) וגם "בִּקְצֵה מִזְרַח יְרִיחוֹ" (יהושע ד יט), וכן היו יותר מ'קדש' אחת (דברי הימים א ו נז, סא). סביר להניח שבין שתי ערים בעלות שם אחד היו דמיון וזיקה הדדית, וכשם שב'שלם' עירו של מלכיצדק עבדו לאל עליון (וראו פרשת וירא מהלך ג), כך עבדוהו גם ב'שלם' עירו של שכם.

כך ניתן להבין למה בחר יעקב להשתקע דווקא במקום זה ולקנות בו קרקע. עם חזרתו מפדן ארם היה עליו למצוא מקום להתיישב בו עם משפחתו כיוון שבינתיים לא סר לחברון (וראו להלן מהלך ד), וטבעי שהוא יבחר בעיר שאמונת תושביה הייתה קרובה יחסית לאמונתו, בוודאי בהשוואה לשאר ערי כנען.[1] בחירה זו משמעותית במיוחד מפני שיעקב

---

[1] לא נתבאר האם בימי יעקב עדיין שימשה שלם של מלכיצדק כמרכז לעבודת אל עליון; מכל

יצטרך למצוא נשים לבניו, ובדרך העולם יישאו נשים במקום בו יגורו; לכן בחר לדור בעיר שלם העובדת לאל עליון והסכים להצעת חמור שיתחתנו איתם, בתנאי שתושבי העיר ימולו עצמם, כלומר יתגיירו.

כך ניתן להבין גם את דברי חמור ושכם לתושבי עירם: "הָאֲנָשִׁים הָאֵלֶּה שְׁלֵמִים הֵם אִתָּנוּ" (בראשית לד כא) במובן חברתי-תודעתי: 'האנשים הללו אף הם שלמיים כמונו', כלומר בעלי תודעה 'שלמית'. שהיא האמונה באל עליון, המשותפת לערים ששמן 'שלם'.

ניתן רק לשער כיצד היו נראות פני ההיסטוריה אילו תכניתו של יעקב להתמזג ביושבי שכם הייתה יוצאת אל הפועל. הוא אכן התכוון לכך, אבל ההשגחה האלוהית הכריעה אחרת; במקום שדרך העיר שלם ייאחזו יעקב ובניו בקרב עמי הארץ, ואולי ישפיעו וימנעו את הכנענים מלהידרדר לאן שהידרדרו, חורבן שכם הביא להיפרדותם של בני ישראל מארץ כנען ותושביה. לכן כה זעם יעקב על מעשם של שמעון ולוי: "עֲכַרְתֶּם אֹתִי לְהַבְאִישֵׁנִי בְּיֹשֵׁב הָאָרֶץ, בַּכְּנַעֲנִי וּבַפְּרִזִּי, וַאֲנִי מְתֵי מִסְפָּר וְנֶאֶסְפוּ עָלַי וְהִכּוּנִי, וְנִשְׁמַדְתִּי אֲנִי וּבֵיתִי" (בראשית לד ל). לא זו בלבד שרצחו שמעון ולוי את אנשי העיר אשר לא היו מעורבים בחטיפת דינה, אלא גם חיבלו בתכניותיו של יעקב להתנחל יחד עם יושבי הארץ. אמנם חששו של יעקב מהשמדה פיזית לא התקיים – כי ה' הפיל "חִתַּת אֱלֹהִים עַל הֶעָרִים אֲשֶׁר סְבִיבֹתֵיהֶם, וְלֹא רָדְפוּ אַחֲרֵי בְּנֵי יַעֲקֹב" (בראשית לה ה) – אבל החשש הראשון התממש במלואו. ריחם של יעקב ומשפחתו הובאש בעיני הכנענים, והסימן לכך הוא שבניגוד לאבותיו אברהם ויצחק, יעקב לא כרת ברית עם אף אחד מיושבי הארץ. אמנם ליהודה היה רֵע עדולמי, חירה; אך הלה לא היה בן ברית כבני בריתו של אברהם ויצחק. משפחת יעקב נשארה מבודדת בארץ כנען, עד שלבסוף ירדה למצרים.

ומן הצד השני, הכנענים ירדו לשפל המדרגה עד שנתחייבו כליה: "לֹא תְחַיֶּה כָּל נְשָׁמָה" (דברים כ טז). המסורת של מלכיצדק בעבודת אל עליון דעכה ונעלמה במשך השנים, ואת מקומה תפס פולחן הבעלים על כל

מקום, אזור שכם היה עדיף ליעקב לגור בה לצורך מחיה ומרעה, כעדות הכתוב: "וילכו אחיו לרעות את צאן אביהם בשכם" (בראשית לז יב).

תועבותיו. אולי שמעון ולוי הם אלה שהיכו מכה אנושה את עבודת הכנענים לאל עליון, בהורגם דווקא את תושבי 'שלם', מרכז האמונה.

מהלך ג: מעשה דינה

וַתֵּצֵא דִינָה בַּת לֵאָה אֲשֶׁר יָלְדָה לְיַעֲקֹב לִרְאוֹת בִּבְנוֹת הָאָרֶץ. (בראשית לד א)

דינה יצאה למטרה ללא דופי, לראות בבנות הארץ. אותו מטבע לשון נמצא בשיר השירים, "לִרְאוֹת בְּאִבֵּי הַנָּחַל" (שיר השירים ו יא), דהיינו לטייל ולצפות בטבע. התורה מגלה שדינה נחטפה לאור יום, בשעה שאפשר לראות בבנות הארץ.

מה עלה בגורלה לאחר מעשה שכם? דינה היא היחידה בין בנות יעקב הנמנית בשם (בראשית מו טו) והדבר רומז לגורלה המר, שלא נישאה ולא הקימה משפחה. כך גם סופה של תמר לאחר שאבשלום אחיה אנס אותה: "וַתֵּשֶׁב תָּמָר וְשֹׁמֵמָה בֵּית אַבְשָׁלוֹם אָחִיהָ" (שמואל ב יג כ). הפגיעה בנערה שנאנסה הייתה כפולה: גם נאנסה, וגם נהרסו סיכוייה להינשא ולהקים בית.

עובדה זו מסבירה איך ניסה שכם לדבר "עַל לֵב הַנַּעֲרָ[ה]" (בראשית לד ג). ה'לב' שבתורה אינו בהכרח מושב הרגש אלא מושב השֵׂכל. כך נאמר: "וַיִּגְנֹב יַעֲקֹב אֶת לֵב לָבָן", שרימה אותו בכך שלא "הִגִּיד לוֹ כִּי בֹרֵחַ הוּא" (בראשית לא כ). וכן: "וְאַתָּה תְּדַבֵּר אֶל כָּל חַכְמֵי לֵב אֲשֶׁר מִלֵּאתִיו רוּחַ חָכְמָה" (שמות כח ג), וכן: "וְלֹא נָתַן ה' לָכֶם לֵב לָדַעַת" (דברים כט ג). שכם עינה אותה, וקשה לצייר שדינה תחשק בו. לכן שכם דבר על לבה ונסה לשכנעה בכוח ההיגיון שכדאי לה להינשא לו. מן הסתם טען בפניה שכיוון שנאנסה, שוב לא יעלה בידה להינשא, וכן שאביו הוא נשיא הארץ, ולכן כדאי לה להינשא לו. כנגד טיעונים שכאלה התרעמו שמעון ולוי: "הַכְזוֹנָה יַעֲשֶׂה אֶת אֲחוֹתֵנוּ?" (בראשית לד לא), כלומר: שכם ביקש מאחותנו להינשא לו בגלל בצע כסף, כאילו היא זונה!?

מה רצו שמעון ולוי? הם ביקשו נקמה, אפילו במחיר של סיכון חיי אביהם וביתו.

התורה מספרת: "וַיִּמֹּלוּ כָּל זָכָר, כָּל יֹצְאֵי שַׁעַר עִירוֹ" (בראשית לד כד). שער העיר הוא המקום בו נאספו אזרחי העיר למשפט ולדון בכל עניני העיר; כפי שנאמר אצל עפרון: "בְּאָזְנֵי בְנֵי חֵת לְכֹל בָּאֵי שַׁעַר עִירוֹ" (בראשית כג י), וכן בפרשתנו: "וַיָּבֹא חֲמוֹר וּשְׁכֶם בְּנוֹ אֶל שַׁעַר עִירָם, וַיְדַבְּרוּ אֶל אַנְשֵׁי עִירָם" (בראשית לד כ). בעיר קטנה שלא היה בה מלך אלא נשיא בלבד – כמו בשלם/שכם – אסיפת האזרחים בשער העיר הייתה הסמכות העליונה.

רק אזרחי העיר ישבו בשער העיר, והם היו אמורים למחות בשכם ובאביו. אך שמעון ולוי הרגו "כָּל זָכָר" (בראשית לד כה), אזרחים ולא-אזרחים כאחד. לכן אמר יעקב: "עֲכַרְתֶּם אֹתִי לְהַבְאִישֵׁנִי בְּיֹשֵׁב הָאָרֶץ בַּכְּנַעֲנִי וּבַפְּרִזִּי" (שם ל). במבט ראשון אינו מבואר הקשר בין הכנעני והפריזי לטבח שבוצע בעירו של שכם החיווי. אולם ההסבר פשוט: שמעון ולוי הרגו כל מי שמצאו בעיר, כולל אורחים וסוחרים בני ערים אחרות. הדבר היה עלול להביא להתערבות העמים השוכנים ב"עָרִים אֲשֶׁר סְבִיבֹתֵיהֶם" (בראשית לה ה), ושמא יֵצאו אלה לנקום את דם אזרחיהם שנרצחו בשכם.

מעבר למעשה הטבח, עליו כאמור לא מחל יעקב לשמעון ולוי, פגעו שמעון ולוי ביעקב עצמו. הם לא התווכחו עם אביהם בפניו אלא האשימוהו בגוף שלישי – "הַכְזוֹנָה **יַעֲשֶׂה**" ולא 'תֵעשה' – כי המילה 'יעשה' היא בלשון יחיד ומוסבת על יעקב אביהם, ודברים אלה נאמרו מאחורי גבו של יעקב לשאר האחים.

מהלך ד: אי-מילוי הנדר

כאשר יעקב יצא לחרן הוא לן בבית-אל, ושם נדר: "אִם יִהְיֶה אֱלוֹהִים עִמָּדִי... וְשַׁבְתִּי בְשָׁלוֹם אֶל בֵּית אָבִי... וְהָאֶבֶן הַזֹּאת אֲשֶׁר שַׂמְתִּי מַצֵּבָה יִהְיֶה בֵּית אֱלוֹהִים" (בראשית כח כ-כב). מדוע עם שובו הוא התמהמה לקיים נדרו, עד שהוצרך הקב"ה לצוותו לעלות בית-אל: "וַיֹּאמֶר אֱלוֹהִים אֶל יַעֲקֹב קוּם עֲלֵה בֵית אֵל וְשֶׁב שָׁם, וַעֲשֵׂה שָׁם מִזְבֵּחַ לָאֵל הַנִּרְאֶה אֵלֶיךָ בְּבָרְחֲךָ מִפְּנֵי עֵשָׂו אָחִיךָ" (בראשית לה א)? אין זה הדבר היחיד שיעקב נמנע מלעשות תכף עם שובו ארצה: לא מצאנו שיעקב מיהר לבקר את אביו הישיש, שישב בחברון.

לשתי תמיהות אלה יש תשובה אחת: יעקב עדיין חשש מעֵשָׂו. הקב"ה אמנם הבטיח ליעקב: "וּשְׁמַרְתִּיךָ בְּכֹל אֲשֶׁר תֵּלֵךְ" (בראשית כח טו), אך הבטחה זו נאמרה על התקופה בה יעקב היה בגלות – "בְּכֹל אֲשֶׁר תֵּלֵךְ" – ואילו לאחר שחזר לכנען וכבר נתקיים בו "וַהֲשִׁבֹתִיךָ אֶל הָאֲדָמָה הַזֹּאת", שמא פג תוקף ההבטחה.

עֵשָׂו נהג לבקר אצל יצחק והיה מצוי על הציר שבין חברון לארץ שעיר. רק לאחר מות יצחק עבר עֵשָׂו סופית לארץ אדום: "וַיִּקַּח עֵשָׂו אֶת נָשָׁיו וְאֶת בָּנָיו וְאֶת בְּנֹתָיו וְאֶת כָּל נַפְשׁוֹת בֵּיתוֹ וְאֶת מִקְנֵהוּ וְאֶת כָּל בְּהֶמְתּוֹ וְאֵת כָּל קִנְיָנוֹ... וַיֵּלֶךְ אֶל אֶרֶץ... וַיֵּשֶׁב עֵשָׂו בְּהַר שֵׂעִיר" (בראשית לו ו,ח). לכן נמנע יעקב מלהתקדם לכיוון דרום, לארץ מגורי אבותיו, מחשש שייתקל בעֵשָׂו. הגם שלכאורה עֵשָׂו כבר נתפייס, שהרי במפגשו עם יעקב נענה להפצרת יעקב ולקח מנחתו (בראשית לג יא), יש הבדל בין פיוס במפגש קצר לבין שלום קבוע. ועוד, לעומת המפגש המפויס שבדרך, עדיין חשש יעקב מעֵשָׂו שמא תתעורר חמתו מחדש. דבר זה מסביר גם מדוע נסיון ישיבתו בשלם\שכם לא נחשב כביטול בידיים של נדרו לחזור לבית-אל, כי טרם נתמלא תנאו: "וְשַׁבְתִּי בְשָׁלוֹם [עם עֵשָׂו] אֶל בֵּית אָבִי".

זוהי משמעות הכתוב: "וַיֵּרָא אֱלוֹהִים אֶל יַעֲקֹב עוֹד בְּבֹאוֹ מִפַּדַּן אֲרָם" (בראשית לה ט). למרות שכבר עבר זמן רב מאז חזר לארץ כנען, יעקב עדיין הוגדר כמי שבא "מִפַּדַּן אֲרָם" – אותה הלשון בה התורה משתמשת כשהגיע לשלם\שכם: "וַיָּבֹא יַעֲקֹב שָׁלֵם... בְּבֹאוֹ מִפַּדַּן אֲרָם" (בראשית לג יח) – כי לא הושלם בואו לארץ כל שלא נתמלא התנאי "וְשַׁבְתִּי בְשָׁלוֹם אֶל בֵּית אָבִי".

מהלך ה: זלזול ראובן באביו

וַיְהִי בִּשְׁכֹּן יִשְׂרָאֵל בָּאָרֶץ הַהִוא, וַיֵּלֶךְ רְאוּבֵן וַיִּשְׁכַּב אֶת בִּלְהָה פִּילֶגֶשׁ אָבִיו, וַיִּשְׁמַע יִשְׂרָאֵל. וַיִּהְיוּ בְנֵי יַעֲקֹב שְׁנֵים עָשָׂר. (בראשית לה כב)

מה ראה ראובן לשכב את בלהה פילגש אביו? יעקב איבד ממרותו על בניו כאשר שמעון ולוי עקפו אותו וביצעו את הטבח בשכם, וגם שאר האחים לא התייעצו ביעקב לפני שבזזו את העיר. בעקבות זאת, ראובן

ביקש לקחת את ההנהגה לידיו, בדומה למעשה אבשלום אשר שכב עם פילגשי אביו (שמואל ב טז כא).

כבר ראינו בכתוב שזלזול צאצאים באבותיהם אינו נוצר בחלל ריק, אלא מושפע ממעשי הורים המשמשים דוגמא שלילית לילדיהם. כך נח זלזל באשתו לעיני בניו בשעת היציאה מן התיבה, וכתוצאה מכך חם ביזה אותו; וכך לוט הציע את בנותיו להמון, והן הגיבו במערה.[2]

הוא הדין, פגיעה זו של ראובן באביו ניזונה מהתנהלותו של יעקב. למרות שחלף לא מעט זמן מאז שחזר יעקב לארץ כנען, יעקב התמהמה ולא מיהר לחברון לבקר את יצחק. יהיו נימוקיו אשר יהיו, בעיני בניו הדבר עלול היה להתפרש כפגיעה ביצחק.

אמנם יעקב התעכב גם קודם לכן, בסוכות ובשכם/שלם, אך שם לא היה בדבר משום אי-כיבוד אביו, שהרי עשה זאת מפני פחדו מאחיו עשָׂו. רק לאחר שנחלשה אימתו של יעקב בעקבות הבטחת הקב"ה, עלולים היו בניו לראות בהשתהותו אי-כיבוד אב. רמז לכך שנחלשה אימתו של יעקב מעשָׂו קיימת בשם שבו משתמש הכתוב במקומות השונים. בשעה שיעקב חזר לארץ נאמר: "וְיַעֲקֹב נָסַע סֻכֹּתָה" (בראשית לג יז), "וַיָּבֹא יַעֲקֹב שָׁלֵם" (שם יח), ואילו בפסוקנו מודגש פעמיים: "וַיְהִי בִּשְׁכֹּן **יִשְׂרָאֵל** בָּאָרֶץ הַהִוא", "וַיִּשְׁמַע **יִשְׂרָאֵל**" (בראשית לה כט) – דווקא 'ישראל', השם בו זכה יעקב לאחר ששרה עם אֱלוֹהִים ועם אנשים ויכול (בראשית לב כט).

כדי ללמדנו שאכן הביאה התעלמות יעקב מיצחק הקשיש לידי זלזול ראובן באביו, הקדים הכתוב למעשה ראובן את המשפט: "וַיְהִי בִּשְׁכֹּן יִשְׂרָאֵל בָּאָרֶץ הַהִוא". ישראל ובניו כבר שכנו בארץ, ובכל זאת נמנע יעקב מלבקר את יצחק אביו, ודבר זה הוא שהביא למעשה ראובן עם בלהה. המילים המופיעות לאחר מכן – "וַיִּשְׁמַע יִשְׂרָאֵל" – מורות שיעקב הבין את מה שקרה ולמד לקח, ולכן מסופר מיד "וַיָּבֹא יַעֲקֹב אֶל יִצְחָק אָבִיו" (בראשית לה כז) – שתיקן את הסיבה שתרמה לקלקול.

---

[2] על זלזולו של נח באשתו ראו לעיל חיבה יתירה לפרשת נח, "זלזל באשתו, נתבזה מבנו". על זלזול לוט בבנותיו ראו פרשת וירא, מהלך א.

ועוד בעניין זה. פסוקנו הוא המקרה היחיד בתורה[3] שבו מסיים הכתוב את הפיסקא באמצע פסוק: "וַיְהִי בִּשְׁכֹּן יִשְׂרָאֵל בָּאָרֶץ הַהִוא, וַיֵּלֶךְ רְאוּבֵן וַיִּשְׁכַּב אֶת בִּלְהָה פִּילֶגֶשׁ אָבִיו, וַיִּשְׁמַע יִשְׂרָאֵל. [התחלת פיסקא חדשה:] וַיִּהְיוּ בְנֵי יַעֲקֹב שְׁנֵים עָשָׂר". מה הביא לחלוקה חריגה זו, ומדוע נמנו כאן בני יעקב? במקרים רבים מאד, משמעות הפועל 'שמע' היא 'הבין'. מסתבר שהכתוב רצה ללמד ששאר בני יעקב היו עלולים ללכת בעקבות ראובן ולזלזל אף הם באביהם, אלמלא הבין יעקב את הנעשה ותיקן אותו – "וַיִּשְׁמַע יִשְׂרָאֵל".

חיבה יתירה לפרשת וישלח

תדמית יעקב בעיני עשו

כֹּה תֹאמְרוּן לַאדֹנִי לְעֵשָׂו, כֹּה אָמַר עַבְדְּךָ יַעֲקֹב עִם לָבָן גַּרְתִּי וָאֵחַר עַד עָתָּה. וַיְהִי לִי שׁוֹר וַחֲמוֹר צֹאן וְעֶבֶד וְשִׁפְחָה, וָאֶשְׁלְחָה לְהַגִּיד לַאדֹנִי לִמְצֹא חֵן בְּעֵינֶיךָ. (בראשית לב ה-ו)

קשה להבין איזה מסר ביקש יעקב להעביר לעֵשָׂו בהודעה זו. איך "לְהַגִּיד לַאדֹנִי" את סיפור הצלחתו של יעקב אצל לבן והצגת עושרו הגדול, היה אמור לפייס את אחיו?

לשם הבנת העניין עלינו לחזור אל שורשי היריבות בין יעקב ועֵשָׂו. עֵשָׂו בז ליעקב על שהיה יושב אוהלים, לעומת עֵשָׂו שכלכל את עצמו בציד. דבר זה היה לעֵשָׂו עלבון גדול, שאחיו דל הכישרונות נתברך במקומו.

יעקב ידע זאת, ולכן שלח לעשו לומר לו: "וָאֵחַר עַד עָתָּה", גרתי שנים רבות אצל לבן ועכשיו אני שונה מכפי שהכרת. וההוכחה לכך: "וַיְהִי לִי שׁוֹר וַחֲמוֹר, צֹאן וְעֶבֶד וְשִׁפְחָה" – כלומר, נעשיתי בעל רכוש בכוחות עצמי. לכן "וָאֶשְׁלְחָה לְהַגִּיד לַאדֹנִי לִמְצֹא חֵן בְּעֵינֶיךָ". הייתה זו פגיעה אנושה בכבוד עֵשָׂו שאח 'לא יוצלח' נתברך

[3] **בחמשה חומשי התורה; לגבי שאר הנ"ך ראו שמואל ב י יז.**

במקומו. יעקב הבין זאת, וקיווה שלכשיתברר לעשָׂו שיעקב הפך בעל נכסים מצליח, יוסר העוקץ מהפגיעה.

העושר הכובל

קָטֹנְתִּי מִכֹּל הַחֲסָדִים וּמִכָּל הָאֱמֶת אֲשֶׁר עָשִׂיתָ אֶת עַבְדֶּךָ כִּי בְמַקְלִי עָבַרְתִּי אֶת הַיַּרְדֵּן הַזֶּה וְעַתָּה הָיִיתִי לִשְׁנֵי מַחֲנוֹת. (בראשית לב יא)

מקובל לפרש שאלה דברי הודאה מצד יעקב, שלא היה ראוי לכל הרכוש שהרעיף ה׳ עליו. אך באותה מידה ניתן לפרש שהרכוש הפך אותו ׳קטן׳ יותר. כיצד?

ההסבר פשוט: כאשר ברח ללבן בחוסר כל, במקלו בלבד, היה יעקב מסוגל בקלות להתחמק מעשָׂו; ואילו כעת, כאשר נתעשר ונעשה לשני מחנות עמוסים בנפשות וברכוש, כבר אינו יכול לתמרן ולברוח כבעבר. זהו **"קָטֹנְתִּי"** – נעשיתי קטן, וכפי שאמרו חז"ל, מרבה נכנסים מרבה דאגה (אבות ב ז).

תוצאת הפחד

וַיִּקַּח מִן הַבָּא בְיָדוֹ מִנְחָה לְעֵשָׂו אָחִיו. (בראשית לב יד)

"מִן הַבָּא בְיָדוֹ" מורה על חיפזון ואזלת יד, הנובע מפחדו של יעקב מעשו. בניגוד למסופר בפרשת הברכה – "וַיֵּלֶךְ וַיִּקַּח וַיָּבֵא לְאִמּוֹ" (בראשית כז יד) – כאן יעקב לא עבר בין עדריו ולא בחר דווקא את בני הצאן המובחרים ביותר למנחה, אלא לקח מכל הבא ליד.

פֶּן יָבוֹא וְהִכַּנִי אֵם עַל בָּנִים (בראשית לב יב)

הלשון "אֵם עַל בָּנִים" מתייחסת לדרכה של האם לשכב על בניה הקטנים כדי לגונן עליהם בגופה – ויעקב פחד שעֵשָׂו יטבח את כולם, האימהות על הבנים.

המסר המורכב שבמאבק

וַיִּוָּתֵר יַעֲקֹב לְבַדּוֹ, וַיֵּאָבֵק אִישׁ עִמּוֹ עַד עֲלוֹת הַשָּׁחַר. וַיַּרְא כִּי לֹא יָכֹל לוֹ, וַיִּגַּע בְּכַף יְרֵכוֹ וַתֵּקַע כַּף יֶרֶךְ יַעֲקֹב בְּהֵאָבְקוֹ עִמּוֹ. (בראשית לב כה-כו)

מדוע נאבק המלאך עם יעקב? התשובה טמונה במילים: "וַיַּרְא כִּי לֹא יָכֹל לוֹ". לא על המלאך נאמר 'וַיַּרְא', אלא יעקב הוא שראה שאין המלאך יכול לו, ליעקב. זו הייתה תכלית המאבק, להראות ליעקב שהוא מסוגל להיאבק אפילו עם מלאך אלוהים – וממילא אין לו לפחד מבשר ודם.

מאידך, באמצעות המלאך קיבל יעקב מסר נוסף, מאַזן: בסיום המאבק 'נגע' המלאך בכף ירכו – כלומר פגע בה, כדברי איוב: "כִּי יַד אֱלוֹהַּ נָגְעָה בִּי" (איוב יט כא) – וכתוצאה מכך "וַתֵּקַע כַּף יֶרֶךְ יַעֲקֹב". למרות ניצחונו, יצא יעקב מהזירה כשהוא צולע. המסר העולה מכאן הוא שבכל מאבק כרוך נזק גם למנצח. לכן רצוי שיעקב לא יפתח בעימות, אלא יבחר בדרך של פיוס ושלום.

מדוע נבחרה דווקא כף ירך יעקב להעברת המסר? הירך קרובה לאבר ההפריה, ובכך רמוז שהמסר הוא לדורות: בניו של יעקב וזרעם ראוי להם להעדיף את דרך הפיוס והשלום, ורק כשדרך זו חסומה יש לצאת למאבק. כדי להחדיר לקח זה קבעה התורה: "לֹא יֹאכְלוּ בְנֵי יִשְׂרָאֵל אֶת גִּיד הַנָּשֶׁה... עַד הַיּוֹם הַזֶּה" (בראשית לב לג).

הצד השני של המטבע

וַיֹּאמֶר עֵשָׂו יֶשׁ לִי רָב אָחִי, יְהִי לְךָ אֲשֶׁר לָךְ. (בראשית לג ט)

הדברים האצילייים לכאורה של עֵשָׂו חשפו איום סמוי: אמנם "יְהִי לְךָ אֲשֶׁר לָךְ", אבל רק כל עוד "יֶשׁ לִי רָב" – ואלמלא היה לי רכוש רב, הייתי לוקח את כל אשר לך. דברים אלה עולים בקנה אחד עם מאמר חז"ל: "שלי שלי ושלך שלך... יש אומרים זו מידת סדום" (אבות ה י), כלומר, אם האדם עושה את 'שלי שלי' כתנאי ל'שלך שלך' – זוהי מידת סדום.

ההתייחסות השונה אל הרכוש

קַח נָא אֶת בִּרְכָתִי אֲשֶׁר הֻבָאת לָךְ כִּי חַנַּנִי אֱלוֹהִים וְכִי יֶשׁ לִי כֹל, וַיִּפְצַר בּוֹ וַיִּקָּח. (בראשית לג יא)

"כִּי חַנַּנִי אֱלוֹהִים", לכן "יֶשׁ לִי כֹל". משל למי שיש לו רשות לקחת ממחסני המלך, שאינו צריך לאגור בביתו.

הבטחה שיעקב לא הבטיח

יַעֲבָר נָא אֲדֹנִי לִפְנֵי עַבְדּוֹ, וַאֲנִי אֶתְנָהֲלָה לְאִטִּי לְרֶגֶל הַמְּלָאכָה אֲשֶׁר לְפָנַי וּלְרֶגֶל הַיְלָדִים, עַד אֲשֶׁר אָבֹא אֶל אֲדֹנִי שֵׂעִירָה. (בראשית לג יד).

יעקב לא סירב ישירות להצעתו של עֵשָׂו – "נִסְעָה וְנֵלֵכָה וְאֵלְכָה לְנֶגְדֶּךָ" – אלא התנצל שאין ביכולתו להצטרף, "לְרֶגֶל הַמְּלָאכָה" – הטיפול בצאן – "וּלְרֶגֶל הַיְלָדִים" – הטיפול במשפחה.

סוף דברי יעקב, "עַד אֲשֶׁר אָבֹא אֶל אֲדֹנִי שֵׂעִירָה", אינם הבטחת-שווא שילך לשעיר, אלא רק שעד סיום המלאכה הוא **לא** ילך. אין לתמוה על מבנה המשפט, כי דברי יעקב דומים לדברי ה': "כִּי לֹא אֶעֱזָבְךָ עַד אֲשֶׁר אִם עָשִׂיתִי אֵת אֲשֶׁר דִּבַּרְתִּי לָךְ" (בראשית כח טו). הקב"ה לא הבטיח שיעזוב את יעקב אחרי קיום הדברים, אלא שלפני קיום הדברים בוודאי לא יעזוב אותו.

פרשת וישב

מהלך א: הרקע לסיפורו של יוסף במצרים

ההשערה שסיפורו של יוסף התרחש בתקופת שלטונם של ההִיקְסוֹס, שבט של רועי צאן ממוצא שמי-למחצה שהשתלט על מצרים למשך כמאה שנה, אינה חדשה. הראשון שהעלה רעיון זה – אם כי, בשינויים מפליגים ממה שידוע היום – היה יוסף בן מתתיהו, שהביא זאת בשם היסטוריון מצרי קדום; והרב יוסף הערץ (רבה הראשי של אנגליה) ואחרים תמכו והאריכו בנושא.

בעבורנו קובעים לא דבריהם של החוקרים, המנסים לזהות את תקופת ישראל במצרים לפי ממצאים חיצוניים, כי אם עדותה הפנימית של התורה. ושלא במפתיע, עדות זו מאששת את ההשערה בדבר שלטונם של ההיקסוס בתקופת יוסף. ואכן, ישנה רשימה ארוכה של דיוקים המתבארים רק לפי ההנחה שבזמן יוסף שלטו זרים במצרים:

1. "וְיוֹסֵף הוּרַד מִצְרָיְמָה, וַיִּקְנֵהוּ פּוֹטִיפַר סְרִיס פַּרְעֹה שַׂר הַטַּבָּחִים **אִישׁ מִצְרִי**" (בראשית לט א). מדוע טרח הכתוב לציין שפוטיפר היה מצרי? וכי עלה על דעתנו ש'סְרִיס פַּרְעֹה שַׂר הַטַּבָּחִים' יהיה אשורי או פרסי? הלוא במצרים היה! אלא, פוטיפר אכן היה מצרי בודד בממשל של זרים. מדוע מכל חברי הממשלה דווקא הוא היה מצרי? הכתוב מלמדנו שהאחריות על בתי הסוהר הייתה נתונה לשר הטבחים – שכן פרעה כָּלָא את שר המשקים ושר האופים "בְּמִשְׁמַר בֵּית שַׂר הַטַּבָּחִים אֶל בֵּית הַסֹּהַר"

(בראשית מ ג), ופוטיפר פקד על יוסף לשרתם שם (שם ד). לכן מסתבר ששר הטבחים הוא האחראי על הכליאה ואף על ההוצאות להורג, בדומה ל"נְבוּזַרְאֲדָן רַב טַבָּחִים" (מלכים ב כה ח) שהוא המצביא שטבח ביהודה בימי חזקיהו. עובדה זו מסבירה מדוע דווקא תפקיד שר הטבחים ניתן ל'אִישׁ מִצְרִי': נוח לשליטים זרים שמי שמבצע בפועל את עונשיהם יהיה מקומי, וכך איבת האוכלוסייה תופנה כלפיו ולא כלפיהם.

2. "וַיִּתֶּן לוֹ אֶת אָסְנַת בַּת פּוֹטִי פֶרַע כֹּהֵן אֹן לְאִשָּׁה" (בראשית מא מה). הכתוב יתאר בהמשך שהמצרים לא אכלו יחד עם אחי יוסף, שכן "לֹא יוּכְלוּן הַמִּצְרִים לֶאֱכֹל אֶת הָעִבְרִים לֶחֶם כִּי תוֹעֵבָה הִוא לְמִצְרָיִם" (בראשית מג לב). המצרים נמנעו אפילו מלאכול לחם עם זרים, וכיצד ייתן פרעה את בת כהן און לעבד זר?! אלא, אסנת לא הייתה ממוצא מצרי אלא מבנות ההיקסוס השליטים, ולכן מנהגי המצרים ואיסוריהם לא היו תקֵפים לגבה.

3. "וַיַּכֵּר יוֹסֵף אֶת אֶחָיו, וְהֵם לֹא הִכִּרֻהוּ" (בראשית מב ח). המִצְרִים היו מבני חם (בראשית י ו), ששכנו בארץ כנען ודרומה, ואילו יוסף היה מבני שם, ששכנו בארץ שנער ובארם נהריים, הרחק ממִצְרַיִם – ולכן קרוב לוודאי שיוסף היה שונה מן המִצְרִים במראהו החיצוני. אילו שליטי מִצְרַיִם היו מִצְרִיִּים ורק המשנה למלך היה בהיר-עור ממוצא שֵׁמִי, היו אחי יוסף מתבוננים בו היטב כדי לראות מיהו השמי החריג המשמש משנה לפרעה. אך מכיוון שגם שאר שרי מצרים היו נכרים, לא עורר הדבר כל חשד אצל אחי יוסף, ולכן הם 'לֹא הִכִּרֻהוּ'.

4. "בַּעֲבוּר תֵּשְׁבוּ בְּאֶרֶץ גֹּשֶׁן, כִּי תוֹעֲבַת מִצְרַיִם כָּל רֹעֵה צֹאן" (בראשית מו לד). יוסף ייעץ לאחיו לספר לפרעה שהם רועי צאן כדי שיושיבום בנפרד מהמצרים, בארץ גושן. אולם בפרק שלאחר מכן מתואר שארץ גושן הייתה משובחת ביותר – "**בְּמֵיטַב הָאָרֶץ** הוֹשֵׁב אֶת אָבִיךָ וְאֶת אַחֶיךָ, יֵשְׁבוּ בְּאֶרֶץ גֹּשֶׁן" (בראשית מז ו), "וַיִּתֵּן לָהֶם אֲחֻזָּה בְּאֶרֶץ מִצְרַיִם בְּמֵיטַב הָאָרֶץ" (שם יא). מדוע ששליטי מִצְרַיִם יתנו את מיטב הארץ לאנשים שהם 'תוֹעֲבַת מִצְרַיִם'? התשובה פשוטה: שליטי מצרים, ההיקסוס, היו בעצמם רועי צאן, והם לקחו לעצמם את האזורים הפוריים ביותר בארץ מצרים, ואף הושיבו שם את משפחתו של המשנה למלך.

5. "וַיָּקָם מֶלֶךְ חָדָשׁ עַל מִצְרָיִם, אֲשֶׁר לֹא יָדַע אֶת יוֹסֵף" (שמות א ח). מפורסם ההסבר שהתרחשה במצרים מהפכה, ולשלטון עלה מלך "שלא היה מזרע המלוכה", כדברי ראב"ע. לפי דברינו, המהפך מובן: זוהי נקודת הזמן שבה קמה שושלת מצרית חדשה, שהצליחה לגבור על שליטי ההיקסוס ולהחזיר את השלטון לעם המצרי. עובדה זו גם מסבירה את החשש של פרעה, שמא עם ישראל יקום "וְנוֹסַף גַּם הוּא עַל שֹׂנְאֵינוּ וְנִלְחַם בָּנוּ וְעָלָה מִן הָאָרֶץ" (שמות א י). בני ההיקסוס טרם הובסו כליל, והשליטים החדשים חששו שבני ישראל יעשו יד אחת עם השליטים הקודמים ויסייעו להם לתפוס בחזרה את המלוכה.

נחזור ליוסף ולפוטיפר. סיפורי התורה לא נועדו למסור ידיעות היסטוריות כשלעצמן, והכתוב לא היה מעיד על היותו של פוטיפר איש מצרי בשונה מן ההיקסוס, אילולי היה פרט זה חשוב להבנת סיפורו של יוסף. לכן נעלה השערה נוספת, שיש בה כדי לפתור מספר תעלומות בסיפורו של יוסף: פוטיפר אמנם היה מצרי, אבל אשתו הייתה מבנות ההיקסוס, השליטים. אין פלא שאשת פוטיפר התאהבה דווקא ביוסף יפה התואר והמראה, שכן שניהם היו מבני שם, לעומת 'אַנְשֵׁי הַבַּיִת' – העובדים והמשרתים – שהיו מבני חם. הוכחה לדבר עולה מהתנהגות אשת פוטיפר כלפי בעלה, כפי שמתואר בכתוב: "וַתִּקְרָא לְאַנְשֵׁי בֵיתָהּ וַתֹּאמֶר לָהֶם לֵאמֹר, רְאוּ, הֵבִיא לָנוּ אִישׁ עִבְרִי לְצַחֶק בָּנוּ" (בראשית לט יד). מי שהביא את האיש העברי הוא כמובן פוטיפר! כיצד הבאת עבד עברי לבית מהווה צחוק או זלזול באשת פוטיפר ובאנשי ביתה? התשובה היא שגם יוסף וגם בני ההיקסוס היו שמיים, בעלי חזות שמית. לדברי אשת פוטיפר, פוטיפר המצרי, כהה-העור, הביא עבד בהיר-עור לביתו כדי לזלזל במשפחתה בהירת העור.[1] אשת פוטיפר זלזלה בבעלה בפני בני ביתה ולא טרחה אף לנקוב בשמו, ובהמשך האשימה אותו ישירות: "בָּא אֵלַי הָעֶבֶד הָעִבְרִי, אֲשֶׁר הֵבֵאתָ לָּנוּ לְצַחֶק בִּי" (שם יז). כפי הנראה, אשת פוטיפר לא חששה להעליב את בעלה, הן בפניו והן באוזני ביתה – ואין בכך פלא, בהיותה מיוחסת ממנו!

לפי זה נראה שאותם "אַנְשֵׁי בֵיתָהּ" שהיא קוראת להם ומספרת להם את שנעשה, אינם "אַנְשֵׁי **הַבַּיִת**" (בראשית לט יא) העבדים והמשרתים,

---

[1] וראו בראשית רבה פו ג: בכל מקום גרמני וכו'.

אלא אנשי "**בֵיתָהּ**" ממש, כלומר בית אביה. כך מסתבר גם מהמשך דבריה אל פוטיפר, "הֵבֵאתָ **לָנוּ**": לא סביר שהיא הייתה כוללת את עצמה עם העבדים הכפופים לה, אלא כוונתה לבני משפחתה, להם קראה על מנת להתלונן בפניהם על בעלה המצרי.

כך מובנת האשמתה של אשת פוטיפר בכל חריפותה: "בָּא אֵלַי **הָעֶבֶד הָעִבְרִי**, אֲשֶׁר הֵבֵאתָ לָּנוּ לְצַחֶק בִּי". פוטיפר הואשם שהוא קנה במכוון עבד עברי, כדי ללעוג 'לָנוּ', ההיקסוס – שהרי גם אנחנו עבריים, בני שם מעבר הנהר – ולרמוז שאנחנו ראויים להיות עבדים לעם המצרי!

אין ספק שפוטיפר לא קיבל את טענת אשתו אודות יוסף. לו היה מאמין לה, היה ממית את יוסף, ובוודאי לא היה כולא אותו בכלא לעברייני מלכות דוגמת שר המשקים ושר האופים – "בֵּית הַסֹּהַר מְקוֹם אֲשֶׁר אֲסִירֵי הַמֶּלֶךְ אֲסוּרִים" (בראשית לט כ). זעמו של פוטיפר, כאשר שמע "אֶת דִּבְרֵי אִשְׁתּוֹ, אֲשֶׁר דִּבְּרָה אֵלָיו לֵאמֹר כַּדְּבָרִים הָאֵלֶּה עָשָׂה לִי עַבְדֶּךָ" (שם יט), לא הופנה כלפי יוסף, אלא כלפי אשתו. אך לא יכול היה להתעלם מדבריה, כיוון שהיא עירבה בנעשה את קרוביה משבט המלוכה. הוא נאלץ להעניש את יוסף; אך מכל מקום, גם לאחר שיוסף הושלך לכלא, המשיך פוטיפר להתעניין בו: "וַיִּפְקֹד שַׂר הַטַּבָּחִים אֶת יוֹסֵף אִתָּם" (בראשית מ ד).

מדוע, אם כן, לא דאג פוטיפר לשחרר בהמשך את יוסף? ידיו היו כבולות מלעשות זאת. כמצרי בודד בממשלת ההיקסוס, היה על פוטיפר לדאוג לגורלו שלו. לו שחרר את יוסף, היה מקומם עליו את משפחת אשתו הקרובה למלכות. לכן נצרך לפעול בזהירות, במיוחד לאחר שאשתו האשימה אותו בנסיון ביזוי שבט השליטים. יוסף ידע זאת היטב, ולכן בהמשך יבקש משר המשקים: "וְהִזְכַּרְתַּנִי אֶל פַּרְעֹה" (בראשית מ יד). אל פרעה דווקא, ולא אל פוטיפר, על אף שפוטיפר הוא זה שהכניס אותו לבית הסוהר.

לסיום נוסיף הערה על נישואי פוטיפר. אם נכונה השערתנו שפוטיפר היה מצרי שנשא אישה מבנות ההיקסוס, הדבר יובן באחד משני הסברים:

א. פוטיפר נשא אותה לאישה כקרש קפיצה בדרכו לגדולה; עובדת היותו

נשוי למשפחת המלוכה בוודאי תסייע לו להתקדם בסולם ההנהגה. ואף על פי ש"תוֹעֵבָה הִוא לְמִצְרָיִם" (בראשית מג לב) להתחבר עם זרים ולכן "לֹא יוּכְלוּן הַמִּצְרִים לֶאֱכֹל אֶת הָעִבְרִים לֶחֶם כִּי תוֹעֵבָה הִוא לְמִצְרָיִם" (שם), התעלם פוטיפר מאיסור זה. סביר להניח שהוא ממילא כבר נחשב לבוגד בעיני עמו.

ב. לאחר שהתמנה לשר נמסרה לפוטיפר אישה מן האצולה – בדומה ליוסף שניתנה לו אסנת בת פוטי-פרע כהן און. ייתכן שמאחורי הדבר עמדה מחשבה מתוחכמת מצד השלטון: שר שאינו מבני ההיקסוס יינשא לאחת מבנותינו, והיא תפקח עליו עין, כמרגלת בתוך ביתו.

אכן, אם כך ואם כך, בפועל ניצלה אשת פוטיפר את מעמדה כאשת שר הטבחים לצרכיה שלה. לאחר שיוסף לא נכנע לפיתוייה ודרישותיה ונמלט מידה, קראה לאנשי ביתה ונקמה נקמתה ממנו בעלילת שקר, ממנה לא יכול פוטיפר להצילו.

מהלך ב: החלומות

התורה מספרת לנו על שני חלומותיו של יוסף. לראשון, חלום האלומות, הגיבו אחי יוסף: "הֲמָלֹךְ תִּמְלֹךְ עָלֵינוּ אִם מָשׁוֹל תִּמְשֹׁל בָּנוּ?" (בראשית לז ח). בתגובה לשני, חלום השמש, ירח וכוכבים, גער יעקב ביוסף ותמה: "הֲבוֹא נָבוֹא אֲנִי וְאִמְּךָ וְאַחֶיךָ לְהִשְׁתַּחֲוֹת לְךָ אָרְצָה?!" (שם י), הרי רחל כבר מתה!

מתברר שגם האחים וגם יעקב טעו בהבנת החלומות. הם סברו שמדובר בשליטה במשפחה. לאמתו של דבר, החלומות עוסקים ברעב העתיד לבוא על מצרים. ניכר מן הכתוב שאף יוסף עצמו לא ידע שבכך עוסקים חלומותיו. אמנם בחלום הראשון השתחוו אלומות האחים לאלומותיו שלו, אך אין לשכוח שגם האחים עצמם היו בחלום – "וְהִנֵּה אֲנַחְנוּ מְאַלְּמִים אֲלֻמִּים" – והם עצמם לא השתחוו לו! הנמשל הוא שאחי יוסף לא יוכלו לכלכל בכוחות עצמם את המשפחה, בשנות הרעב, אלא ייאלצו לסמוך על מחסני המזון שיצבור יוסף כמשנה למלך מצרים: "וְהִנֵּה תְסֻבֶּינָה אֲלֻמֹּתֵיכֶם וַתִּשְׁתַּחֲוֶיןָ לַאֲלֻמָּתִי" (בראשית לז ז).

גם החלום השני של יוסף – "וְהִנֵּה הַשֶּׁמֶשׁ וְהַיָּרֵחַ וְאַחַד עָשָׂר כּוֹכָבִים מִשְׁתַּחֲוִים לִי" – נראה שעוסק בשהות יוסף במצרים. לפי זה, הנמשל אינו מכוון כלל ליעקב ומשפחתו אלא לפרעה מלך מצרים, שראה את עצמו כאל השמש, ולאשתו המלכה ולשריו ויועציו. שמא תשאלו: היכן מצאנו שפרעה השתחווה ליוסף, הרי פרעה אמר מפורשות: "רַק הַכִּסֵּא אֶגְדַּל מִמֶּךָּ" (בראשית מא מ)? אין זו שאלה, כי 'השתחוויה' כוללת גם את המשמעות של הודיה ללא כריעת ברך. כך אמר ציבא לדוד כאשר דוד העניק לו את רכוש מפיבושת: "וַיֹּאמֶר צִיבָא הִשְׁתַּחֲוֵיתִי אֶמְצָא חֵן בְּעֵינֶיךָ אֲדֹנִי הַמֶּלֶךְ" (שמואל ב טז ד), ויונתן תרגם "מודינא", מלשון הודיה.

אם זו משמעות חלומו של יוסף, מתורצת תמיהת יעקב: "הֲבוֹא נָבוֹא אֲנִי וְאִמְּךָ וְאַחֶיךָ לְהִשְׁתַּחֲוֹת לְךָ אָרְצָה?!" (בראשית לז י). אכן, הנמשל שעליו תמה יעקב לא היה יכול להתממש, מפני שרחל כבר נפטרה. לעומת זאת, הפירוש הקושר את החלום לפרעה התממש במלואו, כעדות יוסף עצמו: "וַיְשִׂימֵנִי לְאָב לְפַרְעֹה וּלְאָדוֹן לְכָל בֵּיתוֹ וּמֹשֵׁל בְּכָל אֶרֶץ מִצְרָיִם" (בראשית מה ח).

מהלך ג: איבת האחים ליוסף

> יוֹסֵף בֶּן שְׁבַע עֶשְׂרֵה שָׁנָה הָיָה רֹעֶה אֶת אֶחָיו בַּצֹּאן, וְהוּא נַעַר אֶת בְּנֵי בִלְהָה וְאֶת בְּנֵי זִלְפָּה נְשֵׁי אָבִיו, וַיָּבֵא יוֹסֵף אֶת דִּבָּתָם רָעָה אֶל אֲבִיהֶם. (בראשית לז ב)

הביטוי 'להביא דיבה' הוא יחידאי. בכל מקום אחר במקרא הלשון היא '**להוציא** דיבה', כפי שמסופר לגבי המרגלים: "וַיּוֹצִיאוּ דִּבַּת הָאָרֶץ" (במדבר יג לב, ושם יד לו-לז), וכן בספר משלי: "וּמוֹצִא דִבָּה הוּא כְסִיל" (משלי י יח). מה פשר הלשון 'להביא דיבה'?

יש להבין את הפסוק בשונה מן המקובל. לא יוסף הוא שהוציא דיבה על אחיו בני בלהה ובני זלפה, אלא להפך: הם הוציאו דיבה עליו – ויוסף בסך הכל 'הביא' דיבה זאת לידיעת אביהם. אחי יוסף היו בעלי לשון הרע כנגדו, כפי שהכתוב מספר: "וְלֹא יָכְלוּ דַּבְּרוֹ לְשָׁלֹם" (בראשית לז ד), ויוסף דיווח על כך ליעקב ומסר לו את דבריהם.

סימן לכך שיוסף עצמו לא הוציא דיבה, עולה מן התאור "וַיָּבֵא יוֹסֵף אֶת דִּבָּתָם רָעָה". 'דיבה רעה' היא שקרים והשמצות כזב, כפי שהכתוב מגדיר את המרגלים: "מוֹצִאֵי דִבַּת הָאָרֶץ רָעָה" (במדבר יד לז) – ואם יוסף היה בעל הדיבה, לא היה אביו סומך עליו ומבקש ממנו: "לֶךְ נָא רְאֵה אֶת שְׁלוֹם אַחֶיךָ וְאֶת שְׁלוֹם הַצֹּאן, וַהֲשִׁבֵנִי דָּבָר" (בראשית לז יד).

מה היה שורש איבת האחים ליוסף? התורה מעידה על אהבת יעקב ליוסף בלשון עבר: "וְיִשְׂרָאֵל אָהַב [ולא 'ויאהב'] אֶת יוֹסֵף" (בראשית לז ג). יעקב אהב את יוסף כבר קודם למסופר, עוד לפני הבאת הדיבה בהיות יוסף בן שבע עשרה. כך היה סדר הדברים: תחילה אהב יעקב את יוסף, בהמשך עשה לו כתונת פסים, וכתוצאה מכך החלו אחי יוסף לשנוא אותו: "וַיִּרְאוּ אֶחָיו כִּי אֹתוֹ אָהַב אֲבִיהֶם מִכָּל אֶחָיו, וַיִּשְׂנְאוּ אֹתוֹ" (שם ד). לאחר מכן גדל יוסף ונעשה "רֹעֶה אֶת אֶחָיו בַּצֹּאן". שם גם חלם את חלומותיו, ובעקבותיהם, מלבד השנאה, נוספה גם קנאה: "וַיְקַנְאוּ בוֹ אֶחָיו" (שם יא).

הכתוב מסביר את אהבת יעקב ליוסף בנימוק "כִּי בֶן זְקֻנִים הוּא לוֹ" (בראשית לז ג). מנהגם של זקנים, שכבר עברו את גיל העבודה, הוא לשבת בבית ולהשתעשע עם ילדיהם שעודם קטנים – שנקראים לפיכך 'בני זקונים'. את מלאכת רעיית צאן לבן סיים יעקב בסמוך ללידת יוסף, ומאותו שלב ואילך הפקיד את המלאכה בידי בניו ועבדיו, וישב בביתו; לכן נתחבב עליו יוסף כבר מקטנותו.

על בסיס דברים אלה ניתן להציע פירוש נוסף למושג 'בֶן זְקֻנִים': מכיוון שיעקב 'יצא לפנסיה', כבר לא הקפיד כל כך לעקוב אחרי המתרחש אצל בניו, והדבר התבטא בכך שהוא הפגין בגלוי את אהבתו היתרה אל יוסף, ועשה לו כתונת פסים – ובכך השניא את יוסף על אחיו. יעקב הלך בדרכו של יצחק, שמאז ומתמיד אהב בגלוי את עשו (בראשית כה כח), ויעקב סבל מכך בצעירותו; אם כן, כיצד חוזר יעקב על טעות זו כלפי בניו? התשובה היא שדעתו נחלשה, כאמור, מפאת זִקנתו. דבר זה רמוז בביטוי 'בֶן זְקֻנִים', מלשון 'זקן' וסב, כי יעקב נהג כאן ביוסף כפי שנהג יצחק – סבו של יוסף – כשביכר את עשו על פני יעקב.

הבעייתיות בהענקת כתונת הפסים ליוסף, מודגשת בפסוק הבא: "וַיִּרְאוּ

אֶחָיו כִּי אֹתוֹ אָהַב אֲבִיהֶם מִכָּל אֶחָיו, וַיִּשְׂנְאוּ אֹתוֹ" (בראשית לז ד) – 'וַיִּרְאוּ' דווקא, כי הכוונה לכתונת הפסים שיוסף לבש לנגד עיני אחיו. למרות שהיה ברור לאחים שיעקב אוהב את יוסף יותר מאשר אותם – הם היו יכולים להתעלם מעובדה זו, אלמלא כתונת הפסים שהתנוססה מולם מדי יום ביומו.

התגרותו של יוסף באחיו על ידי כתונת הפסים, גברה בהמשך הפרשה: "וַיֵּלֶךְ יוֹסֵף אַחַר אֶחָיו וַיִּמְצָאֵם בְּדֹתָן" (בראשית לז יז) – כתונת הפסים בוודאי הייתה בגד חשוב ויקר-ערך, ובדרך כלל לא נהוג ללבוש בגד כזה במהלך מסע בדרכים. בכל זאת לבש יוסף את הכתונת, כפי שהכתוב מדגיש: "וַיַּפְשִׁיטוּ אֶת יוֹסֵף אֶת כֻּתָּנְתּוֹ, אֶת כְּתֹנֶת הַפַּסִּים אֲשֶׁר עָלָיו" (שם כג). כך גם הצליחו האחים לזהות אותו ממרחק רב, הרבה לפני שהגיע אליהם: "וַיִּרְאוּ אֹתוֹ מֵרָחֹק" – את הדמות הלבושה בכתונת הפסים המוכרת – "וּבְטֶרֶם יִקְרַב אֲלֵיהֶם, וַיִּתְנַכְּלוּ אֹתוֹ לַהֲמִיתוֹ" (שם יח). הכתוב מדגיש שהאחים הזדרזו לתכנן את הריגתו "בטרם יקרב אליהם", כי ביקשו להסכים על כך לפני שפני אחיהם יהיו מול עיניהם, דבר שעשוי לגרום להם לרחם עליו.

מהלך ד: מכירת יוסף

1. המזימה כללה את התירוץ ליעקב

> וְעַתָּה לְכוּ וְנַהַרְגֵהוּ וְנַשְׁלִכֵהוּ בְּאַחַד הַבֹּרוֹת וְאָמַרְנוּ חַיָּה רָעָה אֲכָלָתְהוּ.
> (בראשית לז כ)

בשעת תכנון ההתנקשות כבר החליטו האחים שיספרו לאביהם ש"חַיָּה רָעָה אֲכָלָתְהוּ". למה לא ישיבו: "לא ידענו מה היה לו", ובכך יימנעו משקרים מורכבים ומהצורך לתאם גרסאות?

ייתכן שחששו שאם יעקב לא יקבל תשובה מוחלטת על גורלו של יוסף, הוא יחפש אחריו ברחבי הארץ – וחיפוש כזה עלול להביא לחשיפת סודם האפל של האחים. ייתכן גם שהתכוונו לטובת אביהם, ושיערו שהידיעה על מות יוסף תגרום ליעקב להתאבל, להתנחם ולהשתקם, ואילו חוסר הוודאות אודות גורלו של יוסף עלול להרוס את שארית חייו.

2. תכנית ההצלה של ראובן

וַיִּשְׁמַע רְאוּבֵן וַיַּצִּלֵהוּ מִיָּדָם, וַיֹּאמֶר לֹא נַכֶּנּוּ נָפֶשׁ. וַיֹּאמֶר אֲלֵהֶם רְאוּבֵן אַל תִּשְׁפְּכוּ דָם, הַשְׁלִיכוּ אֹתוֹ אֶל הַבּוֹר הַזֶּה אֲשֶׁר בַּמִּדְבָּר, וְיָד אַל תִּשְׁלְחוּ בוֹ, לְמַעַן הַצִּיל אֹתוֹ מִיָּדָם לַהֲשִׁיבוֹ אֶל אָבִיו. (בראשית לז כא-כב)

ראובן לא אמר לאחיו: 'אל **נא** נכנו נפש', בלשון בקשה, כפי שפנה בפסוק הבא: "אַל תִּשְׁפְּכוּ דָם", אלא קבע: "לֹא נַכֶּנּוּ נָפֶשׁ"! האחים רצו שכל אח ייטול חלק ברצח, כלשונם: "לְכוּ וְנַהַרְגֵהוּ". אם אחד האחים יסרב להשתתף ברצח, ממילא מתבטלת תכנית זו, ולכן ראובן קבע בוודאות: "לֹא נַכֶּנּוּ", דהיינו כולנו יחד.

אולם עדיין חשש ראובן שמא יחליטו אחיו לרצוח את יוסף גם בלעדיו, ולכן פנה אליהם בשנית, והפעם בלשון בקשה: "אַל תִּשְׁפְּכוּ דָם", אלא "הַשְׁלִיכוּ אֹתוֹ אֶל הַבּוֹר" והוא ימות מאליו ברעב ובצמא, היות "וְהַבּוֹר רֵק אֵין בּוֹ מָיִם" (בראשית לז כד). אין חשש שהתכנית לא תצלח, שכן, לדברי ראובן, הבור שעליו מדובר נמצא במדבר, ולא יבוא מי שיוכל להציל את יוסף. גם לא היה סיכוי שירדו גשמים, כי מלבד שמדובר במדבר, מסתבר גם שהאירוע התרחש בשיא הקיץ; זוהי הסיבה שהאחים הצפינו עם הצאן עד אזור שכם, שכן בסביבת מגוריהם כבר התייבש המרעה.

3. ההיגיון שבמכירה לישמעאלים

וַיִּשְׂאוּ עֵינֵיהֶם וַיִּרְאוּ וְהִנֵּה אֹרְחַת יִשְׁמְעֵאלִים בָּאָה מִגִּלְעָד, וּגְמַלֵּיהֶם נֹשְׂאִים נְכֹאת וּצְרִי וָלֹט, הוֹלְכִים לְהוֹרִיד מִצְרָיְמָה. (בראשית לז כה)

מדוע שינו האחים את החלטתם וביקשו למכור את יוסף לשיירת הישמעאלים? הסיבה פשוטה: המכירה תבטיח שיעקב לא יגלה את המעשה. שיירת הישמעאלים באה מגלעד והולכת מצרימה. הדרך שבין הגלעד למצרים אינה עוברת בסביבות חברון, ולכן אין סיכוי שיעקב יפגוש אותם ויגלה את המכירה. יתר על כן, אנשי שיירות אלה נהגו לסחור בעיקר ב'נְכֹאת וּצְרִי וָלֹט' – ולא בעבדים – ולכן אין חשש שיעקב יחקור בכיוון זה. סיבה שלישית למכירה היא שהגמלים 'הוֹלְכִים לְהוֹרִיד מִצְרָיְמָה', ומשם, מארץ רחוקה זו, לא סביר שיוסף יצליח לחזור.

4. האחים לא ידעו מי העלה את יוסף מהבור

> וַיֹּאמֶר יְהוּדָה אֶל אֶחָיו מַה בֶּצַע כִּי נַהֲרֹג אֶת אָחִינוּ וְכִסִּינוּ אֶת דָּמוֹ. לְכוּ וְנִמְכְּרֶנּוּ לַיִּשְׁמְעֵאלִים וְיָדֵנוּ אַל תְּהִי בוֹ כִּי אָחִינוּ בְשָׂרֵנוּ הוּא, וַיִּשְׁמְעוּ אֶחָיו. (בראשית לז כו- כז)

השתלשלות העניין בפסוקים מקשה על ההנחה שראובן לא שמע ולא ידע על הצעתו של יהודה למכור את יוסף לישמעאלים. הכתוב מספר תחילה: "וַיְהִי כַּאֲשֶׁר בָּא יוֹסֵף אֶל אֶחָיו, וַיַּפְשִׁיטוּ אֶת יוֹסֵף"; לאחר מכן מסופר: "וַיִּקָּחֻהוּ וַיַּשְׁלִכוּ אֹתוֹ הַבֹּרָה"; ולבסוף נאמר: "וַיֵּשְׁבוּ לֶאֱכָל לֶחֶם, וַיִּשְׂאוּ עֵינֵיהֶם וַיִּרְאוּ". בכל הפסוקים הללו, שנכתבו בלשון רבים, אין זכר לכך שראובן פרש מן החבורה. לכן מסתבר שכאשר מסופר: "וַיֹּאמֶר יְהוּדָה אֶל אֶחָיו", גם ראובן נמצא בין השומעים.

למה היה ראובן המום כאשר שב אל הבור, ויוסף אינו שם? מדבריו "הַיֶּלֶד אֵינֶנּוּ וַאֲנִי אָנָה אֲנִי בָא" (בראשית לז ל) משתמע שראובן לא ידע שיוסף כבר הוצא מן הבור!

תאור זה מוכיח שראובן שמע את דברי יהודה. ראובן דיווח לאחיו בהלם: "הַיֶּלֶד אֵינֶנּוּ!", כמי שמצפה שיהיו המומים כמוהו. לכאורה, מדוע שהדבר יהיה אכפת להם, הרי הם רצו שיוסף ימות!? אלא, ראובן שמע את יהודה אומר: "וְיָדֵנוּ אַל תְּהִי בוֹ", וראה שאחיו שמעו וקיבלו את דברי יהודה, ולכן הוא ידע שגם הם יצטערו על היעלמותו של יוסף מן הבור.

כאן עשוי הקורא לשאול: כיצד ייתכנו הדברים, הרי האחים בעצמם הוציאו את יוסף מן הבור ומכרו אותו לישמעאלים, ומדוע יופתעו ויצטערו על היעלמותו מן הבור? אלא עלינו לדקדק היטב בלשון הכתוב, כי לא האחים העלו את יוסף מן הבור ומכרוהו לישמעאלים, אלא המדיינים: "וַיַּעַבְרוּ אֲנָשִׁים מִדְיָנִים סֹחֲרִים, וַיִּמְשְׁכוּ וַיַּעֲלוּ אֶת יוֹסֵף מִן הַבּוֹר וַיִּמְכְּרוּ אֶת יוֹסֵף לַיִּשְׁמְעֵאלִים בְּעֶשְׂרִים כָּסֶף, וַיָּבִיאוּ אֶת יוֹסֵף מִצְרָיְמָה" (בראשית לז כח).

חרף תכניתו של יהודה והסכמת האחים למכירת יוסף, אלה שמכרו אותו בפועל היו המדיינים – ללא ידיעת האחים, כדברי רשב"ם (בראשית לז כח). לכן מסופר שראובן שב אל הבור, כלומר עזב את האחים שישבו

יחד והלך לבור, ולאחר מכן שב אל אחיו, כי הם לא ישבו ליד הבור. הסוחרים המדיינים כבר עברו בסמוך לבור, ראו בתוכו את יוסף והעלוהו משם על מנת למוכרו לעבד.

ראיה לכך שלא האחים מכרו את יוסף, עולה משיחתם לפי תומם כאשר יוסף אסר את שמעון לעיניהם: "אֲבָל אֲשֵׁמִים אֲנַחְנוּ עַל אָחִינוּ, אֲשֶׁר רָאִינוּ צָרַת נַפְשׁוֹ בְּהִתְחַנְנוֹ אֵלֵינוּ וְלֹא שָׁמָעְנוּ, עַל כֵּן בָּאָה אֵלֵינוּ הַצָּרָה הַזֹּאת" (בראשית מב כא). לו מכרו האחים בעצמם את יוסף, בוודאי שהיו רואים במכירה הסיבה לעונש שבא עליהם כעת; אך הם תלו את העונש באטימות האוזן בלבד: "וְלֹא שָׁמָעְנוּ – עַל כֵּן בָּאָה אֵלֵינוּ הַצָּרָה הַזֹּאת".

מכירת יוסף נתלתה בצוואר האחים, עד שהם חשו שנענשו בגללה. העובדה שמי שמכר אותו בפועל הם המדיינים, אינה מורידה מאשמת האחים ומאחריותם לנעשה. גם יוסף עצמו יגיד להם בהמשך: "כִּי מְכַרְתֶּם אֹתִי הֵנָּה" (בראשית מה ה), וכוונתו שהם אשמים במכירתו כי הם תכננו זאת, ואלמלא זרקו אותו לבור לא היה נמכר.

5. ראובן חזר אל הבור לספק ליוסף מזון ומים

> וַיָּשָׁב רְאוּבֵן אֶל הַבּוֹר, וְהִנֵּה אֵין יוֹסֵף בַּבּוֹר וַיִּקְרַע אֶת בְּגָדָיו. (בראשית לז כט)

למה לא ניסה ראובן להתחמק מעיני אחיו ולהבריח את יוסף מן הבור תכף לאחר שהשליכוהו לשם? מכיוון שחברון, בה ישב יעקב הייתה רחוקה משכם, לא היה ליוסף סיכוי להימלט בהצלחה, ובעקבות הטבח בשכם לא היה לו סיכוי למצוא מקלט באחת מערי האזור. לכן הוצאתו מן הבור תהיה חסרת תועלת, וראובן העדיף אפוא להמתין בתקווה שהאחים יתחרטו מעצמם.

משהחליטו האחים למכור את יוסף לישמעאלים, אזל הזמן להצלת יוסף, וראובן מיהר אל הבור לשחרר את יוסף. בעקבות הסכמת האחים לעצת יהודה שלא להרוג את יוסף אלא למכור אותו, ייתכן שהאחים עצמם שלחו את ראובן אל הבור כדי לספק ליוסף לחם ומים, שמא בינתיים ימות בצמא כפי שתכננו בעצת ראובן.

כשגילה ראובן שיוסף איננו בבור, אמר לאחיו: "הַיֶּלֶד אֵינֶנּוּ, וַאֲנִי אָנָה אֲנִי בָא". אין כוונת הדברים שראובן לא יוכל לחזור אל יעקב ללא יוסף, בדומה להתחייבותו של יהודה לגבי בנימין בהמשך (בראשית מג ח-ט), שכן איננו מוצאים בשום מקום התחייבות כזו. מסתבר שראובן חש את עצמו אחראי, גם כיוון שהוא זה שהציע להשליך את יוסף לבור, ובעיקר בשל אחריותו כבכור.

מהלך ה: מנהגי הייבום הקדומים

> וַיֵּדַע אוֹנָן כִּי לֹּא לוֹ יִהְיֶה הַזָּרַע, וְהָיָה אִם בָּא אֶל אֵשֶׁת אָחִיו וְשִׁחֵת אַרְצָה, לְבִלְתִּי נְתָן זֶרַע לְאָחִיו. (בראשית לח ט)

אונן נמנע מלהוליד ילדים מתמר, בנימוק ש"לֹּא לוֹ יִהְיֶה הַזָּרַע". נראה שהכוונה לכך שהולדת ילד מתמר תביא להתמעטות נחלתו של אונן, כי הוא היה יבָמָהּ של תמר, ולפני מתן תורה היה נהוג שהבן הנולד מהיבם הוא זה שיורש את נחלת האח המת, ולא היָבָם עצמו.

מנהג זה רמוז בפרשת הייבום בספר דברים: "וְהָיָה הַבְּכוֹר אֲשֶׁר תֵּלֵד יָקוּם עַל שֵׁם אָחִיו הַמֵּת, וְלֹא יִמָּחֶה שְׁמוֹ מִיִּשְׂרָאֵל" (דברים כה ו). פשט הדברים הוא שהבכור מקבל את נחלת המת, ונקרא על שמו, וכך לא יימחה שם המת מישראל. אכן, כנגד הבנה זו באה התורה שבעל פה והוציאה את הכתוב מפשוטו, כדברי חז"ל (יבמות כד א, ותוספות ד"ה או אינו אלא לשם), בקובעם שאין ענו עוסקים כלל בבכור הנולד, אלא באח המייבם, והוא זה שמקבל את נחלת המת.

מנהג זה מסביר גם מדוע לא רצה יהודה למסור את תמר לשֵׁלָה, "פֶּן יָמוּת גַּם הוּא כְּאֶחָיו" (בראשית לח יא). יהודה חשש ששֵׁלָה ינהג אף הוא כאחיו, וישחית ארצה כמו אונן, כי מן הסתם גם הוא לא ירצה בבן שיתחלק עמו בירושת האב. לכן נמנע מלתת לה את שֵׁלָה אפילו כשזה כבר גדל: "כִּי גָדַל שֵׁלָה וְהִוא לֹא נִתְּנָה לוֹ לְאִשָּׁה" (שם יד).

אמנם יהודה אמר לתמר: "שְׁבִי אַלְמָנָה בֵית אָבִיךְ עַד יִגְדַּל שֵׁלָה בְנִי" (בראשית לח יא), ולכאורה זו הצהרה שבסופו של דבר תמר תינשא לשֵׁלָה – אך למעשה, מהצהרה זו עצמה מוכח שיהודה כלל לא התכוון

לעשות זאת: הרי תמר הייתה יבמה, כלומר שהקשר בינה לבין משפחת יהודה לא ניתק, והיא הייתה צריכה לכאורה להיות ניזונה מביתו של יהודה, אך הוא אומר לה: "שְׁבִי אַלְמָנָה בֵית אָבִיךְ" – 'תחזרי לבית אביך כדין אלמנה'. ואכן, הפסוק מסיים ואומר: "וַתֵּלֶךְ תָּמָר וַתֵּשֶׁב בֵּית אָבִיהָ". לעומת תמר, בנים שייוולדו לשֵׁלָה מנשים אחרות לא יירשו יחד אתו, ולכן העדיף יהודה להשיא את שֵׁלָה לאישה אחרת, ובכך להימנע מהחשש שהוא ימות כפי שקרה לשני אחיו.

מהלך ו: חותמתו של יהודה

> וַיִּשְׁלַח יְהוּדָה אֶת גְּדִי הָעִזִּים בְּיַד רֵעֵהוּ הָעֲדֻלָּמִי לָקַחַת הָעֵרָבוֹן מִיַּד הָאִשָּׁה, וְלֹא מְצָאָהּ... וַיֹּאמֶר יְהוּדָה תִּקַּח לָהּ פֶּן נִהְיֶה לָבוּז. (בראשית לח כ, כג)

כשחירה העדולמי חזר בידיים ריקות, הפציר יהודה: "תִּקַּח לָהּ, פֶּן נִהְיֶה לָבוּז". כוונתו הייתה: 'ולוואי שתיקח את הגדי ותחזיר את החותמת והפתילים, כי בושה תיחשב אם אלה יימצאו ביד זונה'. החותמת אותה נתן יהודה כערבון לתמר היא כעין חתימת יד, המאפשרת לאדם המחזיק אותה לחתום במקומו של בעל החותמת, כפי שמסופר בעניין איזבל: "וַתַּחְתֹּם בְּחֹתָמוֹ" – של אחאב (מלכים א כא ח); וכן בעניין אחשורוש: "וְנַחְתּוֹם בְּטַבַּעַת הַמֶּלֶךְ" (אסתר ח ח).

יהודה היה שר וקצין בארץ, כדברי רמב"ן (בראשית לח יח), ומסתבר שאנשי האזור הכירו את חותמתו. עובדה זו סייעה לתמר להינצל ממוות, בשולחה אל יהודה את החותמת בצירוף השאלה: "הַכֶּר נָא, לְמִי הַחֹתֶמֶת וְהַפְּתִילִים וְהַמַּטֶּה הָאֵלֶּה" (שם כה), שכן הנוכחים כולם הכירו שזו חותמתו של יהודה והבינו מיד את משמעות התרחיש המתרחש לעיניהם. דבר זה מוכח מקביעתו הקצרה של יהודה – "צָדְקָה מִמֶּנִּי". מדוע הוא איננו מפרט במה היא צדקה ומדוע גזר דינה מתבטל? אלא, תמר אמרה שהחותמת שייכת "לְאִישׁ אֲשֶׁר אֵלֶּה לּוֹ אָנֹכִי הָרָה" (בראשית לח כה), וכולם ראו שזו חותמתו של יהודה, ולכן ברגע שיהודה הודה שדבריה נכונים, זו הייתה גם הודאה שהוא האב.

להודאתו של יהודה, "צָדְקָה מִמֶּנִּי" (בראשית לח כו), ישנה משמעות נוספת: 'היא צָדֶקֶת יותר ממני. אני נהגתי בה איפָה ואיפה, כשמתה אשתי לא התאפקתי ובאתי על הזונה, ואילו אותה ציוויתי לשבת אלמנה בבית אביה'.

מהלך ז: יפה תואר ויפה מראה

וַיַּעֲזֹב כָּל אֲשֶׁר לוֹ בְּיַד יוֹסֵף וְלֹא יָדַע אִתּוֹ מְאוּמָה כִּי אִם הַלֶּחֶם אֲשֶׁר הוּא אוֹכֵל וַיְהִי יוֹסֵף יְפֵה תֹאַר וִיפֵה מַרְאֶה. וַיְהִי אַחַר הַדְּבָרִים הָאֵלֶּה וַתִּשָּׂא אֵשֶׁת אֲדֹנָיו אֶת עֵינֶיהָ אֶל יוֹסֵף וַתֹּאמֶר שִׁכְבָה עִמִּי. (בראשית לט ו-ז)

הקביעה שיוסף היה יפה תואר ויפה מראה מופיעה לכאורה שלא במקומה. הכי הפך יוסף פתאום יפה תואר ויפה מראה?! ודאי שהיה נאה מאז ומתמיד, ולכן לכאורה מקומו של תיאור זה הוא בתחילת הפרשה, ומדוע מציינת התורה אותו דווקא כאן?

ניתן להסביר זאת בשתי דרכים, התלויות בשאלה האם קביעה זו נלווית אל המשפט המופיע לאחריה, "וַיְהִי אַחַר הַדְּבָרִים הָאֵלֶּה וַתִּשָּׂא אֵשֶׁת אֲדֹנָיו אֶת עֵינֶיהָ אֶל יוֹסֵף", או שמא היא נכרכת עם המשפט שנכתב לפניה, "וַיַּעֲזֹב כָּל אֲשֶׁר לוֹ בְּיַד יוֹסֵף וְלֹא יָדַע אִתּוֹ מְאוּמָה כִּי אִם הַלֶּחֶם אֲשֶׁר הוּא אוֹכֵל". נסביר קודם את החלופה הראשונה.

לפי הבנה זו, תאור יופיו של יוסף מופיע כהקדמה לסיפור אשת פוטיפר: אכן יוסף היה מאז ומתמיד יפה תואר ויפה מראה, ומה שהתחדש עתה הוא הקידום המטאורי בהיררכיית בית פוטיפר. כיוון שיוסף נתגדל בבית פוטיפר, הדבר גרר את תשומת לבה של אשת פוטיפר, והיא שמה לב עתה לכך שהוא יפה תואר ויפה מראה. לפי הסברתנו למעלה שאשת פוטיפר הייתה משבט ההיקסוס, אין פלא שנמשכה ליוסף, שגם הוא בעל חזות שמית כמותה.

לפי ההסבר השני, מה שהתחדש עתה הוא שיוסף אכן הפך יפה מראה. מה בין 'יפה תואר' ל'יפה מראה'? גם על אמו של יוסף, רחל, נאמר כן, ושם פירש רש"י (בראשית כט יז) ש'תֹאַר' הוא 'צורת הפרצוף', היופי

הטבעי, ו'מַרְאֶה' הוא 'זיו קלסתר', כלומר מאור הפנים. כשיוסף נחטף ונמכר לעבד, הדבר הסב לו צער גדול וחשך מאור פניו. וכעת, לאחר שעלה לגדולה ונתמנה אחראי על בית פוטיפר, התמעט צערו, והוא חזר להיות גם 'יְפֵה מַרְאֶה', ולכן הוא משך עתה את תשומת לבה של אשת פוטיפר.

מכאן מובן מדוע בתחילת פרשת כי תצא מוגדרת האישה השבויה "אֵשֶׁת יְפַת תֹּאַר" (דברים כא יא) בלבד, ולא 'יפת מראה': כיוון שאישה זו נשבתה במלחמה ואף הייתה שרויה באבל, כמסופר "וּבָכְתָה אֶת אָבִיהָ וְאֶת אִמָּהּ יֶרַח יָמִים" (שם יג), ממילא חשך מאור פניה ואין היא יכולה להיות מוגדרת כ'יפת מראה'.

לפי פירוש זה, המושג 'יפת מראה' שייך כלפי בני אדם בלבד, ולא כלפי בהמות – שלגביהן לא ניתן לדבר על 'זיו קלסתר' הפנים. אם כן, כיצד חלם פרעה על "שֶׁבַע פָּרוֹת **יְפוֹת מַרְאֶה** וּבְרִיאֹת בָּשָׂר" (בראשית מא ב)? תשובה לכך נקבל מכך שכשפרעה סיפר ליוסף על חלומו, לא הזכיר 'פרות יפות מראה', אלא דיבר על "שֶׁבַע פָּרוֹת בְּרִיאוֹת בָּשָׂר **וִיפֹת תֹּאַר**" (שם יח). אכן, בחלום אפשר לראות כמעט כל דבר, כולל בהמות 'יפות מראה', אבל כשפרעה סיפר על חלומו לאחרים הוא ניסה לצמצם את חריגות החיזיון, ולכן הקפיד לתאר את הפרות באופן מקובל.

חיבה יתירה לפרשת וישב

תוספת קנאה

וַיְקַנְאוּ בוֹ אֶחָיו, וְאָבִיו שָׁמַר אֶת הַדָּבָר. (בראשית לז יא)

אחי יוסף שנאו אותו כבר זמן רב, כפי שהכתוב מדגיש שלוש פעמים: "וַיִּשְׂנְאוּ אֹתוֹ וְלֹא יָכְלוּ דַּבְּרוֹ לְשָׁלֹם", "וַיּוֹסִפוּ עוֹד שְׂנֹא אֹתוֹ", "וַיּוֹסִפוּ עוֹד שְׂנֹא אֹתוֹ עַל חֲלֹמֹתָיו וְעַל דְּבָרָיו" (בראשית לז ד, שם ה, שם ח). אולם כעת, לאחר החלום האחרון, נוספה לשנאה גם קנאה – "וַיְקַנְאוּ בוֹ אֶחָיו" – ורק כאן מציין הכתוב: "וְאָבִיו שָׁמַר אֶת הַדָּבָר". כוונת הכתוב היא שיעקב אכן שם לב לעובדה שנתווספה עתה קנאה לשנאה. אמנם,

לאחר מכירת יוסף, יעקב התחרט על כך שלא התייחס ברצינות יתר לתוספת הקנאה לאיבה, ולכן מאן להתנחם (בראשית לז לה). סירובו של יעקב להתנחם נבע לא רק מאהבתו ליוסף, אלא גם מהרגשת אשמה שחש לגבי גורלו. אילולי שלח יעקב את יוסף לבדו אל אחיו, לא היה יוסף נטרף.

התערבות הקב"ה

> וַיִּמְצָאֵהוּ אִישׁ וְהִנֵּה תֹעֶה בַּשָּׂדֶה וַיִּשְׁאָלֵהוּ הָאִישׁ לֵאמֹר מַה תְּבַקֵּשׁ. וַיֹּאמֶר אֶת אַחַי אָנֹכִי מְבַקֵּשׁ הַגִּידָה נָּא לִי אֵיפֹה הֵם רֹעִים. (בראשית לז טו-טז)

איש עלום-שם זה הוא אותו האיש הנזכר למעלה: "וַיֵּאָבֵק אִישׁ עִמּוֹ" (בראשית לב כה), וכאן נשלח מאת המקום על מנת להביא לירידת ישראל למצרים.

מות בת שוע והמפגש עם תמר

> וַיִּרְבּוּ הַיָּמִים וַתָּמָת בַּת שׁוּעַ אֵשֶׁת יְהוּדָה... וַיִּרְאֶהָ יְהוּדָה וַיַּחְשְׁבֶהָ לְזוֹנָה כִּי כִסְּתָה פָּנֶיהָ. (בראשית לח יב, טו)

העובדה המתוארת בפסוק הפותח את פרשת יהודה ותמר, לכאורה אינה נוגעת להמשך הדברים: מה הקשר בין מות אשת יהודה לבין עלייתו לגזוז את הצאן ומפגשו עם תמר? אלא שעובדה זו מסבירה מדוע סברה תמר שתכניתה צפויה להצליח. יהודה לא היה רגיל אצל זונות, ובכל זאת ציפתה תמר שהוא ייענה לה – כיוון שידעה שהוא שרוי בלא אישה.

כעס על הממונים

> וַיְהִי אַחַר הַדְּבָרִים הָאֵלֶּה, חָטְאוּ מַשְׁקֵה מֶלֶךְ מִצְרַיִם וְהָאֹפֶה לַאֲדֹנֵיהֶם, לְמֶלֶךְ מִצְרָיִם. וַיִּקְצֹף פַּרְעֹה עַל שְׁנֵי סָרִיסָיו עַל שַׂר הַמַּשְׁקִים וְעַל שַׂר הָאוֹפִים. (בראשית מ א-ב)

אם נדקדק בפסוקים אלו נמצא שמלבד פרעה מופיעות בהם ארבע דמויות שונות. בפסוק הראשון מתואר שהחוטאים היו ה'מַשְׁקֵה' ו'הָאֹפֶה', כלומר העובדים הזוטרים, אחד מהמשקים ואחד מהאופים – אך כתוצאה מכך זעם פרעה על 'שַׂר הַמַּשְׁקִים' ועל 'שַׂר הָאוֹפִים'. כלומר, כעסו לא הופנה כלפי העובדים הזוטרים אלא כלפי השרים הממונים עליהם, "שְׁנֵי סָרִיסָיו", כפי שפוטיפר שר הטבחים אף הוא היה "סְרִיס פַּרְעֹה" (בראשית לט א).

פרשת מקץ

מהלך א: האם יוסף היה אמור לסמוך על הנס

בעיה קשה נעוצה בסיפורו של יוסף בבית הסוהר. אמנם, לא קושי בכתוב עצמו, אלא במדרש חז"ל על דברי יוסף לשר המשקים: "כִּי אִם זְכַרְתַּנִי אִתְּךָ כַּאֲשֶׁר יִיטַב לָךְ, וְעָשִׂיתָ נָּא עִמָּדִי חָסֶד וְהִזְכַּרְתַּנִי אֶל פַּרְעֹה, וְהוֹצֵאתַנִי מִן הַבַּיִת הַזֶּה" (בראשית מ יד). חכמים דרשו: "'ברוך הגבר אשר שם ה' מבטחו' – זה יוסף... על ידי שאמר לשר המשקים 'זכרתני', 'והזכרתני', נתוַספו לו שתי שנים" (בראשית רבה פט ב-ג). כוונת חז"ל, שיוסף נענש בתוספת שנתיים מאסר מפני ששם מבטחו בבשר ודם, בבקשו משר המשקים להשתדל אצל פרעה לשחררו מן הכלא.

הבעיה היא שמדרש זה לכאורה מנוגד לכלל הידוע ש'אין סומכין על הנס'[1]: אסור לאדם לשבת באפס מעשה ולצפות להצלה מהשמים. כך התעסק יעקב במקלות וברהטים ולא סמך על הקב"ה ללא השתדלות מצדו; כך, עוד בטרם נבקע ים סוף אמר הקב"ה למשה: "מַה תִּצְעַק אֵלָי, דַּבֵּר אֶל בְּנֵי יִשְׂרָאֵל וְיִסָּעוּ" (שמות יד טו); וכן במקרים רבים נוספים. אם כן, מה פשר טרוניית חז"ל על יוסף שפנה אל שר המשקים?

---

[1] בפסחים סד ב נחלקו חז"ל אם בבית המקדש סמכו על הנס. בכתובות סא ב מקשים על אחד האמוראים שסמך על הנס. בקידושין לט ב קובעת הגמרא שבמקום של היזק קבוע לא סומכים על הנס. ובשבת לב א נאמר שאסור לאדם לעמוד במקום סכנה ולסמוך על הנס. ראו גם תענית כ ב וכן פסחים ח ב.

רבנו בחיי (בראשית מ יד) פירש שהתנהלותו הקבועה של יוסף הייתה שלא לסמוך כלל על בשר ודם, ולכן נענש בצורה יוצאת דופן, מפני שנטש את דרכו. פירוש זה קשה, כי יוסף ישב עשר שנים[2] בבית הסוהר לפני שפנה לשר המשקים. וכי היה עליו להמתין לעולם?! ייתכן שמפני קושיה זו הביאו חז"ל בסוף דבריהם (בר"ר שם) פירוש נוסף, לפיו יוסף כלל לא נענש, אלא נתעכב לטובתו שנתיים נוספות בבית הסוהר, כדי שיעלה לגדולה על ידי חלום פרעה.

על סמך המדרש הראשון, שיוסף נענש, פירש בעל 'בית הלוי' שככל שהאדם בוטח יותר בה', כך הוא צריך פחות להשתדל בכוחות עצמו. כתוצאה מתפיסה זו חדרה לעולם הישיבות התובנה (דרך ספרים דוגמת 'מכתב מאליהו') שהסימן המורה על ביטחון אמתי בה', הוא מיעוט השתדלות.

לעניות דעתי, כוונת המדרש הראשון היא אחרת לגמרי: יוסף נענש לא על מה שאמר כי אם על מה שלא אמר. נחזור ליעקב ועיסוקו במקלות. מצד אחד התאמץ יעקב עד קצה גבול יכולתו, להרבות את העדרים בדרך הטבע, בהתאם למדע של תקופתו; אך מנגד הצהיר שהקב"ה הוא מקור הצלחתו, כפי שאמר לנשיו: "וַיַּצֵּל אֱלֹוהִים אֶת מִקְנֵה אֲבִיכֶם וַיִּתֶּן לִי" (בראשית לא ט). אף הן ייחסו את ההצלחה לקב"ה: "כָל הָעֹשֶׁר אֲשֶׁר הִצִּיל אֱלֹוהִים מֵאָבִינוּ" (בראשית לא טז). דרכה של תורה היא להשתדל בכוחות עצמנו, ועם זאת להכיר שהקב"ה "הוּא הַנֹּתֵן לְךָ כֹּחַ לַעֲשׂוֹת חָיִל" (דברים ח יח).

בבקשתו משר המשקים הזכיר יוסף שוב ושוב עזרת בשר-ודם: "כִּי אִם זְכַרְתַּנִי אִתְּךָ כַּאֲשֶׁר יִיטַב לָךְ, וְעָשִׂיתָ נָּא עִמָּדִי חָסֶד וְהִזְכַּרְתַּנִי אֶל פַּרְעֹה, וְהוֹצֵאתַנִי מִן הַבַּיִת הַזֶּה" (בראשית מ יד) – ולא הזכיר את הקב"ה, אלא תלה את כל הצלתו בפעולת אנוש. זו כוונת המדרש: "על ידי שאמר לשר המשקים 'זכרתני' 'והזכרתני'". כלומר, לא בגלל עצם הפנייה לעזרה, אלא בגלל שהתייחס לעזרת שר המשקים לבדו, לכן נענש ונתווספו לו שנתיים בבית הסוהר.

[2] הקבלה מעניינת ישנה בין פניית יוסף לשר המשקים לאחר שחלפו עשר שנים בכלא לבין נתינת הגר לאברם ע"י שרי לאחר שחלפו עשר שנים בארץ כנען מבלי שנולדו להם ילדים.

עד כמה חרג יוסף מהתנהלותו הקבועה בדברו אל שר המשקים, נוכל להבין אם נבחן את מנהגו הקבוע בהזכרת האלוהים. כאשר ראה את פניהם הזועפות של שר המשקים ושר האופים אמר להם: "הֲלוֹא לֵאלוֹהִים פִּתְרֹנִים, סַפְּרוּ נָא לִי" (בראשית מ ח). שנתיים לאחר מכן, כשיוסף הובא לפני פרעה, ביקש פרעה ממנו לפתור את חלומו, ויוסף השיב: "בִּלְעָדָי! אֱלוֹהִים יַעֲנֶה אֶת שְׁלוֹם פַּרְעֹה" (בראשית מא טז, וכן כה, כח, לב). כך גם במקומות נוספים בהמשך: "נַשַּׁנִי אֱלוֹהִים אֶת כָּל עֲמָלִי... הִפְרַנִי אֱלוֹהִים בְּאֶרֶץ עָנְיִי" (שם נא-נב), "כִּי לְמִחְיָה שְׁלָחַנִי אֱלוֹהִים לִפְנֵיכֶם" (בראשית מה ה), "וַיִּשְׁלָחֵנִי אֱלוֹהִים לִפְנֵיכֶם" (שם ז), "וְעַתָּה לֹא אַתֶּם שְׁלַחְתֶּם אֹתִי הֵנָּה כִּי הָאֱלוֹהִים" (שם ח) "שָׂמַנִי אֱלוֹהִים לְאָדוֹן לְכָל מִצְרָיִם" (שם ט), "בָּנַי הֵם אֲשֶׁר נָתַן לִי אֱלוֹהִים בָּזֶה" (בראשית מח ט), "אַל תִּירָאוּ כִּי הֲתַחַת אֱלוֹהִים אָנִי" (בראשית נ יט), "פָּקֹד יִפְקֹד אֱלוֹהִים אֶתְכֶם" (שם כה). לכל אורך הדרך ביטא יוסף את ההכרה שהצלחת מעשיו באה מאת ה' – מלבד בדבריו כאן לשר המשקים. מכאן ואילך הקפיד יוסף להדגיש שהקב"ה הוא מקור כל הצלחה וישועה.

מהלך ב: למה היה רעב במצרים למרות שהיה לחם?

> וַיְהִי רָעָב בְּכָל הָאֲרָצוֹת, וּבְכָל אֶרֶץ מִצְרַיִם הָיָה לָחֶם. וַתִּרְעַב כָּל אֶרֶץ מִצְרַיִם, וַיִּצְעַק הָעָם אֶל פַּרְעֹה לַלָּחֶם. (בראשית מא נד-נה)

שני הפסוקים הללו לכאורה סותרים הדדית: בראשון אנו שומעים שבניגוד לשאר הארצות, בכל ארץ מצרים היה לחם; ואילו בפסוק השני אנו שומעים שהרעב היה גם בארץ מצרים, וגם למצרים היה חסר לחם!

המונח 'רָעָב' בספר בראשית אינו מתאר בהכרח סבל גופני בשל מחסור במזון, כי אם תקופת מחסור כאשר החקלאות אינה מניבה יבולים כהרגלה. כך מספרת התורה שהיה "רָעָב בְּכָל הָאֲרָצוֹת" – כולל בארץ מצרים.

אם כן, למה נאמר תחילה "וּבְכָל אֶרֶץ מִצְרַיִם הָיָה לָחֶם"? ולמה צעק העם אל פרעה ללחם? התשובה היא שבארץ מצרים אכן היה מצוי שפע של בר, קמח ושאר מצרכים הדרושים להכנת לחם, אך אלה אוחסנו במאגרים השלטוניים שהוקמו מראש על ידי יוסף בשנות השובע – "וַיִּצְבֹּר יוֹסֵף בָּר

כְּחוֹל הַיָּם" (בראשית מא מט) – אך לאזרחים לא הייתה גישה אליהם, ולכן צעקו אל פרעה ללחם.

אך מדוע היה העם צריך לזעוק אל פרעה כדי לקבל לחם? הרי בדיוק לשם כך נועדו מחסני התבואה הגדולים, כדי לחלק את תכולתם לעם, ש"לֹא תִכָּרֵת הָאָרֶץ בָּרָעָב" (בראשית מא לו)! על פי המתואר בהמשך הפרשה, נראה שהסיבה לכך הייתה מדיניות של יוסף למכור לתושבים את הלחם תמורת כספם, מקניהם ואדמתם – כפי שמתואר בהמשך. לכן צעק העם אל פרעה, כדי שייתן להם את הלחם בחינם, או לכל היותר במחיר זול. אמנם, פרעה סירב לקבל את בקשתם ושלח אותם בחזרה אל יוסף, כפי שמסיים הפסוק: "וַיֹּאמֶר פַּרְעֹה לְכָל מִצְרַיִם, לְכוּ אֶל יוֹסֵף, אֲשֶׁר יֹאמַר לָכֶם תַּעֲשׂוּ" (שם נה).

למה בחר יוסף במדיניות שסופה הייתה לרושש את מצרים? ניתן רק לשער, אבל נדמה שיוסף פעל בכוונה תחילה למען חיזוקו של שלטון ההיקסוס, שהיו כאמור שבט שמי-למחצה שהשתלט על מצרים.[3] בסופו של דבר שרת יוסף נאמנה את ההיקסוס, אך בשל כך שמרו המצרים טינה כלפי בני ישראל, כך שנאמנותו של יוסף לפרעה הובילה לשעבוד בני ישראל בארץ מצרים.

מהלך ג: למה התעלל יוסף באחיו, ומה ביקש להשיג?

1. הרקע לירידת האחים למצרים

יעקב הוכיח את בניו "לָמָּה תִּתְרָאוּ" (בראשית מב א), שפירושו: למה תריבו, או תילחמו? פרשנות זו היא כדברי המלך אמציה שהזמין את המלך יהואש למלחמה: "לְכָה נִתְרָאֶה פָנִים" (מלכים ב יד ח, וכן דברי הימים ב כה יז). נראה שבני יעקב שקלו לתקוף ערים בארץ כנען על מנת להתפרנס מן הביזה, בדומה למעשיהם בשכם, כאשר "בְּנֵי יַעֲקֹב בָּאוּ עַל הַחֲלָלִים וַיָּבֹזּוּ הָעִיר" (בראשית לד כז). בדומה לכך יעץ דוד לחכמי ישראל: "נכנסו חכמי ישראל אצלו, אמרו לו: אדונינו המלך, עמך ישראל צריכין פרנסה!... אמר להם: לכו ופשטו ידיכם בגדוד" (ברכות ג ב).

---

[3] וראו פרשת וישב, מהלך א.

התנהלות כזאת אמנם צורמת לאוזן המודרנית, אך לא הייתה נדירה בימי קדם. בימי רעב תמיד היה חשש שכנופיות למיניהן יתקפו ישובים כדי להשיג מזון. לכן האשים יוסף את אחיו שהם מרגלים שבאו לאיסוף מודיעין למטרת תקיפה.

יש להניח שהוטלה מכסה על מכירת מזון לבאים, כנהוג בשנות צנע. לכן שלח יעקב את כל בניו פרט לבנימין על מנת שיביאו בחזרה כמות רבה של מזון. בלכתם יחד הם גם יהיו פחות חשופים לסכנות הדרכים, כולל שודדים וחיות רעות. יעקב הניח שיוסף נהרג בדרך, ולכן דאג לביטחונם של שאר בניו.

אמנם, נשאלת השאלה, אם יעקב חשש לשלום בניו – מדוע לא שלח במקומם את עבדיו? התשובה היא שלא נותרו ליעקב עבדים. בשנות הרעב הוא מכר את עבדיו או שחרר אותם, כיוון שלא היה בידו לכלכלם.

הוכחה לכך שלמשפחת יעקב לא נותרו עבדים, עולה מתיאור ירידתם למצרים: "וַיִּקְחוּ אֶת מִקְנֵיהֶם וְאֶת רְכוּשָׁם... וְצֹאנָם וּבְקָרָם וְכָל אֲשֶׁר לָהֶם הֵבִיאוּ" (בראשית מו ו, ושם לב) – ללא אזכור עבדים ושפחות. גם לאחר התוודעות יוסף לאחיו, כאשר שלח אל יעקב לבוא אליו לארץ גושן, הוא מנה: "אַתָּה וּבָנֶיךָ וּבְנֵי בָנֶיךָ וְצֹאנְךָ וּבְקָרְךָ וְכָל אֲשֶׁר לָךְ" – ולא הזכיר עבדים ושפחות (בראשית מה י).

2. חקירת הבאים

> וַיַּרְא יוֹסֵף אֶת אֶחָיו וַיַּכִּרֵם וַיִּתְנַכֵּר אֲלֵיהֶם וַיְדַבֵּר אִתָּם קָשׁוֹת וַיֹּאמֶר אֲלֵהֶם מֵאַיִן בָּאתֶם וַיֹּאמְרוּ מֵאֶרֶץ כְּנַעַן לִשְׁבָּר אֹכֶל. וַיַּכֵּר יוֹסֵף אֶת אֶחָיו וְהֵם לֹא הִכִּרֻהוּ. וַיִּזְכֹּר יוֹסֵף אֵת הַחֲלֹמוֹת אֲשֶׁר חָלַם לָהֶם וַיֹּאמֶר אֲלֵהֶם מְרַגְּלִים אַתֶּם לִרְאוֹת אֶת עֶרְוַת הָאָרֶץ בָּאתֶם. (בראשית מב ז-ט)

יש להניח שיוסף נהג לחקור אחר מוצאם של אלה שבאו מרחוק, כדי לברר אם הגיעו מאזורים הסמוכים למצרים, מה שיעניק להם זכאות לרכוש מזון ממחסני פרעה. את אחיו הכיר מיד משום שנבדלו בחזותם מאזרחי כנען שהיו מבני חם, ואולי גם נבדלו במלבושיהם. מנגד, האחים לא הכירֻהו, מפני שאנשים מהממשל המצרי היו גם הם מגזע בני שֵׁם (וראו לעיל בפרשת וישב, מהלך א). כאשר הכיר את אחיו, הדבר הראשון

שעלה בזיכרונו של יוסף היה החלומות שחלם, ולא השלכתו לבור: "וַיַּכֵּר יוֹסֵף אֶת אֶחָיו וְהֵם לֹא הִכִּרֻהוּ. וַיִּזְכֹּר יוֹסֵף אֵת הַחֲלֹמוֹת אֲשֶׁר חָלַם לָהֶם" (בראשית מב ח-ט). מכאן שמה שהניע את יוסף לא הייתה תאוות הנקם.

על מנת להמשיך לחקור את האחים, הטיח בהם יוסף שהם מרגלים. חשש זה היה קיים לגבי כל הבאים מרחוק. עוד אמר יוסף שנראה לו שאינם באים מארץ כנען, כי תושביה הם מבני חם, וניכר שהאחים הם מבני שם. על עניין זה סיפרו האחים ליעקב: "שָׁאוֹל שָׁאַל הָאִישׁ לָנוּ וּלְמוֹלַדְתֵּנוּ" (בראשית מג ז) – 'שָׁאוֹל שָׁאַל', כלומר חקר אותנו בפרוטרוט ושאל שאלות רבות 'לָנוּ וּלְמוֹלַדְתֵּנוּ', כיוון שהיה ניכר שהם אינם כשאר תושבי כנען.

הביטוי 'עֶרְוַת הָאָרֶץ' כוונתו היעדר הגנה, דוגמת אדם ערום החשוף לפגיעות קור וחום. רש"י (בראשית מב ט ד"ה ערוות הארץ) פירש שיוסף האשים את אחיו בחיפוש נקודות תורפה שדרכן ניתן יהיה לכבוש את מצרים, דהיינו לערוך פשיטות במצרים. אולם באותה מידה ייתכן שהאשים אותם בריגול שמטרתו דווקא כיבושה של ארץ כנען, שהייתה באותה עת תחת חסות מצרים והגנתה. כיוון שהמצרים שרויים ברעב, יקשה עליהם להמשיך לפרוש חסותם על ארץ כנען.

'עֶרְוַת הָאָרֶץ' מרמז גם לבושה ולקלון, דוגמת: "תִּגָּל עֶרְוָתֵךְ גַּם תֵּרָאֶה חֶרְפָּתֵךְ" (ישעיהו מז ג), וכן: "כָּל מְכַבְּדֶיהָ הִזִּילוּהָ כִּי רָאוּ עֶרְוָתָהּ" (איכה א ח). הרעב נחשב לחרפה למצרים, שמעולם התפארה שהנילוס מגן עליה מבצורת. כך בימי אברהם ובימי יצחק היו תקופות של רעב בארץ כנען, אך הרעב לא פגע במצרים. רק כעת יוכלו תושבי הארצות השכנות לשמוח לאֵדם של המצרים ולהתכבד בקלונם.

כהגנה בפני האשמת הריגול השיבו האחים: "כֻּלָּנוּ בְּנֵי אִישׁ אֶחָד נָחְנוּ, כֵּנִים אֲנַחְנוּ, לֹא הָיוּ עֲבָדֶיךָ מְרַגְּלִים... שְׁנֵים עָשָׂר עֲבָדֶיךָ אַחִים אֲנַחְנוּ, בְּנֵי אִישׁ אֶחָד בְּאֶרֶץ כְּנָעַן" (בראשית מב יא, יג). כלומר, לא סביר שמשפחה שלמה תסתכן בריגול. ואם ישאל יוסף מדוע לא חששו לבוא כולם ביחד, התשובה היא: "שְׁנֵים עָשָׂר עֲבָדֶיךָ אַחִים אֲנַחְנוּ...": כלומר, לא כולם באו! והגם שהם "בְּנֵי אִישׁ אֶחָד", הם בני ארבע נשים, ולכן אין לתמוה שנולדו לאביהם שניים עשר בנים. ומה שיוסף טען שאינם נראים ככנענים, אמת,

הם "בְּנֵי אִישׁ אֶחָד בְּאֶרֶץ כְּנָעַן", דהיינו אביהם יושב בארץ כנען אבל אינו מארץ כנען, כי מוצאו הוא מעבר לנהר.

יוסף דחה את טענותיהם והשיב: "הוּא אֲשֶׁר דִּבַּרְתִּי אֲלֵכֶם לֵאמֹר, מְרַגְּלִים אַתֶּם" (בראשית מב יד). הלוא תחילה טענתם שכולכם בני משפחה אחת ולא סביר שתסתכנו כולכם בריגול, אך בהמשך הודיתם שלא כולכם באו. אם כנים אתם, למה פחדתם להביא את אחיכם הקטן, ולכן אפילו אם כולכם בני איש אחד ותושבי כנען, עדיין הנכם חשודים בריגול.

3. הכרת האחים באשמתם

כאשר יוסף הושיב את כולם במאסר, עדיין לא קשרו האחים בין ישיבתם בבית הסוהר לבין מכירת יוסף. לכן שינה יוסף את דרישתו ואמר: "אֲחִיכֶם אֶחָד יֵאָסֵר בְּבֵית מִשְׁמַרְכֶם" – אחד תמורת אחד. והקדים "אֶת הָאֱלוֹהִים אֲנִי יָרֵא" (בראשית מב יח), כדי שיהרהרו שמא נרדפים הם מן השמים.

מצפונם של האחים אכן נקף כתוצאה ממאסרו של שמעון, ולכן על אף שהאמינו שנתפסו ע"י המשנה למלך מצרים בחשד שווא, אבל כמשיחים לפי תומם הם תלו את חטאם בפגיעה ביוסף: "וַיֹּאמְרוּ אִישׁ אֶל אָחִיו, אֲבָל אֲשֵׁמִים אֲנַחְנוּ עַל אָחִינוּ, אֲשֶׁר רָאִינוּ צָרַת נַפְשׁוֹ בְּהִתְחַנְנוֹ אֵלֵינוּ וְלֹא שָׁמָעְנוּ, עַל כֵּן בָּאָה אֵלֵינוּ הַצָּרָה הַזֹּאת" (בראשית מב כא). מכאן נראית לי הוכחה ברורה לדעת רשב"ם (בראשית לז כח) שאחיו לא העלו את יוסף מן הבור ולא מכרו אותו בידיים, אלא המדיָנים עשו כן. כי אם אחיו היו אשמים במכירתו, היו תולים את צרתם בכך ולא באטימות אוזניים בלבד.

אמנם, מתי קרה הדבר שיוסף התחנן בפניהם ולא שמעו לו? ייתכן שזו הייתה הכרונולוגיה במכירתו: (1) אחיו השליכו את יוסף לבור (2) והחליטו למכרו לישמעאלים שנראו נוסעים לעברם, כהצעת יהודה. (3) הם ישבו לאכול לחם, הרחק מן הבור כדי שלא ישמעו את תחנוני יוסף. (4) בינתיים עברו מדיָנים סוחרים ליד הבור והעלו את יוסף (5) ומכרו אותו לישמעאלים. (6) הישמעאלים המשיכו לעבר האחים (7) שראו את יוסף כבול בשיירתם, והוא התחנן בפניהם שיפדו אותו. אך הם התעלמו מתחנוניו – שהרי הם עצמם התכוונו למכור אותו לישמעאלים, אלמלא הקדימום המדיינים.

4. הטמנת הכסף והחשיפה אצל יעקב

יוסף לא רצה שאחיו יפתחו את שקי התבואה בדרך, דבר שהיה מביא לחשיפת הכסף שהטמין שם. הוא תכנן שיגלו את כספם רק בפני אביהם, שאז הלם מציאת הכסף היה גורם להם – אולי – להתוודות. לכן נתן להם לחם וצידה לדרך, ואילו חמוריהם, כך הניח, ירעו את העשב שבצדי הדרכים. אולם תכניתו נכשלה; אחד האחים פתח את שקו במלון, מקום שאין שם מרעה, וכך גילה את כספו. את זה סיפר לאחיו: "וְגַם הִנֵּה בְאַמְתַּחְתִּי". אך הם לא פתחו את אמתחותיהם, ולא ניגשו לברר האם שאר כספם הוחזר. מדוע? הטעם להתנהגותם מוסבר במילים: "וַיֶּחֶרְדוּ אִישׁ אֶל אָחִיו": אדם הנחרד מדבר מסוים, מעדיף לעתים שלא להביט בכיוון הדבר שהחריד אותו, ולא לגשת לגלות מה נמצא שם.

נחשף כאן שלב נוסף בהכרת האחים בחטאם. תחילה הזכירו את חלקם במכירת יוסף והודו בינם לבין עצמם שזוהי הסיבה לצרה שנחתה עליהם עם לקיחת שמעון. אך הם חששו לבטא את פחדם שהאלוהים רודף אותם ומסובב להם את הצרה הזו, וממנו אי אפשר להימלט. לכן רק רמזו: "וְגַם דָּמוֹ הִנֵּה נִדְרָשׁ" (בראשית מב כב) – כביכול על ידי גורם עלום. ואילו עתה, הם כבר ביטאו את חרדתם בפירוש: "מַה זֹּאת עָשָׂה אֱלֹהִים לָנוּ?" (שם כח).

האחים אמרו זאת בינם לבין עצמם – "אִישׁ אֶל אָחִיו" – כי לא היו בשלים לגלות אשמתם ליעקב. הימנעות זו עולה גם מסיומה של פרשיית הכסף שבשקים: "וַיְהִי הֵם מְרִיקִים שַׂקֵּיהֶם... וַיִּרְאוּ אֶת צְרֹרוֹת כַּסְפֵּיהֶם הֵמָּה וַאֲבִיהֶם וַיִּירָאוּ" (בראשית מב לה). הכתוב מתאר את הפתעתם המעושה – כאילו היא זהה להפתעת אביהם, ומבהיר שיראתם המופגנת הייתה העמדת פנים.

5. הפועֵל במסווה של אלוהים

הרעב הכביד ויעקב נאלץ לשלוח את בנימין למצרים. עם הגיעם ביקשו האחים להחזיר את הכסף שנמצא באמתחותיהם כשעלו אל אביהם בראשונה. יוסף הנחה את הממונה על ביתו להשיב להם: "שָׁלוֹם לָכֶם, אַל תִּירָאוּ, אֱלֹהֵיכֶם וֵאלֹהֵי אֲבִיכֶם נָתַן לָכֶם מַטְמוֹן" (בראשית מג כג).

תשובה זו של יוסף, שנמסרה על ידי הממונה על ביתו, הבהילה את האחים. מצבם נדמה לבורח מן הדוב ונתקל באריה; הם קיוו שהשבת כספם הייתה משגה של המצרים ולא פעולה שסובבה להם מאת האלוהים, כפי שחשדו בחרדה הולכת וגוברת עקב תיזמורו המוסווה של יוסף. יוסף מסר להם בדיוק את מה שלא רצו לשמוע: לא רק 'אֱלֹהֵיכֶם' נתן לכם את המטמון, אלא גם 'וֵאלֹהֵי אֲבִיכֶם', האלוה של האב שחטאו נגדו כל השנים, בהסתירם ממנו את מכירת יוסף.

גם בהמשך פעל יוסף להביא את אחיו לתלות באֱלֹהִים את מה שקורה להם. "וַיְצַו אֶת אֲשֶׁר עַל בֵּיתוֹ לֵאמֹר... וְשִׂים כֶּסֶף אִישׁ בְּפִי אַמְתַּחְתּוֹ" (בראשית מד א). יוסף חפץ שהאחים יחשבו שהאלוהים הוא שגלגל את כספם בחזרה אל אמתחותיהם – וממילא הם יאמינו שהאלוהים הוא גם מי שגלגל את הגביע לאמתחת בנימין, ושגם הצרה הזאת היא פעולת הקב"ה, כעונש על מעשיהם. ואכן, זו המסקנה אליה הגיעו: "הָאֱלֹהִים מָצָא אֶת עֲוֹן עֲבָדֶיךָ" (שם טז).

6. למה לא בדקו האחים באמתחותיהם בשנייה?

אדם שנכווה פעם אחת נזהר שלא להיכוות פעם שנייה. לאחר האירוע הקודם של מציאת הכסף באמתחות, היו האחים צריכים לנקוט באמצעי זהירות ולבדוק את תכולת אמתחותיהם לפני היציאה לדרך – אך הם לא עשו זאת, ונפלו שנית באותו פח. מה גרם לכך?

אי-הזהירות בבוקר הייתה תוצאה של אירועי הלילה: "וַיֵּשְׁבוּ לְפָנָיו... וַיִּשְׁתּוּ וַיִּשְׁכְּרוּ עִמּוֹ" (בראשית מג לג-לד). יוסף שלט בנעשה ואכן חשש שמא יבדקו האחים את אמתחותיהם, ולכן בלילה שלפני היציאה ארגן משתה יין, והאחים שתו והתבסמו. התורה ממשיכה: "הַבֹּקֶר אוֹר, וְהָאֲנָשִׁים שֻׁלְּחוּ הֵמָּה וַחֲמֹרֵיהֶם" (בראשית מד ג). השכם למחרת, בטרם פגה השפעת היין, מיהר יוסף לשלח אותם לדרכם: "וְהָאֲנָשִׁים שֻׁלְּחוּ", ולא הלכו מדעת עצמם. והיות שהאחים היו עדיין שתויים, הם לא זכרו לבדוק את אמתחותיהם.

לכך גם רומז הפסוק הבא: "הֵם יָצְאוּ אֶת הָעִיר, לֹא הִרְחִיקוּ" (בראשית מד ד). ההליכה בדרך מפיגה את השפעת היין, כדברי חז"ל (עירובין סד ב);

ולאחר מיל או שלושה מילין – תלוי בכמות השתייה ואיכות היין – היו האחים אמורים להתפכח מיינם. יוסף חישב את המרחק ודאג שבנקודה זו ישיג אותם הממונה: "וְיוֹסֵף אָמַר לַאֲשֶׁר עַל בֵּיתוֹ קוּם רְדֹף אַחֲרֵי הָאֲנָשִׁים וְהִשַּׂגְתָּם" (בראשית מד ד).

ובכך יוסף, שהיה 'בן זקונים', וכתרגום אונקלוס 'בר חכים' (בראשית לז ג) ופיקח יותר מכל אחיו יחדיו, סגר עליהם מכל עבר.

חיבה יתירה לפרשת מקץ

מעלת "נער עברי"

וְשָׁם אִתָּנוּ נַעַר עִבְרִי עֶבֶד לְשַׂר הַטַּבָּחִים וַנְּסַפֶּר לוֹ וַיִּפְתָּר לָנוּ... (בראשית מא יב)

כאשר שר המשקים המליץ על יוסף, הוא הקפיד להזכיר שיוסף הוא 'נער עברי', מבני שם מעבר לנהר (השוו יהושע כד ג-ד ובראשית יד יג) – וזה בוודאי מצא חן בעיני פרעה ועבדיו, שהיו משבט ההיקסוס, כפי שכתבנו לעיל (וראו פרשת וישב, מהלך א).

אובדן זמן בבור

וַיְהִי מִקֵּץ שְׁנָתַיִם יָמִים. (בראשית מא א)

הכתוב מציין שעברו על יוסף "שְׁנָתַיִם **יָמִים**", כלומר שבתקופה בה ישב יוסף בבור, נמדד אצלו הזמן רק בימים ולילות, ולא בשבועות וחדשים, קיץ וחורף. בתקופת שבתו בבית הסוהר איבד יוסף את מניין הזמן התקופתי, והדבר היחיד שבו הבחין היה אם יום או לילה.

פרעה חלם באפס מעשה

וּפַרְעֹה חֹלֵם וְהִנֵּה עֹמֵד עַל הַיְאֹר. (בראשית מא ט)

בחלומו ראה פרעה את עצמו "עֹמֵד עַל הַיְאֹר", באפס מעשה. הדבר סימן ליוסף שלא פרעה הוא שיציל את מצרים, ולכן יעץ לפרעה לבחור באדם אחר לנהל את העבודה: "וְעַתָּה יֵרֶא פַרְעֹה אִישׁ נָבוֹן וְחָכָם" (בראשית מא לג).

עמידה לפני המלך

ויוֹסֵף בֶּן שְׁלֹשִׁים שָׁנָה בְּעָמְדוֹ לִפְנֵי פַּרְעֹה מֶלֶךְ מִצְרָיִם. (בראשית מא מו)

'בְּעָמְדוֹ' דווקא, על משקל "וַתָּקָם אֶסְתֵּר וַתַּעֲמֹד לִפְנֵי הַמֶּלֶךְ" (אסתר ח ד), וכן ביעקב: "וַיַּעֲמִדֵהוּ לִפְנֵי פַרְעֹה" (בראשית מז ז), וכן בבת שבע (מלכים א א כח). תחילת דיבורו של יוסף הייתה בכריעה או בהשתחוויה כדרך נתינים הבאים לפני מלך, ואחר שנתמנה למשנה למלך הזדקף יוסף וניצב לפניו.

מצרים שלטה בארץ כנען

וְיוֹסֵף הוּא הַשַּׁלִּיט עַל הָאָרֶץ הוּא הַמַּשְׁבִּיר לְכָל עַם הָאָרֶץ, וַיָּבֹאוּ אֲחֵי יוֹסֵף וַיִּשְׁתַּחֲווּ לוֹ אַפַּיִם אָרְצָה. (בראשית מב ו)

בפסוק הקודם נאמר: "וַיָּבֹאוּ בְּנֵי יִשְׂרָאֵל לִשְׁבֹּר בְּתוֹךְ הַבָּאִים, כִּי הָיָה הָרָעָב בְּאֶרֶץ כְּנָעַן" – ומיד מסופר: "וְיוֹסֵף הוּא הַשַּׁלִּיט עַל **הָאָרֶץ**", כלומר על ארץ כנען. זו הייתה אחת מהתקופות בה שלטה מצרים בארץ כנען, ובשנות רעב היא סיפקה מזון לתושבי כנען, כפי שנאמר בטרם ירידת האחים למצרים: "וְכָל הָאָרֶץ בָּאוּ מִצְרַיְמָה לִשְׁבֹּר אֶל יוֹסֵף" (בראשית מא נז).

בית הסוהר מוּכָּר לאחים

אִם כֵּנִים אַתֶּם, אֲחִיכֶם אֶחָד יֵאָסֵר בְּבֵית מִשְׁמַרְכֶם. (בראשית מב יט)

יוסף קרא לבית הסוהר 'בֵּית מִשְׁמַרְכֶם', להרגיעם, שאין הוא בור בלתי-ידוע שהתנאים

בו אינם ידועים לכם, אלא הוא מקום שבו ישבו שלושת ימים, והם יודעים שניתן להתקיים בו.

נסיון הסחת הדעת מצד האחים

אֶת אֲחִיכֶם אֶתֵּן לָכֶם וְאֶת הָאָרֶץ תִּסְחָרוּ. (בראשית מב לד)

בני יעקב סיפרו לאביהם על דברי "הָאִישׁ אֲדֹנֵי הָאָרֶץ" (בראשית מב ל, לג), והכניסו בפיו הבטחה שאם בנימין ירד איתם, מלבד שחרור שמעון הם גם יורשו לסחור בארץ – דהיינו לעסוק במסחר ולהרוויח. הדבר יאפשר להם לשמור על רכוש המשפחה הקיים ולא להתרושש, בדומה לאזהרתו של יוסף בעתיד: "כִּי עוֹד חָמֵשׁ שָׁנִים רָעָב, פֶּן תִּוָּרֵשׁ אַתָּה וּבֵיתְךָ" (בראשית מה יא). אולם לפי הכתוב, יוסף כלל לא הזכיר הבטחה בעניין מסחר, אלא רק אמר: "וְאֶת אֲחִיכֶם הַקָּטֹן תָּבִיאוּ אֵלַי וְיֵאָמְנוּ דִבְרֵיכֶם, וְלֹא תָמוּתוּ"!

ייתכן שהיה כאן נסיון מצד האחים להסיח את דעתו של יעקב מהסיבה האמתית למתרחש. לשון דומה לביטוי "וְאֶת הָאָרֶץ תִּסְחָרוּ" נמצאת בפי חמור ושכם כשסיפרו לתושבי עירם על הצעת בני יעקב: "וְיֵשְׁבוּ בָאָרֶץ וְיִסְחֲרוּ אֹתָהּ" (בראשית לד כא). בני יעקב השתמשו כאן דווקא בלשון זו של 'לסחור את הארץ', כדי שיעקב ייזכר ברצח אנשי עיר שכם, ששמעון היה מראשי מתכנניו ומבצעיו. לפי זה, האחים התכוונו שאביהם יחבר בין תפיסת שמעון לחטא שכם, ויסבור שזהו עונש מאת ה' על הטבח בשכם, ולא יעלה על דעתו שהדבר קשור להיעלמות יוסף.

סירוב יעקב לשלוח את בנימין

לֹא יֵרֵד בְּנִי עִמָּכֶם. (בראשית מב לח)

מדוע לא יֵרֵד בנימין? יעקב נימק: "כִּי אָחִיו מֵת וְהוּא לְבַדּוֹ נִשְׁאָר, וּקְרָאָהוּ אָסוֹן בַּדֶּרֶךְ אֲשֶׁר תֵּלְכוּ בָהּ, וְהוֹרַדְתֶּם אֶת שֵׂיבָתִי בְּיָגוֹן שְׁאוֹלָה". ה"דֶּרֶךְ אֲשֶׁר תֵּלְכוּ בָהּ" פירושו צורת התנהלותם של האחים, דוגמת "בְּכָל הַדֶּרֶךְ אֲשֶׁר צִוָּה ה' אֱלֹקֵיכֶם אֶתְכֶם תֵּלֵכוּ" (דברים ה ל). יעקב לא סמך על בניו שיתנהלו בצורה שקולה – בגלל מעשה שכם,

שם אמרו שמעון ולוי "הַכְזוֹנָה יַעֲשֶׂה אֶת אֲחוֹתֵנוּ" (בראשית לד לא) מבלי להתחשב בסכנה הנשקפת למשפחתם.

התוצאה שעלולה להיגרם מהורדת בנימין למצרים היא "וּקְרָאָהוּ אָסוֹן". אסון אינו בהכרח מוות, אלא כל סוג של תקלה חמורה. דבר זה מסביר מדוע יעקב אמר על בנימין "וְהוֹרַדְתֶּם אֶת שֵׂיבָתִי בְּיָגוֹן שְׁאוֹלָה", בעצב; ואילולי על יוסף אמר, בשעת זיהוי הכותונת "אֵרֵד אֶל בְּנִי אָבֵל שְׁאֹלָה " (בראשית לז ה). על יוסף, אבל; ואילו על בנימין, עצב. יעקב סבר שיוסף נהרג, ולכן הזכיר אבלות, ואילו לגבי בנימין שיער יעקב שיכול להתרחש גם אסון מסוג שונה (ובדומה למאסר שמעון), ולכן דיבר על יגון. מאותה סיבה אמר יהודה בהמשך: "וְהוֹרִידוּ עֲבָדֶיךָ אֶת שֵׂיבַת עַבְדְּךָ אָבִינוּ בְּיָגוֹן שְׁאֹלָה" (בראשית מד לא): יוסף לא הראה שום כוונה להרוג את בנימין, אלא דיבר על הפיכתו לעבד – ואם בנימין יהיה עבד במצרים יגרום הדבר יגון ליעקב, אך לא אבלות.

למה בנימין נקרא 'קטן'

במשך כל השנים מאז היעלמותו של יוסף, שמר יעקב על בנימין, "פֶּן יִקְרָאֶנּוּ אָסוֹן". שאר האחים יצאו לרעות צאן, ובנימין נשאר בבית. שאר האחים יצאו לסחורה ולעסקים כדוגמת יהודה, ומסתבר שבנימין נשאר בבית. בשל הישארותו בבית וחוסר נסיונו בחיים התייחסו אליו אחיו כאל ילד קטן: "יֶשׁ לָנוּ אָב זָקֵן וְיֶלֶד זְקֻנִים קָטָן" (בראשית מד כ), "לֹא נוּכַל לָרֶדֶת, אִם יֵשׁ אָחִינוּ הַקָּטֹן אִתָּנוּ וְיָרַדְנוּ" (שם כו). וכן לאורך כל הפרשה מכונה בנימין 'אח קטן' או 'נער' – וזאת למרות שבנימין לא היה צעיר בהרבה מיוסף.

בשולי העניין: פרט לבנימין שנולדו לו עשרה בנים, האח שהוליד את מספר הבנים הגדול ביותר היה גד, עם שבעה בנים. כיצד נולדו לבנימין מספר כה גדול של בנים? ייתכן שיעקב מסר לו אישה בצעירותו, מיד לאחר היעלמות יוסף, וזאת כדי להבטיח את המשך זרע רחל; לעומת זאת, שאר האחים נישאו בגיל מאוחר בהרבה, כדוגמת יהודה ובת-שוע (בראשית לח יב). אפשרות אחרת היא שיעקב, מאותה סיבה, דאג להשיא לבנימין כמה נשים.

וימלאו... ויעש

וַיְצַו יוֹסֵף וַיְמַלְאוּ אֶת כְּלֵיהֶם בָּר. (בראשית מב כה)

המילה 'וַיְמַלְאוּ' היא בלשון רבים, כי הציווי לתת לאחים תבואה התבצע בגלוי, כמשפט כל הבאים לשבר בר ממצרים. השבת הכסף לשקים, לעומת זאת, הייתה מעשה שיוסף ציווה עליו בסתר – ולכן נאמר על כך "וַיַּעַשׂ לָהֶם כֵּן" בלשון יחיד.

פרשת ויגש

מהלך א: מה הייתה תכניתו של יוסף?

הפרשה הקודמת, מקץ, מסתיימת בדברי פרידה של יוסף, המהווים לפי דעתו סוף פסוק לדיון: "וְאַתֶּם עֲלוּ לְשָׁלוֹם אֶל אֲבִיכֶם" (בראשית מד יז). יוסף לא היה יכול לחזות שיהודה יִגַּשׁ כעת ויתייצב כנגדו, ואפילו אם קיווה לראות תגובה מצד האחים, לא ייתכן שלטקטיקן מעולה כיוסף לא הייתה תכנית פעולה בהיעדר תגובה שכזו. מה הייתה תכניתו למקרה שיהודה לא היה ניגש אליו?

אין לנו אלא מה שיוסף עצמו אמר: "הָאִישׁ אֲשֶׁר נִמְצָא הַגָּבִיעַ בְּיָדוֹ הוּא יִהְיֶה לִּי עָבֶד" (בראשית מד יז); בנימין היה נשאר עם יוסף במצרים, והאחים היו חוזרים אל אביהם בלעדיו, אבלים וחפויי ראש. אך מה ביקש יוסף לעשות בהמשך?

לא סביר שיוסף היה מתנתק ממשפחתו בכנען ומנסה להקים 'עַם בני רחל' במקום בני ישראל. פעולותיו מצביעות להפך, כי יוסף עקב בדריכות אחרי המתרחש במשפחה, ולא כמי שביקש להתנתק ממנה. במוקדם או במאוחר יוסף היה שולח אל אביו להודיעו שיוסף חי ובנימין חי, ולהזמין את יעקב לרדת עם משפחתו למצרים.

ובשולי העניין: בכל מעשיו ותכנוניו דימה יוסף שהוא עושה את רצונו של הקב"ה, להחזיר את אחיו בתשובה ולהורידם מצרימה בגיבוי חלומותיו. זו הסיבה שבכל אותן שנים שהוא שלט במצרים, נמנע יוסף מלהודיע לאביו

שהוא חי. הוא ידע שהאחים טרם שבו בתשובה על חטאם; שכן אם היו שבים בתשובה, בוודאי שהיו מחפשים אחריו בכל ארץ מצרים והדבר היה מגיע לידיעת יוסף. בנוסף, כאמור, טרם התגשמו חלומותיו על אביו ואחיו המשתחווים לו, ולכן הוא המתין לזמן בו יוכלו להתגשם. אמנם, יוסף לא ידע שאפשר לפרש את חלומותיו בדרכים נוספות ושונות – למשל, כאמורים כלפי פרעה ושריו (ראו לעיל בפרשת וישב, מהלך א).

מהלך ב: הסרת המסווה בין יוסף לאחיו

> וְלֹא יָכֹל יוֹסֵף לְהִתְאַפֵּק לְכֹל הַנִּצָּבִים עָלָיו... וַיִּתֵּן אֶת קֹלוֹ בִּבְכִי, וַיִּשְׁמְעוּ מִצְרַיִם וַיִּשְׁמַע בֵּית פַּרְעֹה. וַיֹּאמֶר יוֹסֵף אֶל אֶחָיו: אֲנִי יוֹסֵף, הַעוֹד אָבִי חָי? וְלֹא יָכְלוּ אֶחָיו לַעֲנוֹת אֹתוֹ כִּי נִבְהֲלוּ מִפָּנָיו. (בראשית מה א-ג)

מה הביא את יוסף להגיב בעוצמה כזו, עד שלא יכול להתאפק?

בנאומו הארוך תאר יהודה בפרוטרוט את התוצאות החמורות שתהיינה לחזרת האחים לביתם ללא בנימין. הדבר עלול היה לעלות ליעקב בחייו: "וְהָיָה כִּרְאוֹתוֹ כִּי אֵין הַנַּעַר – וָמֵת" (בראשית מד לא). דברים אלו הבהילו את יוסף, שהבין סוף סוף שבמעשיו כמעט שהביא למותו של אביו. זו הסיבה שמיד עם התוודעו אל אחיו, הוא שאל בשלומו של אביו – "וַיֹּאמֶר יוֹסֵף אֶל אֶחָיו, אֲנִי יוֹסֵף, הַעוֹד אָבִי חָי?" (בראשית מה ג).

בנוסף, האחים דיברו אליו ממרחק, אך יהודה ניגש לדבר עמו מקרוב, ובכל זאת לא הכירו. לכן התפרץ יוסף וקרא: "אֲנִי יוֹסֵף" והיאך אינכם מזהים אותי?! לכן המשיך וביקש מאחיו: "גְּשׁוּ נָא אֵלַי" (בראשית מה ד) ואמר שוב: "אֲנִי יוֹסֵף אֲחִיכֶם" (שם), על מנת שיראוהו מקרוב ויאמינו שאכן זה יוסף.

נראה להסביר בדרך עמוקה יותר את התרגשותו של יוסף. הוא לא יכול להתאפק אל מול מסירותו של יהודה כלפי בנימין: "וְעַתָּה יֵשֶׁב נָא עַבְדְּךָ תַּחַת הַנַּעַר עֶבֶד לַאדֹנִי, וְהַנַּעַר יַעַל עִם אֶחָיו" (בראשית מד לג). יוסף ראה את אחוות יהודה כלפי בנימין ולבו נחמץ בקרבו; הרי אותו עצמו הם שנאו וביקשו להמיתו, ולבסוף אפשרו את מכירתו למצרים. מאז נותר

יוסף בודד וגלמוד, כפי שביטא זאת בשמות בניו: "כִּי נַשַּׁנִי אֱלֹהִים אֶת כָּל עֲמָלִי וְאֵת כָּל בֵּית אָבִי" (בראשית מא נא), "כִּי הִפְרַנִי אֱלֹהִים בְּאֶרֶץ עָנְיִי" (שם נב). למרות שעלה לגדולה ונתמנה בפועל למושל על מצרים, לא מצא יוסף נחמה אלא בבניו, ומצרים נותרה בעיניו "אֶרֶץ עָנְיִי".

אל מול דברים אלה לא יכול יוסף עוד להתאפק, וקרא בבכי: 'הלוא אני יוסף, אחיכם, ומדוע לא ריחמתם עלי אז כפי שאתם מרחמים כעת על בנימין?!' בכיו של יוסף היה כה נסער עד שפניו היו שסועות מרוב התרגשות, ולכן אחיו "נִבְהֲלוּ מִפָּנָיו" (בראשית מה ג) – ממראה פניו. כפי שהשאלה 'הַעוֹד אָבִי חָי?' לא נאמרה על מנת לקבל תשובה, אלא שיקפה את המתחולל בלבו, כך גם קריאתו הראשונה 'אֲנִי יוֹסֵף' לא נועדה למסור מידע זה לאחיו, אלא התפרצה מתוכו; לכן, לאחר שנרגע מסערת רגשותיו, חזר ואמר: "אֲנִי יוֹסֵף אֲחִיכֶם" (שם ד).

מהלך ג: הרשות לרדת מצרימה ולצאת ממנה

> וְהַקֹּל נִשְׁמַע בֵּית פַּרְעֹה לֵאמֹר בָּאוּ אֲחֵי יוֹסֵף, וַיִּיטַב בְּעֵינֵי פַרְעֹה וּבְעֵינֵי עֲבָדָיו. (בראשית מה טז)

תיאור זה מבטא לא רק את הסכמתם של פרעה ועבדיו לבואם של אחי יוסף, אלא גם את תחושת הסיפוק שלהם. לפי מה שהסברנו לעיל בפרשת וישב (מהלך א), שפרעה ועבדיו היו משבט ההיקסוס ולא מבני חם, בואם של אחי יוסף היווה תוספת כוחות לשלטון. פרעה שמח על תגבורת זו וציפה שאחי יוסף יהיו לו לעזר, כפי שאמר בהמשך: "וְשַׂמְתָּם שָׂרֵי מִקְנֶה עַל אֲשֶׁר לִי" (בראשית מז ו). הוא ביקש למנותם 'שרי מקנה' – בדרגת שרי המשקים והאופים – שיהיו ממונים על עובדי המקנה שבשטח, כפי ששרי המשקים והאופים היו ממונים על צוות המשקים והאופים בבית פרעה.

פרעה אף ציווה לשלוח עגלות להבאת המשפחה: "וְאַתָּה צֻוֵּיתָה זֹאת עֲשׂוּ, קְחוּ לָכֶם מֵאֶרֶץ מִצְרַיִם עֲגָלוֹת לְטַפְּכֶם וְלִנְשֵׁיכֶם" (בראשית מה יט). למה הוצרך יוסף לצו מלכותי לשם כך? יוסף שלט בכל ענייני הפנים במצרים, אך ענייני החוץ נשארו בידיו של פרעה. ייתכן גם שיוסף הוצרך לבקש ממנו רשות כדי להוציא ממצרים את העגלות השייכות לממשל.

כמו כן נזקק יוסף לקבל רשות מפרעה לצאת עם פמלייתו לקבור את יעקב בארץ כנען (בראשית נ ד-ה). יוסף ביקש לערוך לאביו הלוויה מלכותית בכנען, הכוללת "גַּם רֶכֶב גַּם פָּרָשִׁים" (שם ט), וגם היה צורך לקבל אישורו של פרעה כדי שהמשנה למלך ייצא מגבול מצרים.

מהלך ד: להיכן נעלמו בנות יעקב?

במניין משפחת יעקב היורדת למצרים מזכיר הכתוב שישים ושמונה זכרים – ורק שתי נקבות: דינה בתו ושרח נכדתו.[1] מובן שאין זה היחס המספרי האמתי שהיה בין זכרים ונקבות בשיירת היורדים למצרים; הכתוב עצמו מספר ש"בָּנָיו וּבְנֵי בָנָיו, בְּנֹתָיו וּבְנוֹת בָּנָיו וְכָל זַרְעוֹ הֵבִיא אִתּוֹ מִצְרָיְמָה" (בראשית מו ז)[2] – ומכאן משתמע שהיו לו יותר מבת ונכדה אחת.[3] אכן, כך היא דרכו של הכתוב במניין רשימות צאצאים; המטרה היא לפרט את התפצלות המשפחות על פי ראשי המשפחה, ולכן בדרך כלל אין הכתוב נוקב בשמותיהן של הנשים, אלא אם כן הדבר נצרך בעבור סיפור מסוים. בהתאם לכך מפורש בסוף המניין שבפרשתנו: "כָּל הַנֶּפֶשׁ הַבָּאָה לְיַעֲקֹב... מִלְּבַד נְשֵׁי בְנֵי יַעֲקֹב, כָּל נֶפֶשׁ שִׁשִּׁים וָשֵׁשׁ" (בראשית מו כו).

כדוגמא לצדו השני של מטבע זה, מי שמוזכרות לצורך מעשה שהיה, ניתן להזכיר את בנות צלפחד – "מַחְלָה וְנֹעָה, חָגְלָה, מִלְכָּה וְתִרְצָה" (במדבר כו לג) – שעתידות למלא תפקיד חשוב בבירור דין הנחלות; בדומה לכך הזכירה התורה את לידת דינה בְשל פרשת שכם, שדינה עמדה במרכזה.

---

[1] זאת במניין הנפשות שירדו בפועל למצרים. בין 80 השמות שהוזכרו בפרשה זו נכללות גם ארבע האמהות, וכן אסנת אשת יוסף (בראשית מו כ), ו'הכנענית' – אמו של שאול בן שמעון (שם י).

[2] לפי מה שנסביר להלן שרוב בנותיו של יעקב לא ירדו למצרים, נראה ש'בנותיו' המוזכרות כאן אינן בנותיו ממש, אלא נשי בניו (ה'נחשבות' בנותיו). ראיה לכך היא שבהמשך יזכיר הכתוב את "נפש בניו ובנֹתיו שלושים ושלש" (בראשית מו טו) – ועל אף שכתוב 'בנֹתיו', מספר זה מתייחס לזכרים בלבד, בניו ונכדיו! כך שנראה ש'בנותיו' אלו הן נשי בניו, המוזכרות יחד עם בעליהן ובניהן בפסוק ה, ושוב מוזכרות בפסוק כו. כך מוכח גם מפסוקנו, בו כתוב: "בניו ובני בניו, בנותיו ובנות בניו" – ולא "בנות בנותיו"! כי 'בנותיו' אלה הם נשות בניו, ולכן הבנות מיוחסות כאן במידה שווה לבניו של יעקב, ול'בנותיו' – נשיהם.

[3] וכבר נאמר בבראשית רבה פב ח: "כל שבט ושבט נולדה תאומתו עמו".

הסבר זה עונה על שאלת היעדרותן של נכדות יעקב ונשי בניו מהרשימה, אך עדיין נשאלת השאלה להיכן נעלמו בנות יעקב; הרי אם, כפי שכתבנו, מטרת הכתוב היא לפרט את התפצלות המשפחות, היה ראוי למנות גם את המשפחות שהקימו בנותיו! כמו כן, לא מובן מדוע הוזכר שמה של דינה, הרי לא יהיה בהמשך סיפור נוסף העוסק בה?

לשתי השאלות הללו תשובה אחת: אכן, דינה היא הבת היחידה של יעקב שירדה למצרים. ליעקב היו כאמור בנות נוספות, אך מסתבר שהוא נאלץ להשיא אותן מחוץ למשפחתו, וכפי שאמרו בניו: "וְנָתַנּוּ אֶת בְּנֹתֵינוּ לָכֶם" (בראשית לד טז). בנות אלה, שנישאו לתושבי ארץ כנען, נשארו בבית בעליהן ולא ירדו למצרים, והיחידות שירדו הן דינה הרווקה, שלא נישאה לאחר מעשה שכם, ושרח, שאין התורה מספרת על נסיבות חייה וחשיבותן.

מהלך ה: מי ילדה מי ליעקב?

אֵלֶּה בְּנֵי רָחֵל אֲשֶׁר יֻלַּד לְיַעֲקֹב, כָּל נֶפֶשׁ אַרְבָּעָה עָשָׂר. (בראשית מו כב)

אגב מניין צאצאי יעקב היורדים למצרים, מוזכרות גם ארבע האמהות: "אֵלֶּה בְּנֵי לֵאָה אֲשֶׁר יָלְדָה לְיַעֲקֹב בְּפַדַּן אֲרָם" (בראשית מו טו); "אֵלֶּה בְּנֵי זִלְפָּה... וַתֵּלֶד אֶת אֵלֶּה לְיַעֲקֹב" (שם יח); "אֵלֶּה בְּנֵי רָחֵל אֲשֶׁר יֻלַּד לְיַעֲקֹב" (שם כב); "אֵלֶּה בְּנֵי בִלְהָה... וַתֵּלֶד אֶת אֵלֶּה לְיַעֲקֹב" (שם כה). כאשר מוצבים פסוקים אלה זה לצד זה, נחשף הבדל בין תאורה של רחל לבין תאורן של שאר האמהות. כשמדובר בלאה, זלפה ובלהה, מייחס אליהן הכתוב את לידת הבנים באופן ישיר – "אֲשֶׁר יָלְדָה", "וַתֵּלֶד אֶת אֵלֶּה"; כשמדובר ברחל, לעומת זאת, פעולת הלידה מנוסחת בצורה נטולת ייחוס – "אֲשֶׁר יֻלַּד לְיַעֲקֹב": 'יֻלַּד', בגוף שלישי נסתר, כביכול איננו יודעים ממי הוליד יעקב.

עיון בתיאור הלידות עצמן, המופיע בפרשת ויצא, יסייע לנו לחדד את ההבדל בין רחל לשאר האמהות. גם שם קיים הבדל דומה ביניהן. אצל לאה נאמר: "כִּי יָלַדְתִּי לוֹ שְׁלֹשָׁה בָנִים" (בראשית כט לד), "וַתֵּלֶד לְיַעֲקֹב בֵּן חֲמִישִׁי" (בראשית ל יז), "וַתֵּלֶד בֵּן שִׁשִּׁי לְיַעֲקֹב" (שם יט), "כִּי יָלַדְתִּי לוֹ שִׁשָּׁה בָנִים" (שם כ); אצל זלפה נאמר: "וַתֵּלֶד... לְיַעֲקֹב בֵּן" (שם י),

"וַתֵּלֶד... בֵּן שֵׁנִי לְיַעֲקֹב" (בראשית ל יב); אצל בלהה נאמר "וַתֵּלֶד לְיַעֲקֹב בֵּן" (שם ה), "וַתֵּלֶד... בֵּן שֵׁנִי לְיַעֲקֹב" (שם ז). ואילו אצל רחל נאמר רק "וַתַּהַר וַתֵּלֶד בֵּן" (שם כג), ולא 'בן ליעקב'. רחל היא האם היחידה שאינה מתוארת כיולדת בן ליעקב. גם בלידת בנימין אומרת לה המיילדת: "גַּם זֶה **לָךְ** בֵּן" (בראשית לה יז) – 'לך', ובניגוד ללאה שאמרה: "כִּי יָלַדְתִּי **לוֹ**". אין מנוס מלהודות ששנות העקרות הארוכות הטביעו את חותמתן.

מה פשר הדבר? דרכו של הכתוב במניין הצאצאים היא למנות לפי האב, שהוא ראש המשפחה, וראו לעיל בפרשתנו, מהלך ד. הצענו שם שהסיבה היא כדי למנות לפי התפצלות המשפחות. ייתכן שזו הייתה התייחסות מקובלת בעולם הקדום, לראות את הבנים כנולדים לאב. החריגה במקרא היא בבני רחל. הדבר משקף את מעמדה של רחל במשפחה, שהייתה האישה האהובה ורק היא כונתה בתורה 'אשת יעקב': "בְּנֵי רָחֵל אֵשֶׁת יַעֲקֹב יוֹסֵף וּבִנְיָמִן" (בראשית מו יט). כך גם כאשר יהודה ציטט ליוסף את דברי אביו: "אַתֶּם יְדַעְתֶּם כִּי שְׁנַיִם יָלְדָה לִּי אִשְׁתִּי" (בראשית מד כז). אך מעבר לכך, אין מנוס מלהודות ששנות העקרות הארוכות הטביעו את חותמתן וגרמו לרחל להתרכז בחייה שלה. אמנם ייתכן גם שרחל עצמה וכן המקיפים אותה חשו שפקידתה אחרי שנות עקרות ארוכות ומרות היו מעשה ה', דוגמת "צְחֹק עָשָׂה לִי אֱלוֹהִים" (בראשית כא ו). ואת הכרתם זו בחסדי ה' שיקפה התורה בחריגה מהניסוח המקובל.

אך יש להעיר בסיום, שאמנם כך נאמר על שעת הלידות, אך יעקב עצמו ביקש להביע את זיקתה של רחל אליו, ולכן אמר: "כִּי שְׁנַיִם יָלְדָה לִּי אִשְׁתִּי" (בראשית מד כז).[4]

[4] וראו בראשית ל א, שגם רחל ראתה "כי לא ילדה בן ליעקב".

חיבה יתירה לפרשת ויגש

על מה יכעסו האחים?

וְעַתָּה אַל תֵּעָצְבוּ, וְאַל יִחַר בְּעֵינֵיכֶם כִּי מְכַרְתֶּם אֹתִי הֵנָּה, כִּי לְמִחְיָה שְׁלָחַנִי אֱלוֹהִים לִפְנֵיכֶם. (בראשית מה ה)

יוסף ביקש מאחיו שלא לכעוס ולקנא על כך שמעשיהם גרמו לו לעלות לגדולה, עד כדי כך ש"וַיְשִׂימֵנִי לְאָב לְפַרְעֹה" (בראשית מה ח). "וְאַל יִחַר בְּעֵינֵיכֶם כִּי מְכַרְתֶּם אֹתִי הֵנָּה" – ומכירה זו 'הֵנָּה', למצרים דווקא, היא שהביאה בסופו של דבר לכך שיוסף ייעשה שליט על מצרים ועל אחיו. מדוע שלא יצֵרו על כך? "כִּי לְמִחְיָה שְׁלָחַנִי אֱלוֹהִים לִפְנֵיכֶם" – כי בסופו של דבר מעשה זה הביא להצלתם.

גם בקשתו בהמשך, "אַל תִּרְגְּזוּ בַּדָּרֶךְ" (בראשית מה כד), מתפרשת בהקשר זה: יוסף ביקש מאחיו שלא לכעוס, לא על כך שנמכר בגללם ולא על תוצאות המכירה, שעלה לגדולה.

בשולי הדברים: יוסף נמשל כאן 'לאב לפרעה', כיוון שפרעה נזקק לעצתו כדרך שבן זקוק לעצותיו של אביו; כך אנו מוצאים אצל מיכה: "והיה לי לאב ולכהן" (שופטים יז י; יח יט), וכן אצל אלישע: "בנך, בן הדד" (מלכים ב ח ט). כהנגדה לכך, יוסף ביקש מיד מאחיו לספר ליעקב על "בנך יוסף" (בראשית מה ט): על אף שנעשיתי 'לאב לפרעה', נשארתי 'בנך יוסף'.

שלא לעזוב את הארץ

וַיִּשְׂאוּ בְנֵי יִשְׂרָאֵל אֶת יַעֲקֹב אֲבִיהֶם. (בראשית מו ה)

יעקב ביקש לרדת למצרים רק כדי לראות את יוסף, ותכנן לחזור לארץ כנען. כך משתמע מדבריו – "רַב, עוֹד יוֹסֵף בְּנִי חָי, אֵלְכָה וְאֶרְאֶנּוּ בְּטֶרֶם אָמוּת" (בראשית מה כח): לשון זו מלמדת רק על הרצון לראות את יוסף, ולא על כוונה לרדת למצרים ולהשתקע בה. יתר על כן, הכתוב מלמדנו שיעקב נרתע מלעזוב את ארץ ישראל, וחשש מכך מאד, עד שהקב"ה הוצרך להתגלות אליו ולומר לו: "אַל תִּירָא מֵרְדָה

מִצְרָיְמָה" (בראשית מו ג). החשש לעזוב את הארץ התבטא גם בכך שבעצירה בבאר שבע מסופר ש"וַיִּזְבַּח זְבָחִים לֵאלֹהֵי אָבִיו יִצְחָק" (שם א) – יצחק דווקא, שמעולם לא עזב את הארץ, ולכן כעת יעקב הזדהה עם אביו ולא עם אבי אביו אברהם.

כיצד פתר יעקב את המתח בין ההכרח לרדת למצרים לבין רצונו שלא לצאת מארץ כנען? זוהי התשובה: "וַיִּשְׂאוּ בְנֵי יִשְׂרָאֵל אֶת יַעֲקֹב אֲבִיהֶם". מסופר תחילה "וַיִּסַּע יִשְׂרָאֵל וְכָל אֲשֶׁר לוֹ וַיָּבֹא בְּאֵרָה שָּׁבַע": עד באר שבע שבגבול ארץ כנען יעקב הלך ברגליו, ואילו מבאר שבע ואילך בניו הובילוהו: "וַיִּשְׂאוּ בְנֵי יִשְׂרָאֵל אֶת יַעֲקֹב".

גורל המצרים שנותקו מאדמתם

וְאֶת הָעָם הֶעֱבִיר אֹתוֹ לֶעָרִים, מִקְצֵה גְבוּל מִצְרַיִם וְעַד קָצֵהוּ. (בראשית מז כא)

לאחר שיוסף רכש מן המצרים את אדמותיהם תמורת לחם ותבואה, הוא העתיק אותם ממקום מגוריהם לערים ברחבי מצרים, ושם קיבלו אדמות חדשות לעבוד בעבור המלך. נראה שגם אחרי סיום שנות הרעב לא חזרו המצרים לאדמותיהם המקוריות – שנשארו בבעלות פרעה – אלא המשיכו לעבוד את האדמות במקומות החדשים בהם יושבו; כך עולה מציוויו של יוסף אליהם: "הֵן קָנִיתִי אֶתְכֶם הַיּוֹם וְאֶת אַדְמַתְכֶם לְפַרְעֹה הֵא לָכֶם זֶרַע וּזְרַעְתֶּם אֶת הָאֲדָמָה" (בראשית מז כג) – לא 'את אדמתכם', שכבר אינה שלכם, אלא "אֶת הָאֲדָמָה" השייכת עתה לפרעה.

מטרת צעד זה, ככל הנראה, הייתה להבטיח את כפיפות המצרים לפרעה ולשבט ההיקסוס, השלטון הזר; ניתוקו של אדם מביתו גורם לו לאובדן ביטחון, ואנשים שהוגלו מביתם ומאדמתם נוטים להיות שפלי רוח וכנועים כלפי השלטונות, מחשש לעתידם וכתוצאת המשבר שעברו.

פרשת ויחי

מהלך א: לאן נעלמו שאר בני יוסף?

נהוג לחשוב שליוסף היו שני בנים בלבד, אפרים ומנשה, אך אין זה נכון. ללא ספק היו ליוסף בנים נוספים, ויעקב אף התייחס להם במפורש בדבריו ליוסף כאשר יוסף בא לבקרו בחוליו: "וּמוֹלַדְתְּךָ **אֲשֶׁר הוֹלַדְתָּ אַחֲרֵיהֶם** לְךָ יִהְיוּ, עַל שֵׁם אֲחֵיהֶם יִקָּרְאוּ בְּנַחֲלָתָם" (בראשית מח ו).[1] גם בהמשך דבריו רמז יעקב לבני יוסף הנוספים כאשר ראה את בני יוסף ושאל: "מִי אֵלֶּה". כוונתו הייתה: מי מבין בניך הם אלה שעומדים לפניי?

השאלה אינה האם היו ליוסף בנים נוספים, אלא מה עלה בגורלם של צאצאים אלה, ולאן נעלמו? אין להם זכר במקרא, לא במפקד יוצאי ממצרים שבפרשת במדבר, וגם לא בדברי חז"ל.

מן ההכרח לומר שבניו האחרים של יוסף לא יצאו ממצרים. הם התבוללו ונטמעו ועקבותיהם אבדו לעד, כפי שנטמעו רבים מבני ישראל, ובהתאם לדעת חז"ל שיצא ממצרים רק אחד מיני רבים (תנחומא בשלח סימן א). על פי הנחה זו נוכל להבין את דברי יעקב ליוסף: "וְעַתָּה, שְׁנֵי בָנֶיךָ הַנּוֹלָדִים לְךָ בְּאֶרֶץ מִצְרַיִם עַד בֹּאִי אֵלֶיךָ מִצְרַיְמָה, **לִי הֵם**, אֶפְרַיִם וּמְנַשֶּׁה

[1] אפילו לדעת רש"י, המפרש את דברי יעקב בלשון עתיד – "אם תוליד עוד" (וכתרגום אונקלוס) – נצטרך לומר שאכן נולדו לבסוף בנים כאלה. אחרת, מדוע סיפרה התורה דברים שאמר יעקב, אם אלו היו תיאורטיים בלבד?

כִּרְאוּבֵן וְשִׁמְעוֹן **יִהְיוּ לִי.** **וּמוֹלַדְתְּךָ אֲשֶׁר הוֹלַדְתָּ אַחֲרֵיהֶם** **לְךָ יִהְיוּ**, **עַל שֵׁם אֲחֵיהֶם יִקָּרְאוּ בְּנַחֲלָתָם**" (בראשית מח ה-ו).

מה הייתה מגמתו של יעקב בהענקת מעמד של בני יעקב לאפרים ומנשה? יעקב ובניו הביאו עמם למצרים בעלי חיים ומטלטלין – כסף וזהב, צאן, בקר, גמלים וכדומה. רכוש זה נכנס איתם למצרים, ורכוש זה יוכלו להוציא איתם בצאתם ממצרים. לעומת זאת, יוסף, השליט על הארץ, בוודאי החזיק גם בשדות, כרמים, בתים וארמונות – נכסי דלא ניידי, שאי אפשר לטלטלם ולהוציאם מן הארץ. יעקב הבין יפה את הפיתוי הפוטנציאלי שבעושרו של יוסף, ולכן אמר "**לִי הֵם**, אֶפְרַיִם וּמְנַשֶּׁה כִּרְאוּבֵן וְשִׁמְעוֹן **יִהְיוּ לִי**". כוונתו של יעקב הייתה שאפרים ומנשה יהיו כבניו של יעקב לכל דבר. הם יחלקו את ירושת יעקב בשווה עם ראובן, שמעון ושאר אחי יוסף – אך מנגד, לא יירשו את נכסי יוסף אביהם. לעומת זאת, "וּמוֹלַדְתְּךָ אֲשֶׁר הוֹלַדְתָּ אַחֲרֵיהֶם **לְךָ יִהְיוּ**". כלומר, שאר בניו של יוסף, שנולדו אחרי אפרים ומנשה, יירשו את עושרו ורכושו של אביהם. כך מתפרשת הקביעה של יעקב: "**עַל שֵׁם אֲחֵיהֶם** יִקָּרְאוּ בְּנַחֲלָתָם". בניו הצעירים של יוסף יִיטלו את חלקם של אחיהם אפרים ומנשה בירושת יוסף, ונחלה זו תיקרא אפוא על שמם; בדומה לירושת הבכור בפרשת הייבום: "וְהָיָה הַבְּכוֹר אֲשֶׁר תֵּלֵד יָקוּם **עַל שֵׁם אָחִיו** הַמֵּת" (דברים כה ו, וראו יבמות כד א).

הסיבה שבגללה ביקש יעקב להפקיע מאפרים ומנשה את ירושת יוסף ברורה למדי. יעקב חשש שאם הם וצאצאיהם ייאחזו באדמותיו ובבָתיו של יוסף ויחזיקו ברכושו, בבוא יום הגאולה, יסרבו לצאת ממצרים על מנת לא לוותר על הונם.

נותר לשאול, מדוע העריך יעקב ששאר בניו של יוסף ייטמעו במצרים, עד כדי כך שהתרכז בהצלת אפרים ומנשה בלבד? לכאורה ההיגיון אומר הפוך: אם אפרים ומנשה, שנולדו והתבגרו במצרים כשיוסף עודנו מנותק ממשפחתו, בכל זאת נשארו נאמנים לישראל ולתורתו – אחיהם הצעירים, שנולדו כאשר כבר היו להם במצרים סב, דודים ובני דודים לרוב, לא על אחת כמה וכמה?

אולם אין הדבר מפתיע כלל. כל עוד היה יוסף לבדו במצרים, דאג בעצמו

לחנך את אפרים ומנשה בדרך בית אביו, כי הרי מי יעשה זאת במקומו? לעומת זאת, לאחר שהגיעה משפחתו למצרים, סביר להניח שלא התמסר באותה מידה לחינוך שאר בניו, אלא סמך על ההשפעה המשפחתית. אולם השפעה זאת לא הועילה, מפני שיוסף ובניו גרו בבירת מצרים בקרבת המלך והשרים, הרחק מיעקב ובניו שהשתכנו בארץ גושן. הכתוב מרמז על הריחוק הגיאוגרפי שהיה בין יוסף ליעקב, עד שהיה צריך שליח לתקשר ביניהם: "וַיֹּאמֶר לְיוֹסֵף הִנֵּה אָבִיךָ חֹלֶה" (בראשית מח א).

מפאת המרחק ועומס תפקידו יוסף גם לא ביקר תכופות את אביו: "וַיַּגֵּד לְיַעֲקֹב וַיֹּאמֶר הִנֵּה בִּנְךָ יוֹסֵף בָּא אֵלֶיךָ" (בראשית מח ב), דבר שלא בשגרה. ועוד, לפני בוא אביו ואחיו הרגיש יוסף גלמוד ומבודד במצרים, על אף מעמדו הרם. כך, כאשר העניק שמות לשני בניו, ראה את מצרים כארץ הסבל ולא כארץ הרווחה: "וַיִּקְרָא יוֹסֵף אֶת שֵׁם הַבְּכוֹר מְנַשֶּׁה כִּי נַשַּׁנִי אֱלוֹהִים אֶת כָּל עֲמָלִי וְאֵת כָּל בֵּית אָבִי וְאֵת שֵׁם הַשֵּׁנִי קָרָא אֶפְרָיִם כִּי הִפְרַנִי אֱלוֹהִים בְּאֶרֶץ עָנְיִי" (בראשית מא נא-נב). את תחושת הניכור העביר יוסף לאפרים ומנשה, במודע או שלא במודע, והיא הגנה עליהם מפני טמיעה בין המצרים. אולם לאחר בואם של יעקב ומשפחתו, רווח ליוסף. לא עוד חש מבודד במצרים, ותחושת הניכור כבר לא שררה בביתו.

בנוסף, בצעירותם של אפרים ומנשה הם היו רחוקים מיעקב בארץ כנען בעל כרחם. לעומת זאת, לאחר שיעקב התיישב במצרים, שאר בניו של יוסף פירשו את המרחק מבית סבם כבחירה מרצון. על כן נקשרו פחות ליעקב ולמשפחתו והשתלבו בין שכניהם המצרים, עד שלבסוף, בשעת יציאת מצרים, בחרו צאצאיהם להישאר במצרים.

מנגד, יוסף לא ויתר על שאר בניו וקיווה שיישארו נאמנים למשפחה. אבל יעקב קלט רוח אחרת בצעירי בניו של יוסף, וביקש להציל את מי שיוכל להציל. הפלא אינו שבניו הצעירים של יוסף התבוללו. הם היו מבני המעמד העליון של מצרים, ודרכם של בני מעמד גבוה להזדהות עם בני מעמדם. הפלא הוא שאפרים ומנשה לא נטמעו אף הם. נראה לנו שתרמה לכך גם העובדה שאפרים ומנשה היו עדים לסערת הרגשות שעברה על יוסף אביהם בשעה שהתוודע אל אחיו ובבואו של אביו

למצרים, ואף היו שותפים לה. חוויות אלה הטביעו בנפשם רושם עמוק, ושימשו כתריס נגד התבוללות.

מהלך ב: ברכת הנערים וברכת הבנות

1. העדפת יעקב את יוסף ואת אפרים

> וַיַּרְא יוֹסֵף כִּי יָשִׁית אָבִיו יַד יְמִינוֹ עַל רֹאשׁ אֶפְרַיִם, וַיֵּרַע בְּעֵינָיו... וַיֹּאמֶר יוֹסֵף אֶל אָבִיו לֹא כֵן אָבִי כִּי זֶה הַבְּכֹר... וַיְמָאֵן אָבִיו וַיֹּאמֶר יָדַעְתִּי בְנִי, יָדַעְתִּי גַּם הוּא יִהְיֶה לְּעָם וְגַם הוּא יִגְדָּל, וְאוּלָם אָחִיו הַקָּטֹן יִגְדַּל מִמֶּנּוּ. (בראשית מח יז-יט)

העדפת יעקב את אפרים הצעיר על פני מנשה הבכור הייתה רעה בעיניו של יוסף. מסתבר שיוסף נבהל מגילוי ההעדפה לאחד מבניו, וחשש שמא יגרום הדבר ליריבות ואיבה בין בניו – בדיוק כפי שהעדפת יעקב את יוסף עצמו, בן הזקונים, גרמה לשנאה וסכסוך מר בין אחיו הגדולים לבינו.

ממד נוסף עולה מדברי יוסף: "לֹא כֵן אָבִי, כִּי זֶה הַבְּכֹר". יוסף התנגד באופן עקרוני לכך שיעקב הקדים את הבן הצעיר על פני הבכור. בכך עלול היה יעקב לקעקע את מוסד הבכורה כולו, ולכך התנגד יוסף. בכך פעל יוסף נגד טובתו שלו, שהרי במשפחת יעקב – יוסף היה הצעיר, שנולד אחרי בני לאה, והיה אהוב על אביו יותר מהם. עמדתו זו של יוסף מזכירה את דברי הכתוב: "לֹא יוּכַל לְבַכֵּר אֶת בֶּן הָאֲהוּבָה" (דברים כא טז).

ובכל זאת בחר יעקב להעדיף את יוסף על פני ראובן אחיו, כעדות המקרא: "וּבְחַלְּלוֹ יְצוּעֵי אָבִיו נִתְּנָה בְּכֹרָתוֹ לִבְנֵי יוֹסֵף בֶּן יִשְׂרָאֵל" (דברי הימים א ה א); וכתשובה לחששות בנו לגבי העדפת אפרים ענה יעקב: "יָדַעְתִּי בְנִי יָדַעְתִּי". החזרה על המילה 'יָדַעְתִּי' רומזת שהעדפת אפרים נובעת מידיעה ברורה. כשם שהעדפת יוסף נבעה מהכרת תכונותיו, כך היה יעקב מודע היטב לתכונותיהם של אפרים ומנשה, ודווקא משום כך ניבא ש"אָחִיו הַקָּטֹן יִגְדַּל מִמֶּנּוּ".

2. ברכת הבנות

אגב ברכת הנערים אביא כאן דברים שכתבתי בשו"ת בני בנים חלק ד, מאמר י, בנושא נוסח ברכת הבת:

מנהג עתיק יומין לברך את הבנים והבנות בלילי שבת. אולם הברכה המיוחדת לבנות "ישמך אלוקים כשרה, רבקה רחל ולאה" מוזכרת לראשונה רק בשלהי המאה ה-17. רבי יאיר חיים בכרך, מחבר שו"ת חוות יאיר שנפטר בתס"ב (1702), הזכיר אותה בפירושו 'מקור חיים' לאורח חיים. אך בזמנו טרם התפשטה הברכה בכל הארצות. רבי יעקב עמדין, בסידורו 'בית יעקב' (אלטונה תק"ז) כתב: "מנהגם של ישראל לברך את הילדים בליל שבת... ואומרים המברכים: ישימך אלוקים כאפרים וכמנשה". ולא הזכיר ברכה נפרדת לבת, ודבריו הועתקו גם בכמה סידורים שנדפסו לאחר מכן.

האם הר"י עמדין נהג לברך רק את הבנים, ולא את הבנות? אין זה מסתבר, וממה שכתב 'לברך את הילדים' ולא 'הבנים', נראה שברכו את הבנים והבנות כאחד באותה ברכת יעקב: "ישימך אלוקים כאפרים וכמנשה". כן משמעות הכתוב: "בְּךָ יְבָרֵךְ יִשְׂרָאֵל לֵאמֹר" (בראשית מח כ), שהברכה היא על כל ישראל.

על כל פנים, באיזשהו שלב הורגש הוצרך בברכה מיוחדת לבנות, ומישהו המציא את הברכה הנוכחית. הסידור הראשון שמצאתי בו את שתי הברכות זו בצד זו, לבן ובת, נדפס בוויען תקצ"ו (1836). אחריו נדפס כן ברעדלהיים תרי"ב (1852), ומאז נעשו שתי הברכות לשגרה בדפוסי הסידורים וברכת הבת התפשטה ונתקבלה.

ואעפ"כ לא נחה דעתי מן הברכה "ישמך אֱלֹוהִים כשרה רבקה רחל ולאה" מכמה בחינות:

א. אין מקור ניכר לברכה זו, לא בתנ"ך ולא בדברי חז"ל. אמנם בסנהדרין (קה ב) דרשו מספר שופטים (ה כד): "מנשים באהל תבורך – מנשים באוהל מאן נינהו? שרה רבקה רחל ולאה". אבל אם משם המקור לברכה, היינו צריכים לברך 'מנשים באוהל תבורך', או 'תבורכי כברכת שרה רבקה

רחל ולאה', או לפחות "יברכך אֱלוֹהִים כשרה רבקה רחל ולאה". לעומת אלו, "ישימך אֱלוֹהִים כשרה רבקה רחל ולאה" הוא ערבוב לשונות.

ב. חסרה הקבלה סגנונית: כאפרים וכמנשה – חוזרת האות כ' פעמיים, ואילו ב"כשרה רבקה רחל ולאה" היא מופיעה רק פעם אחת.

ג. תוכן שתי הברכות שונה לגמרי. איננו מברכים את הבן שיהיה כשלושת האבות, ומנין לברך את הבת שתהיה כארבע האימהות?

לכן הנהגתי לברך את בנותי בברכה שמקורה במגילת רות (ד יא): "וַיֹּאמְרוּ כָּל הָעָם אֲשֶׁר בַּשַּׁעַר וְהַזְּקֵנִים עֵדִים, יִתֵּן ה' אֶת הָאִשָּׁה הַבָּאָה אֶל בֵּיתֶךָ כְּרָחֵל וּכְלֵאָה אֲשֶׁר בָּנוּ שְׁתֵּיהֶם אֶת בֵּית יִשְׂרָאֵל", ובזה מתוקן הכל: א. מקורה מפורש בתנ"ך. ב. קיימת הקבלה לשונית מְלאה – כאפרים וכמנשה, כרחל וכלאה. ג. תוכן הברכות דומה, באופן מפתיע. בתורה אינו מבואר איזו סגולה היא להיות כאפרים וכמנשה, אבל כנראה שהיא קשורה לכך ששררה ביניהם אהבה ואחווה, שלא כרוב האחים שבספר בראשית. וגם בין רחל ולאה שררה אהבה ואחווה לפי מדרשי חז"ל שרחל גילתה את סימניה ללאה כדי שיעקב לא יכיר במרמה בליל הכלולות.

מהלך ג: התמורה ביחסי האחים לאחר פטירת יעקב

1. מה ראו האחים לאחר פטירת יעקב?

וַיָּשָׁב יוֹסֵף מִצְרַיְמָה הוּא וְאֶחָיו וְכָל הָעֹלִים אִתּוֹ לִקְבֹּר אֶת אָבִיו אַחֲרֵי קָבְרוֹ אֶת אָבִיו. וַיִּרְאוּ אֲחֵי יוֹסֵף כִּי מֵת אֲבִיהֶם, וַיֹּאמְרוּ לוּ יִשְׂטְמֵנוּ יוֹסֵף וְהָשֵׁב יָשִׁיב לָנוּ אֵת כָּל הָרָעָה אֲשֶׁר גָּמַלְנוּ אֹתוֹ. (בראשית נ יד-טו)

הכתוב מתאר שבשוב אחי יוסף למצרים, אחרי קבורת יעקב במערת המכפלה, ראו האחים שאביהם מת. מובן שאין זו ראיה כפשוטה, שהרי יעקב נפטר ונקבר ימים רבים קודם לכן. כוונת הכתוב היא שנוצרה אצל האחים מערכת יחסים חדשה בעקבות התרחשות כלשהי, דהיינו משהו 'שראו' האחים לאחר מיתת יעקב.

לדעתנו התמורה באה בעקבות שני גורמים, האחד גורם חוץ והשני פנים-משפחתי. גורם החוץ הוא שבעקבות מיתת יעקב התחדש הרעב

במצרים – אותו רעב שנפסק עם בואו של יעקב למצרים ועתה התחדש עם הסתלקות הצדיק וזכויותיו. הנחה זו משתמעת מדברי יוסף לאחיו: "וַיֹּאמֶר אֲלֵהֶם יוֹסֵף אַל תִּירָאוּ כִּי הֲתַחַת אֱלוֹהִים אָנִי. וְאַתֶּם חֲשַׁבְתֶּם עָלַי רָעָה, אֱלוֹהִים חֲשָׁבָהּ לְטֹבָה לְמַעַן עֲשֹׂה כַּיּוֹם הַזֶּה לְהַחֲיֹת עַם רָב. וְעַתָּה אַל תִּירָאוּ אָנֹכִי אֲכַלְכֵּל אֶתְכֶם וְאֶת טַפְּכֶם וַיְנַחֵם אוֹתָם וַיְדַבֵּר עַל לִבָּם" (בראשית נ יט-כא).

למה נדרש יוסף פתאום לפרנס את אחיו ובני ביתם?

הסיבה היא שהיה רעב שני במצרים. לכן הבטיח יוסף לאחיו שיְחַיֶה אותם "כַּיּוֹם הַזֶּה לְהַחֲיֹת עַם רָב", כשם שהחיה אותם ברעב הראשון. לכן גם הצהיר מיד: "אַל תִּירָאוּ, אָנֹכִי אֲכַלְכֵּל אֶתְכֶם" – כי הם אכן היו זקוקים לכלכלה באותה מידה כבשנות הרעב הראשון, שגם בהן אמר יוסף (לאביו): "וְכִלְכַּלְתִּי אֹתְךָ" (בראשית מה יא). ואכן, התייחסות מפורשת לרעב זה נמצאת במדרש חז"ל (ספרי עקב פיסקא לח). בעקבות הרעב השני נוצרה תלות מחודשת של האחים ביוסף, להצלת חייהם וחיי בני משפחותיהם, ותלות זו החזירה את המצב במשפחה לכפי שהיה ברעב הראשון.

אך גם ימי האבל שינו את 'ראייתם' של בני יעקב: כאשר מת אביהם הבינו בניו סוף סוף את מה שעוללו ליוסף במעשיהם. סביר להניח שגם אחרי שנתפייסו, הקרע במשפחה לא התאחה לגמרי, ועדיין מתחת לפני השטח שרר מתח בין יוסף לאחיו. גם אחרי החזרה למצרים נותר יוסף מרוחק מאחיו, בין השאר כתוצאה ממגוריו בעיר המלוכה, הרחק מארץ גושן שבקצה ארץ מצרים. מסתבר שרק כעת, לאחר פטירת אביהם, ישבו האחים יחד עם יוסף בימי אבלם. מן הסתם שוחחו האחים ביניהם על אביהם ועל עצמם, כדרכם של אבלים, וגם יוסף מצדו סיפר להם על קרבתו לאביו, על צערו בהימכרו ועל סבלו במצרים בשנות מאסרו – פרטים שחשף לראשונה באבלו. כתוצאה של גילויי הדברים על ידי יוסף, הבינו האחים לראשונה את שיעור סבלו, וחששו: "לוּ יִשְׂטְמֵנוּ יוֹסֵף, וְהָשֵׁב יָשִׁיב לָנוּ אֵת כָּל הָרָעָה אֲשֶׁר גָּמַלְנוּ אֹתוֹ" – שמא ינצל יוסף את שעת הכושר לערוך איתם חשבון על סבלו.

לשון מיוחדת זו, 'לוּ יִשְׂטְמֵנוּ יוֹסֵף', נושאת בחובה כפל משמעות: מצד

אחד, חשש – 'אולי ישטמנו יוסף', ומצד שני תקווה – 'הלוואי וישטמנו יוסף'. הדבר מבטא את תחושתם הקשה של אחי יוסף, שהרגישו שבכל מקרה תבוא עליהם רעה: אוי להם אם ישטום אותם יוסף כעת, שכן אז הוא "יָשִׁיב לָנוּ אֵת כָּל הָרָעָה"; ואוי להם אם יוסף לא ישטום אותם כעת, כי אז הם יישארו מבוהלים ופוחדים מן היום בו הוא יחליט להשיב להם כגמולם.

2. פשעם וחטאתם של האחים

האחים פנו אל יוסף: "כֹּה תֹאמְרוּ לְיוֹסֵף, אָנָּא שָׂא נָא פֶּשַׁע אַחֶיךָ וְחַטָּאתָם כִּי רָעָה גְמָלוּךָ, וְעַתָּה שָׂא נָא לְפֶשַׁע עַבְדֵי אֱלֹהֵי אָבִיךָ, וַיֵּבְךְּ יוֹסֵף בְּדַבְּרָם אֵלָיו. וַיֵּלְכוּ גַּם אֶחָיו וַיִּפְּלוּ לְפָנָיו, וַיֹּאמְרוּ הִנֶּנּוּ לְךָ לַעֲבָדִים" (בראשית נ יז-יח).

האחים הזכירו בדבריהם שני עניינים – פשע וחטאת. ניתן להסביר את ההבדל בין השניים על פי מה שביארנו בפרשת מכירת יוסף. פשעם היה בכך שזרקו את יוסף אל הבור, וחטאתם הייתה בכך שהם לא פדו אותו מיד הישמעאלים למרות תחנוניו. אבל מכירת יוסף לישמעאלים לא בוצעה על ידם (למרות שתכננו לעשות זאת), אלא על ידי המדיינים. כך עולה גם מהצעתם "הִנֶּנּוּ לְךָ לַעֲבָדִים": רגע לפני כן הם ביטאו את חששם שיוסף "יָשִׁיב לָנוּ אֵת כָּל הָרָעָה אֲשֶׁר גָּמַלְנוּ אֹתוֹ" – ואם הדבר שהם גמלו לו היה מכירתו לעבד, הם לא היו מציעים לו "הִנֶּנּוּ לְךָ לַעֲבָדִים", שהרי מזה בדיוק הם חששו.

נראה לפיכך שהאחים פחדו מגורל קשה יותר – פחד מוות. הם אמנם לא חשבו שיוסף יצווה להרוג אותם בידיו, אבל חששו שהוא יגמול להם את מה שהם עשו לו: הם השליכו אותו לבור ריק כדי שימות מאליו ברעב ובצמא – וכך גם יוסף עלול לעשות להם. יתירה מכך, היות שהתחדש כעת הרעב במצרים, יוסף אפילו לא צריך לעשות פעולה כלשהי כדי שימותו ברעב, אלא די בכך שהוא ימנע מהם את אספקת המזון ממחסני פרעה. לכן האחים הציעו להיות לו לעבדים – כדי להינצל מן הרעב בדרך בה ניצלו שאר תושבי מצרים, שאמרו "לָמָּה נָמוּת", ולפיכך אחיו

ביקשו מיוסף: "וְהָיִינוּ עֲבָדִים לְפַרְעֹה" (בראשית מז כה) ובכך נזכה לקצבת מזון.

חשש זה היה מבוסס לכאורה, שכן לפי דעתנו יוסף לא ידע על תכנונם של אחיו למכור אותו, כי הם שוחחו על כך במרחק מה מן הבור, כעדות הפסוק: "וַיָּשָׁב רְאוּבֵן אֶל הַבּוֹר... וַיָּשָׁב אֶל אֶחָיו" (בראשית לז כט-ל). לפיכך הוא היה אמור לזקוף לחובתם את זריקתו לבור, במטרה להמית אותו; ובדרגת חומרה פחותה יותר, את התעלמותם מתחנוניו לפדות אותו מהישמעאלים.

אולם כפי שהכתוב מתאר ומדגיש כמה פעמים, יוסף לא נטר טינה לאחיו, וסלח להם. הם חששו ממוות ברעב והציעו במקום זאת להיות עבדים, ואילו יוסף בצדקותו דחה את שתי האפשרויות ונקב פעמיים במילים 'אַל תִּירָאוּ'. תחילה אמר: "אַל תִּירָאוּ כִּי הֲתַחַת אֱלוֹהִים אָנִי", ולכן אף אם הייתי רוצה, איני יכול לשנות את הייעוד שייעד לי אלוהים. שכן, "אֱלוֹהִים חֲשָׁבָהּ לְטֹבָה לְמַעַן עֲשֹׂה כַּיּוֹם הַזֶּה לְהַחֲיֹת עַם רָב" (בראשית נ יט-כ) – הועליתי לגדולה כדי להציל בני אדם מן הרעב, ולא כדי להניח להם למות בו. כמו כן, "וְעַתָּה אַל תִּירָאוּ", אינכם צריכים להיות עבדים כדי להינצל מן הרעב, אלא "אָנֹכִי אֲכַלְכֵּל אֶתְכֶם וְאֶת טַפְּכֶם" (שם כא) – ממש כפי שהיה ברעב הראשון, בעת שהיה יעקב בחיים: "וַיְכַלְכֵּל יוֹסֵף אֶת אָבִיו וְאֶת אֶחָיו... לֶחֶם לְפִי הַטָּף" בראשית מז יב).

חיבה יתירה לפרשת ויחי

היכן ביקש יעקב להיקבר

וַיִּקְרָא לִבְנוֹ לְיוֹסֵף וַיֹּאמֶר לוֹ, אִם נָא מָצָאתִי חֵן בְּעֵינֶיךָ שִׂים נָא יָדְךָ תַּחַת יְרֵכִי, וְעָשִׂיתָ עִמָּדִי חֶסֶד וֶאֱמֶת אַל נָא תִקְבְּרֵנִי בְּמִצְרָיִם. וְשָׁכַבְתִּי עִם אֲבֹתַי, וּנְשָׂאתַנִי מִמִּצְרַיִם וּקְבַרְתַּנִי בִּקְבֻרָתָם. (בראשית מז כט-ל)

לבקשתו של יעקב היו שני סעיפים: מצד אחד, לא להיקבר במצרים, ומצד שני,

להיקבר במערת המכפלה. משאלתו העיקרית של יעקב הייתה להיקבר בקבר אבות. אבל אם הדבר לא יוכל לצאת לפועל מסיבה כלשהי, לכל הפחות שלא ייקבר בארץ מצרים כי אם במקום כלשהו בארץ כנען.

ולמה הקפיד יעקב על כך? מפני שאם ייקבר בחוץ לארץ לא יוכלו צאצאיו לפקוד את קברו בעתיד – שכן לא ראוי לצאת מארץ ישראל על מנת לפקוד קברות צדיקים בחוץ לארץ.[2] מסיבה דומה הוסתר מקום קבורתו של משה – "וְלֹא יָדַע אִישׁ אֶת קְבֻרָתוֹ" (דברים לד ו). כיוון שנגזר על משה שלא להיכנס לארץ ישראל והוא נאלץ להיקבר בערבות מואב, הסתירה התורה את מקום קבורתו – כדי שלא יצאו ישראל לחוצה לארץ להשתטח על קברו.

מדוע ניתנה שכם ליוסף

וַיֹּאמֶר יִשְׂרָאֵל אֶל יוֹסֵף, הִנֵּה אָנֹכִי מֵת, וְהָיָה אֱלֹהִים עִמָּכֶם וְהֵשִׁיב אֶתְכֶם אֶל אֶרֶץ אֲבֹתֵיכֶם. וַאֲנִי נָתַתִּי לְךָ שְׁכֶם אַחַד עַל אַחֶיךָ, אֲשֶׁר לָקַחְתִּי מִיַּד הָאֱמֹרִי בְּחַרְבִּי וּבְקַשְׁתִּי. (בראשית מח כא-כב)

על אף שדיבר עם יוסף לבדו, פנה אליו יעקב בלשון רבים: "וְהָיָה אֱלֹהִים **עִמָּכֶם**, וְהֵשִׁיב **אֶתְכֶם** אֶל אֶרֶץ אֲבֹתֵיכֶם". הבטחה זו של יעקב אינה מתייחסת ליוסף ולבניו בלבד אלא לכל בני ישראל: "וְהָיָה אֱלֹהִים עִמָּכֶם" – ולא רק 'עִמְּךָ'. "וְהֵשִׁיב אֶתְכֶם" – ולא רק את יוסף וצאצאיו. לכן, למרות שהדברים נאמרו באוזני יוסף בלבד, יוסף מסר בהמשך את דברי אביו לאחיו: "וַיֹּאמֶר יוֹסֵף אֶל אֶחָיו... וֵאלֹהִים פָּקֹד יִפְקֹד אֶתְכֶם, וְהֶעֱלָה אֶתְכֶם מִן הָאָרֶץ הַזֹּאת אֶל הָאָרֶץ אֲשֶׁר נִשְׁבַּע לְאַבְרָהָם לְיִצְחָק וּלְיַעֲקֹב" (בראשית נ כד).[3] לאחר ברכה זו לכלל צאצאיו, חזר יעקב לדבר בצורה נקודתית על יוסף וזרעו, ואמר: "וַאֲנִי נָתַתִּי לְךָ שְׁכֶם אַחַד עַל אַחֶיךָ, אֲשֶׁר לָקַחְתִּי מִיַּד הָאֱמֹרִי בְּחַרְבִּי וּבְקַשְׁתִּי".

ההבנה הפשוטה של דברים אלה, היא שיוסף יקבל 'שכם אחד' **יותר** מאחיו, אותה

---

2 ראו שדי חמד, אסיפת דינים, מערכת ארץ ישראל סי' ג אות ז, וכן שו"ת משפט כהן סי' קמז.

3 יצוין שלפני כן אמר יעקב "והשיב אתכם" (בראשית מח כא), כי דיבר אל בניו שבאו מארץ כנען ולכן נקט לגביהם לשון של 'שיבה'. יוסף, לעומת זאת, דיבר בסוף ימיו אל "בני ישראל" שכבר נולדו במצרים, ולכן השתמש בלשון "והעלה אתכם".

עיר שכם שלקח יעקב מהאמורי בכוח החרב. אולם את הביטוי 'עַל אַחֶיךָ' ניתן גם לפרש כ'**על דבר** אחיך', והדבר מעניק לפסוק משמעות כפולה: העיר שכם נתפסה על ידי יעקב על מנת להגן על בניו נגד האמורי שהיה עלול להתקיפם לאחר הריגת אנשי שכם. שכם זו ניתנת ליוסף דווקא, ולא לאחיו, כי הם חטאו בביזת שכם ולא ייתכן שיצא חוטא נשכר. יוסף, לעומתם, היה באותה תקופה עודנו ילד קטן, ולא השתתף בביזה.

מתי נפטרה לאה?

שָׁמָּה קָבְרוּ אֶת אַבְרָהָם וְאֵת שָׂרָה אִשְׁתּוֹ, שָׁמָּה קָבְרוּ אֶת יִצְחָק וְאֵת רִבְקָה אִשְׁתּוֹ, וְשָׁמָּה קָבַרְתִּי אֶת לֵאָה. (בראשית מט לא).

יעקב ציווה את בניו לקבור אותו במערת המכפלה, ואגב כך ציין את הקרובים הנוספים שנקברו שם. לשון תיאורו מעוררת תשומת לב: את אברהם ושרה 'קָבְרוּ', בלשון רבים, וכן את יצחק ורבקה, אבל את לאה 'קָבַרְתִּי' – בלשון יחיד. את שרה כנראה קברו אברהם ויצחק, את אברהם קברו יצחק וישמעאל, את רבקה כנראה קברו יצחק ועשו, את יצחק קברו יעקב ועשו – אבל את לאה יעקב קבר לבדו, בלי עזרה והשתתפות של אחרים.

רבקה נפטרה, ככל הנראה, כשהיה יעקב עוד בפדן ארם או בדרכו ממנה. אך מתי נפטרה לאה? מכיוון שיעקב קבר אותה לבדו, משתמע שבניה לא היו זמינים להשתתף בקבורתה, והדבר מותיר שני זמנים אפשריים לפטירתה: או בשעה שהאחים רעו את צאן אביהם בשכם, או בשעה שירדו להביא שבר ממצרים, וכן כתוב בסדר עולם רבה.

ברכת הנערים

וַיִּשְׁלַח יִשְׂרָאֵל אֶת יְמִינוֹ וַיָּשֶׁת עַל רֹאשׁ אֶפְרַיִם... וַיְבָרֶךְ אֶת יוֹסֵף וַיֹּאמַר, הָאֱלוֹהִים אֲשֶׁר הִתְהַלְּכוּ אֲבֹתַי לְפָנָיו אַבְרָהָם וְיִצְחָק, הָאֱלוֹהִים הָרֹעֶה אֹתִי מֵעוֹדִי עַד הַיּוֹם הַזֶּה. הַמַּלְאָךְ הַגֹּאֵל אֹתִי מִכָּל רָע יְבָרֵךְ אֶת הַנְּעָרִים וְיִקָּרֵא בָהֶם שְׁמִי וְשֵׁם אֲבֹתַי. (בראשית מח יד-טז)

לאחר שיעקב הניח את ידיו על ראשיהם של אפרים ומנשה, הקדים הכתוב לברכתו את המילים: "וַיְבָרֶךְ אֶת יוֹסֵף". אין הכוונה לברכת יוסף כשלעצמו, שהרי יעקב לא הניח את ידיו על ראשו אלא על ראש בניו, וכן תוכן הברכה אינו עוסק ביוסף אלא בבניו. הדבר דומה לברכת האילן המופיעה בגמרא – "שכל נטיעות שנוטעין ממך יהיו כמותך" (תענית ה ב). יעקב ברך את יוסף שיתברך מכך שימשיכו בניו ללכת בדרכו.

נוכח ונסתר בברכות יעקב

רְאוּבֵן בְּכֹרִי אַתָּה כֹּחִי וְרֵאשִׁית אוֹנִי, יֶתֶר שְׂאֵת וְיֶתֶר עָז. (בראשית מט ג)

עיון בברכות יעקב לבניו מעלה כי לרובם פנה בגוף שלישי: "שִׁמְעוֹן וְלֵוִי אַחִים כְּלֵי חָמָס מְכֵרֹתֵיהֶם,[4] זְבוּלֻן לְחוֹף יַמִּים יִשְׁכֹּן וְהוּא לְחוֹף אֳנִיּוֹת, יִשָּׂשכָר חֲמֹר גָּרֶם... וַיַּרְא מְנֻחָה כִּי טוֹב... וַיֵּט שִׁכְמוֹ לִסְבֹּל, דָּן יָדִין עַמּוֹ, גָּד גְּדוּד יְגוּדֶנּוּ, מֵאָשֵׁר שְׁמֵנָה לַחְמוֹ וְהוּא יִתֵּן מַעֲדַנֵּי מֶלֶךְ, נַפְתָּלִי אַיָּלָה שְׁלֻחָה הַנֹּתֵן אִמְרֵי שָׁפֶר, בִּנְיָמִין זְאֵב יִטְרָף בַּבֹּקֶר יֹאכַל עַד" (בראשית מט ה-כז).

ואילו שלושה אחים יצאו מכלל זה וזכו לפנייה ישירה בגוף שני: "**רְאוּבֵן** בְּכֹרִי אַתָּה, כֹּחִי וְרֵאשִׁית אוֹנִי. פַּחַז כַּמַּיִם אַל תּוֹתַר, כִּי עָלִיתָ מִשְׁכְּבֵי אָבִיךָ אָז חִלַּלְתָּ יְצוּעִי עָלָה, (בראשית מט ג-ד); "**יְהוּדָה**, אַתָּה יוֹדוּךָ אַחֶיךָ, יָדְךָ בְּעֹרֶף אֹיְבֶיךָ יִשְׁתַּחֲווּ לְךָ בְּנֵי אָבִיךָ. גּוּר אַרְיֵה יְהוּדָה, מִטֶּרֶף בְּנִי עָלִיתָ" (שם ח-ט); "בֵּן פֹּרָת **יוֹסֵף**... מֵאֵ-ל אָבִיךָ וְיַעְזְרֶךָּ וְאֵת שַׁ-דַּי וִיבָרְכֶךָּ... בִּרְכֹת אָבִיךָ גָּבְרוּ עַל בִּרְכֹת הוֹרַי" (שם כב, כה-כו).

שלא במפתיע, מדובר בשלושה בנים בעלי מעמד משמעותי על פני אחיהם, כפי שמפורש בדברי הימים (דברי הימים א ה א-ב): ראובן הוא הבכור, יהודה נעשה למנהיג אחיו ולאחראי להחזרת בנימין, ויוסף הוא בן הזקונים האהוב. יעקב הרגיש כנראה קירבה מיוחדת לשלושה אלה, ולכן פנה אליהם בצורה ישירה, בדברו 'אליהם' ולא 'עליהם'.

אולם ברכת ראובן שונה במבנה מברכות יהודה ויוסף. ברכת ראובן נאמרה כולה

---

[4] **אגב כך, יעקב אמר על שמעון ולוי "בסודם אל תבוא נפשי": הם לא גילו ליעקב את כוונתם להרוג את אנשי שכם, ויעקב החזיר להם כגמולם ואומר שאף הוא אינו רוצה לבוא בסודם.**

בגוף שני, ואילו ברכות יהודה ויוסף נאמרו בחלקן בגוף שני, ובחלקן האחר בגוף שלישי: "כָּרַע רָבַץ כְּאַרְיֵה וּכְלָבִיא מִי יְקִימֶנּוּ. לֹא יָסוּר שֵׁבֶט מִיהוּדָה וּמְחֹקֵק מִבֵּין רַגְלָיו" (בראשית מט ט-י); "בֵּן פֹּרָת יוֹסֵף... וַיְמָרֲרֻהוּ וָרֹבּוּ וַיִּשְׂטְמֻהוּ בַּעֲלֵי חִצִּים. וַתֵּשֶׁב בְּאֵיתָן קַשְׁתּוֹ וַיָּפֹזּוּ זְרֹעֵי יָדָיו... תִּהְיֶיןָ לְרֹאשׁ יוֹסֵף וּלְקָדְקֹד נְזִיר אֶחָיו" (שם כב-כד, כו).

מה פשר הדבר? יש לעמוד על משמעותה של פניה בנוכח לעומת פניה בנסתר. פניה לנוכֵחַ מבטאת קירבה בלתי אמצעית, ולעתים חיבה; פניה בנסתר, לעומתה, מעידה על ריחוק מסוים, אך מאידך יש בה נימה של כבוד. יעקב חיבב את ראובן אבל לא כיבד אותו או את שיקול דעתו, כפי שעולה מפרשת בלהה ומפרשת ליווי בנימין, ולכן פנה אליו רק בגוף שני. ליהודה וליוסף, לעומת זאת, פנה לא רק בגוף שני אלא גם בגוף שלישי. הפנייה בגוף שני מעידה על חיבתו של יעקב כלפיהם, והפנייה בגוף שלישי מעידה על הכבוד שרחש להם.

ניתן למצוא גם ניגודים בין ברכות יהודה ויוסף. יעקב הקדים לברך את יהודה בגוף שני, ורק לבסוף עבר לגוף שלישי, ואילו אצל יוסף הסדר הפוך – קודם גוף שלישי ורק אחר כך גוף שני. על פי הבנתנו שפנייה ישירה היא אות חיבה ואילו פנייה מרוחקת היא אות כבוד, מתברר שיעקב חיבב לבסוף את יהודה אפילו יותר מאשר את יוסף – אולי בגלל שיהודה ישב בסמוך לאביו, בארץ גושן. ובאשר ליוסף, באותו זמן בלט יותר יחס הכבוד של יעקב כלפיו, כי יוסף היה משנה למלך מצרים, וגם ביקר את אביו רק לעיתים רחוקות.

פרשת שמות

מהלך א: השלטון החדש ושעבוד העברים

1. חששות השלטון

וַיָּקָם מֶלֶךְ חָדָשׁ עַל מִצְרָיִם, אֲשֶׁר לֹא יָדַע אֶת יוֹסֵף. וַיֹּאמֶר אֶל עַמּוֹ, הִנֵּה עַם בְּנֵי יִשְׂרָאֵל רַב וְעָצוּם מִמֶּנּוּ. הָבָה נִתְחַכְּמָה לוֹ, פֶּן יִרְבֶּה, וְהָיָה כִּי תִקְרֶאנָה מִלְחָמָה וְנוֹסַף גַּם הוּא עַל שֹׂנְאֵינוּ וְנִלְחַם בָּנוּ וְעָלָה מִן הָאָרֶץ. (שמות א ח-י)

הכתוב משמיענו שקם 'מֶלֶךְ חָדָשׁ' על מצרים; אמנם לא היו אלה חילופי שלטון שגרתיים אחרי מות השליט הקודם, אלא מהפך שלטוני, עלייתה של שושלת מלוכה חדשה. כפי שהרחבנו את הדיבור בפרשת וישב, בתקופת יעקב ובניו שלטה במצרים שושלת זרים ממוצא שמי-למחצה – וכפי שאנו יודעים גם מספרי ההיסטוריה. שושלת זו סולקה כעבור כמאה שנה. העם המצרִי התקומם כנגדה והמליך תחתה מלך ממוצא מקומי, "שלא היה מזרע המלוכה", כדברי ראב"ע. כך גם מובן מדוע המלך החדש "לֹא יָדַע אֶת יוֹסֵף": המצרים כדרכם ניסו להכחיד את זכרה של השושלת הקודמת, ובחרו משום כך להתעלם מהישגיו השלטוניים של המשנה למלך הקודם. יתר על כן, ייתכן שדברי פרעה "עָצוּם מִמֶּנּוּ" מרמזים ליוסף, כלומר שעוצמת בני ישראל באה ממנו, מיוסף. הדבר מבטא את שנאתם של המצרים ליוסף, שנישל אותם מאדמתם בשנות הרעב והפך אותם לעבדים לפרעה הזה, בן שבט ההיקסוס. קירבתם של בני יעקב ליוסף הפכה לרועץ לבני בניהם.

חששותיו של המלך החדש אינם סבירים. ממה פחדה הממלכה המצרית? האם מלך מצרים האמין שקבוצה לא-גדולה יחסית של מהגרים עברים תצליח למרוד בו ולנצח את הצבא המצרי? פרעה אמנם מתאר את בני ישראל כ"רַב וְעָצוּם מִמֶּנּוּ", אך אין הכוונה שהם כבר הספיקו להתרבות במידה המאיימת על מצרים. הראיה לכך היא שפרעה אמר "פֶּן יִרְבֶּה" – כלומר שהדבר עדיין לא קרה, והתיאור של בני ישראל כ'רבים' מתייחס למגמת הצמיחה שכבר התחילה.

הסבר נוסף טמון בביטוי "וְהָיָה כִּי **תִקְרֶאנָה** מִלְחָמָה". התורה אינה אומרת: 'כי תקרה מלחמה', מלשון מקרה, אלא "תִקְרֶאנָה", מלשון קריאה, כלומר שהמלחמה 'תקרא' למצרים לבוא אליה. צבא מצרים לעולם לא נלחם על אדמת מצרים, אלא יצא לכנען, סוריה, לוב ושאר הארצות השכנות, כדי לקדם את פני האויב – כפי שאנו מוצאים גם מאות שנים מאוחר יותר, בתקופת המלך יאשיהו, כש"עָלָה נְכוֹ מֶלֶךְ מִצְרַיִם לְהִלָּחֵם בְּכַרְכְּמִישׁ עַל פְּרָת" (דברי הימים ב לה כ). המצרים לא חששו מבני ישראל כל עוד הצבא המצרי נשאר במצרים, אבל אם הצבא ייצא לקראת מלחמה שתזדמן, עלול עם ישראל לנצל את ההזדמנות להתקיף את המצרים: "וְנִלְחַם **בָּנוּ**" – באזרחים שיישארו במצרים ללא הגנה, לבזוז את מצרַים ולברוח לפני שהצבא יספיק לחזור ולדכא את המרד. ניתן בקלות לדמיין את הלך הרוחות כשתאר מלך מצרים בפני עמו את התרחיש הזה, ושכנע אותם בנחיצות שעבוד בני ישראל.

2. זהות העברים

> וַיְהִי בַּיָּמִים הָהֵם וַיִּגְדַּל מֹשֶׁה וַיֵּצֵא אֶל אֶחָיו וַיַּרְא בְּסִבְלֹתָם, וַיַּרְא אִישׁ מִצְרִי מַכֶּה אִישׁ עִבְרִי מֵאֶחָיו. (שמות ב יא)

הערת המקרא, הטורח לציין שהמוכה היה "אִישׁ עִבְרִי **מֵאֶחָיו**" של משה, מיותרת לכאורה: הרי אם הוא עברי, ממילא הוא מאחיו, וכן להפך – אם הוא מאחיו, ממילא הוא עברי. אמנם, הדבר מובן לאור דברינו לעיל, שבתקופתו של יוסף שלטה במצרים שושלת ההיקסוס, ומאוחר יותר התקוממו המצרים והמליכו מלך חדש "אֲשֶׁר לֹא יָדַע אֶת יוֹסֵף". סביר להניח, לאור מנהגי התקופה, שאותם שרידי ההקיסוס שהובסו אבל נותרו

במצרים שועבדו על ידי המצרים המנצחים, כך שבני ישראל לא היו העבדים היחידים במצרים. הם גם לא היו **העברים** היחידים, שכן כפי שהזכרנו בפרשת וישב, ההיקסוס היו אף הם בני שם, שהגיעו מעבר הנהר, ולפיכך נקראו גם הם 'עברים'. לכן הכתוב מקפיד לציין שאותו עברי מוכה היה דווקא 'מֵאֶחָיו' של משה, מבני יעקב אבינו, ולא 'אִישׁ עִבְרִי' סתם, היכול להיות גם מבני ההיקסוס הנותרים. ואילו לגבי הנִצים, מסופר רק שהיו "שְׁנֵי אֲנָשִׁים עִבְרִים נִצִּים" (שם יג), ולא נאמר שהיו "מֵאֶחָיו". כך שנוכל לנקות את בני ישראל מן האשמה שהיו ביניהם כאלה שהלשינו על משה לפרעה, כי באמת הניצים היו עברים, אבל לא מבני ישראל.

אם כנה השערתנו, שבני ההיקסוס העברים שועבדו אף הם לצד בני ישראל, אזי ייתכן שנחשפה זהותם של ה'ערב רב' – אותם נכרים עלומי-שם, שניצלו את ההזדמנות ונספחו אל עם ישראל בשעת היציאה ממצרים: "וְגַם עֵרֶב רַב עָלָה אִתָּם" (שמות יב לח). קשה להניח שהיו אלה אזרחים מקומיים, שהרי למה יצטרפו לעם של עבדים הנמלטים מפני צבא פרעה? לעומת זאת, אם מדובר באחרים שהיו גם הם משועבדים במצרים, הצטרפותם לבריחה מובנת מאליה.

מהלך ב: הבן המאומץ של בת פרעה

לפרעה היו יותר מבת אחת, שכן בוודאי היו למלך מצרים כמה וכמה נשים ופילגשים. גם מסתבר שפרעה לא היה מודע עד הסוף למתרחש בין הנשים. כך יכולה הייתה אחת מבנותיו לגדל ילד עברי בבית הנשים מבלי שתוסב לכך תשומת לב רבה.

אכן בת פרעה לא טרחה להסתיר את מוצאו של משה, שהרי קראה לו 'משה' על שם משייתו מן המים. אם נכוחים דברינו על חילופי השלטון מההיקסוס השֵמיים אל המצרים החָמִיים – ממילא לא יכולה בת פרעה להסתיר מוצאו של בנה המאומץ, שהרי גוון עורו של משה ותווי פניו העידו על מוצאו העברי. אמו העברייה של משה היניקה אותו עד גיל ארבע או חמש, ומסתבר שהקשר שלו עם משפחתו העברייה לא ניתָק לגמרי עם החזרתו לארמון לכשנגמל, אף שבילדותו הסתובב בין שאר ילדי משפחת המלוכה, עד שגדל ויצא לראות בגורל אחיו.

למחרת הכותו את המצרי המכה, מספר הכתוב על תגרה נוספת, הפעם בין שני אנשים עברים.[1] גם כאן התערב משה, והעברי הרשע הטיח נגדו: "מִי שָׂמְךָ לְאִישׁ שַׂר וְשֹׁפֵט עָלֵינוּ, הַלְהָרְגֵנִי אַתָּה אֹמֵר כַּאֲשֶׁר הָרַגְתָּ אֶת הַמִּצְרִי?" (שמות ב יד), הלוא אינך אלא עברי כמונו!

שני המקרים הללו מצטרפים לאירוע נוסף, המובא בסמוך, לאחר שמשה ברח ממצרים – הצלת בנות יתרו מיד רועי מדיין: "וַיָּבֹאוּ הָרֹעִים וַיְגָרְשׁוּם וַיָּקָם מֹשֶׁה וַיּוֹשִׁעָן" (שמות ב יז). בשלושת האירועים אנו מוצאים: שמשה הציל יהודי מְנוגשׂ נוכרי (באירוע הראשון); יהודי מְמַכֵּה יהודי (באירוע השני); ונוכריות מנוכרים (באירוע השלישי). הצירוף היחיד שאיננו מוצאים הוא הצלת נוכרי מיהודי, אפשרות שלא הייתה מצויה בתנאי גלות ושעבוד.

התורה מספרת שכאשר שמע פרעה על הרג המצרי, ביקש להרוג את משה. משמעות לשון הכתוב "וַיִּשְׁמַע פַּרְעֹה אֶת **הַדָּבָר הַזֶּה** וַיְבַקֵּשׁ לַהֲרֹג אֶת מֹשֶׁה" (שמות ב טו) היא שהיו דברים נוספים שעשה משה מבלי שפרעה ישמע עליהם. שלושה סיפורי ההתערבות של משה עליהם מספרת התורה יוצרים כעין 'חזקה', הממחישה שמשה היה רגיל להתערב לטובת חלשים ונגד מדכאיהם, ולכן היה ראוי להיות מושיעם של ישראל.

מהלך ג: הר האלוהים

> וּמֹשֶׁה הָיָה רֹעֶה אֶת צֹאן יִתְרוֹ חֹתְנוֹ כֹּהֵן מִדְיָן, וַיִּנְהַג אֶת הַצֹּאן אַחַר הַמִּדְבָּר וַיָּבֹא אֶל הַר הָאֱלוֹהִים חֹרֵבָה. (שמות ג א)

הר סיני שכן בלב המדבר, אך סביבתו הקרובה שפעה ירק, כפי שעולה מדברי התורה: "הַצֹּאן וְהַבָּקָר אַל יִרְעוּ אֶל מוּל הָהָר הַהוּא" (שמות לד ג) – כלומר שאכן היו שם אזורים הראויים למרעה. כיצד התאפשר קיום הצמחייה למרגלות הר סיני? בהר עצמו היה מעיין שופע, ממנו יצא נחל איתן שזרם בכל ימות השנה – שהרי חטא העגל היה באמצע חודש תמוז, והכתוב מספר שמשה כתש אז את העגל "וַיִּזֶר עַל פְּנֵי הַמָּיִם" (שמות לב כ), וכפי שמשה עצמו אמר במפורש: "וָאַשְׁלִךְ אֶת עֲפָרוֹ אֶל הַנַּחַל הַיֹּרֵד מִן

[1] ניתן לומר דרך החידוד, שכיוון שהוסר מעליהם פחדם מהנוגש הגוי, החלו בני ישראל לריב זה עם זה...

הָהָר" (דברים ט כא). גם כאשר רעה את צאן יתרו, מסתבר שמשה הגיע להר סיני כדי למצוא מים ומרעה לצאנו.

מדברי התורה, שמשה בא עם הצאן אל "הַר הָאֱלֹוהִים חֹרֵבָה", עולה שהר סיני נקרא 'הַר הָאֱלֹוהִים' גם לפני מתן תורה. מסתבר שנקרא כך בידי בני אדם שתמהו לגלות נווה פורח רווי מים וצמחיה בלב המדבר הצחיח, וסברו שההר נתברך בברכת אלוהים.

לאור הנתונים הללו יש לשאול: מדוע נקרא ההר בדרך כלל בשם 'חורב' – כפי שנקרא בפסוקנו: "הַר הָאֱלֹוהִים חֹרֵבָה" – מלשון יובש וחרבה? לאמתו של דבר, נראה שהכינוי 'חורב' לא הוצמד להר סיני, אלא לאזור המדבר שבו נמצא. כך מסופר כשבני ישראל היו עדיין ברפידים: "הִנְנִי עֹמֵד לְפָנֶיךָ שָּׁם עַל הַצּוּר **בְּחֹרֵב**, וְהִכִּיתָ בַצּוּר וְיָצְאוּ מִמֶּנּוּ מַיִם" (שמות יז ו), וכוונת הכתוב להדגיש את נס יציאת המים מאבן בלב המדבר. מסתבר שבכל שאר המקומות בהם מוזכר שמעמד הר סיני היה ב'חורב' – "יוֹם אֲשֶׁר עָמַדְתָּ לִפְנֵי ה' אֱלֹקֶיךָ בְּחֹרֵב" (דברים ד י), "בְּיוֹם דִּבֶּר ה' אֲלֵיכֶם בְּחֹרֵב מִתּוֹךְ הָאֵשׁ" (שם טו) ועוד – כוונת הכתוב לכך שהמעמד התקיים בלב המדבר. גם כאשר התורה מספרת על בואו של משה לאזור עם הצאן, התורה מכנה את ההר עצמו 'הַר הָאֱלֹוהִים', ואילו המילה 'חֹרֵבָה' פירושה 'בחורב', כלומר 'הר האלוהים אשר בחורב' – במדבר היבש והחרב.

כאשר הגיעה שעת מתן תורה, הקב"ה בחר להתגלות על הר זה שבני אדם ראו בו את ברכת האלוהים.

חיבה יתירה לפרשת שמות

חומר ולבנים – ולא עבודה זרה

וַיַּעֲבִדוּ מִצְרַיִם אֶת בְּנֵי יִשְׂרָאֵל בְּפָרֶךְ. (שמות א יג)

כפי שמתאר הכתוב, עם ישראל שועבד בבניית "עָרֵי מִסְכְּנוֹת לְפַרְעֹה, אֶת פִּתֹם וְאֶת רַעַמְסֵס" (שמות א יא). קשה לדעת בבירור מה היה טיבן של ערים אלו, אך מן

העבודה שהבנייה נעשתה "בְּחֹמֶר וּבִלְבֵנִים" (שם יד) אנו יכולים ללמוד לכל הפחות שבני ישראל לא עסקו בבניית בתי עבודה זרה; שהרי כפי שידוע, מקדשי האלילים שבמצרים נבנו מאבן ושיש, ולא מחומר ולבנים.

התרת הרצועה

וַיְהִי בַּיָּמִים הָהֵם וַיִּגְדַּל מֹשֶׁה וַיֵּצֵא אֶל אֶחָיו וַיַּרְא בְּסִבְלֹתָם, וַיַּרְא אִישׁ מִצְרִי מַכֶּה אִישׁ עִבְרִי מֵאֶחָיו. (שמות ב יא)

משה ראה איש מצרי מן השורה מכה איש עברי מן השורה. מכיוון שהותרה הרצועה להמית את התינוקות העברים, היו מן המצרים שלמדו היתר לעצמם להכות גם את המבוגרים. וזהו "וַיְהִי בַּיָּמִים הָהֵם" – בימי גזירת פרעה.

נסיונות של משה לדחות את השליחות

וַיֹּאמֶר מֹשֶׁה אֶל ה', בִּי אֲדוֹנָי לֹא אִישׁ דְּבָרִים אָנֹכִי גַּם מִתְּמוֹל גַּם מִשִּׁלְשֹׁם. (שמות ד י)

בהמשך נסיונותיו להימנע מקבלת השליחות, הצהיר משה על עצמו: "לֹא אִישׁ דְּבָרִים אָנֹכִי" – אלא איש מעשה, כפי שהוכח פעמיים, בהריגתו את המצרי הרודף ובהושעתו את בנות יתרו – ודווקא במקרה בו הוא ניסה להשתמש בדיבור, באומרו לרשע "לָמָּה תַכֶּה רֵעֶךָ", הוא לא הצליח ונאלץ לברוח ממצרים.

הקב"ה השיב למשה: "מִי שָׂם פֶּה לָאָדָם, אוֹ מִי יָשׂוּם אִלֵּם אוֹ חֵרֵשׁ אוֹ פִקֵּחַ אוֹ עִוֵּר, הֲלֹא אָנֹכִי ה'". אולם שאלת כבדות הפה הייתה רק תירוץ בעבור משה, שחזר וביקש: "וַיֹּאמֶר, בִּי אֲדוֹנָי, שְׁלַח נָא בְּיַד תִּשְׁלָח". במשפט זה מקופלות שתי משמעויות. הראשונה, 'אנא הפקד את השליחות ביד שליח אחר, ולא בידי'. אך גם יש בדברי משה הד לדבריו של הקב"ה "**וְשָׁלַחְתִּי אֶת יָדִי** וְהִכֵּיתִי אֶת מִצְרַיִם" (שמות ג כ). משה ביקש מהקב"ה שישתמש **בידו** החזקה ויושיע את ישראל באופן ישיר, מבלי להזדקק לשליחות של בשר ודם.

משתפי פעולה

וַיֻּכּוּ שֹׁטְרֵי בְּנֵי יִשְׂרָאֵל. (שמות ה יד)

אלה היו משתפי פעולה עם המצרים, ולכן נתמנו שוטרים. כדי להביא את הגאולה, היה צורך להרחיקם מן השלטון ולקרבם אל אחיהם.

פרשת וארא

מהלך א: עם ונצחיות

הפרשה השנייה בספר שמות פותחת בהקדמה אודות שם ה': "וָאֵרָא אֶל אַבְרָהָם אֶל יִצְחָק וְאֶל יַעֲקֹב בְּאֵל שַׁדָּי, וּשְׁמִי ה' לֹא נוֹדַעְתִּי לָהֶם" (שמות ו ג). לכאורה משמעות הדברים היא שהאבות לא הכירו את שם ההוויה בן ארבע האותיות, אך אין הדבר כן. לא זו בלבד שהאבות הזכירו את שם ההוויה לרוב, דוגמת דברי אברהם למלך סדום: "הֲרִימֹתִי יָדִי אֶל ה'..." (בראשית יד כב ובמקומות נוספים); ואף האימהות השתמשו בשם ההוויה (בראשית טז ב; כז ז; כט לב-לג; ל כד ועוד); אלא אפילו האנשים שמסביב למשפחת האבות – לוט, אליעזר, לבן ובתואל, אבימלך ופיכל – הזכירו את שם ההוויה לא פעם ולא פעמיים (בראשית יט יד; פרק כד, ועוד); וגם חוה, למך, נח ועוד מהקדמונים הזכירו את שם ההוויה (בראשית ד א; ד כו; ה כט ועוד). יתר על כן, הקב"ה נגלה בשמו זה לאבות. בברית בין הבתרים הופיע הקב"ה לאברהם בשם ההוויה: "וַיֹּאמֶר אֵלָיו, אֲנִי ה' אֲשֶׁר הוֹצֵאתִיךָ מֵאוּר כַּשְׂדִּים" (בראשית טו ז). כמו כן פתח ה' את דבריו ליעקב בשם ההוויה: "אֲנִי ה' אֱלוֹהֵי אַבְרָהָם אָבִיךָ וֵאלוֹהֵי יִצְחָק" (בראשית כח יג).

מה, אם כן, פשר הקביעה "וּשְׁמִי ה' לֹא נוֹדַעְתִּי לָהֶם"? ומה הוא החידוש שעליו מבשר השימוש בשם ההוויה?

המילה 'נוֹדַעְתִּי' אין משמעותה ידיעה אלא ועידה, דוגמת "הֲיֵלְכוּ שְׁנַיִם יַחְדָּו בִּלְתִּי אִם נוֹעָדוּ" (עמוס ג ג), שמשמעותו שדיברו ותיאמו ללכת יחד.

הקב"ה אמנם נגלה לאבות האומה בשם ההוויה, אך לא נועדו, דהיינו האבות לא פנו חזרה אל הקב"ה בשם ההוויה. הם פנו בשם אדנות ואלוהות או בשם ההוויה המצורף לאחד משמות אלה. אף הניקוד בשם ההוויה המופיע אצל האבות הוא כניקודו של השם 'אלוהים': א-דני יֱ-ד-וִ-ד, וקוראים אותו "ה' אלוהים".[1]

למה לא פנו האבות אל הקב"ה בשם ההוויה? שם ההוויה נגזר מצירוף 'היה, הווה ויהיה', ומשמעותו נצחיות, כנאמר "זֶה שְּׁמִי לְעֹלָם וְזֶה זִכְרִי לְדֹר דֹּר" (שמות ג טו). נצחיות שייכת בקב"ה, שהוא קיים לעד, וכן בעם ישראל, המתקיים מדור לדור – ואילו האבות היו יחידים, בעלי תוחלת חיים קצובה, ולכן שם ההוויה לא היה שייך בהם.

מהלך ב: באין חזון יפרע עם

התורה מודיעה לנו שכאשר משה הביא את בשורת הגאולה לבני ישראל – "לֹא שָׁמְעוּ אֶל מֹשֶׁה מִקֹּצֶר רוּחַ וּמֵעֲבֹדָה קָשָׁה" (שמות ו ט). הנימוק לאי-השמיעה אל משה, "מִקֹּצֶר רוּחַ וּמֵעֲבֹדָה קָשָׁה", אינו מובן לכאורה: הרי משה בישר להם בשורת גאולה והצלה, והם היו אמורים לשמוח על כך ביותר דווקא בשל השעבוד והעבודה הקשה!

אך משה לא בישר לבני ישראל רק על גאולתם הקרובה, אלא מסר להם בשורה נוספת, רחבה בהרבה. תחילה אמר: "וְהוֹצֵאתִי אֶתְכֶם מִתַּחַת סִבְלֹת מִצְרַיִם וְהִצַּלְתִּי אֶתְכֶם מֵעֲבֹדָתָם וְגָאַלְתִּי אֶתְכֶם בִּזְרוֹעַ נְטוּיָה" (שמות ו ו) – ובשורה זו אכן נאמרה כנגד צרתם בהווה, השעבוד. אך בנוסף, הבטיח: "וְלָקַחְתִּי אֶתְכֶם לִי לְעָם וְהָיִיתִי לָכֶם לֵאלֹהִים... וְהֵבֵאתִי אֶתְכֶם אֶל הָאָרֶץ" (שם ז-ח). בשורה שנייה זו הינה חזון מרחיק ראות, העוסק ככל הנראה בצפוי לעתיד הרחוק. מכיוון שמשה כרך את ההצלה עם החזון העתידי, לכן "לֹא שָׁמְעוּ אֶל מֹשֶׁה **מִקֹּצֶר רוּחַ**" – כלומר מהיעדר חזון היו חסרי-יכולת להביט מעבר לצרות היומיומיות, וכדברי שלמה: "בְּאֵין חָזוֹן יִפָּרַע עָם" (משלי כט יח).

---

[1] אמנם יעקב פנה לקב"ה פעם אחת בשם ההוי"ה (בראשית לב י), אך זאת במסגרת סיפור דברים ותפילה, ולא התגלות.

עלינו להבדיל בין 'קוצר נפש', מושג שפירושו היעדר סבלנות, דוגמת "וַתִּקְצַר נֶפֶשׁ הָעָם בַּדָּרֶךְ" (במדבר כא ד) ובדומה "וַתִּקְצַר נַפְשׁוֹ בַּעֲמַל יִשְׂרָאֵל" (שפטים י טז), לבין 'קוצר רוח', שפירושו היעדר חזון ושאר-רוח, בדומה לנאמר בנביא: "הֲקָצַר רוּחַ ה'? אִם אֵלֶּה מַעֲלָלָיו (=להענישם בלבד)? הֲלוֹא דְבָרַי (=גם) יֵיטִיבוּ עִם הַיָּשָׁר הוֹלֵךְ" (מיכה ב ז). כך גם בפרשתנו, בני ישראל סבלו "מִקֹּצֶר רוּחַ וּמֵעֲבֹדָה קָשָׁה" ולא יכלו להכיל בקרבם את חזון הלקיחה לעם והכניסה לארץ. לכן בסיום דבריו חזר הקב"ה על "וִידַעְתֶּם כִּי אֲנִי ה' אֱלוֹהֵיכֶם **הַמּוֹצִיא** אֶתְכֶם מִתַּחַת סִבְלוֹת מִצְרָיִם" (שמות ו ז), ולא חזר על שאר לשונות הגאולה, אלא רק על 'וְהוֹצֵאתִי', כי היציאה מעבדות הייתה השאיפה העיקרית של בני ישראל, והשאר לא העסיק אותם.

מהלך ג: המופתים במצרים מול המופתים בסיני

וַיַּשְׁלֵךְ אַהֲרֹן אֶת מַטֵּהוּ לִפְנֵי פַרְעֹה וְלִפְנֵי עֲבָדָיו, וַיְהִי לְתַנִּין. (שמות ז י)

בפעם הראשונה שהתרחש המופת של המקל ההופך לבעל חיים, במעמד הסנה, הפך המקל לנחש – "וַיַּשְׁלִכֵהוּ אַרְצָה וַיְהִי לְנָחָשׁ" (שמות ד ג) – ואילו לפני פרעה ועבדיו הפך המקל לתנין. מדוע? פשוט: המקרה הראשון התרחש במדבר, מקום שמצויים בו נחשים, ולכן המקל הפך לנחש – ואילו המקרה השני התרחש במצרים, מקום שמצויים בו תנינים, ולכן המקל הפך לתנין. תנין זה המצוי במצרים הינו הקרוקודיל השורץ בנילוס, כדברי הנביא יחזקאל "הַתַּנִּים הַגָּדוֹל הָרֹבֵץ בְּתוֹךְ יְאֹרָיו" (יחזקאל כט ג, כאשר אותיות מ"ם ונו"ן מתחלפות). מדובר בשני מקלות שונים: מקלו של משה נהפך לנחש, ומקלו של אהרן נהפך לתנין. כאשר ציווה ה' את משה ללכת לפגוש את פרעה ליד היאור, נאמר: "וְהַמַּטֶּה אֲשֶׁר נֶהְפַּךְ לְנָחָשׁ תִּקַּח בְּיָדֶךָ" (שמות ז טו); ואילו לגבי אהרן נאמר: "קַח אֶת מַטְּךָ וְהַשְׁלֵךְ לִפְנֵי פַרְעֹה יְהִי לְתַנִּין" (שם ט).

במעמד הסנה נמסר למשה גם המופת של ידו הנהפכת מצורעת כשלג, אך לא מצאנו שמשה נזקק לאות זו בפני פרעה, אלא רק במופת התנין. גם זה פשוט: צרעת היא מחלה מבעיתה ומדבקת, ולו היה משה מצטרע לפני המלך, המשרתים היו מגרשים אותו מיד מהארמון.

מהלך ד: ניתוח התנהגותו של פרעה

וַיֶּחֱזַק לֵב פַּרְעֹה וְלֹא שָׁמַע אֲלֵהֶם כַּאֲשֶׁר דִּבֶּר ה'. (שמות ז יג)

תגובתו של פרעה לדברי משה ואהרן ומופתיהם, כפי שמתוארת בכתוב, מיוחסת תמיד אל לבו: "וַיֶּחֱזַק לֵב פַּרְעֹה", "וַיִּכְבַּד לֵב פַּרְעֹה", "אַקְשֶׁה אֶת לֵב פַּרְעֹה". כפי שביארנו בפרשת וישלח (מהלך ג, "וַיְדַבֵּר עַל לֵב הַנַּעֲרָ"), הלב האמור בתורה הינו מושב השכל והדעת, דוגמת "וַיִּגְנֹב יַעֲקֹב אֶת לֵב לָבָן" (בראשית לא כ); "תְּדַבֵּר אֶל כָּל חַכְמֵי לֵב אֲשֶׁר מִלֵּאתִיו רוּחַ חָכְמָה" (שמות כח ג); "וְלֹא נָתַן ה' לָכֶם לֵב לָדַעַת" (דברים כט ג) ועוד. לפיכך, כשהכתוב מתאר שכבד "לֵב פַּרְעֹה" (שמות ז יד) ושאר הלשונות הנתלות בלב, כוונתו לומר שפרעה פעל מתוך שיקול דעת והיגיון כלשהו, ולא מתוך שיגעון וקפריזה.

מה היו השיקולים לפיהם פעל פרעה, בסירובו להיענות לדרישת משה ואהרן לשחרר את בני ישראל? נוכל לחשוף זאת באמצעות ההבחנה שסירוב זה מתואר בכתוב בשלושה פעלים שונים: הלשון הראשונה היא 'וַיֶּחֱזַק', כלומר פרעה לא רצה להראות חולשה ולהיכנע בפני משה ואהרן, ולכן "לֹא שָׁמַע אֲלֵהֶם". לשון זו של חוזק נאמרה עשר פעמים כנגד עשר המכות (שמות ד כא; ז יג; שם כב; ח טו; ט יב; שם לה; י כ; שם כז; יא י; יד ח). הלשון השנייה היא 'וַיִּכְבַּד' (שמות ח כח; ט ז; שם לד), והיא מלשון כבוד, כלומר שלא היה מכבודו של פרעה לשחרר את בני ישראל. הלשון השלישית היא 'הִקְשָׁה' (שמות ז ג, יג טו), כלשון 'קשה-עורף' וכדברי חז"ל: "לעולם יהא אדם רך כקנה ואל יהא קשה כארז" (תענית כ א), והכוונה לקיבעונה של מדיניות פרעה וסירובו לשנות את תפיסותיו המקוריות, נוכח ההתפתחויות.

שלושה שיקולים אלה יסבירו למה דרדר פרעה את עמו אל התהום ולא נכנע לקב"ה. פעמים לא רצה לגלות חולשה בפני יועציו ועמו, פעמים חשש שאין זה מכבודו להיכנע, ופעמים היה מקובע בהחלטותיו הקודמות ולא מסוגל להתגמש ולשנות מדיניות.

מהלך ה: המכות

1. מכת צפרדע לא הייתה התפתחות טבעית

וַיִּמָּלֵא שִׁבְעַת יָמִים אַחֲרֵי הַכּוֹת ה' אֶת הַיְאֹר. וַיֹּאמֶר ה' אֶל מֹשֶׁה בֹּא אֶל פַּרְעֹה וְאָמַרְתָּ אֵלָיו... הִנֵּה אָנֹכִי נֹגֵף אֶת כָּל גְּבוּלְךָ בַּצְפַרְדְּעִים. (שמות ז כה-כז)

הכתוב מציין שחלפו שבעה ימים מסיום מכת דם ועד לשובו של משה אל ארמון פרעה לקראת מכת צפרדע. זהו פסק-הזמן היחיד שבין שתי מכות המפורט בכתוב. איזו ידיעה מעניק לנו פרט זה, ולמה דווקא בין מכת דם למכת צפרדע?

במכת דם מתו הדגים שביאור. וכידוע, ישנם מיני דגים שאוכלים את ביצי הצפרדע, ובכך מגבילים את התרבות אוכלוסיית הצפרדעים. בעטיה של מכת דם, הדגה אשר ביאור מתה כדברי הכתוב (שמות ז כא), וכיוון שכך, טבעי שהצפרדעים יתרבו באין מפריע. היה ניתן לטעון בטעות, אם כן, שריבוי הצפרדעים לא היה אלא מכה טבעית, שנגרמה כתוצאה מחיסול דגי היאור. לכן מקפיד הכתוב לציין שבין מכת דם למכת צפרדע חלפו שבעה ימים בלבד, ובפרק זמן קצר שכזה אי אפשר שהצפרדעים יתרבו עד כדי כך בדרך הטבע – וממילא מוכח שמדובר ביד ה'. היות שבשאר המכות לא התבקשה מסקנה כזו, לא טרחה התורה לספר לגביהן על הזמן שחלף בין מכה למכה.

2. מכת כינים – על אף הרחיצה ביאור

וַתְּהִי הַכִּנָּם בָּאָדָם וּבַבְּהֵמָה, כָּל עֲפַר הָאָרֶץ הָיָה כִנִּים בְּכָל אֶרֶץ מִצְרָיִם. (שמות ח יג)

כינים המוזכרות בסתם במקורותינו אינן כיני הראש אלא כיני הגוף, המתרבות עקב לכלוך, כדברי חז"ל: "אגב זוהמא, דם מאכולת הוא" (נדה נב ב). המצרים נהגו לרחוץ בנילוס, כפי שמסופר על בת פרעה שירדה לרחוץ על היאור (שמות ב ה), וכמסופר על פרעה ש"בַּבֹּקֶר הִנֵּה יֹצֵא הַמַּיְמָה, וְנִצַּבְתָּ לִקְרָאתוֹ עַל שְׂפַת הַיְאֹר" (שמות ז טו). למרות שרחיצה תכופה זו הועילה בדרך כלל למצרים שלא יתרבו בהם כינים – אף על פי כן, בשעת המכה נאמר: "וַתְּהִי הַכִּנָּם בָּאָדָם וּבַבְּהֵמָה".

3. מדוע סבלו הבהמות יחד עם בני האדם?

התורה מספרת במכת כינים: "וַתְּהִי הַכִּנָּם בָּאָדָם וּבַבְּהֵמָה" (שמות ח יג). גם במכת שחין, מסופר: "וַיְהִי שְׁחִין אֲבַעְבֻּעֹת פֹּרֵחַ בָּאָדָם וּבַבְּהֵמָה" (שמות ט י).

לא היו מכות כינים ושחין היחידות שפגעו בבעלי החיים ובסביבתם. במכת דבר – כל מהות המכה הייתה פגיעה במקנה. אך מטרת המכה לא הייתה סבל המקנה כי אם פגיעה ברכוש המצרים. מיתתו של המקנה שימשה אפוא מכה לבעלים. כך גם במכת ברד. בשונה מכך, במכות כינים ושחין הפגיעה בבהמות לא הייתה מעיקר המכה ולא הענישה את הבעלים. מדוע אפוא נגזר על בהמות המצרים לסבול במכות אלה שלא לצורך הענשת הבעלים? אם אדם חטא, בהמות מה חטאו?

המכנה המשותף למכות כינים ושחין הוא סבל, ללא פגיעה בנפש. קודם שתי מכות אלה מוזכר כבוד פרעה. כאשר סרו הצפרדעים, אחרי מכת צפרדע ולפני מכת כינים, נאמר: "וַיַּרְא פַּרְעֹה כִּי הָיְתָה הָרְוָחָה, וְהַכְבֵּד אֶת לִבּוֹ" (שמות ח יא). כך גם לפני מכת שחין נאמר: "וַיִּכְבַּד לֵב פַּרְעֹה וְלֹא שִׁלַּח אֶת הָעָם" (שמות ט ז). מכיוון שאחד הגורמים העיקריים לעקשנותו של פרעה ולסירובו לשלח את ישראל היה שמירה על כבודו, לכן היכה הקב"ה את פרעה, את המצרים ואת בהמותיהם בשווה, להשפילם ולהמחיש להם שאינם מוגנים יותר ממקניהם, בבחינת "וּמוֹתַר הָאָדָם מִן הַבְּהֵמָה אָיִן" (קהלת ג יט).

בשולי הדברים אעיר שמרכיב חשוב של תשובת אנשי נינוה היה כיסוי האנשים ובהמותיהם בשקים, בשווה. השפלה עצמית זו באה לבטא שאין האדם מחוסן יותר מהבהמה כאשר הקב"ה מבקש להענישו על מעשיו הרעים.

4. האם התבטלה בחירתו החופשית של פרעה במהלך המכות?

במכת שחין נאמר לראשונה שהקב"ה חיזק את לב פרעה – לעומת חמשת המכות הקודמות, בהן מתואר שפרעה הכביד את לבו מרצונו שלו, ללא התערבות אלוהית. במכת דם נאמר: "וַיֶּחֱזַק לֵב פַּרְעֹה וְלֹא שָׁמַע אֲלֵהֶם" (שמות ז כב); במכת צפרדע נאמר: "וְהַכְבֵּד אֶת לִבּוֹ וְלֹא שָׁמַע אֲלֵהֶם" (שמות ח יא); במכת כינים: "וַיֶּחֱזַק לֵב פַּרְעֹה וְלֹא שָׁמַע אֲלֵהֶם" (שם טו);

במכת ערוב: "וַיַּכְבֵּד פַּרְעֹה אֶת לִבּוֹ גַּם בַּפַּעַם הַזֹּאת" (שמות ח כח); ובמכת דבר: "וַיִּכְבַּד לֵב פַּרְעֹה וְלֹא שִׁלַּח אֶת הָעָם" (שמות ט ז) – ואילו במהלך מכת שחין נאמר לראשונה: "וַיְחַזֵּק ה' אֶת לֵב פַּרְעֹה וְלֹא שָׁמַע אֲלֵהֶם, כַּאֲשֶׁר דִּבֶּר ה' אֶל מֹשֶׁה" (שמות ט יב).

מה התחדש במכת שחין שהוצרך הקב"ה להכביד את לב פרעה? מחמת השחין לא יכלו החרטומים "לַעֲמֹד לִפְנֵי מֹשֶׁה" (שמות ט יא) ופרעה נאלץ להוביל את ההתנגדות למשה ואהרן ללא תיווכם של החרטומים. אולם בהמשך, הדברים אינם עקביים. במכת ברד נאמר: "וַיֹּסֶף לַחֲטֹא, וַיַּכְבֵּד לִבּוֹ הוּא וַעֲבָדָיו. וַיֶּחֱזַק לֵב פַּרְעֹה וְלֹא שִׁלַּח אֶת בְּנֵי יִשְׂרָאֵל" (שם לד-לה), במכת ארבה נאמר שוב: "וַיְחַזֵּק ה' אֶת לֵב פַּרְעֹה" (שמות י כ), ובמכת חושך נאמר, בסיום: "וַיְחַזֵּק ה' אֶת לֵב פַּרְעֹה וְלֹא אָבָה לְשַׁלְּחָם" (שם כז).

הווה אומר: מאמצע עשרת המכות ואילך, פעמים פרעה חיזק בעצמו את לבו ופעמים הקב"ה הוא שחיזק את לב פרעה. העולה מכאן הוא שלא עשה הקב"ה לפרעה אלא את מה שפרעה עצמו רצה לעשות לולא חולשתו.

מהלך ו: תועבה או אליל?

וַיֹּאמֶר מֹשֶׁה לֹא נָכוֹן לַעֲשׂוֹת כֵּן כִּי תּוֹעֲבַת מִצְרַיִם נִזְבַּח לַה' אֱלֹהֵינוּ, הֵן נִזְבַּח אֶת תּוֹעֲבַת מִצְרַיִם לְעֵינֵיהֶם וְלֹא יִסְקְלֻנוּ. (שמות ח כב)

מקובל לפרש שהמצרים האלילו את בהמותיהם, ולכן היו עלולים להגיב בחריפות לו היו בני ישראל זובחים צאן לעיניהם. אולם בכתוב לא מוגדרים הכבשים כאלילי מצרים, אלא כ'תּוֹעֲבַת מִצְרַיִם', ויש לנו להבין זאת כפשוטו.

המצרים תיעבו את הצאן, את רעיית הצאן ואת כל העוסקים במלאכה זו, ככתוב בפרשת ויגש: "כִּי תוֹעֲבַת מִצְרַיִם כָּל רֹעֵה צֹאן" (בראשית מו לד). היות ששבט ההיקסוס אשר הזכרנו בפרשת שמות היו רועי צאן, יובן למה תיעבו המצרים כל עיסוק בצאן. באותה מידה הם תיעבו את אכילת בשר הצאן ואת הנוהגים לאכול מבשר הצאן, ומסתבר שאף ראו בזביחת הצאן מעשה של פגיעה וזלזול בדתם; כפי שאנו – להבדיל –

מתייחסים לזבחי חזירים, ומעין דברי הנביא מלאכי: "וְכִי תַגִּשׁוּן עִוֵּר לִזְבֹּחַ, אֵין רָע?... הַקְרִיבֵהוּ נָא לְפֶחָתֶךָ!" (מלאכי א ח).

פרשת בא

מהלך א: מדוע לא נכנס הארבה לבתי המצרים

וְאָכַל אֶת כָּל הָעֵץ הַצֹּמֵחַ לָכֶם מִן הַשָּׂדֶה, וּמָלְאוּ בָתֶּיךָ וּבָתֵּי כָל עֲבָדֶיךָ וּבָתֵּי כָל מִצְרַיִם, אֲשֶׁר לֹא רָאוּ אֲבֹתֶיךָ וַאֲבוֹת אֲבֹתֶיךָ מִיּוֹם הֱיוֹתָם עַל הָאֲדָמָה עַד הַיּוֹם הַזֶּה. (שמות י ה-ו)

כאשר משה הודיע לפרעה על מכת ארבה העומדת לבוא, הוא אמר לו שהארבה ימלא לא רק את שדות המצרים, אלא אף את בתיהם – דבר שלא קרה בעבר. אולם לכשנבדוק מה התרחש בפועל במכת ארבה, נמצא שהארבה אכל רק את הצמחייה שבשדות, ואין כל אזכור לכניסתו אל הבתים: "וַיֹּאכַל אֶת כָּל עֵשֶׂב הָאָרֶץ וְאֵת כָּל פְּרִי הָעֵץ אֲשֶׁר הוֹתִיר הַבָּרָד, וְלֹא נוֹתַר כָּל יֶרֶק בָּעֵץ וּבְעֵשֶׂב הַשָּׂדֶה בְּכָל אֶרֶץ מִצְרָיִם" (שמות י טו). גם מהפסוק "וַיַּהֲפֹךְ ה' רוּחַ יָם חָזָק מְאֹד וַיִּשָּׂא אֶת הָאַרְבֶּה... לֹא נִשְׁאַר אַרְבֶּה אֶחָד בְּכֹל גְּבוּל מִצְרָיִם" (שם יט), אנו שומעים מכאן שהארבה לא נכנס לבתים, שהרי אם כך היה מתרחש, לא הייתה הרוח מועילה להוציאו מהם. מדוע אפוא לא התקיימה הבטחת משה, שהארבה ימלא את בתי המצרים?

התשובה פשוטה: "וַיְמַהֵר פַּרְעֹה לִקְרֹא לְמֹשֶׁה וּלְאַהֲרֹן וַיֹּאמֶר חָטָאתִי...". מכת ארבה התפשטה לפי הסדר עליו הודיע משה: בשלב הראשון "וְאָכַל אֶת כָּל הָעֵץ הַצֹּמֵחַ לָכֶם מִן הַשָּׂדֶה", ורק לאחר מכן היה אמור להתרחש "וּמָלְאוּ בָתֶּיךָ וּבָתֵּי כָל עֲבָדֶיךָ וּבָתֵּי כָל מִצְרַיִם". השלב הראשון אכן התממש – "וַיֹּאכַל אֶת כָּל עֵשֶׂב הָאָרֶץ" – וכבר בנקודה זו מיהר פרעה

לקרוא למשה ולאהרן ולהתחנן בפניהם "וְהַעְתִּירוּ לַה' אֱלֹקֵיכֶם וְיָסֵר מֵעָלַי רַק אֶת הַמָּוֶת הַזֶּה" (שמות י יז); לפיכך נפסקה מכת ארבה לפני שהספיק הארבה להיכנס לתוך בתי המצרים.

מהלך ב: מעמדם של 'עבדי פרעה'

וַיֹּאמְרוּ עַבְדֵי פַרְעֹה אֵלָיו, עַד מָתַי יִהְיֶה זֶה לָנוּ לְמוֹקֵשׁ, שַׁלַּח אֶת הָאֲנָשִׁים וְיַעַבְדוּ אֶת ה'. (שמות י ז)

'עַבְדֵי פַרְעֹה' המוזכרים כאן, כמובן, אינם עבדים של ממש – דוגמת עם ישראל המשועבד לפרעה – אלא השרים והיועצים שבחצר המלך. בדומה לכך סיפר שר המשקים ליוסף: "פַּרְעֹה קָצַף עַל **עֲבָדָיו**, וַיִּתֵּן אֹתִי בְּמִשְׁמַר בֵּית שַׂר הַטַּבָּחִים" (בראשית מא י). שרים אלה היו נוכחים גם כשדיברו משה ואהרן עם פרעה, כפי שאמר משה לפרעה : "וְיָרְדוּ כָל עֲבָדֶיךָ אֵלֶּה אֵלַי וְהִשְׁתַּחֲווּ לִי" (שמות יא ח). 'עֲבָדֶיךָ אֵלֶּה' – שנמצאו במקום באותה שעה.

'עבדים אלה' הם גם אלה שמייעצים לפרעה בפסוקנו: "שַׁלַּח אֶת הָאֲנָשִׁים וְיַעַבְדוּ אֶת ה'". פרעה קיבל את עצתם, ולכן אמר: "לְכוּ נָא הַגְּבָרִים וְעִבְדוּ אֶת ה'" (שמות י יא) – הגברים דווקא, כפי שאמרו לו יועציו: "שַׁלַּח אֶת הָאֲנָשִׁים". חלקם של יועצי פרעה בקבלת ההחלטות מתבטא גם בהמשך, ביציאת מצרים – "וַיֵּהָפֵךְ לְבַב פַּרְעֹה וַעֲבָדָיו אֶל הָעָם וַיֹּאמְרוּ מַה זֹּאת עָשִׂינוּ" (שמות יד ה). 'פַּרְעֹה וַעֲבָדָיו' הפך לבבם יחד, ויחד אמרו "מַה זֹּאת עָשִׂינוּ".

מהלך ג: שיקולי כבוד ויהירות

וַיְמַהֵר פַּרְעֹה לִקְרֹא לְמֹשֶׁה וּלְאַהֲרֹן, וַיֹּאמֶר חָטָאתִי לַה' אֱלֹקֵיכֶם וְלָכֶם. (שמות י טז)

לאחר מכת ארבה קרא פרעה בבהילות למשה ואהרן והודה בפניהם שחטא לקב"ה – "לַה' אֱלוֹהֵיכֶם"; ולמשה ואהרן עצמם – "וְלָכֶם". אך הוא לא הודה שחטא גם כלפי עם ישראל. פשוטי-עם אלה היו בזויים בעיני פרעה, ולא היה בכבודו להודות שחטא כלפיהם.

אין זו הפעם הראשונה שפרעה נהג משיקולי כבוד ויהירות. למעשה, הדבר מאפיין את התנהלותו הכללית ביחס לעם ישראל, כפי שכתבנו לעיל בפרשת וארא. הקב"ה חזר ואמר ביחס לפרעה: "כָּבֵד לֵב פַּרְעֹה" (שמות ז יד), "וַיִּכְבַּד לֵב פַּרְעֹה" (שמות ט ז), "כִּי אֲנִי הִכְבַּדְתִּי אֶת לִבּוֹ" (שמות י א) וכן הלאה – וכל אלה הם מלשון כבוד; בדומה לנאמר בהמשך, "וְאִכָּבְדָה בְּפַרְעֹה וּבְכָל חֵילוֹ" (שמות יד ד , שם יז) – כלומר, שכבודו של הקב"ה יגדל על ידי מפלת חיל המצרים.

לא ניתן לבאר ש"כָּבֵד לֵב פַּרְעֹה" וכדומה פירושו שלבו התחזק והתקשה, שהרי נאמר: "וַיַּכְבֵּד לִבּוֹ הוּא וַעֲבָדָיו. וַיֶּחֱזַק לֵב פַּרְעֹה" (שמות ט לד-לה) – הרי ש'וַיַּכְבֵּד' ו'וַיֶּחֱזַק' הן שתי פעולות שונות. כך עולה גם מן הנאמר במכת דבר – "וַיִּשְׁלַח פַּרְעֹה וְהִנֵּה לֹא מֵת מִמִּקְנֵה יִשְׂרָאֵל עַד אֶחָד, וַיִּכְבַּד לֵב פַּרְעֹה וְלֹא שִׁלַּח אֶת הָעָם" (שם ז). לכאורה, מהו הקשר בין העובדה שעדרי הצאן והבקר של ישראל לא נפגעו, לבין סירובו של פרעה לשלח את עם ישראל? אלא, מדובר בשיקול של כבוד ותדמית: רועי ישראל ורועי מצרים רעו את עדריהם לעתים אלו לצד אלו – שהרי במכת דבר לא נזכרה ארץ גושן, ורק נאמר "וְהִפְלָה ה' בֵּין מִקְנֵה יִשְׂרָאֵל וּבֵין מִקְנֵה מִצְרָיִם" (שם ד) – והיות שמגפת הדבר הפלתה בעליל את מקנה ישראל לטובה, לא היה פרעה יכול לטעון שמדובר באסון טבעי. ממילא, אילו היה משלחם בשל תוצאות המגפה, הדָבָר היה נתפס ככניעה והיה פוגע בכבודו, ולכן נאמר "וַיִּכְבַּד לֵב פַּרְעֹה".

חיבה יתירה לפרשת בא

"וַיִּתְקָעֵהוּ יָמָּה סּוּף" (שמות י יט) – שלא יזיק הארבה גם לארצות אחרות.

פרשת בשלח

מהלך א: הרכב הצבא המצרי

בכל תקופת שעבוד מצרים לא שמענו דבר על רכבי פרעה וצבאו, אלא רק על שוטרים ונוגשים למיניהם. זאת מפני שכל עוד היו בני ישראל עבדים בתוך מצרים הפעיל פרעה כלפיהם אמצעים משטרתיים, פנים-מדינתיים. אולם כשיצאו ממצרים, הפכו בני ישראל להיות ככל אויב זר, ולכן רדף פרעה אחריהם במרכבות צבאו: "וַיֶּאְסֹר אֶת רִכְבּוֹ, וְאֶת עַמּוֹ לָקַח עִמּוֹ" (שמות יד ו).

ממבנהו של הפסוק – "וַיֶּאְסֹר אֶת רִכְבּוֹ" ובנפרד "וְאֶת עַמּוֹ לָקַח עִמּוֹ" – מבואר שה'עַם' שלקח פרעה יחד עִמו איננו הלוחמים. מדובר באזרחים שקיוו בתום הקרב לעבור אחרי החיילים ולבוז את השלל, בדומה לנאמר בכתובים: "וַיָּבֹא יְהוֹשָׁפָט וְעַמּוֹ לָבֹז אֶת שְׁלָלָם" (דברי הימים ב כ כה). לפי זה, פרעה לא לקח עִמו לוחמים רגליים, אלא רק חיל רכוב הממהר לנוע – פרשים ומרכבות – וכפי שנאמר בהמשך: "וַיִּרְדְּפוּ מִצְרַיִם וַיָּבֹאוּ אַחֲרֵיהֶם כֹּל סוּס פַּרְעֹה רִכְבּוֹ וּפָרָשָׁיו אֶל תּוֹךְ הַיָּם" (שמות יד כג). באשר לרכבים, התורה מספרת שעל הרכבים היו "שָׁלִשִׁם עַל כֻּלּוֹ" (שם ז) – ונראה פירוש הדבר שעל כל מרכבה היו שלושה חיילים: מפקד חי"ר, לוחם-קַשָּׁת ונהג המרכבה.

רק חיל פרעה, "סוּס פַּרְעֹה רִכְבּוֹ וּפָרָשָׁיו", הם נכנסו אל תוך היום, ואילו העם המצרי, האזרחים, נותרו חיים על הגדה. לפי דיוק זה נוכל להבין את

הפסוק: "וְיָדְעוּ מִצְרַיִם כִּי אֲנִי ה' בְּהִכָּבְדִי בְּפַרְעֹה בְּרִכְבּוֹ וּבְפָרָשָׁיו" (שמות יד יח). הקב"ה ייכבד "בְּפַרְעֹה בְּרִכְבּוֹ וּבְפָרָשָׁיו" – הלוחמים, שיטבעו בים; ועל ידי כך "וְיָדְעוּ מִצְרַיִם כִּי אֲנִי ה'" – העם, האזרחים העורפיים, שלא ייטבעו בים אלא יראו את הנעשה מרחוק.

מהלך ב: מלחמת ה' בעמלק

התיאור "וַיָּבֹא עֲמָלֵק וַיִּלָּחֶם" (שמות יז ח) איננו כפשט הכתוב, כאילו שעמלק בא ומיד נלחם עם ישראל – שהרי מדברי משה ליהושע ברור שהלחימה החלה רק למחרת. לפיכך, את התיאור 'וַיִּלָּחֶם' יש לקרוא כתיאור כללי של המאורע, ודברי משה ליהושע "וְצֵא הִלָּחֵם בַּעֲמָלֵק מָחָר" הם פירוט המתרחש בפועל.

כך היה סדר הדברים: תחילה "וַיָּבֹא עֲמָלֵק". וכשבא, "וַיְזַנֵּב בְּךָ כָּל הַנֶּחֱשָׁלִים אַחֲרֶיךָ" (דברים כה יח), את החלשים שבפאתי המחנה (ושמא היו אלה הטמאים שנשלחו מחוץ למחנה ישראל גם קודם מתן תורה, ונשארו ללא הגנה). אך עמלק לא תקף את המחנה עצמו, אלא נשאר בסביבתו הקרובה, ואולי לא ציפה לתגובה לפגיעה בנחשלים מצד בני ישראל. בשלב זה, לאחר תקיפת הנחשלים, הורה משה ליהושע: "וְצֵא הִלָּחֵם בַּעֲמָלֵק מָחָר".

מה עשה עמלק להמיט עליו את זעם ה', עד שהכריז הקב"ה שמלחמה לו בעמלק מדור דור? ושבהתאם לכך ציווה ה' את שאול, מאות שנים לאחר מכן, להחרים את כל אשר לעמלק (שמואל א טו ג)? אנו נחפש את התשובה במעשי עמלק כפי שנמשכו מעת יציאת מצרים ועד לזמנם של שאול ודוד.

מה הייתה מטרת עמלק בתקיפת הנחשלים? מבדיקת האזכורים של עמלק במקראות, עולה שהם היו עם של טפילים אשר חיו מפשיטות ומביזה. דרך חיים זו התאימה להם בתור יושבי הנגב אשר לא עסקו בחקלאות או במסחר, כי אם בפשיטות. מסתבר שזה היה המניע לתקיפתם את עם ישראל בימי משה: הרגלם לשדוד ולבוז בני אדם ורכוש. נראה שהם שמעו שבני ישראל יצאו ממצרים ברכוש גדול כולל "כְּלֵי כֶסֶף וּכְלֵי זָהָב" ששאלה אישה מרעותה המצרית, והעושר הזה משך את תשומת הלב

של עמלק. ייתכן שתכננו לסחור בַנחשלים, כפי שסחרו העמים הקדומים בשבויים. בדומה, נמצא תיאור של הפשיטות הנרחבות של עמלק בדרום הארץ כעבור מאות שנים, כעדות הנער העבד שמצאו אנשי דוד: "אֲנַחְנוּ פָּשַׁטְנוּ נֶגֶב הַכְּרֵתִי וְעַל אֲשֶׁר לִיהוּדָה וְעַל נֶגֶב כָּלֵב וְאֶת צִקְלַג שָׂרַפְנוּ בָאֵשׁ" (שמואל א ל יד), וחגיגותיהם על שלל הפשיטות: "נְטֻשִׁים עַל פְּנֵי כָל הָאָרֶץ אֹכְלִים וְשֹׁתִים וְחֹגְגִים בְּכֹל הַשָּׁלָל הַגָּדוֹל" (שם טז).

מסיבה זו של טַפילות וסחר בבני אדם עורר עמלק את הזעם האלוהי יותר משאר עמי האזור. עוד ייתכן שדברי משה בספר דברים: "...וְלֹא יָרֵא אֱלֹהִים" (דברים כה יח) מוסבים דווקא על עמלק, שהיו חסרי דת ואמונה כלשהי. **אתה**, ישראל, "עָיֵף וְיָגֵעַ" – **והוא**, עמלק, "לֹא יָרֵא אֱלֹהִים".

חיבה יתירה לפרשת בשלח

אחדותם של המצרים

וַיֵּהָפֵךְ לְבַב פַּרְעֹה וַעֲבָדָיו אֶל הָעָם, וַיֹּאמְרוּ מַה זֹּאת עָשִׂינוּ כִּי שִׁלַּחְנוּ אֶת יִשְׂרָאֵל מֵעָבְדֵנוּ. (שמות יד ה)

כל עוד לא הגיעו בני ישראל עד אֵתָם ש"בִּקְצֵה [=בתחילת] הַמִּדְבָּר" (שמות יג כ), תשומת לב המצרים לא התמקדה בהם; בין השאר מפני שהמצרים היו עסוקים בקבורת הבכורות שמתו. רק מאוחר יותר נהפך לב המצרים אל בני ישראל והתחרטו על שילוחם לחופשי, וסברו שאפשר להחזירם בכוח.

מתוך גנותם של המצרים ניתן ללמוד גם שבחם: "וַיֵּהָפֵךְ לְבַב פַּרְעֹה וַעֲבָדָיו" – 'לבב' בלשון יחיד, כעין "כאיש אחד בלב אחד". המצרים לא האשימו זה את זה ב'תאונה' של שילוח בני ישראל לחופשי; פרעה לא האשים את עבדיו 'מה זאת עשיתם', והם לא אמרו לו 'מה זאת עשית', אלא קיבלו יחד את האחריות ואמרו "מַה זֹּאת עָשִׂינוּ" – כולנו אשמים.

האם ישראל ראו את המצרים טובעים?

> וּבְנֵי יִשְׂרָאֵל הָלְכוּ בַיַּבָּשָׁה בְּתוֹךְ הַיָּם, וְהַמַּיִם לָהֶם חֹמָה מִימִינָם וּמִשְּׂמֹאלָם. (שמות יד כט)

משמעות התאור "וְהַמַּיִם לָהֶם חֹמָה" היא שהמים לא רק זזו לצדדים כדי ליצור שביל יבשתי שבו יֵלכו בני ישראל, אלא יצרו מימינם ומשמאלם חומה גבוהה. מכיוון שהמים יצרו חומה מימינם ומשמאלם של בני ישראל, לא ראו הללו את טביעת המצרים בתוך הים. רק לאחר שעלו בני ישראל מן הים, ראו את גופות המצרים. לכן נאמר: "וַיַּרְא יִשְׂרָאֵל אֶת מִצְרַיִם מֵת עַל שְׂפַת הַיָּם" (שמות יד ל) – שכבר מתו.

מדוע נמנע מבני ישראל לראות את מפלת המצרים וטביעתם? ניתן לתלות את הסיבה לכך בתלונתם כלפי משה כמה פסוקים קודם לכן – "מַה זֹּאת עָשִׂיתָ לָּנוּ לְהוֹצִיאָנוּ מִמִּצְרָיִם". כיוון שהתלוננו בני ישראל על היציאה ממצרַים, לא היו ראויים לראות את מפלת אויביהם המצרים. הדבר מזכיר את שנאמר ללוט בשעת הפיכת סדום – "הִמָּלֵט עַל נַפְשֶׁךָ, אַל תַּבִּיט אַחֲרֶיךָ וְאַל תַּעֲמֹד בְּכָל הַכִּכָּר" (בראשית יט יז). כיוון שלוט ומשפחתו ניצלו רק בזכות אברהם ולא בזכות עצמם, לכן היו מנועים מלראות בחורבן הערים.

ריקוד מִרְיָם והנשים

> וַתִּקַּח מִרְיָם הַנְּבִיאָה אֲחוֹת אַהֲרֹן אֶת הַתֹּף בְּיָדָהּ, וַתֵּצֶאןָ כָל הַנָּשִׁים אַחֲרֶיהָ בְּתֻפִּים וּבִמְחֹלֹת. (שמות טו כ)

בפסוקנו לא נאמר 'ותצאנה כל הנשים איתה [=עם מרים] בתופים ובמחולות", אלא "וַתֵּצֶאןָ כָל הַנָּשִׁים אַחֲרֶיהָ בְּתֻפִּים וּבִמְחֹלֹת" – בעקבותיה. הנשים לא היו מורגלות ביציאה במחול, אך כיוון שראו את "מִרְיָם הַנְּבִיאָה" – כהדגשת פסוקנו – יוצאת בתוף ובמחול, שוב לא היססו ויצאו גם הן אחריה.

פרשת יתרו

מהלך א: הפחד כיסוד באמונה

וַיְהִי קֹלֹת וּבְרָקִים וְעָנָן כָּבֵד עַל הָהָר וְקֹל שֹׁפָר חָזָק מְאֹד, וַיֶּחֱרַד כָּל הָעָם אֲשֶׁר בַּמַּחֲנֶה. (שמות יט טז)

יש לתהות, מדוע הוצרך הקב"ה להפחיד את ישראל כדי שיקבלו את התורה? כפי שמתואר בפסוקנו, התוצאה העיקרית לקולות, לברקים ולענן שכיסה את ההר הייתה חרדה מצד העם. אך הלוא ישראל ביקשו לקבל את התורה מרצון, כפי שהצהירו שוב ושוב: "וַיַּעֲנוּ כָל הָעָם יַחְדָּו, וַיֹּאמְרוּ כֹּל אֲשֶׁר דִּבֶּר ה' נַעֲשֶׂה" (שמות יט ח),[1] "וַיַּעַן כָּל הָעָם קוֹל אֶחָד, וַיֹּאמְרוּ כָּל הַדְּבָרִים אֲשֶׁר דִּבֶּר ה' נַעֲשֶׂה" (שמות כד ג), "וַיֹּאמְרוּ כֹּל אֲשֶׁר דִּבֶּר ה' נַעֲשֶׂה וְנִשְׁמָע" (שם ז). מדוע, אם כן, היה צורך להפעיל אמצעֵי פחד וכפייה במעמד הר סיני?

אכן, לא נאמר בשום מקום שבני ישראל לא רצו לקבל את התורה. הכפייה והפחד לא הופעלו 'בדיעבד', בתגובה להיעדר רצון מצד העם לקבל את התורה, אלא באו 'לכתחילה', מתוך כוונת הקב"ה שהתורה תינתן מתוך אימה ופחד.

הקשר שבין הפחד לקיום המצוות מפורש בהמשך פרשתנו: "וּבַעֲבוּר

[1] פסוק זה מופיע עוד לפני הפסוק "ויתיצבו בתחתית ההר" (שם יז), עליו דרשו חז"ל: "כפה עליהם הר כגיגית" (שבת פח א) – הרי שהצהרת 'נעשה' בראשונה קדמה לכפיית ההר.

תִּהְיֶה יִרְאָתוֹ עַל פְּנֵיכֶם לְבִלְתִּי תֶחֱטָאוּ" (שמות כ יז). 'עַל פְּנֵיכֶם' דווקא, כאדם שנתחוורו פניו מתוך פחד. היראה שאמורה להיראות על פניהם אין פירושה רק יראת הרוממות כי אם גם פחד פשוט. כך נאמר בלוט: "כִּי יָרֵא לָשֶׁבֶת בְּצוֹעַר" (בראשית יט ל), וכן ביעקב: "הַצִּילֵנִי נָא מִיַּד אָחִי מִיַּד עֵשָׂו כִּי יָרֵא אָנֹכִי אֹתוֹ" (בראשית לב יב). וכן בתפילת ליל שבת: "לפניו נעבוד ביראה ופחד", וכן במקומות נוספים. יראתם הפשוטה של בני ישראל מתוארת גם בספר דברים, כאשר ראשי ישראל פנו אל משה בהר סיני ואמרו: "וְעַתָּה לָמָּה נָמוּת כִּי תֹאכְלֵנוּ הָאֵשׁ הַגְּדֹלָה הַזֹּאת" (דברים ה כב), ומשה מסר להם את תגובת הקב"ה: "הֵיטִיבוּ כָּל אֲשֶׁר דִּבֵּרוּ. מִי יִתֵּן וְהָיָה לְבָבָם זֶה לָהֶם לְיִרְאָה אֹתִי וְלִשְׁמֹר אֶת כָּל מִצְוֹתַי כָּל הַיָּמִים" (שם כה-כו).

הכפייה והפחד מהמוות שחשו ישראל בהר סיני לא היו תוצאה צדדית או מקרית. מטרתם הייתה שקבלת התורה תהיה מתוך אימה ויראה – מפני שהפחד מהבורא הוא מיסודי הדת. זהו מוסר אנטיגנוס איש סוכו, שאמר: "אל תהיו כעבדים המשמשין את הרב על מנת לקבל פרס", ועם זאת סיים: "ויהי מורא שמים עליכם" (אבות א ג). מי שאוהב את ה' ואינו גם מפחד ממנו, ספק אם מאמין בו.

חיבה יתירה לפרשת יתרו

גיורו של יתרו

וַיִּחַדְּ יִתְרוֹ עַל כָּל הַטּוֹבָה אֲשֶׁר עָשָׂה ה' לְיִשְׂרָאֵל, אֲשֶׁר הִצִּילוֹ מִיַּד מִצְרָיִם. (שמות יח ט)

יתרו התגייר לכששמע מפי משה על כל הטובה אשר עשה ה' לישראל. מניין? המונח הייחודי "**וַיִּחַדְּ** יִתְרוֹ", מתפרש שבעקבות היווכחותו בכל הטובה אשר עשה ה' לישראל, ייחד יתרו את הקב"ה ונכנס תחת כנפי השכינה; כפי שהוא עצמו הצהיר

בהמשך: "עַתָּה יָדַעְתִּי כִּי גָדוֹל ה' מִכָּל הָאֱלֹהִים" (שמות יח יא). לכן הקריב קרבנות – "וַיִּקַּח יִתְרוֹ חֹתֵן מֹשֶׁה עֹלָה וּזְבָחִים לֵא-לֹהִים" (שם יב) – שהרי עולה ושלמים הם הקורבנות שבהם חייב הגֵר, כמובא בדברי חז"ל (כריתות ח ב).

עצת יתרו

עַתָּה שְׁמַע בְּקֹלִי אִיעָצְךָ וִיהִי אֱלֹהִים עִמָּךְ, הֱיֵה אַתָּה לָעָם מוּל הָאֱלֹהִים וְהֵבֵאתָ אַתָּה אֶת הַדְּבָרִים אֶל הָאֱלֹהִים. וְהִזְהַרְתָּה אֶתְהֶם אֶת הַחֻקִּים וְאֶת הַתּוֹרֹת, וְהוֹדַעְתָּ לָהֶם אֶת הַדֶּרֶךְ יֵלְכוּ בָהּ וְאֶת הַמַּעֲשֶׂה אֲשֶׁר יַעֲשׂוּן. (שמות יח יט-כ)

ידוע ש'אֱלוֹהִים' לפעמים פירושו קודש ולפעמים פירושו חול. מאחר שפרשה זו עוסקת בדיינים, נראה שיש מהאזכורים של 'אֱלֹהִים' שהם חול. את דברי יתרו בפסוק זה נהוג להבין כהערכתו: 'אם תשמע לקול עצתי, יצליח אלוהים את דרכך'. אולם לאור ההקשר הכללי, העוסק בבחירת שופטים ודיינים, נראה שמדובר כאן בגוף העצה עצמה: "וִיהִי אֱלֹהִים עִמָּךְ" – בלשון רבים, כלומר דיינים (כאשר המילה "יהי" לעתים משמשת במקרא לפני רבים, כפי שמופיע בפסוק "יְהִי מְאֹרֹת בִּרְקִיעַ הַשָּׁמַיִם", בראשית א יד). כבר בפסוקנו יעץ יתרו למשה שייקח לצדו דיינים נוספים, שיקלו מעליו את משא העם.

התורה ממשיכה: "וְהֵבֵאתָ אַתָּה אֶת הַדְּבָרִים אֶל הָאֱלֹהִים" – אל הדיינים. באֵלו 'דברים' מדובר, מתבאר בפסוק הבא: "וְהִזְהַרְתָּה אֶתְהֶם אֶת הַחֻקִּים וְאֶת הַתּוֹרֹת". משה יהיה זה שילמד את הדיינים את דיני התורה והלכות הדיינות, כדי שידעו כיצד לשפוט.

תקדים לדורות

וְאַתָּה תֶחֱזֶה מִכָּל הָעָם אַנְשֵׁי חַיִל יִרְאֵי אֱלוֹהִים אַנְשֵׁי אֱמֶת שֹׂנְאֵי בָצַע. (שמות יח כא)

המילה 'תֶחֱזֶה' מצביעה על רוח הקודש, בדומה לפסוק "שֹׁמֵעַ אִמְרֵי אֵל אֲשֶׁר מַחֲזֵה שַׁדַּי יֶחֱזֶה" (במדבר כד ד). ואכן כך היא משמעות הלשון 'חיזיון' או 'חזון' בכל מקום.[2]

[2] ראו בראשית טו א, שמות כד יא, ובמדבר כד ד. ראה גם שמואל ב א ט, שם ז יז, שם כד יא, מלכים ב יז יג, ישעיהו א א, ועוד רבות בספרי הנביאים.

יתרו ייעץ כאן למשה לבקש סיוע אלוהי כדי לזהות מי מבין העם הם "יִרְאֵי אֱלוֹהִים אַנְשֵׁי אֱמֶת שֹׂנְאֵי בָצַע". הצורך בסיוע אלוהי נובע מכך שהמידות הללו הינן בגדר דברים שבלב, הסמויים מן העין, וקשה אפוא לזהותן בשיפוט חיצוני.

אולם בניגוד לעצת יתרו, בהמשך הדברים לא נאמר 'ויחזה משה מכל העם...' אלא "וַיִּבְחַר מֹשֶׁה אַנְשֵׁי חַיִל מִכָּל יִשְׂרָאֵל". משה לא קיבל את עצת יתרו בנוגע לפרט זה, ולא פנה אל הקב"ה לעזרה בבחירת השופטים. ממילא ברור מדוע נזכרת אצלו רק בחירת 'אַנְשֵׁי חַיִל', ולא שאר המידות שהזכיר יתרו. היותו של אדם איש-חיל הינה דבר הגלוי לעין, ולכן ניתן לזהותה גם ללא עזרה אלוהית.

מדוע נמנע משה מלבקש עזרת הקב"ה, כפי שהמליץ יתרו? התשובה פשוטה: מדובר בתקדים של מינוי שופטים. משה ביקש להציב דוגמא לאופן בו ראוי לבחור מנהיגים בהמשך הדורות גם בהיעדר רוח הקודש, על ידי שיקולים הגלויים לעיני הציבור.

מעמד הר סיני ומשמעותה לדורות

התורה חוזרת פעמים רבות על כך שיציאת מצרים היא ההוכחה למציאות ה', בעוד לכאורה איננו מוצאים שהתגלות ה' בסיני מוכיחה את מציאות ה', דוגמת 'אנכי ה' אלוקיכם אשר נתתי לכם את התורה בהר סיני'. בפתיחת עשרת הדברות נאמר: "אָנֹכִי ה' אֱלוֹהֶיךָ אֲשֶׁר הוֹצֵאתִיךָ מֵאֶרֶץ מִצְרַיִם מִבֵּית עֲבָדִים" (שמות כ ב). בספר דברים נאמר: "או הֲנִסָּה אֱלוֹהִים לָבוֹא לָקַחַת לוֹ גוֹי מִקֶּרֶב גּוֹי בְּמַסֹּת בְּאֹתֹת וּבְמוֹפְתִים... כְּכֹל אֲשֶׁר עָשָׂה לָכֶם ה' אֱלוֹהֵיכֶם בְּמִצְרַיִם לְעֵינֶיךָ". ומיד, בפסוק הבא: "אַתָּה הָרְאֵתָ לָדַעַת כִּי ה' הוּא הָאֱלוֹהִים אֵין עוֹד מִלְבַדּוֹ" (דברים ד לד-לה). גם בספר במדבר מופיע הקשר בין יציאת מצרים לאמונה: "אֲנִי ה' אֱלוֹהֵיכֶם אֲשֶׁר הוֹצֵאתִי אֶתְכֶם מֵאֶרֶץ מִצְרַיִם לִהְיוֹת לָכֶם לֵאלוֹהִים" (במדבר טו מא).

ואם תשאלו, מה יתרון יציאת מצרים על פני מעמד הר סיני? נראה לי שהשאלה יסודה בטעות. יציאת מצרים בתורה כוללת גם את מעמד הר סיני, כפי שנאמר "בְּהוֹצִיאֲךָ אֶת הָעָם מִמִּצְרַיִם תַּעַבְדוּן אֶת הָאֱלוֹהִים עַל הָהָר הַזֶּה" (שמות ג יב).

האמונה במשה

וַיֹּאמֶר ה' אֶל מֹשֶׁה, הִנֵּה אָנֹכִי בָּא אֵלֶיךָ בְּעַב הֶעָנָן בַּעֲבוּר יִשְׁמַע הָעָם בְּדַבְּרִי עִמָּךְ, וְגַם בְּךָ יַאֲמִינוּ לְעוֹלָם. (שמות יט ט)

ההבטחה שניתנה למשה "וְגַם בְּךָ יַאֲמִינוּ לְעוֹלָם", אין פירושה שעד עתה ישראל לא האמינו בו, שהרי כבר נאמר לאחר קריעת ים סוף: "וַיַּאֲמִינוּ בַּה' וּבְמֹשֶׁה עַבְדּוֹ" (שמות יד לא). החידוש שבהבטחה הנוכחית טמון במילה 'לְעוֹלָם': עם ישראל יאמינו במשה לא רק בחייו אלא גם לאחר מותו, בכך שיאמינו בתורה שימסור להם משה בשם הקב"ה.

אריכות ימים וכיבוד הורים

כַּבֵּד אֶת אָבִיךָ וְאֶת אִמֶּךָ לְמַעַן יַאֲרִכוּן יָמֶיךָ. (שמות כא יב)

מצוות כיבוד ההורים מתבטאת במיוחד בתקופת זקנתם. כל עוד הם צעירים, וכוחם עודו במותניהם, אין ההורים זקוקים לעזרה רבה, וממילא אין זו משימה גדולה מדי לכבדם. לכן דווקא במצווה זו נקשרה ההבטחה לאריכות-ימים: אם האדם יכבד את הוריו לעת זקנתם, גם בניו יכבדו אותו לעת זקנתו, וממילא יאריך ימים.

פרשת משפטים

מהלך א: ייחודו של נעשה ונשמע

וַיִּקַּח סֵפֶר הַבְּרִית וַיִּקְרָא בְּאָזְנֵי הָעָם, וַיֹּאמְרוּ כֹּל אֲשֶׁר דִּבֶּר ה' נַעֲשֶׂה וְנִשְׁמָע. (שמות כד ז)

הצהרה זו של עם ישראל, 'נַעֲשֶׂה וְנִשְׁמָע', זכתה לשבחים מופלגים מאת חז"ל: "בשעה שהקדימו ישראל נעשה לנשמע, באו ששים ריבוא של מלאכי השרת לכל אחד ואחד מישראל, קשרו לו שני כתרים, אחד כנגד נעשה ואחד כנגד נשמע..." (שבת פח א). וכן: "בשעה שהקדימו ישראל נעשה לנשמע, יצתה בת קול ואמרה להן, 'מי גילה לבני רז זה שמלאכי השרת משתמשין בו?'" (שם). וכן: "בשעה שהקדימו לפניך נעשה לנשמע, קראת להם בני בכורי..." (שם פט ב).

לכאורה, השבחים הללו עוסקים בהצהרת 'נעשה', שבני ישראל בחרו להקדימה על פני ההצהרה 'נשמע'. אולם הדברים תמוהים מכמה בחינות: ראשית, בני ישראל כבר הצהירו פעמיים 'נַעֲשֶׂה' קודם שאמרו 'וְנִשְׁמָע'. ערב מתן תורה נאמר: "וַיָּבֹא מֹשֶׁה וַיִּקְרָא לְזִקְנֵי הָעָם וַיָּשֶׂם לִפְנֵיהֶם אֵת כָּל הַדְּבָרִים הָאֵלֶּה אֲשֶׁר צִוָּהוּ ה'. וַיַּעֲנוּ כָל הָעָם יַחְדָּו וַיֹּאמְרוּ, כֹּל אֲשֶׁר דִּבֶּר ה' נַעֲשֶׂה, וַיָּשֶׁב מֹשֶׁה אֶת דִּבְרֵי הָעָם אֶל ה'" (שמות יט ז-ח). ובשנייה, לאחר סיום הודעת המשפטים, פסוקים בודדים לפני הצהרת 'נַעֲשֶׂה וְנִשְׁמָע', חזרו על הצהרתם: "וַיָּבֹא מֹשֶׁה וַיְסַפֵּר לָעָם אֵת כָּל דִּבְרֵי ה' וְאֵת כָּל הַמִּשְׁפָּטִים, וַיַּעַן כָּל הָעָם קוֹל אֶחָד וַיֹּאמְרוּ, כָּל הַדְּבָרִים אֲשֶׁר

דִּבֶּר ה' נַעֲשֶׂה" (שמות כד ג). אם כן, מדוע דווקא ההצהרה השלישית זכתה לשבחים הגדולים, ולא קודמותיה?

במקביל עלינו לשאול: מדוע רק בפעם השלישית הוסיפו בני ישראל את האמירה 'וְנִשְׁמָע', בעוד בשתי הפעמים הראשונות הצהירו 'נַעֲשֶׂה' בלבד? ומעבר לכך, מה פירוש עצם ההצהרה 'נַעֲשֶׂה וְנִשְׁמָע': הרי מי שמתחייב לעשות דבר כלשהו, מתחייב ממילא גם לשמוע מה עליו לעשות, כך שההצהרה 'נַעֲשֶׂה' כבר כוללת בתוכה את 'נִשְׁמָע' ואינה חסרה כלום, ואיזו סגולה יש להוספה 'נַעֲשֶׂה וְנִשְׁמָע'?

ישנו הבדל בולט נוסף בין שתי הצהרותיהם של ישראל 'נַעֲשֶׂה' לבין הפעם השלישית בה אמרו 'נַעֲשֶׂה וְנִשְׁמָע'. בשתי הראשונות מדגיש הכתוב את אחדות העם בשעת ההצהרה: "וַיַּעֲנוּ כָל הָעָם יַחְדָּו וַיֹּאמְרוּ, כֹּל אֲשֶׁר דִּבֶּר ה' נַעֲשֶׂה", "וַיַּעַן כָּל הָעָם קוֹל אֶחָד וַיֹּאמְרוּ, כָּל הַדְּבָרִים אֲשֶׁר דִּבֶּר ה' נַעֲשֶׂה". לעומת זאת, בפעם השלישית לא מופיע כל אזכור לאחדות העם, אלא נאמר בסתם: "וַיִּקְרָא בְּאָזְנֵי הָעָם וַיֹּאמְרוּ כֹּל אֲשֶׁר דִּבֶּר ה' נַעֲשֶׂה וְנִשְׁמָע" – לא 'כָל הָעָם', לא 'יַחְדָּו' ולא 'קוֹל אֶחָד', אלא 'וַיֹּאמְרוּ' ותו לא. מה פשר הדבר?

כל התמיהות הללו ניתנות לתירוץ על ידי הסבר אחד פשוט: משמעות המונח 'שמיעה' במקומות רבים בתורה אינה שמיעה באוזן, אלא הַבָנָה, כפי שמומחש בדוגמאות הבאות:

א. "וְהֵם לֹא יָדְעוּ כִּי שֹׁמֵעַ יוֹסֵף כִּי הַמֵּלִיץ בֵּינֹתָם" (בראשית מב כג) – אין הכוונה שהאחים לא ידעו שיוסף מאזין לקול שיחתם, שהרי הוא היה נוכח בחדר, אלא הכוונה שהם לא ידעו שהוא מבין את שפתם.

ב. "יִשָּׂא ה' עָלֶיךָ גּוֹי מֵרָחוֹק... גּוֹי אֲשֶׁר לֹא תִשְׁמַע לְשֹׁנוֹ" (דברים כח מט) – כוונת הכתוב שעם ישראל לא יבין את שפתו של הגוי הפולש.

ג. "שְׁמֹר וְשָׁמַעְתָּ אֵת כָּל הַדְּבָרִים הָאֵלֶּה אֲשֶׁר אָנֹכִי מְצַוֶּךָּ" (דברים יב כח) – אי אפשר לשמור לפני ששומעים מה לשמור, אלא הכוונה היא להבין.

ד. "שְׁמַע יִשְׂרָאֵל ה' אֱלוֹהֵינוּ ה' אֶחָד" (דברים ו ד, וכן בשאר המקומות בהם כתוב 'שְׁמַע יִשְׂרָאֵל', ולדוגמא דברים כז ט), אינו עוסק בשמיעה

באוזן בלבד, אלא מצֻוֶּה עלינו לדעת ולהבין את משמעותה של אחדות ה' ואלוהותו, כפי שביאר רמב"ם (הלכות יסודי התורה א ז).

כשישראל הצהירו 'נַעֲשֶׂה וְנִשְׁמָע', פירוש הדבר שבנוסף להתחייבותם לקיים את המצוות, קיבלו על עצמם ללמוד ולהבין אותן; וכדברי חז"ל: "'כל אשר דבר ה' נעשה ונשמע' – קִבלו עליהם תלמוד תורה והמעשה" (במדבר רבה יד י). לכן כל אחד מישראל הוכתר בשני כתרים, האחד כנגד קיום המצוות והשני כנגד לימוד התורה והבנתה.

חז"ל דייקו גם, כאמור, שבאמירת 'נַעֲשֶׂה וְנִשְׁמָע' התעלו בני ישראל למדרגה בה נקראו על ידי הקב"ה 'בְּנִי בְכֹרִי' – כשם שהבכור נוטל פי-שניים בנחלה, כך ישראל שלא רק מקיימים את המצוות אלא גם לומדים ומבינים אותן כפי כוחם, הרי הם נוחלים פי-שניים לעומת הגויים, שאין חלקם אלא בקיום (מצוות בני נח) ולא בלימוד. אכן הגוי עשוי להיזהר ולהקפיד במצוותיו, להבדיל, ובדומה למה שאמרו חז"ל: "כל מצווה שהחזיקו בה כותים, הרבה מדקדקים בה יותר מישראל" (קידושין עו א, ברכות מז ב), אולם אף ה'לימוד' שלהם אינו נחלתם של הכלל, אלא רק של הכמרים ואנשי הדת שלהם.

מדוע, אם כן, אמרו ישראל 'נַעֲשֶׂה וְנִשְׁמָע' רק בפעם השלישית? דבר זה מתברר על פי ההקשר בו נאמרו הדברים בכל אחד מהמקרים. בפעם הראשונה מסופר: "וַיָּבֹא מֹשֶׁה וַיִּקְרָא לְזִקְנֵי הָעָם וַיָּשֶׂם לִפְנֵיהֶם אֵת כָּל הַדְּבָרִים הָאֵלֶּה אֲשֶׁר צִוָּהוּ ה'" (שמות יט ז) – כלומר שהודיע להם בעל-פה את דברי הקב"ה. וכן נאמר בפעם השנייה: "וַיָּבֹא מֹשֶׁה וַיְסַפֵּר לָעָם אֵת כָּל דִּבְרֵי ה' וְאֵת כָּל הַמִּשְׁפָּטִים" (שמות כד ג). כל עוד נמסרו דברי התורה לישראל בעל-פה בלבד, היה ניתן אמנם לקיימם ולעשותם, אבל לא היו בני ישראל מסוגלים להעמיק בהם, ללומדם ולהבינם – ולכן אמרו רק "נַעֲשֶׂה". בפעם השלישית, לעומת זאת, משה כתב את הדברים: "וַיִּכְתֹּב מֹשֶׁה אֵת כָּל דִּבְרֵי ה'... וַיִּקַּח סֵפֶר הַבְּרִית וַיִּקְרָא בְּאָזְנֵי הָעָם" (שם ד, ז). כעת, כשדברי התורה היו כתובים על ספר, ניתן היה להעתיקם, לחלקם ולהביאם כל אחד ואחד אל ביתו, על מנת לעיין בהם ולהבינם. ולכן ישראל הצהירו הפעם 'נַעֲשֶׂה וְנִשְׁמָע'.

ולבסוף, עובדה זו מתרצת גם את השאלה שנותרה, מדוע בפעמיים

הראשונות מדגיש הכתוב את אחדות ישראל – "כָּל הָעָם", "יַחְדָּו", "קוֹל אֶחָד" – ואילו בפעם השלישית לא נאמרה לשון כלשהי של אחדות. בכל הנוגע לקיום המצוות, כל ישראל שווים זה לזה, ותורה אחת ניתנה לכולם, ולכן הצהרתם 'נַעֲשֶׂה' נאמרה על ידי כולם יחד, בקול אחד. אך כשמדובר בתלמוד תורה, המצב שונה בתכלית: בני האדם אינם שווים בלימוד והבנת התורה. כל אחד ואחד מישראל לומד את התורה ומבין אותה באופן שונה מחברו, על פי כישרונותיו והשכלתו, ועל פי נטיות לבו והזמן העומד לרשותו – ולכן לא היו יכולים לומר 'וְנִשְׁמָע' 'יחד' או ב'קול אחד', כי אין קצבה וגבול לקולות העוסקים בתורה.

חיבה יתירה לפרשת משפטים

משפטים בין אדם לחברו

וְאֵלֶּה הַמִּשְׁפָּטִים אֲשֶׁר תָּשִׂים לִפְנֵיהֶם. (שמות כא א)

פרשתנו אינה נפתחת בהקדמה הרגילה בתורה, דוגמת 'וידבר ה' אל משה לאמר', מפני שלא מדובר במעמד חדש, כי אם בהמשך הציווי שהחל מיד לאחר עשרת הדברות: "וַיֹּאמֶר ה' אֶל מֹשֶׁה, כֹּה תֹאמַר אֶל בְּנֵי יִשְׂרָאֵל... לֹא תַעֲשׂוּן אִתִּי אֱלֹהֵי כֶסֶף וֵאלֹהֵי זָהָב..." (שמות כ יח-ט). משום כך פותחת פרשתנו בוי"ו החיבור, "וְאֵלֶּה הַמִּשְׁפָּטִים". בכל התורה כולה, מצוות שבין אדם למקום ומצוות שבין אדם לחברו הינן מארג אחד שאי אפשר לחלקו. מסר זה מופיע במקומות שונים בתורה. חשיבותו כאן היא בהופעתו בצמידות למתן תורה.

דיני ממונות – חיוב על כל אדם ואדם

כִּי תִקְנֶה עֶבֶד עִבְרִי שֵׁשׁ שָׁנִים יַעֲבֹד וּבַשְּׁבִעִת יֵצֵא לַחָפְשִׁי חִנָּם. (שמות כא ב)

לפי הלשון השגורה בפרשה, היה צריך להיאמר: 'כי יקנה איש עבד עברי', בגוף שלישי, בדומה לפסוק: "וְכִי יַכֶּה אִישׁ אֶת עַבְדּוֹ" (שמות כא כ), "וְכִי יִמְכֹּר אִישׁ אֶת

בִּתּוֹ" (שמות כא ז), "וְכִי יָזִד אִישׁ עַל רֵעֵהוּ" (שם יד), וכך הלאה. מדוע נאמר "כִּי תִקְנֶה", בגוף שני, נוכח?

הדבר בא ללמדנו שכל המשפטים והחוקים הללו אינם מוטלים רק על הדיינים, הנדרשים לאכוף את דיני התורה, אלא גם על כל יחיד ויחיד, המחויב לקיימם אף ללא כפייה מצד בית הדין.

סבל הגר לעומת היתום והאלמנה

> וְגֵר לֹא תוֹנֶה וְלֹא תִלְחָצֶנּוּ כִּי גֵרִים הֱיִיתֶם בְּאֶרֶץ מִצְרָיִם. כָּל אַלְמָנָה וְיָתוֹם לֹא תְעַנּוּן. אִם עַנֵּה תְעַנֶּה אֹתוֹ, כִּי אִם צָעֹק יִצְעַק אֵלַי שָׁמֹעַ אֶשְׁמַע צַעֲקָתוֹ. וְחָרָה אַפִּי וְהָרַגְתִּי אֶתְכֶם בֶּחָרֶב וְהָיוּ נְשֵׁיכֶם אַלְמָנוֹת וּבְנֵיכֶם יְתֹמִים. (שמות כב כ-כג)

לאיסור הונאת הגר נלווית ההנמקה "כִּי גֵרִים הֱיִיתֶם בְּאֶרֶץ מִצְרָיִם": היות שהייתם גרים במצרים, הנכם מכירים את נפש הגר ולכן אמורים להיזהר במיוחד מהונאתו ולחיצתו. לעומת זאת, לאיסור עינוי אלמנה ויתום לא נלווית הנמקה כלשהי, אלא הוא נאמר בסתם; ומאידך, דווקא אליו נלווית אזהרה חריפה בדבר העונש: "וְהָיוּ נְשֵׁיכֶם אַלְמָנוֹת וּבְנֵיכֶם יְתֹמִים" – אכן, אינכם יודעים עדיין את נפש היתום והאלמנה, ולפיכך אם תענו אותם, ה' יעשה את בניכם ליתומים ונשיכם לאלמנות, וכך ייוודע כמה יש להיזהר גם ביחס אליהם.

נספח א: מידות כלי המשכן

לפרשת תרומה

הקב"ה ציווה להציב בתוך המשכן שלושה כלים בעלי מידות מוגדרות: ארון הברית, השולחן ומזבח הקטורת. הגדול ביותר הוא הארון – "אַמָּתַיִם וָחֵצִי אָרְכּוֹ וְאַמָּה וָחֵצִי רָחְבּוֹ וְאַמָּה וָחֵצִי קֹמָתוֹ" (שמות כה י), סה"כ 5.625 מ"ק. אחריו בגודל בא השולחן – "אַמָּתַיִם אָרְכּוֹ וְאַמָּה רָחְבּוֹ וְאַמָּה וָחֵצִי קֹמָתוֹ" (שם כג), סה"כ 3.0 מ"ק. לבסוף מזבח הקטורת, הקטן שביניהם – "אַמָּה אָרְכּוֹ וְאַמָּה רָחְבּוֹ רָבוּעַ יִהְיֶה, וְאַמָּתַיִם קֹמָתוֹ" (שמות ל ב), סה"כ 2.0 מ"ק.

ממידותיהם של שלושה כלי השרת נלמד שיעור לחיים. ארון העדות הוא סמל לתורה, שולחן לחם-הפנים הוא סמל לפרנסה, ומזבח הקטורת הוא סמל להנאות החושים. על פי אבחנה זו ניתן להסביר את ההבדלים על פי חשיבותם: הארון הוא הכלי הגדול ביותר, מפני שחשיבות התורה היא מעל לכל; אחריו בא השולחן המסמל את הפרנסה; ואילו התענוגים נמצאים בסוף סולם החשיבות, ולכן מזבח הקטורת הוא הקטן שבכולם.

אך שלושת הכלים הללו נבדלים זה מזה לא רק בגודלם, אלא גם באופי מידותיהם: מידות הארון הן כולן שבורות – אמתיים וחצי, אמה וחצי, אמה וחצי; מידות השולחן הן בחלקן שבורות ובחלקן שלמות – אמה וחצי, אמתיים, אמה; ואילו מידות מזבח הקטורת הן כולן שלמות – אמה, אמה, אמתיים. מה פשר ההבדלים הללו?

מסתבר שההבדל בשלמות מידות הכלים קשור להתייחסות הראויה מצד האדם לתחומים שונים של החיים: האדם איננו יכול להגיע לשלמות בקניין התורה, ולעולם לא יוכל לומר על עצמו שלמד כל צרכו – ולכן

מידות הארון היו כולן שבורות. בפרנסה, לעומת זאת, קיימת אפשרות להגיע לשלמות יחסית, כדברי חז"ל: "איזהו עשיר – השמח בחלקו" (אבות ד א), אך מאידך לא ניתן להסתפק במועט מדי, ולכן מידות השולחן היו חלקן שלמות וחלקן שבורות. ואילו בהנאות הגוף על האדם לחשוב שהוא נהנה ככל הדרוש לו, וכך היא גם האמת – ולכן מידות מזבח הקטורת היו כולן שלמות.

ניתן להצביע על ממד נוסף בהבדלים שבין כלי המשכן, הקשור למידת השתמרותם, ומסמל אף הוא את ההבדל בחשיבות הדברים:[1] לוחות הברית שהיו בארון לא נשתנו לעולם, לחם הפנים הוחלף מדי שבוע, ואילו הקטורת הוקטרה פעמיים ביום. על פי הסמליות עליה הצבענו, הדבר מורה שהתורה קיימת לעולם ללא שינוי, לעומת פרנסתו של האדם הנתונה לשינויים, ואילו תענוגי הגוף חולפים כהרף עין ואינם.

---

[1] כך הוסיף ר' דוד ספרלינג בשמעו את דברי הנ"ל.

נספח ב, לראש השנה: קול תרועה – עצב או שמחה?

לפרשת כי תישא

וַיִּשְׁמַע יְהוֹשֻׁעַ אֶת קוֹל הָעָם בְּרֵעֹה, וַיֹּאמֶר אֶל מֹשֶׁה קוֹל מִלְחָמָה בַּמַּחֲנֶה. וַיֹּאמֶר אֵין קוֹל עֲנוֹת גְּבוּרָה וְאֵין קוֹל עֲנוֹת חֲלוּשָׁה, קוֹל עַנּוֹת אָנֹכִי שֹׁמֵעַ. (שמות לב יז-יח)

יהושע שמע את "קוֹל הָעָם בְּרֵעֹה", מלשון תרועה. כפי שהיא מוכרת לנו מתקיעת השופר בראש השנה, היא קול קטוע החוזר על עצמו פעמים רבות. קול זה נשמע למרחוק. יהושע שמע אותו ואמר: "קוֹל מִלְחָמָה בַּמַּחֲנֶה", מפני שחשב שמדובר בתרועות קרב, המושמעות לקראת מלחמה ובמהלכה, דוגמת: "וְהֵרֵעוּ בַּמִּלְחָמָה" (שמואל א יז כ), "בִּתְרוּעָה בְּיוֹם מִלְחָמָה" (עמוס א יד), "קוֹל שׁוֹפָר... תְּרוּעַת מִלְחָמָה" (ירמיהו ד יט). אולם לאחר שהתקרב יותר אל המחנה אמר משה (או יהושע): "אֵין קוֹל עֲנוֹת גְּבוּרָה וְאֵין קוֹל עֲנוֹת חֲלוּשָׁה", כלומר שאיננו שומע את הקולות הנלווים ללחימה – לא שאגת המנצחים ולא צעקות המנוצחים.

למה לא יכול משה לפרש את קול התרועה? הסיבה היא שהתרועה מושמעת במצבים שונים ואף מנוגדים. קול התרועה עשוי לשמש הן במצבי שמחה והן בהזדמנויות של צער, וכפי שנהוג עד היום בקרב חלק מעדות המזרח – שהנשים משמיעות בפיהן את אותה יללת 'תרועה', הזהה לתרועת השופר בראש השנה, הן בשמחות והן בהלוויות.

אבחנה זו, בדבר השימוש הכפול לקול התרועה, שופכת אור על מחלוקת חז"ל בראש השנה (לג ב) אם תרועת השופר היא גניחה או יללה. לכאורה, לפי שתי הדעות מוסכם שהתרועה היא קול של עצב, ולפי תרגום אונקלוס

המובא בגמרא (שם), ש'יוֹם תְּרוּעָה' (במדבר כט א) הוא 'יום יבבא'. אכן, ישנם פסוקים בהם משמשת התרועה בהקשר של צער, דוגמת: "וְשָׁמַע זְעָקָה בַּבֹּקֶר וּתְרוּעָה בְּעֵת צָהֳרָיִם" (ירמיהו כ טז), וכן: "תִּקְעוּ שׁוֹפָר... הָרִיעוּ בֵּית אָוֶן... אֶפְרַיִם לְשַׁמָּה תִהְיֶה" (הושע ה ח-ט). אולם מאידך ישנם פסוקים רבים בהם משמשת התרועה בהקשר מפורש של שמחה, דוגמת: "בַּחֲצֹצְרוֹת וְקוֹל שׁוֹפָר הָרִיעוּ לִפְנֵי הַמֶּלֶךְ ה'" (תהלים צח ו, מובא בראש השנה כז א); "וְדָוִד וְכָל בֵּית יִשְׂרָאֵל מַעֲלִים אֶת אֲרוֹן ה' בִּתְרוּעָה וּבְקוֹל שׁוֹפָר" (שמואל ב ו טו); "בִּתְרוּעָה וּבְקוֹל שׁוֹפָר וּבַחֲצֹצְרוֹת וּבִמְצִלְתָּיִם" (דברי הימים א טו כח); "וְרַבִּים בִּתְרוּעָה בְשִׂמְחָה לְהָרִים קוֹל" (עזרא ג יב). המדרש אף מונה את התרועה בין עשר לשונות של שמחה (שיר השירים רבה א א). אם כן, מדוע נחלקו חז"ל רק אם התרועה היא גניחה או יללה, ולכאורה לא העלו את האפשרות שמדובר בקול של שמחה?

הדבר מובן על פי פירושנו, שאותו צליל של תרועה יכול לשמש הן בהקשר של צער והן בהקשר של שמחה. תרועת השופר בראש השנה משמשת אות ליום הדין, בו מוכרע דינו של אדם לגבי גורלו בשנה הקרובה; אלא שאין אנו יודעים אם בשורה זו היא שמחה בעבורנו או שמא להפך. ספקם של חז"ל אינו אם התרועה היא קול של עצב כזה או אחר, אלא האם בכלל התרועה מתפרשת כעצב – גניחה, או שמא כשמחה – יללה.

בהתאם לכך, הפסוק שמביאים חז"ל במהלך אותה מחלוקת בגמרא, "בְּעַד הַחַלּוֹן נִשְׁקְפָה וַתְּיַבֵּב אֵם סִיסְרָא בְּעַד הָאֶשְׁנָב", עניינו בספק שקינן בלב אמו של סיסרא, הממתינה לבואו של בנה: מצד אחד היא דאגה וחששה – "מַדּוּעַ בֹּשֵׁשׁ רִכְבּוֹ לָבוֹא, מַדּוּעַ אֶחֱרוּ פַּעֲמֵי מַרְכְּבוֹתָיו" (שפטים ה כח); ומצד שני היא שמחה וצהלה – "הֲלֹא יִמְצְאוּ יְחַלְּקוּ שָׁלָל... שְׁלַל צְבָעִים לְסִיסְרָא" (שם ל). הרי לנו שגם ה'יבבא' שבתרגום אונקלוס על הפסוק "יוֹם תְּרוּעָה יִהְיֶה לָכֶם" (במדבר כט א), ניתנת להתפרש הן כיללת שמחה והן כגניחה של צער.

זו משמעות החרדה לשֵמע קול השופר בראש השנה, כי אדם אינו יודע מה הוא מבשר.

נספח ג: טומאת היולדת

לפרשת תזריע

התורה לא ביארה לנו את מהותה של הטומאה, וכן אצל חז"ל נעדר הסבר מקיף. חז"ל אמרו רק שפרטי הטומאה הם בעיקרם חוקים שחקק הקב"ה (במדבר רבה יט ג). מגדולי הראשונים אף ייחסו לטומאה ערך תועלתני בלבד, ולא מהותי או סמלי, כפי שכתב למשל ר' סעדיה גאון: "מתועלות הטומאה והטהרה, שייכנע האדם מעצמו ומבשרו, ושתייקר בעיניו התפלה לאחר שפסק ממנה ימים, ושייקר בעיניו הקודש והמקדש אחר שנמנע ימים, ושישיב לבו ליראת שמים" (אמונות ודעות מאמר ג). כלומר, מתוך שלא יוּתַר לטמא להתפלל או להיכנס למקדש בטומאתו, ויצטער בכך, התפילה והמקדש ילבשו חשיבות מחודשת לכשיוּתַר בהם. בדומה לו כתב גם הרמב"ם: "ויהא זה [=הטומאה] כולו סיבה להתרחק מן המקדש, ושלא ידרכו בו בכל עת" (מורה נבוכים ג מז).

כמדומה שהראשון שהצביע על הזיקה בין סוגי הטומאה השונים לבין טומאתו של המת, היה רבי יהודה הלוי, שעמד על כך שהפסד הגוף מאפיין את רוב סוגי הטומאה: "יתכן כי הצרעת והזיבות תלויות בטומאת מת, כי המות הוא ההפסד הכללי לגוף, והאיבר המצורע דומה למת. וכן בזרע הנפסד..." (ספר הכוזרי מאמר שני פיסקה ס). גם טומאת נידה מובנת היטב לפי הסבר זה, שהרי דם נידה כרוך באובדן ביצית שלא הופרתה וחיים שלא החלו להתפתח. ודי בניגוד שבין אל חי וקיים לבין מותו או הפסדו של האדם הנברא בצלם, כדי שנבין מדוע התורה מצווה כה להרחיק את המת, ואת שאר הטומאות הנגזרות מן המוות, מכל מה שקשור למקדש ולקודשיו.

אולם, כל זה איננו מסביר במאום את טומאת היולדת. הכי יש אירוע המנוגד למוות יותר מן הלידה?!

תירוצים רבים ושונים נאמרו במהלך הדורות כדי להסביר מדוע טמאה היולדת. אחד ההסברים נמסר בשם הרבי מקוצק: אישה בהיריון היא שותפתו של הקב"ה ביצירת הוולד, ועם סיום השותפות, בעת הלידה, חלה ירידה בקדושה – ולכן היולדת טמאה. הסבר אחר גורס שאישה בהיריון מכילה בתוכה שני יצורים חיים: היא והעובר, ולאחר הלידה נותרת האישה עם החיות שלה בלבד, ולכן מבחינתה הלידה היא סוג של 'מוות'. מכיוון אחר יש שהציעו, שלידתו של אדם היא בעצם גם תחילת מותו, שהרי סופו של כל יילוד למות, ועל כן היולדת טמאה. אך כמה רחוקים הם פירושים כאלה!

אך נראה לנו שהשאלה לא הוצגה כראוי מראשיתה. לא המוות כשלעצמו גורם לטומאה, אלא המשמעות העומדת מאחוריו – הריחוק ממהות הקב"ה. אין מצב רחוק והפוך יותר מהקב"ה, שהוא חי וקיים לעד, מאשר המוות. אולם לאמתו של דבר, הקב"ה לא רק אינו מת, אלא גם אינו נולד! לא המוות לבדו עומד בסתירה מוחלטת לנצחיותו יתברך, אלא כל השתלשלות הדורות, כל מעגל החיים – לידה ומוות כאחד. הקב"ה קיים לנצח בלא שינוי, לעומת בני אדם שנולדים ומתים, מתהווים וכלים. לכן אף היולדת טמאה, בשל האנושיות המוחלטת שבלידה. תובנה זו מסבירה לנו אף את סיבת הטומאה הכפולה של ארבעה עשר יום ליולדת בת לעומת שבוע אחד ליולדת בן, שהבת שייכת יותר בלידות.

בהבנה זו יש גם חשיבות אמונית החורגת מעבר למושג הטומאה. הנצרות, כידוע, טוענת שיֵשות אלוהית נולדה כביכול; פולחן הבעלים, ששלט בכנען בימי קדם, הקדים אותה בטענה זו. עובדי עבודה זרה האמינו שהבעל הוא אֵל-הגשם, ושהוא מת בכל שנה ונולד מחדש בתחילת עונת הגשמים. למול אמונות נפסדות אלה מודגשת קביעתה של התורה, שהלידה היא מקור לטומאה, ולא לאלוהות.

ניתן אף לזהות מצוות נוספות בתורה הקשורות בעבודת המקדש, שגלום בהן רעיון זה של היעדר השינוי והתמורה אצל הקב"ה. התורה ציוותה

למלוח את בשר הקרבן: "עַל כָּל קָרְבָּנְךָ תַּקְרִיב מֶלַח" (ויקרא ב יג) – כי המלח מונע מן הבשר שינוי והפסד, וכך הוא ראוי להיות מוקרב לקב"ה. מאידך, התורה ציוותה שלא להכניס דבש ושאור בקרבן: "כִּי כָל שְׂאֹר וְכָל דְּבַשׁ לֹא תַקְטִירוּ מִמֶּנּוּ אִשֶּׁה לַה'" (שם יא) – כי הדבש מחיש את החימוץ, והחמץ עצמו מסמל את חילוף חיי האנוש, שכן לחם חמץ תופח מהר ומתעפש מהר, בניגוד למצה, שאינה תופחת ונשמרת לאורך זמן.

זוהי גם סמליותם של איסור חמץ וחובת אכילת מצה בפסח: יציאת מצרים כולה מעשה ה' היא, ואין בה מעשי אנוש ("אָנֹכִי ה' אֱלוֹהֶיךָ אֲשֶׁר הוֹצֵאתִיךָ מֵאֶרֶץ מִצְרַיִם"). לכן בחג זה אנו בדלים מלחם וחמץ – המסמלים, כאמור, את חיי העולם הזה החולפים – ואוכלים מצה, המרמזת על נצחיותו של הקב"ה.

נספח ד: הליכה בקרי עם הקב"ה

לפרשת בחוקותי

וְאִם תֵּלְכוּ עִמִּי קֶרִי וְלֹא תֹאבוּ לִשְׁמֹעַ לִי, וְיָסַפְתִּי עֲלֵיכֶם מַכָּה שֶׁבַע כְּחַטֹּאתֵיכֶם. (ויקרא כו כא)

המילה 'קֶרִי' מתפרשת מלשון 'מקרה'; והיא מופיעה בתורה בפרשת בחוקותי לאחר שורה של פסוקי קללה. כוונתה היא שאם לאחר שיבואו על ישראל המכות והפורענויות המפורטות בכתוב, יִדמו ישראל שכל אלה באו רק במקרה ואינן גמול למעשיהם הרעים, אז: "וְיָסַפְתִּי עֲלֵיכֶם מַכָּה שֶׁבַע כְּחַטֹּאתֵיכֶם". כאלה הם דברי הרמב"ם בהלכות תעניות (א ג):

> אבל אם לא יזעקו ולא יריעו אלא יאמרו דבר זה ממנהג העולם אירע לנו וצרה זו נקרה נקרית, הרי זו דרך אכזריות וגורמת להם להדבק במעשיהם הרעים, ותוסיף הצרה צרות אחרות. הוא שכתוב בתורה "וַהֲלַכְתֶּם עִמִּי בְּקֶרִי וְהָלַכְתִּי עִמָּכֶם בַּחֲמַת קֶרִי", כלומר כשאביא עליכם צרה כדי שתשובו; אם תאמרו שהוא קרי אוסיף לכם חמת אותו קרי.

אולם מציאות זו תמוהה לכאורה. הייתכן שלאחר גל פורענויות ממושך וכואב יטעו ישראל לומר שמדובר במקרה בלבד? אכן כן. כך מצאנו בימי הנביא עמוס, שזעק חמש פעמים על ישראל: "וְלֹא שַׁבְתֶּם עָדַי נְאֻם ה'" (עמוס ד ו-יא) למרות גלי הפורענות שפקדו אותם.

ועדיין נשאר לנו להבין את המציאות המתוארת בפרשת התוכחה. בתורה מוזכרים חמישה גלי פורענות, ואילו המונח 'קֶרִי' מופיע ארבע פעמים בלבד, ואינו מופיע אחרי תיאור הגל הראשון. אם ישראל עלולים לסבור

שאף הגל השני של הפורענויות אינו אלא רצף של אסונות טבע או אחרים שפקדו אותם במקרה, בוודאי שעלולים לסבור כך לגבי הגל הראשון! אם כך, מדוע לא הזכיר הכתוב אחרי הגל הראשון את החשש שבני ישראל ילכו עם הקב"ה ב'קרי'?

למעשה, התשובה לתמיהה זו היא פשוטה בתכלית: בני אדם אינם רגילים להתבונן מהרגע הראשון ולחפש קשר סיבתי בין מעשיהם לבין הצרות הבאות עליהם. לכן, לאחר גל הפורענויות הראשון, ייתכן שהציבור עדיין לא העלה על דעתו את האפשרות שמכות אלה הן מהקב"ה, וממילא אין זו הליכה בקֶרִי. רק לאחר שבא על הציבור גל נוסף של פורענויות, יתכנסו קברניטי האומה, הוגיה ורבניה בכדי לחפש את הסיבה שהביאה להתרגשות הצרות על העם. לכן מזהירה התורה מהפעם השנייה, שאם במצב זה ילכו ישראל בקֶרִי, כלומר ידונו בכובד ראש בשאלה אם המכות באו מהשמים, ויחליטו: לא! שוב מדובר רק באסונות כדרכו של עולם – אזי הדבר חמור שבעתיים, ועל זה חורה אף ה'.

בהמשך, לאחר אזהרות נוספות שלא ללכת בקֶרִי, אומר הכתוב: "וְהִתְוַדּוּ אֶת עֲוֹנָם וְאֶת עֲוֹן אֲבֹתָם בְּמַעֲלָם אֲשֶׁר מָעֲלוּ בִי, וְאַף אֲשֶׁר הָלְכוּ עִמִּי בְּקֶרִי. אַף אֲנִי אֵלֵךְ עִמָּם בְּקֶרִי, וְהֵבֵאתִי אֹתָם בְּאֶרֶץ אֹיְבֵיהֶם, אוֹ אָז יִכָּנַע לְבָבָם הֶעָרֵל וְאָז יִרְצוּ אֶת עֲוֹנָם" (ויקרא כו מ-מא).

כיצד ימשיכו ישראל ללכת בקֶרִי גם אחרי גל קטסטרופות שלישי ורביעי? ומה טיב המעילה שמעלו בקב"ה? נראה לי שהליכה זו בקרי היא פועל יוצא של שיטה שהייתה להם שלמדו מקודמיהם, או שפירשו הם בעצמם, שלא ייתכן שיבוא מאת הקב"ה עונש בצורה כזו, או על אנשים כאלה, או בגלל חטאים כאלה ואחרים. וכיוון שהפורענויות 'לא התאימו' לשיטתם, ומנוי וגמור בדעתם שכל הצרות הללו אינן מאת ה' אלא באו במקרה, ממילא ברור שכל העונשים שבעולם לא יזיזו אותם עוד מדעתם, לאחר ש'קיצרו' כביכול את יד ה' והחליטו שהוא ית' חייב לפעול באופן שפירשו, ולא אחרת. על כך נאמר: "בְּמַעֲלָם אֲשֶׁר מָעֲלוּ בִי", וכתרגום יונתן בן עוזיאל: "בשקריהון דשקרו במימרי". פירוש מעילה זו הוא שהוציאו את מעשי הקב"ה לחולין – בכך שפירשו שהפורענויות באו עליהם במקרה, בדרכו של עולם, ולא במכוון מהקב"ה.

ההליכה בקֶרִי אינה מתבטאת רק בהתכחשות לכך שהצרות והפורענויות באות מאת הקב"ה, אלא גם בהתכחשות לכך שהטובות והברכות באות מהקב"ה, דבר המתבטא באי-נכונות להודות לקב"ה על חסדיו – שהרי אף אלה מקרה, כביכול. לכן גם נאמר: "אָז תִּרְצֶה הָאָרֶץ אֶת שַׁבְּתֹתֶיהָ כֹּל יְמֵי הָשַּׁמָּה" (ויקרא כו לד), שהוא החטא היחיד המובלט בתוכחה. לכאורה, מדוע יוזכר עוון חילול שמיטה יותר משאר עוונות? אי שמירת שמיטה מבטאת למעשה סירוב להודות בכך שארץ ישראל היא מתנת הקב"ה, המותנית בשמירת התורה: "וְאוֹתָנוּ הוֹצִיא מִשָּׁם לְמַעַן הָבִיא אֹתָנוּ לָתֶת לָנוּ אֶת הָאָרֶץ אֲשֶׁר נִשְׁבַּע לַאֲבֹתֵינוּ. וַיְצַוֵּנוּ ה' לַעֲשׂוֹת אֶת כָּל הַחֻקִּים הָאֵלֶּה... לְחַיֹּתֵנוּ כְּהַיּוֹם הַזֶּה" (דברים ו כג-כד). מחללי השמיטה דימו לעצמם שאך באקראי – או גרוע מכך, בכוחם ועוצם ידם – הם יושבים בארץ ישראל, ולכן אינם צריכים להודות לה' על כינון מדינה יהודית לאחר אלפיים שנה.

היוצא מכך הוא שהקב"ה מציב בפנינו בחירה: מי ששומר את מצוות פרשת בהר יינצל מקללות בחוקותי. אלה מצוות קשות – שמיטה, יובל, תמיכה בעני, ועוד – הדורשות ויתור על כסף ועל המרוץ אחר הכסף. ומי שאינו שומר את פרשת בהר על כל מצוותיה, מסתכן בכך שיבואו עליו קללות בחוקותי.

נספח ה: אסון המרגלים

לפרשת שלח

ללא ספק אסון המרגלים היה גדול הקטסטרופות של בני ישראל, כאשר העם כולו ביקש להדיח את משה, להעמיד על עצמו מנהיג חדש ולחזור למצרים. להלן נעסוק בהיבטים של האסון.

1. השליחות והדיווח

בספר במדבר, כידוע, מציגה התורה את שילוח המרגלים כציווי מצד הקב"ה: "וַיְדַבֵּר ה' אֶל מֹשֶׁה לֵּאמֹר. שְׁלַח לְךָ אֲנָשִׁים וְיָתֻרוּ אֶת אֶרֶץ כְּנַעַן אֲשֶׁר אֲנִי נֹתֵן לִבְנֵי יִשְׂרָאֵל" (במדבר יג א-ב). אולם לפי דברי משה בספר דברים, ישראל הם שביקשו לשלוח את המרגלים: "וַתִּקְרְבוּן אֵלַי כֻּלְּכֶם וַתֹּאמְרוּ, נִשְׁלְחָה אֲנָשִׁים לְפָנֵינוּ וְיַחְפְּרוּ לָנוּ אֶת הָאָרֶץ וְיָשִׁבוּ אֹתָנוּ דָּבָר" (דברים א כב). נראה שהתורה מספרת שהיוזמה הייתה מצד בני ישראל, אך הקב"ה ציווה למשה לבצע אותה דווקא בשינוי.

מניין? ישנו הבדל בולט בין שיגור המרגלים כהצעת בני ישראל, לבין האופן בו ציווה הקב"ה. העם ביקש שהמרגלים ייצאו בשליחותו של העם, ולכן אמרו: "נִשְׁלְחָה אֲנָשִׁים לְפָנֵינוּ וְיַחְפְּרוּ **לָנוּ**". מן הסתם, כאשר יחזרו המרגלים ימסרו את דיווחם לעם: "וְיָשִׁבוּ **אֹתָנוּ** דָּבָר". לזאת הקב"ה לא הסכים, והדריך את משה לשלוח את המרגלים בשליחותו שלו: "שְׁלַח **לְךָ** אֲנָשִׁים". עם חזרתם היו המרגלים אמורים למסור את תוצאות מסעם למשה בלבד, ובדומה למרגלים ששלח יהושע לפני הכניסה לארץ – שדיווחו רק לו (יהושע ב כג).

התורה מקפידה לתאר את שיגור המרגלים כפעולת משה: "וַיִּשְׁלַח אֹתָם מֹשֶׁה" (במדבר יג ג), "הָאֲנָשִׁים אֲשֶׁר שָׁלַח מֹשֶׁה" (שם טז), "וַיִּשְׁלַח אֹתָם מֹשֶׁה" (שם יז), וכך יצאו המרגלים "עַל פִּי ה'" (שם ג), ולא כהצעת העם. אולם כשחזרו מלתור את הארץ סטו המרגלים מתנאֵי השליחות. את הדיווח על מסעם מסרו לא למשה לבדו, אלא במעמד פומבי והמוני: "וַיָּבֹאוּ אֶל מֹשֶׁה וְאֶל אַהֲרֹן וְאֶל כָּל עֲדַת בְּנֵי יִשְׂרָאֵל אֶל מִדְבַּר פָּארָן קָדֵשָׁה וַיָּשִׁיבוּ אֹתָם דָּבָר וְאֶת כָּל הָעֵדָה" (שם כו). לא רק למשה ולאהרן, ולא רק לשבעים הזקנים, אלא דיווחו על מסעם לפני כל ישראל. המרגלים פעלו לפי תכנית העם המקורית – וגם אם יהושע וכלב התנגדו, לא יכלו לעכב בעד שאר המרגלים.

מכאן החלה ההידרדרות. הקב"ה ציווה על משה לשלוח, ושהמרגלים ידווחו רק לו, מפני שרוב בני ישראל – שעד לא מזמן היו עבדים במצרים – לא יֵדעו להעריך נכונה את העובדות שיספרו המרגלים, ושמא ייבהלו ויכפרו בבשורת נחלת הארץ. וכך בדיוק קרה: "וַתִּשָּׂא כָּל הָעֵדָה וַיִּתְּנוּ אֶת קוֹלָם, וַיִּבְכּוּ הָעָם בַּלַּיְלָה הַהוּא. וַיִּלֹּנוּ עַל מֹשֶׁה וְעַל אַהֲרֹן כֹּל בְּנֵי יִשְׂרָאֵל, וַיֹּאמְרוּ אֲלֵהֶם כָּל הָעֵדָה, לוּ מַתְנוּ בְּאֶרֶץ מִצְרַיִם... הֲלוֹא טוֹב לָנוּ שׁוּב מִצְרָיְמָה" (במדבר יד א-ג).

2. תגובתו של כלב, שתיקתו של יהושע

התורה מספרת על נסיונו של כלב להרגיע את העם: "וַיַּהַס כָּלֵב אֶת הָעָם אֶל מֹשֶׁה וַיֹּאמֶר עָלֹה נַעֲלֶה וְיָרַשְׁנוּ אֹתָהּ, כִּי יָכוֹל נוּכַל לָהּ" (במדבר יג ל). ניתן להבין את דברי התורה בשתי דרכים. האחת, שכלב השתיק את העם אל משה, ואילו משה הוא שאמר לעם: "עָלֹה נַעֲלֶה וְיָרַשְׁנוּ אֹתָהּ, כִּי יָכוֹל נוּכַל לָהּ". השנייה, שכלב השתיק את העם וגם דיבר אליהם.

לפי האפשרות השנייה, המרגלים טענו כנגד דברי משה האופטימיים וביקשו לקעקע את אמינותו: "הָאָרֶץ אֲשֶׁר עָבַרְנוּ בָהּ לָתוּר אֹתָהּ..." (במדבר יג לב). כאילו אמרו: 'אנחנו אלה שעברנו בארץ וסיירנו בה, אנחנו ראינו אותה ולא משה' – ולכן יש לעם לקבל את גרסתם. גם כלב ויהושע, כשדיברו לבסוף, נקטו באותה לשון ממש: "הָאָרֶץ אֲשֶׁר עָבַרְנוּ בָהּ לָתוּר אֹתָהּ..." (במדבר יד ז). אף הם הדגישו את היותם מן התרים את

הארץ, כאומרים: 'הלוא גם אנחנו ראינו את הארץ, ואנחנו מסכימים עם משה'.

למה שתק יהושע תחילה ורק כלב מחה על דברי המרגלים? מפני שיהושע היה משרתו של משה, ואין זה ראוי לתלמיד לדבר בפני רבו. אך כיוון שהבין את חומרת המצב לאחר שהמרגלים חלקו על משה, וגם השתלחו כדעת חז"ל בכבוד שמים – "כִּי חָזָק הוּא מִמֶּנּוּ" (שם יג לא), רמז לקב"ה (סוטה לה א) – הצטרף יהושע למחאת כלב, כי במקום שיש חילול השם אין חולקים כבוד לרב (סנהדרין פב א).

3. ראשית נפילתם של המרגלים

ניתוח דברי המרגלים מוביל אותנו למסקנה שבשלב הראשון של העימות, המרגלים דיווחו רק את האמת, מבלי לערב בה פרשנות, ורק לבסוף – כתגובה לדברי כלב – החלו לשקר כדי לבסס את מסקנתם שאין ביכולת העם לעלות לארץ ישראל. עם חזרתם הראו המרגלים לעם את פרי הארץ, ודיווחו שהארץ זבת חלב ודבש: "וַיַּרְאוּם אֶת פְּרִי הָאָרֶץ... וַיְסַפְּרוּ לוֹ וַיֹּאמְרוּ בָּאנוּ אֶל הָאָרֶץ אֲשֶׁר שְׁלַחְתָּנוּ וְגַם זָבַת חָלָב וּדְבַשׁ הִוא וְזֶה פִּרְיָהּ" (במדבר יג כו-כז). אפילו הידיעה המבעיתה שהוסיפו המרגלים: "אֶפֶס כִּי עַז הָעָם הַיֹּשֵׁב בָּאָרֶץ וְהֶעָרִים בְּצֻרוֹת גְּדֹלֹת מְאֹד, וְגַם יְלִדֵי הָעֲנָק רָאִינוּ שָׁם. עֲמָלֵק יוֹשֵׁב בְּאֶרֶץ הַנֶּגֶב וְהַחִתִּי וְהַיְבוּסִי וְהָאֱמֹרִי יוֹשֵׁב בָּהָר וְהַכְּנַעֲנִי יֹשֵׁב עַל הַיָּם וְעַל יַד הַיַּרְדֵּן" (שם כח-כט) אינה אלא תיאור עובדתי, הצגת הצדדים השליליים מול הצדדים החיוביים. מסתבר שגם כלב ויהושע היו שותפים לדיווח זה, שהרי משה פקד על המרגלים לברר נתונים אלה. כיצד הידרדר המצב? בני ישראל הגיבו בבהלה לתיאור העובדתי, והסיקו שאי אפשר לכבוש את הארץ. בהלת העם עולה מדברי התורה שכלב השקיט את העם אל משה, סימן שהפניקה התחילה. כלב (או משה, כדברינו למעלה) ניסה לעודד את העם: "עָלֹה נַעֲלֶה וְיָרַשְׁנוּ אֹתָהּ כִּי יָכוֹל נוּכַל לָהּ" (שם ל). כך התחיל השלב השני – שלב הפרשנות של 'המומחים'.

כנגד הערכה חיובית זו שביכולתם של ישראל לכבוש את הארץ, הביעו עשרת המרגלים דעה שלילית לגבי הסיכויים לכך. הם הכריזו: "לֹא נוּכַל לַעֲלוֹת אֶל הָעָם כִּי חָזָק הוּא מִמֶּנּוּ" (במדבר יג לא). וכאן נפל דבר: כיוון

שנוצרה מחלוקת בפירוש העובדות והסקת המסקנות – אם ניתן לכבוש את הארץ, אם לא – וכיוון שלדעת עשרת המרגלים ארבה סכנת השמדה לישראל, בשלב זה בדו מלבם פרטי שקר על מנת לבסס את עמדתם: "וַיֹּצִיאוּ דִּבַּת הָאָרֶץ אֲשֶׁר תָּרוּ אֹתָהּ אֶל בְּנֵי יִשְׂרָאֵל לֵאמֹר הָאָרֶץ אֲשֶׁר עָבַרְנוּ בָהּ לָתוּר אֹתָהּ אֶרֶץ אֹכֶלֶת יוֹשְׁבֶיהָ הִוא וְכָל הָעָם אֲשֶׁר רָאִינוּ בְתוֹכָהּ אַנְשֵׁי מִדּוֹת" (במדבר יג לב). מנקודה זו, עשרת המרגלים – שהיו כולם "רָאשֵׁי בְנֵי יִשְׂרָאֵל" (שם ג), וכפירוש רש"י שבשעת היציאה לשליחות כשרים היו – החלו לנטות מן העובדות ולהפיץ שקרים, עם תוצאות הרות אסון לעצמם ולעם.

יש להפיק מכאן לקח לדורות: ראשית, יש ידיעות רגישות שאין למסור אותן ברבים, וכפי שמורה הכתוב: "וַיֹּצִיאוּ דִּבַּת הָאָרֶץ אֲשֶׁר תָּרוּ אֹתָהּ **אֶל בְּנֵי יִשְׂרָאֵל**" (במדבר יג לב). אילו הוציאו המרגלים את דיבת הארץ אל משה לבדו, לא היו נענשים. ושנית, עד כמה חיוני להפריד בין מי שאוספים את המידע המודיעיני לבין מי שמפרשים אותו. כך למד עם ישראל על בשרו בצורה קטסטרופלית במלחמת יום הכיפורים, והוא אחד מהלקחים שהפיקה וועדת אגרנט.

4. הטענות נאמרו בלחש

בתחילת דיווח המרגלים אנו קוראים על תגובתו של כלב: "וַיַּהַס כָּלֵב אֶת הָעָם אֶל מֹשֶׁה" (במדבר יג ל), ובסוף האירועים אנו מוצאים את תגובתם של כלב ויהושע, משה ואהרן: "וַיִּפֹּל מֹשֶׁה וְאַהֲרֹן עַל פְּנֵיהֶם... וִיהוֹשֻׁעַ בִּן נוּן וְכָלֵב בֶּן יְפֻנֶּה מִן הַתָּרִים אֶת הָאָרֶץ קָרְעוּ בִּגְדֵיהֶם" (במדבר יד ה-ו). אולם דווקא בשיא העימות, במקום המתבקש ביותר – כאשר מזכיר הכתוב את השקרים של עשרת המרגלים – התורה אינה מספרת על תגובה כלשהי מצד משה ואהרן, כלב או יהושע. היאך שתקו?

הסיבה לכך פשוטה: עיקר דברי המרגלים בגנות הארץ לא נאמרו בגלוי, אלא הופצו בקרב העם בלחישה מפה לאוזן. אפילו מרגלים מרושעים לא יעזו לומר בקהל-עם דברים שאינם מתקבלים על הדעת דוגמת "רָאִינוּ אֶת הַנְּפִילִים בְּנֵי עֲנָק מִן הַנְּפִלִים וַנְּהִי בְעֵינֵינוּ כַּחֲגָבִים וְכֵן הָיִינוּ בְּעֵינֵיהֶם" (במדבר יג לג) – ולכן הפיצו אותם כשמועות. כך עולה מן הלשון "וַיּוֹצִיאוּ

דִּבַּת הָאָרֶץ", שמשמעותה היא דברים הנאמרים בסתר, בשפתיים דובבות, וכדברי הנביא ירמיהו: "כִּי שָׁמַעְתִּי דִּבַּת רַבִּים" (ירמיהו כ י ותהלים לא יד) שפירש רש"י: "שמתלחשים עלי". וכך גם כוונת הכתוב, שיוסף הביא "אֶת דִּבָּתָם רָעָה אֶל אֲבִיהֶם" (בראשית לז ב).

זוהי אפוא הסיבה שכלב ויהושע לא סתרו את הדברים הללו – אף על פי שהיו דברי כזב בעליל, כפי שראו במסעם בארץ – מפני שהם לא שמעו אותם מפי המרגלים. הם שמעו שקרים אלה רק למפרע, דרך תגובת העם באותו לילה: "וַתִּשָּׂא כָּל הָעֵדָה וַיִּתְּנוּ אֶת קוֹלָם וַיִּבְכּוּ..." (במדבר יד א).

5. המאיסה בארץ חמדה

בתום ליל בכיה החלה ההתארגנות למרד: "וַיֹּאמְרוּ אִישׁ אֶל אָחִיו, נִתְּנָה רֹאשׁ וְנָשׁוּבָה מִצְרָיְמָה" (במדבר יד ד). הביטוי 'נִתְּנָה רֹאשׁ' נאמר בלשון קצרה, ופירושו 'נשימה עלינו ראש'. בני ישראל ביקשו תחילה למנות מנהיג חדש ורק אז לשוב למצרים. זאת בשונה מחששו של הקב"ה תכף אחרי יציאת מצרים: "פֶּן יִנָּחֵם הָעָם בִּרְאֹתָם מִלְחָמָה, וְשָׁבוּ מִצְרָיְמָה" (שמות יג יז) – ללא נתינת ראש, כי אם במנוסה המונית. כשכל אחד בורח על נפשו, אי אפשר לעצור את המנוסה, היות שאין לה מוקד וראש.

העובדה שבני ישראל במדבר ביקשו להדיח את משה ולמנות מנהיג שיחזיר אותם למצרים, מעידה שהעם עבר תהליך של גיבוש חברתי והפגין יכולת לפעול בצורה מאורגנת ומסודרת. זו הסיבה שקצפו של הקב"ה היה כה גדול, עד שהציע ה': "אַכֶּנּוּ בַדֶּבֶר וְאוֹרִשֶׁנּוּ" (במדבר יד יב). בניגוד למצב העם ביציאתו ממצרים, כעת היו בני ישראל מסוגלים להתארגן, לעמוד בקשרי מלחמה ולהיכנס לארץ – אך דווקא עכשיו הם מרדו בה' ומאסו בארץ חמדה.

נספח ו

מהשנה השנית אל שנת הארבעים: בין בהעלותך לחקת, תרבות החטא

באמצע ספר במדבר – בלב פרשת חקת – ללא התראה וללא התייחסות בכתוב, קופצת התורה שלושים ושמונה שנים קדימה: "וַיָּבֹאוּ בְנֵי יִשְׂרָאֵל כָּל הָעֵדָה מִדְבַּר צִן בַּחֹדֶשׁ הָרִאשׁוֹן וַיֵּשֶׁב הָעָם בְּקָדֵשׁ וַתָּמָת שָׁם מִרְיָם וַתִּקָּבֵר שָׁם" (במדבר כ א). מצוות פרה אדומה, הפותחת את פרשת חוקת, נאמרה לדעת חז"ל (גיטין ס א-ב) בתחילת השנה השנייה לצאת בני ישראל ממצרים. כמו כן, שאר הדברים שנזכרו בספר במדבר מתחילתו ועד פרשת חקת אירעו בשנתיים הראשונות לצאת בני ישראל ממצרים.

לעומת זאת, הפסוק "וַיָּבֹאוּ בְנֵי יִשְׂרָאֵל כָּל הָעֵדָה מִדְבַּר צִן בַּחֹדֶשׁ הָרִאשׁוֹן" וכל האירועים המסופרים אחריו – מיתת מרים, מי מריבה, מלחמות סיחון ועוג ועוד – עד לסיום ספר דברים, כולם התרחשו בשנת הארבעים ליציאת מצרים. כלומר, מתוך קורותיהם של בני ישראל במדבר, חסרות שלושים ושמונה שנים! על כל מה שקרה בין השנה השנית לשנת הארבעים איננו יודעים כמעט דבר. האם בכל אותן השנים בהן שהו בני ישראל במדבר בעקבות חטא המרגלים, לא אירע דבר שראוי לספר עליו? ואפילו אם היו אלה שָׁנִים של דריכה במקום, בהמתנה למיתת כל בני אותו דור במדבר, האם לא הייתה התורה צריכה לכתוב לפחות 'ויבואו בני ישראל כל העדה מדבר צין בחודש הראשון בשנת הארבעים'? מה פשר ההתעלמות מאותן השנים שחלפו?

זו אינה הקושיה היחידה. תמיהה לא פחותה תעלה בידינו, לכשנבחין בכך שסופן של ארבעים השנה דומה מאד לתחילתן. בתחילה ובסוף אנו מוצאים תלונות ומריבות של בני ישראל עם משה ומרידות וחטאים נגד ה'. הדבר בולט במיוחד כאשר נשווה בין אירועי פרשת בהעלותך שלאחר חנוכת המשכן בשנה השנית, לאירועי סוף פרשת חוקת שבשנת הארבעים:

א. **מרד בקב"ה:** בפרשת בהעלותך – "וַיְהִי הָעָם כְּמִתְאֹנְנִים רַע בְּאָזְנֵי ה'... וַתִּבְעַר בָּם אֵשׁ ה' וַתֹּאכַל בִּקְצֵה הַמַּחֲנֶה" (במדבר יא א), ובפרשת חקת – "וַיְדַבֵּר הָעָם בֵּאלוֹהִים וּבְמֹשֶׁה... וַיְשַׁלַּח ה' בָּעָם אֵת הַנְּחָשִׁים הַשְּׂרָפִים" (במדבר כא ה-ו).

ב. **פנייה אל משה לעזרה:** בפרשת בהעלותך – "וַיִּצְעַק הָעָם אֶל מֹשֶׁה, וַיִּתְפַּלֵּל מֹשֶׁה אֶל ה' וַתִּשְׁקַע הָאֵשׁ" (במדבר יא ב), ובפרשת חקת – "וַיָּבֹא הָעָם אֶל מֹשֶׁה וַיֹּאמְרוּ חָטָאנוּ... וַיִּתְפַּלֵּל מֹשֶׁה בְּעַד הָעָם" (במדבר כא ז).

ג. **תלונה על ההוצאה ממצרים:** בפרשת בהעלותך – "זָכַרְנוּ אֶת הַדָּגָה אֲשֶׁר נֹאכַל בְּמִצְרַיִם... לָמָּה זֶּה יָצָאנוּ מִמִּצְרָיִם" (במדבר יא ה; כ), ובפרשת חקת – "לָמָה הֶעֱלִיתֻנוּ מִמִּצְרַיִם לָמוּת בַּמִּדְבָּר כִּי אֵין לֶחֶם וְאֵין מַיִם" (במדבר כא ה).

ד. **מאיסה באכילת המן:** בפרשת בהעלותך – "וְעַתָּה נַפְשֵׁנוּ יְבֵשָׁה אֵין כֹּל בִּלְתִּי אֶל הַמָּן עֵינֵינוּ" (במדבר יא ו), ובפרשת חקת – "וְנַפְשֵׁנוּ קָצָה בַּלֶּחֶם הַקְּלֹקֵל" (במדבר כא ה).

ניתן להוסיף ולמנות פרטים ואירועים דומים; כאילו התורה מבקשת להדגיש שדבר לא השתנה. אמנם ניתן למצוא אי-אלה הבדלים בין תיאורי שני הדורות, אך דומה שמי שקורא בתורה על אירועי תבערה וקברות התאווה מצד אחד ועל מי מריבה ומכת הנחשים והשרפים מצד שני, ואינו יודע איזה מבין האירועים מוקדם ואיזה מאוחר, יתקשה מאד לקבוע לפי הפרטים מה התרחש בתחילת ארבעים השנה ומה בסופן.

יתר על כן: החטאים שבסוף הישיבה במדבר חמורים יותר מכמה בחינות מהחטאים שבתחילתה. בפרשת בהעלותך התלוננו בני ישראל על הקב"ה לבד – "וַיְהִי הָעָם כְּמִתְאֹנְנִים רַע בְּאָזְנֵי ה'" – ואילו בפרשת חקת בשנה האחרונה התלוננו גם על משה: "וַיְדַבֵּר הָעָם בֵּאלוֹהִים וּבְמֹשֶׁה" (במדבר

כא ה). בפרשת בהעלותך היה זה מיעוט מרדני שהסית את בני ישראל – "וְהָאסַפְסֻף אֲשֶׁר בְּקִרְבּוֹ הִתְאַוּוּ תַּאֲוָה וַיָּשֻׁבוּ וַיִּבְכּוּ גַּם בְּנֵי יִשְׂרָאֵל" (במדבר יא ד) – ואילו בפרשת חקת בני ישראל התלוננו מיוזמתם, ללא מסיתים מבחוץ.

זאת ועוד: בפרשת כי תשא מסופר על חטאם של בני ישראל בעגל הזהב: "וַיְהִי כַּאֲשֶׁר קָרַב אֶל הַמַּחֲנֶה וַיַּרְא אֶת הָעֵגֶל וּמְחֹלֹת" (שמות לב יט), וידועה מחלוקת המפרשים האם הייתה שם עבודה זרה ממש או לא; וגם בשאלה האם היה חטא העגל מלווה בגילוי עריות, נחלקו הפרשנים. אולם חטאם של בני ישראל בבעל פעור, בשנת הארבעים, ללא ספק היה בעבודה זרה ממש: "וַתִּקְרֶאןָ לָעָם לְזִבְחֵי אֱלֹהֵיהֶן וַיֹּאכַל הָעָם וַיִּשְׁתַּחֲווּ לֵאלֹהֵיהֶן. וַיִּצָּמֶד יִשְׂרָאֵל לְבַעַל פְּעוֹר, וַיִּחַר אַף ה' בְּיִשְׂרָאֵל" (במדבר כה ב-ג). אף זנות בעליל הייתה שם: "וַיָּחֶל הָעָם לִזְנוֹת אֶל בְּנוֹת מוֹאָב" (שם א). וכן מספר המתים בעקבות חטא זה – "וַיִּהְיוּ הַמֵּתִים בַּמַּגֵּפָה אַרְבָּעָה וְעֶשְׂרִים אָלֶף" (שם ט) – גדול כמעט עשרת מונים משלושת אלפי הרוגי החרב בחטא העגל, והוא מעיד על חומרתו של החטא בבעל פעור. סביר גם להניח שרוב החוטאים בבעל פעור לא היו בני ארבעים וחמישים שהספיקו לחוות בילדותם את חטא העגל וחטא המרגלים (ומפני גילם לא נגזר עליהם כיליון), אלא היו צעירים יותר, בני עשרים ושלושים, מהדור החדש שנולד לאחר החטאים הראשונים.

הגלגל חזר. בני הדור החדש חזרו על פשעי הדור הישן, ואף הוסיפו עליהם. אין מנוס מהמסקנה שהיה רצף עקבי וסיבתי בין הדורות. זוהי העובדה שבאה התורה ללמד, בעוברה ללא התראה מהשנה השנית לשנה הארבעים, כאילו מדובר בהתרחשויות רציפות. "וַיָּבֹאוּ בְנֵי יִשְׂרָאֵל כָּל הָעֵדָה מִדְבַּר צִן בַּחֹדֶשׁ הָרִאשׁוֹן" – כי החודש הראשון הזה היה יכול להשתייך לכל אחת משלושים ושמונה השנים שלפניה! מצב בני ישראל בסיום ארבעים השנה דמה למצבם בהתחלתן, וכפי שאמר משה בפה מלא: "זְכֹר אַל תִּשְׁכַּח אֵת אֲשֶׁר הִקְצַפְתָּ אֶת ה' אֱלוֹהֶיךָ בַּמִּדְבָּר לְמִן הַיּוֹם אֲשֶׁר יָצָאתָ מֵאֶרֶץ מִצְרַיִם עַד בֹּאֲכֶם עַד הַמָּקוֹם הַזֶּה מַמְרִים הֱיִיתֶם עִם ה'" (דברים ט ז).

כאשר בפרשת מסעי קמו בני ראובן, גד וחצי שבט מנשה וביקשו להתיישב

בעבר הירדן המזרחי, הוכיח אותם משה במילים קשות: "וְהִנֵּה קַמְתֶּם תַּחַת אֲבֹתֵיכֶם תַּרְבּוּת אֲנָשִׁים חַטָּאִים, לִסְפּוֹת עוֹד עַל חֲרוֹן אַף ה' אֶל יִשְׂרָאֵל. כִּי תְשׁוּבֻן מֵאַחֲרָיו וְיָסַף עוֹד לְהַנִּיחוֹ בַּמִּדְבָּר, וְשִׁחַתֶּם לְכָל הָעָם הַזֶּה" (במדבר לב יד-טו). המילה 'תַּרְבּוּת' היא מלשון הִתְרַבּוּת, כלומר פריה ורביה, שכן התרבות נמשכת ועוברת מדור לדור. אם בני גד וראובן וחצי מנשה יסרבו להיכנס לארץ ישראל, הם ילכו בדרכם של אבותיהם יוצאי מצרים שמאסו בארץ. ממילא יתברר שלא מדובר בחטא חולף או מקרי, אלא ב'תרבות' כמשמעותה המודרנית של המילה, היינו בתכונה הטבועה בעם ישראל, וכבר לא יהיה ניתן לשרשה. (ומכאן רמז לנקודת התורפה של עם ישראל בנוגע ליישוב ארץ ישראל, וכדברי חז"ל על הפסוק: "היא ישבה בגוים לא מצאה מנוח" [איכה א ג] – "אילו מצאה מנוח לא היו חוזרים", וראו גם בספר הכוזרי ב כד).

ואכן, לפי רצף החטאים הנמשך בקו ישר מן השנה השנית אל שנת הארבעים, מתברר שמשה צדק בדבריו. בני ישראל התלוננו, מרדו, חטאו בעבודה זרה – הן בתחילת ארבעים השנה והן בסופן, וזוהי תרבות של חטאים.

מה אפוא יהיה הפתרון? להימנע ממעשים שיביאו את הקב"ה "עוֹד לְהַנִּיחוֹ בַּמִּדְבָּר" (במדבר לב טו); כלומר, על בני ישראל לקום ולהיכנס לארץ ישראל. רק באופן זה יש אפשרות להשתפר ולהימנע מהגורל של "וְשִׁחַתֶּם לְכָל הָעָם הַזֶּה". רק טלטול ושינוי קיצוני של דפוסי החיים – בבואם אל ארץ נושבת – מסוגל לעקור התנהלות תרבותית מושרשת. כל עוד ישהו בני ישראל במדבר, אין סיכוי שהם יטיבו ויתקנו את דרכם; רק הכניסה לארץ תביא לתיקון המיוחל. אם מפני קדושתה של הארץ, ואם מפני "שיגיעת שניהם [=תורה עם דרך ארץ] משכחת עוון" (אבות ב ב), שיש צורך בחיים נורמליים המכילים תורה ועמל ידיים, ולא רק הסתמכות על מן ונסים, כדי להצמיח דור בריא בנפשו. כמו כן, החיים במחנה ענק אחד מולידים כמעט בהכרח פירות באושים של חברה קלוקלת, שהתיקון שלה אפשרי רק על ידי פיזור העם "איש תחת גפנו ותחת תאנתו", על ידי המעבר מחיים בתנאי מדבר ליישוב ארץ ישראל.

נספח ז

פרקים בהבנת מאורעות זמננו

הקדמה

האם תיתכן אלטרנטיבה דתית לחזון הגאולה? גם השוללים אותו מודים להנחת-היסוד שלו: אם התמורות העצומות שהתרחשו לעם ישראל בארץ ישראל במאת השנים האחרונות הם מעשי ה' להיטיב לישראל, אזי הן מבשרות את הגאולה. אך מכיוון שלדעתם **אי אפשר** שתהיה זו התחלת הגאולה, ממילא אין המאורעות מאת ה'. זו עמדת חסידי סאטמאר. גם חסידי חב"ד ניזונו מהצורך להסביר את מאורעות זמננו החריגים בתולדות הגלות.

ההתנגשות היא בין המציאות של עצמאות מדינית מצד אחד, לבין הבחנת הידרדרות רוחנית מצד שני. התנגשות זו הביאה את כל הדעות החלוקות לכפור או בחשיבות הראשון או בחומרת השני. לאחרונה גם נתוספה מבוכה לנוכח הנסיגה המדינית.

מאמר זה חובר בשנת תשנ"ה ועודכן בשנת תשע"ח. נסיתי להציג דעה אחרת שתענה על התמיהות, המבוססת על כתבי הקודש ודברי חז"ל. אני תקווה שהדברים יתקבלו כבהירים ויהיו לתועלת לנבוכי הזמן.

הנסתרות לה' אלקינו והנגלות לנו ולבנינו עד עולם לעשות את כל דברי התורה הזאת.

פרק ראשון: למה נחרב בית שני

הקדמה

חלקו הראשון של מאמר זה יעסוק בגורמים שהביאו לחורבן בית שני, על מנת להבין את ההנהגה האלוהית ואת משמעותה לתקופתנו. חז"ל תלו את חורבן בית שני לא בחטאי ישראל כלפי שמיא, אלא בפילוגים בעם ("שנאת חינם") ובטעויות מדיניות הרות-גורל ("ענותנותו של ר' זכריה בן אבקולס"). גישתו של ר' זכריה נבעה לדעתנו דווקא מתוך עמדה בפסיקה ובלימוד, עמדה שניתן להצדיקה ואף למצוא לה תקדים בהתנהלותו של משה רבינו בפרשת זמרי, ולכן השתכנעו חז"ל לקבלה – אך לדברי רבי יוחנן היא המיטה על ישראל את אסון החורבן.

א. טעותו של רבי זכריה בן אבקולס

כדי להבין את מאורעות זמננו נידרש תחילה להבין את גורמי הגלות שקדמה להם. המקור העיקרי בתלמוד להבנת חורבן בית שני נמצא במסכת גיטין (נה ב). ומפני שהוא תמוה במבט ראשון ורק במבט שני כולו שכל ישר, נביא את דברי הגמרא בשלמותם ואחר כך נראה מה מבקשת הגמרא ללמדנו.

> אמר רבי יוחנן מאי דכתיב: 'אשרי אדם מפחד תמיד ומקשה לבו יפול ברעה' – אקמצא ובר קמצא חרוב ירושלים... דההוא גברא דרחמיה קמצא[1] ובעל דבביה בר קמצא, עבד סעודתא אמר ליה לשמעיה זיל אייתי לי קמצא, אזל אייתי ליה בר קמצא. אתא אשכחיה דהוה יתיב, אמר לי מכדי ההוא גברא בעלדבבא דהוא גברא הוא מאי בעית הכא קום פוק. אמר ליה לא. אמר ליה יהיבנא לך דמי פלגא דסעודתיך, אמר ליה לא, נקטיה בידיה ואוקמיה ואפקיה. אמר הואיל והוו יתביה רבנן ולא מחו ביה שמע מינה קא ניחא להו, איזיל איכול בהו קורצא בי מלכא. אזל אמר ליה לקיסר מרדו בך יהודאי, אמר

---

[1] בר קמצא פירושו 'בנו של קמצא'. ולפי זה בעל הסעודה אהב את האב ושנא את הבן – רמז לפער בין הדורות שהחריב את הבית. ככל הנראה בר קמצא רצה להשלים עם בעל הסעודה, אחרת לא היה נענה להזמנתו. כיון שבא ברצון להתפייס ואף על פי כן נדחה ונתבזה, בערה בו חמתו שבעתיים.

ליה מי יימר, אמר ליה שדר להו קורבנא חזית אי מקרבין ליה. אזל שדר בידיה עגלא תלתא, בהדי דקאתי שדא ביה מומא בניב שפתים ואמרי לה בדוקין שבעין דוכתא דלדידן הוה מומא ולדידהו לא מומא הוא. סבור רבנן לקרוביה משום שלום מלכות, אמר להו רבי זכריה בן אבקולס יאמרו בעלי מומין קריבין לגבי מזבח. סבור למקטליה דלא ליזיל ולימא, אמר להו רבי זכריה בן אבקולס יאמרו בעלי מומין קריבין לגבי מזבח. סבור למקטליה דלא ליזיל ולימא, אמר להו רבי זכריה בן אבקולס יאמרו מטיל מום בקדשים יהרג. אמר רבי יוחנן ענוותנותו של רבי זכריה בן אבקולס החריבה את ביתנו ושרפה את היכלנו והגליתנו מארצנו.

(על קמצא ובר קמצא חרבה ירושלים. היה איש אחד ששם חברו קמצא ושם יריבו בר קמצא. עשה סעודה ואמר למשרתו להזמין את קמצא, הלך המשרת והביא את בר קמצא. מצאו יושב, אמר לו כיוון שאתה יריבי מה אתה עושה כאן, קום צא. אמר לו כיוון שבאתי הנח לי ואשלם לך מה שאוכל ואשתה, אמר לו לא. אמר לו אשלם לך דמי מחצית הסעודה כולה, אמר לו לא. אמר לו אשלם לך דמי כל הסעודה, אמר לו לא. נטלו בידו והקימו והוציא אותו. אמר בר קמצא כיוון שישבו שם רבנים ולא מחו בבעל הבית משתמע שנוח להם בכך, אלך ואלשין עליהם למלכות. הלך ואמר לקיסר: מרדו בך היהודים. אמר לו מנין לך. אמר לו: שלח להם קרבן וראה אם יקריבו אותו. שלח בידו עגל שמן ובשעה שהביא אותו הטיל בו מום בניב שפתיים ויש אומרים בדוק שבעין, מקום שבדין תורה נחשב מום ולרומאים אינו נחשב מום. סברו חכמים להקריב את הבהמה מפני שלום מלכות, אמר להם רבי זכריה בן אבקולס, אם כן יאמרו העם בעלי מומים מותרים להיות קרבים על המזבח. סברו להרוג את בר קמצא כדי שלא ילך ויספר, אמר להם רבי זכריה בן אבקולס, אם כן יאמרו העם שדין המטיל מום בקדשים ליהרג. אמר רבי יוחנן, ענוותנותו של רבי זכריה בן אבקולס החריבה את ביתנו ושרפה את היכלנו והגלתה אותנו מארצנו).

להלן נעמוד על דברי רבי יוחנן במה שקבע שחורבן הבית והגלות נבעו מטעותו של מנהיג אחד ולא מחטאים. אבל תחילה עלינו להבין את

מעשה רבי זכריה בן אבקולס עצמו. הוא היה ראש סנהדרין או סמכות עליונה אחרת, ולא התיר להעלות בעל מום על המזבח בהוראת שעה שמא ילמדו העם מכך טעות בהלכה, ומאותה סיבה לא התיר להרוג את בר קמצא – שמא ילמד העם טעות בהלכה, שיחשבו שבר קמצא נהרג מפני שהטיל מום בקרבן ולא עקב הלשנתו. ומפני אי-עשייתו של רבי זכריה בן אבקולס הסיקו הרומאים שהיהודים מורדים, ולבסוף נחרב הבית ונשרפה העיר והחלה הגלות כפי שקונן עליו רבי יוחנן.

מעשה זה תמוה ביותר. כיצד התייחס רבי זכריה בן אבקולס לשיקולים שכאלה מול סכנת השמדת כלל ישראל? יאמר העם מה שיאמר, ותצא טעות בהלכה מה שתצא, אין דבר העומד בפני פיקוח נפש וכל שכן בפני הצלת הכלל?! יש להניח שלא פעל רבי זכריה בן אבקולס מעצמו אלא מתוך מקור ותקדים, ממנו למד שאפילו מול סכנה לכלל אין להתיר יצירת תפיסה-הלכתית שגויה. נראה לי שלמד כן מסיפורו של פנחס ומשה בספר במדבר (פרק כה). נעיין תחילה באירוע ואחר כך במה שדנו עליו בגמרא.

ישראל החלו לזנות עם בנות מואב ומתוך כך נצמדו לבעל פעור שהוא עבודה זרה, והחלה המגפה בעם. השופטים נצטוו להרוג את עובדי העבודה הזרה, אך פנחס הרג את זמרי שלא עבד עבודה זרה אלא רק זנה. פנחס פעל מכח ההלכה למשה מסיני ש"הבועל ארמית קנאין פוגעין בו" (סנהדרין פב א). הגמרא שואלת איך הותר לפנחס לפעול בפני משה, מאחר שאסור לתלמיד להורות הלכה בפני רבו. האמוראים תלו את הדיון בפסוק 'וירא פנחס': מה ראה פנחס שאחרים לא ראו, ומה ראה לעשות מעשה בעצמו ולא להמתין למשה? "אמר רב, ראה מעשה ונזכר הלכה. אמר לו, אחי אבי אבא, לא כן לימדתני ברדתך מהר סיני 'הבועל את הכותית קנאין פוגעין בו'? אמר לו, קריינא דאגרתא איהו ליהוי פרוונקא". לדברי רב, לא עבר פנחס על איסור הוראה בפני משה, מפני שהזכיר לו את ההלכה תחילה והיה זה משה שזיכה אותו במעשה. "ושמואל אמר, ראה ש'אין חכמה ואין תבונה ואין עצה נגד ה'', במקום חילול ה' אין חולקין כבוד לרב". לדבריו לא היה פנחס צריך לשאול את משה ולא להזכיר לו את ההלכה כיון שהייתה אז סיטואציה של חילול השם, שזמרי חילל את השם על ידי שבא על המדינית ברבים. דעה שלישית נאמרה: "אמר רבי

יצחק אמר ר"א, ראה שבא מלאך והשחית בעם", ובמקום סכנה לכלל אין להתמהמה אפילו להתייעץ.

דברי רב קשים. למה כשהזכיר פנחס את ההלכה למשה השאיר משה את המעשה בידיו, באמרו "הקורא את האגרת הוא יהיה המבצע"? הרי אף משה היה קנאי, ולכן בצעירותו הרג את המצרי והטמינו בחול. ועוד, משה סיכן את חייו של פנחס, ששבטו של זמרי עלול היה להתנכל לו על הריגת נשיאם, כפי שמסופר בגמרא. אומרת הגמרא: "נהפך זמרי והרגו לפנחס אין נהרג עליו", דהיינו שהיתה לזמרי זכות להגנה עצמית; ואם כן פנחס סיכן את חייו בהריגת זמרי. נראה לי שמשה היה מנוע מלפעול בעצמו מפני ההלכה המוזכרת בגמרא שם: "הבא להימלך – אין מורין לו", שאם בא הקנאי ליטול רשות מבית דין לעשות מעשה קנאותו, לא מתירים לו, מסיבה שהקנאי צריך לפעול מעצמו ולא בשליחות חוק ומשפט. משה היה ראש הסנהדרין ולכן לא יכול היה לפעול כקנאי, שמא יתפרש הדבר כאילו הרג את זמרי מכוח החוק ובסמכות בית דין ולא כמקנא קנאת ה'. ולכן גם שאר שבעים הזקנים לא יכלו להרוג את זמרי, והשאירו את הפעולה בידי פנחס.

כאן מתבקשת השאלה העקרונית, שהיוותה לדעתנו תקדים לדעתו של ר' זכריה בן אבקולס: האם הסיכון שמא יתפרש מעשהו של משה באופן מוטעה ויחשוב העם שזמרי נתחייב מיתה בבית דין ולא מפגיעת קנאי – הוא עילה מספקת להימנע מהריגת זמרי? הלוא הייתה אז שעת סכנה לכלל?! באמת קושיא זו קשה בין לרב, בין לשמואל ובין לרבי יצחק וגם אינה תלויה בדבריהם, ולכן גם רבי זכריה בן אבקולס שחי לפני האמוראים היה יכול להבחין בה. סוף סוף לא הרג משה את זמרי, אם בגלל ששכח את ההלכה של קנאין פוגעין בו כפי שנראה בגמרא, או שהיה מנוע מלהרגו מהסיבה שכתבנו. למה לא הרג אותו משה **בהוראת שעה ועל ידי החלטת בית דין עצמו** כדי להציל את ישראל מכליה? משה הבין שמדובר בסכנת כלָיה, שהרי אמר לו הקב"ה: "קח את כל ראשי העם והוקע אותם לה' נגד השמש וישב חרון אף ה' מישראל". לשון 'חרון אף' וחימה הוא לשון השמדה, כפי שנאמר אחר כך: "פִּינְחָס בֶּן אֶלְעָזָר בֶּן אַהֲרֹן הַכֹּהֵן הֵשִׁיב אֶת חֲמָתִי מֵעַל בְּנֵי יִשְׂרָאֵל... וְלֹא כִלִּיתִי אֶת בְּנֵי יִשְׂרָאֵל בְּקִנְאָתִי" (במדבר כה יא).

נראה לנו שמתַקדים זה של משה רבינו קבע רבי זכריה בן אבקולס שאפילו מול סכנת השמדה לכלל ישראל אסור לפעול באופן שיוביל את הרבים לטעות בהלכה. משה לא הפעיל הוראת שעה להרוג את זמרי שמא יאמרו 'הבועל ארמית מיתתו בבית דין', ורבי זכריה בן אבקולס לא הפעיל הוראת שעה להרוג את בר קמצא שמא יאמרו 'המטיל מום בקדשים נהרג'; ואפילו מול סכנה של חורבן הבית ושריפת ההיכל והגלות. זהו פירוש דבריו של רבי יוחנן "ענוותנותו של רבי זכריה בן אבקולס...". ענווה היא מידת משה רבינו, כפי שמעידה התורה: "וְהָאִישׁ מֹשֶׁה עָנָיו מְאֹד מִכֹּל הָאָדָם אֲשֶׁר עַל פְּנֵי הָאֲדָמָה" (במדבר יב ג). רבי זכריה בן אבקולס למד ממשה והמיט אסון על ישראל.

ב. "ההוא בדברי תורה כתיב"

למה תלה רבי יוחנן את האשמה לחורבן הבית ברבי זכריה בן אבקולס, והרי רבי זכריה פעל לדעתו כמשה רבינו? בדיוק לכך התכוון רבי יוחנן עצמו בראש דבריו, בפתיחתו לסיפור קמצא ובר קמצא ומעשה רבי זכריה בן אבקולס: "אַשְׁרֵי אָדָם מְפַחֵד תָּמִיד וּמַקְשֶׁה לִבּוֹ יִפּוֹל בְּרָעָה" (משלי כח יד). כוונתו של רבי יוחנן שאשרי אדם המפחד תמיד שמא לא למד יפה, שמא טעה בפרשנותו ובמסקנותיו, שמא אינו זהיר מספיק, ושמא יביאו מעשיו ותלמודו לתוצאות הפוכות מהמיוחלות, ואף את השואה.

הפסוק "אַשְׁרֵי אָדָם מְפַחֵד תָּמִיד" מוזכר גם במסכת ברכות (ס א), וגם שם משמעותו זהה:

> ההוא תלמידא דהוה קא אזיל בתריה דרבי ישמעאל ברבי יוסי בשוקא דציון, חזייה דקא מפחיד. אמר ליה: חטאה את דכתיב 'פחדו בציון חטאים'? אמר ליה: והכתיב 'אשרי אדם מפחד תמיד'? אמר ליה: ההוא בדברי תורה כתיב. יהודה בר נתן הוה שקיל ואזיל בתריה דרב המנונא, אתנח, אמר ליה: יסורים בעיה ההוא גברא לאתויי אנפשיה, דכתיב 'כי פחד פחדתי ויאתיני ואשר יגרתי יבא לי'. והא כתיב 'אשרי אדם מפחד תמיד'? ההוא בדברי תורה כתיב.

(תלמיד אחד הלך אחר רבי ישמעאל בנו של רבי יוסי בשוק של ציון. ראה שהתלמיד מפחד, אמר לו: אתה חוטא שכתוב "פחדו בציון

חטאים"? אמר לו: הלוא כתוב "אשרי אדם מפחד תמיד"? אמר לו: אותו פסוק מדבר בדברי תורה. יהודה בן נתן היה הולך אחרי רב המנונא, נאנח, אמר לו שהוא רוצה להביא יסורים על נפשו שכתוב "כי פחד פחדתי ויאתיני ואשר יגרתי יבא לי". והלוא כתוב "אשרי אדם מפחד תמיד"? אותו פסוק מדבר בדברי תורה).

על "ההוא בדברי תורה כתיב" פירש רש"י שאדם צריך לחשוש תמיד שמא ישכח את לימודו ועל ידי כן יחזור תמיד על תלמודו. אבל פירושו של רש"י אינו מתיישב עם המשך הפסוק במשלי: "וּמַקְשֶׁה לִבּוֹ יִפּוֹל בְּרָעָה". אחרי דבריו של רבי יוחנן בגיטין מבואר, ש"ההוא בדברי תורה כתיב", ופירושו **שאשרי אדם המפחד תמיד שמא לא הבין כראוי את דברי התורה, שמא טעה בהסקת מסקנותיו**, כרבי זכריה בן אבקולס שהשווה את הסיטואציה שלפניו לזאת של משה, ובכך הביא את החורבן.[2] על כל פנים היה לרבי זכריה בן אבקולס לחוש ספק, שמא טעה בפרשנותו, והוא לא נסתפק. מידת האיפוק אשר לא הזיקה לישראל בידי משה היא שהמיטה אסון על ישראל בידי רבי זכריה בן אבקולס; מידת הקנאות בידי פנחס הצילה את ישראל, והיא שהחריבה את ישראל בימי בית שני!

כלל זה, שהמנהיגות חייבת לחשוש שמא לא הבינה נכון את התורה ולא תסכן את כלל ישראל בעקבות הבנתה, כלל זה נרמז גם בירושלמי מסכת ברכות (פ"ט ה"ה) וסוטה (פ"ה ה"ה). בשני המקומות מובא סיפורה של מיתת רבי עקיבא על קידוש השם, ומיד לאחריו דרשתו של רבי עקיבא: "את ה' אלוהיך תירא... אותו ואת תורתו". המפרשים פירשו שהדרשה זהה למה שנדרש בתלמוד בבלי מסכת פסחים (כב ב): "לרבות תלמידי חכמים", אבל אין זו משמעות הלשון. רבי עקיבא האמין מתוך לימודו שבר כוכבא הוא המשיח, ומתוך כך היה גורם-שותף למרד ולאבדון מאות אלפי נפשות מישראל. לכן סמוך למיתתו הודה שהיה צריך לפחד יותר שמא לא הבין נכון, **כי תלמיד חכם חייב לירא מתורתו כפי שירא מהקב"ה**.

---

[2] הוא יכול היה לפרש אחרת את הסיטואציה של משה, ולדוגמא שכיוון שאמר הקב"ה למשה: "וַיֹּאמֶר ה' אֶל מֹשֶׁה קַח אֶת כָּל רָאשֵׁי הָעָם וְהוֹקַע אוֹתָם לַה' נֶגֶד הַשָּׁמֶשׁ וְיָשֹׁב חֲרוֹן אַף ה' מִיִּשְׂרָאֵל" (במדבר כה ל), הבין משה מכך שאם יהרוג את החוטאים בעבודה זרה לבדם תבוא לבסוף ההצלה, ואין חובה לפעול מעבר לכך נגד הזונים.

קביעה זו, שתלמיד חכם חייב לירא מתורתו, מאפשרת לנו להבין מאמר במסכת ראש השנה (כה א). הגמרא שם עוסקת בסמכות מנהיג בדורו: "תנו רבנן, ולמה לא נתפרשו שמותם של זקנים הללו, שלא יאמר אדם: פלוני כמשה ואהרן, פלוני כנדב ואביהוא, פלוני כאלדד ומידד". כלומר שאף אם מנהיג הדור אינו יכול להשתוות למשה או לנדב או לאלדד, אולי הוא שווה לאחד משאר שבעים הזקנים שלא נתפרשו שמותם ואף על פי כן שרתה עליהם רוח הקודש. הגמרא ממשיכה:

> ואומר (שמואל א יב ו): 'ויאמר שמואל אל העם ה' אשר עשה את משה ואת אהרן'. ואומר (שם יא): 'וישלח ה' את ירובעל ואת בדן ואת יפתח ואת שמואל', ירובעל זה גדעון, ולמה נקרא שמו ירובעל שעשה מריבה עם הבעל; בדן זה שמשון, ולמה נקרא שמו בדן דאתי מדן; יפתח כמשמעו. ואומר (תהלים צט ו): 'משה ואהרן בכהניו ושמואל בקוראי שמו', שקל הכתוב שלשה קלי עולם כנגד כשלשה חמורי עולם, לומר לך ירובעל בדורו כמשה בדורו, בדן בדורו כאהרן בדורו, יפתח בדורו כשמואל בדורו.

הנה אם יקום ערר על סמכותו של גדעון, יכול בן דורו לומר לו: 'ירובעל בדורו כמשה בדורו', וכן לגבי שמשון אפשר לטעון: 'בדן בדורו כאהרן בדורו', אבל בדורו של יפתח עדיין לא נולד שמואל ומה משמעות הטענה 'יפתח בדורו כשמואל בדורו'? כוונת הגמרא היא שישנם שני סוגי מנהיגות. לפעמים על המנהיג לעשות מה שכבר נעשה בעבר, ושלא יאמרו עליו שהראשון היה רשאי אבל הוא אינו רשאי, ועל זה אמרו: 'ירובעל בדורו כמשה בדורו'. אבל לפעמים צריך המנהיג לעשות פעולה שאין לה תקדים בנסיבות החדשות, ולכן אינו יכול להצטדק על בסיס העבר, ועל זה אמרו: 'יפתח בדורו כשמואל בדורו', שאף אם נדמה למנהיג שאין לו את שיעור הקומה לחדש פעולה כלשהיא, עתיד לקום מנהיג המקובל על הציבור אשר יעשה פעולתו של הראשון. רבי זכריה בן אבקולס ערך הקבלה היסטורית מדויקת, לפי הבנתו, וביסס את עצמו על העבר, וקונן עליו רבי יוחנן שהביא את החורבן. "ההוא בדברי תורה כתיב"!

ג. שנאת חינם

איך שנגדיר את פעולתו של רבי זכריה בן אבקולס, אין בה משום חטא ובוודאי לא חטא אשר כגמול לו יחרב הבית. אם כן, עלינו להבין **למה תלה רבי יוחנן את החורבן בטעות בהנהגה**[3] **של מנהיג אחד ולא הזכיר חטאים**. גם המקור העיקרי השני בתלמוד להבנת חורבן בית שני אינו עוסק בחטא; ואף שקביעה זו היא פשטות הגמרא, נביא את דברי הגמרא ואחר כך נראה מה נלמד ממנה. נאמר בברייתא:

> מקדש ראשון מפני מה חרב? מפני ג' דברים שהיו בו, עבודה זרה וגלוי עריות ושפיכות דמים... אבל מקדש שני שהיו עוסקין בתורה ובמצוות וגמילות חסדים מפני מה חרב? מפני שהיתה בו שנאת חנם, ללמדך ששקולה שנאת חנם כנגד שלש עבירות, עבודה זרה גלוי עריות ושפיכות דמים (יומא ט ב).

רבים נתקשו בפירוש 'שנאת חינם'. התורה מצווה: "לֹא תִשְׂנָא אֶת אָחִיךָ בִּלְבָבֶךָ" (ויקרא יט יז), אבל אין זו שנאת החינם המוזכרת בתלמוד בתור גורם לחורבן. בגמרא מתפרשת השנאה האסורה בתורה כ'שנאת **הלב**' (ערכין טז ב), ואילו לגבי שנאת החינם שהחריבה את הבית דרשו חז"ל את הפסוק: "מְגוּרֵי אֶל חֶרֶב הָיוּ אֶת עַמִּי" (יחזקאל כא יז), שכוונתו: "אלו בני אדם שאוכלין ושותין זה עם זה ודוקרין זה את זה **בחרבות בלשונם**"; הרי שמדובר בפעולה בפה ולא בשנאה 'שקטה' בלב. גם אי אפשר לפרש ששנאת חינם פירושה ביטול מצוות אהבה ואחווה, שהן כלל גדול בתורה; כי אותה הגמרא שהאשימה את ישראל בשנאת חינם קבעה "שהיו עוסקין בתורה ובמצוות וגמילות חסדים", וגמילות חסדים הן פעולות אהבה ואחווה!

ובעיקר מתמיה, שאם שנאת חינם פירושה חטא – הרי לא נמצא פסוק המזהיר על עונש לשנאה זו וכל שכן לא חורבן הבית, ואין הקב"ה מעניש אלא אם כן מזהיר תחילה. וכן לא נמנית שנאה בין הגורמים לגלות במסכת אבות (ה ט): "גלות באה לעולם על עבודת כוכבים ועל גלוי עריות ועל שפיכות דמים ועל שמיטת הארץ". בגמרא נאמר: "בעון גלוי עריות

---

[3] ראה באריכות בשו"ת בני בנים חלק ב סימן כג.

ועבודת כוכבים והשמטת שמיטין ויובלות גלות בא לעולם ומגלין אותן ובאין אחרים ויושבין במקומן" (שבת לג א), וכן: "בעון שפיכות דמים בית המקדש חרב". בכל מקום שדנו בגלות, מובאים פסוקים מן התורה שבהם הקב"ה הזהיר על תוצאות העוונות האלה, ובשום מקום לא מוזכרת שנאת חינם. ובאמת, גם הגמרא במסכת יומא אינה קוראת לשנאת חינם 'עוון', אלא "ללמדך ששקולה שנאת חנם כנגד ג' עבירות, עבודה זרה וגלוי עריות ושפיכת דמים", ואף חז"ל השתמשו בלשון 'עבירות' בנוגע לעבודה זרה וכו', ולא אמרו 'עבירת שנאת חנם', כי בשנאת חינם איננו דנים בצד **העבירה** שבה אלא **בתוצאתה**.

כוונת הגמרא בתליית החורבן בשנאת חינם היא בדיוק כקביעת רבי יוחנן שהחורבן בא בגלל רבי זכריה בן אבקולס, דהיינו לא מפאת חטאים. **'שנאת חינם' פירושה מלחמות היהודים**, שחלקו אלה על אלה ונלחמו אלה באלה – ולא ברומאים – ולכן הפסידו. זו בדיוק משמעות הגמרא במסכת יומא שהזכירה את מי שאוכלים ושותים באותו החדר "ודוקרין זה את זה בחרבות שבלשונם" – דהיינו מתקיפים האחד את השני. כך פירש רבינו חננאל, שלא מדובר בחטא ועונש משמים, אלא ש"אם עלו בחומה ולא היו נמאסים". כוונתו שאם היו ישראל **מתלכדים** לא היו מובסים. גם מהרש"א פירש את המקרה של קמצא ובר קמצא כדוגמא לפירוד ותוצאותיו. כוונתם של חז"ל ש"מפני ענוותנותו של רבי זכריה בן אבקולס" ו"מפני שנאת חנם" נחרב הבית וגלינו מארצנו, אחת היא: הבית נפל בעקבות טעויות חמורות בהנהגה ובגלל מלחמות בין סיעות בעם ישראל.

בגמרא נאמר: "ללמדך ששקולה שנאת חנם כנגד ג' עבירות, עבודה זרה וגלוי עריות ושפיכות דמים". את שלוש העבירות החמורות שדינן ייהרג ואל יעבור ועונשן מיתת בית דין לעובר במזיד, תמוה להשוות עם שנאה שלגביה מצווה לעבור ולא ליהרג ואפילו מלקות אין בה כעונש. הלשון 'שקולה כנגד' מצוייה פעמים רבות בפי חז"ל, לדוגמא: "שקולה מצות ציצית כנגד כל מצות שבתורה" (נדרים כה א); "גדולה מילה ששקולה כנגד כל המצוות שבתורה" (שם לב א); "שקולה שבת כנגד כל מצוות" (ירושלמי נדרים פ"ג ה"ט), ועוד מקומות רבים. בשום מקום אין פירושו שהלובש ציצית מקבל שכר השווה לשכר קיום כל שאר המצוות, או

שמצוות מילה חשובה יותר ממכלול המצוות. הלשון 'שקולה כנגד' מתפרשת בשני אופנים: הראשון, שקיימת זיקה בין שני דברים והאחד מביא לשני, ולכן ציצית שקולה כנגד המצוות, כי על ידי לבישת ציצית אדם בא לשמור את כל המצוות, ככתוב בפרשת ציצית: "וְהָיָה לָכֶם לְצִיצִת וּרְאִיתֶם אֹתוֹ וּזְכַרְתֶּם אֶת כָּל מִצְוֹת ה' וַעֲשִׂיתֶם אֹתָם" (במדבר טו לט).[4] האופן השני הוא שישנן תוצאות דומות לשני הדברים, אף שכל אחד פועל בדרך משלו, כפי שאמרו חז"ל: "שקולה ישיבת ארץ ישראל כנגד כל המצוות" (ספרי, פרשת ראה), כי קיום כל המצוות מביא לאמונה בה' וכן ישיבת ארץ ישראל מביאה לאמונה בה'. וזה גם המסר חז"ל באמרם: "כל הדר בארץ ישראל דומה כמי שיש לו אלוה שנאמר: לתת לכם את ארץ כנען להיות לכם לאלוהים" (כתובות קי ב).

ד. בית ראשון ובית שני

במובן זה שקולה שנאת חינם כנגד עבודה זרה וגלוי עריות ושפיכות דמים – מפני שהביאה לאותה תוצאה! בית ראשון נחרב משום שלוש העבירות, ובית שני על ידי שנאת חינם, אף שאין שני הגורמים לחורבן דומים האחד לשני. ידוע שנחרב בית ראשון בציווי ישיר מאת ה', כי כל הנביאים אומרים כך מפורשות, וכן נבוכדנאצר נקרא "עבד ה'" (ירמיהו כה ט; מג י) כיוון שפעל בשליחות ה' למרות שלא הכיר בכך בעצמו, וכפי שלפניו נקרא אשור "שבט אפי" (ישעיהו י ה) להשמיד את מלכות ישראל. לעומת זאת, לא נמצא בשום מקום בתלמוד שמלכות רומי נשלחה להחריב את הבית, או שטיטוס נקרא עבד ה' או רומי שבט אפו, ולכן עלינו להבין את ההבדל בין שני החורבנות.

הגמרא עוסקת בשני סוגים של הנהגה אלוהית. "וְהָיָה אִם שָׁמֹעַ תִּשְׁמְעוּ" (דברים יא יג)[5] וכן "וְהָיָה אִם לֹא תִשְׁמַע" (דברים כח טו) הכתובים בתורה

---

[4] עיין מנחות מג ב. ויש לומר ששתי הברייתות שם נתכוונו לדבר אחד.

[5] פרשה ראשונה של קריאת שמע נאמרה בלשון יחיד "ואהבת את ה' אלוהיך", ולכן אין בה שכר ועונש, כי לגבי הפרט "שכר ועונש בהאי עלמא ליכא" (אין שכר ועונש בעולם הזה – חולין קמב א). מה שאין כן עם ישראל ככלל, בוודאי הציבור מקבל שכרו או עונשו בעולם הזה, ולכן פרשה שנייה נאמרה בלשון רבים: "וְהָיָה אִם שָׁמֹעַ תִּשְׁמְעוּ... וְנָתַתִּי מְטַר אַרְצְכֶם בְּעִתּוֹ... הִשָּׁמְרוּ לָכֶם... וַאֲבַדְתֶּם מְהֵרָה מֵעַל הָאָרֶץ הַטֹּבָה" (דברים יא יג-יז).

מתייחסים שניהם להנהגה אלוהית מסוג אחד, שיש בו מצב והיפוכו. כאשר ישראל הם צדיקים גמורים, אין כל אומה ולשון שולטת בהם, כפי שכתוב במקומות רבים. המצב ההפוך הוא שאם ישראל הם חלילה רשעים גמורים, הם נמסרים להשמדה; ואפילו אם מצד הטבע או מאזן-הכוחות הבינלאומי אינה צפויה סכנה לישראל, בכל זאת הקב"ה מסבב את הטבע להביא את הרעה, כפי שנאמר: "הִנְנִי מֵבִיא עֲלֵיכֶם גּוֹי מִמֶּרְחָק" (ירמיהו ה טו). בתקופת בית ראשון היו בה נבואה ונסים, והחורבן בא כעונש על "שהיו בו עבודה זרה וגלוי עריות ושפיכות דמים".

"אבל מקדש שני שהיו עוסקין בו בתורה ובמצוות וגמילות חסדים", ובוודאי לא היו מורגלים בעבודה זרה ובגלוי עריות ובשפיכות דמים, מפני מה הוא חרב? לא היו ישראל רשעים גמורים ואף לא צדיקים גמורים, ולכן לא הגיע להם עונש מאת ה' לסבב את הטבע לרעתם, אבל גם לא הצלה מאת ה' לסבב את הנסיבות לטובתם, והיא תקופת הפסקת הנבואה והנסים ונקראת הסתר פנים. ישראל טעו לפתוח במלחמה ברומאים, כאשר בדרך הטבע לא היו יכולים לנצח בה. התבוסה לא הגיעה להם כעונש מצד עוונם אלא "משום שנאת חנם שהיתה בו", דהיינו משום הפילוגים בעם. מכאן נלמד ששקולה שנאת חינם בתקופת בית שני **מצד תוצאותיה** – שהיא גרמה לחורבן השני – לשלוש העבירות בתקופת בית ראשון, שהביאו את החורבן הראשון.

נמצאנו למדים שהחטאים בתקופת בית שני לא גרמו החורבן כעונש משמים. הגמרא מעידה שהיו בישראל תורה ומצוות וגמילות חסדים, ובוודאי שלא נתחייבו השמדה – שלא כישראל בתקופת בית ראשון שנתחייבו חורבן משום שחטאו בשלוש העבירות החמורות. לכן האריך רבי יוחנן להסביר את הסיבות **הטבעיות** למפלה, והגמרא תלתה אותה ב'שנאת חינם' שהיא פירוד וחולשה בעם, כי לולא יריבות אידיאולוגית זו לא היה מתרחש חורבן. מצד שני, אלמלא אותם חטאים שכן היו אשמים בהם, היו ישראל זוכים להתערבות נסית להצילם מחולשתם; אך כיוון שהיו בהם חטאים, אף שלא היו מהחמורים ביותר, בכל זאת דיים שלא להיחשב צדיקים גמורים ולכן לא זכו להצלה נסית.[6]

---

[6] במסכת שבת קיט ב דרשו שלא חרבה ירושלים אלא בשביל שביזו בה תלמידי חכמים,

בזה מתבאר מאמר רבי יוחנן ורבי אלעזר ש"ראשונים שנתגלה עוונם נתגלה קיצם, אחרונים שלא נתגלה עוונם לא נתגלה קיצם" (יומא ט ב). על ידי חורבן בית ראשון, שבא מחמת עבודה זרה וגלוי עריות ושפיכות דמים, נתגלה שאכן היו בישראל בתקופת בית ראשון אותם עוונות – שהרי מחמתם נענשו; וכיון שנענשו ע"י הקב"ה, הוא גם קצב את ענשם. לעומת זאת, חורבן בית שני לא בא כעונש, ועל ידי חורבן זה לא נתגלו עוונות מיוחדים שהיו בהם, שהרי לא מחמתם נחרב הבית, לכן גם לא נתגלה קיצם, כי כיוון שלא נענשו ע"י הקב"ה, לא קצב הקב"ה את עונשם ולא הודיע להם מועד סוף התלאות.

לפי דברינו מתבארים המאמרים החלוקים בגמרא בהסבר חורבן בית שני. רבי יוחנן סבר ש"ענוותנותו של רבי זכריה בן אבקולס החריבה את ביתנו ושרפה את היכלנו והגליתנו מארצנו" (גיטין נו א), ובאותן מילים ממש נאמר: "מלכות הרשעה שהחריבה את ביתנו ושרפה את היכלנו והגליתנו מארצנו", (גיטין נז ב), ובמקום אחר אמרה בת קול: "אוי לבנים שבעוונותיהם החרבתי את ביתי ושרפתי את היכלי והגליתים בין האומות" (ברכות ג א). בוודאי היו גורמים מורכבים לחורבן בית שני: איבת אויבנו כלפינו, טעויות מנהיגנו, והעוונות שהיו בידינו שבגללם נמנע הקב"ה מלהצילנו.

מכאן הפחד בהגיע ימי בין המְצָרים ותשעה באב. אילו נחרב הבית משום עוון מסוים, היינו יכולים לקוות שאין בנו אותו העוון. אך לפי רבי יוחנן והגמרא, הוא נחרב למרות שהיו בהם תורה ומצוות ומעשים טובים, משום טעות בהנהגה ופירוד בעם. תשעה באב מלמדנו שכאשר ישראל אינם כולם צדיקים, למרות שאינם כולם רשעים, אינם יכולים לסמוך על כך שהקב"ה יציל אותם מטעויותיהם. זו בשורה קשה, כי יהודים רוצים להיות בטוחים בכל מחיר. דברי רבי יוחנן, "אשרי אדם מפחד תמיד ומקשה לבו יפול ברעה", נאמרו בפרט נגד מי שמדמה לעצמו מתוך מה

שביטלו בה תינוקות של בית רבן, שביטלו קריאת שמע שחרית וערבית, שחיללו את השבת, שלא הוכיחו זה את זה ושלא היתה להם בושת פנים. ובבבא מציעא ל ב אמרו: בשביל שהעמידו דבריהם על דין תורה ולא עשו לפנים משורת הדין. בכולם דקדקו לאמר "לא חרבה ירושלים אלא..." (ולא "ירושלים נחרבה מפני..."), כי ירושלים לא נחרבה כעונש על אותם עוונות, רק אלמלא העוונות לא היתה נחרבת כי הקב"ה היה מציל אותם.

שהוא למד או שלימדו אותו, שאין צורך לפחד. המשך הדברים, "ההוא בדברי תורה כתיב", מלמד אותנו שלא לסמוך על לימוד או על שיטה ואידיאולוגיה כשמדובר בסכנה לכלל ישראל.

פרק שני: למה נתחדשה ריבונות ישראל

א. ארבע כתות

ישנן היום ארבע קבוצות החלוקות בעמדתן כלפי הקמת המדינה. את הקבוצה הראשונה נוכל לכנות **מביאי המשיח**, כי הם בטוחים שמדינת ישראל היא התחלת הגאולה הסופית. על קבוצה זו נמנים חוגי תלמידי הרצי"ה קוק ואחרים. יש מגדולי קבוצה זו הסוברים שתהליך ביאת המשיח כבר התחיל, ויש הסוברים שהתהליך עומד להתחיל. הם מצביעים על סימני הגאולה לפי התלמוד והמדרשים שלדעתם כבר התגשמו והם אומרים שאלה עיקר, ובפרט המאמר: "אמר רבי אבא אין לך קץ מגולה מזה שנאמר: 'ואתם הרי ישראל ענפכם תתנו ופריכם תשאו לעמי ישראל כי קרבו לבוא'" (סנהדרין צח א) – והלוא ישראל נותנים פִּרְיָם היום.[7] על סימנים אחרים שלא התגשמו הם אומרים שאינם עיקר בינתיים ושיבואו בעתיד, וגם את הסימנים אשר לדעתם כבר התגשמו הם מפרשים לפי פירושים המתאימים לדעתם ודוחים פירושים שאינם מתאימים לדעתם. ואולם עיקר יסודם הוא שאינם מעלים בדעתם שיכול להיות הסבר אחר פרט להתחלת ביאת המשיח, ולכן הם ממרובי האמונה בעניין זה, והדבר נחשב אצלם לפשוט וברור.

---

[7] ממאמר ר' אבא אין הוכחה. ראשית, לפי הפירוש השני במהרש"א, שמדובר בתופעה נסית. שנית, גם אם נתינת הפירות תהיה בדרך הטבע, לא נתפרש לנו שיעור נתינת הפרות, ונראה לי שהוא כדי לכלכל את כל בית ישראל, כסיום הפסוק: "כִּי קֵרְבוּ לָבוֹא" (יחזקאל לו ח) – שהוא קיבוץ גלויות. כמו כן מדובר בקיבוץ כל הגלויות, כפסוק הסמוך: "וְהִרְבֵּיתִי עֲלֵיכֶם אָדָם כָּל בֵּית יִשְׂרָאֵל כֻּלֹּה" (שם י). על מנת להבין את דברי רבי אבא, אנו צריכים להמשך הכתובים, כי דרשת רבי אבא תלויה בהמשך הפרק ביחזקאל: "וְהָיִיתָ לָהֶם לְנַחֲלָה וְלֹא תוֹסִף עוֹד לְשַׁכְּלָם" (שם יב), שמוכח שעוסק בגאולה האחרונה שאין אחריה גלות, כפי שנכתב בעיון יעקב. שלישית, בפסוק שהביא רבי אבא נזכרים נתינת פירות וגם קיבוץ גלויות, אבל נתינת פירות בלבד אינה סימן, כפירוש הראשון ברד"ק ש"כִּי קֵרְבוּ לָבוֹא" פירושו שקרובים בדרך ולא קרובים בזמן.

קבוצה שניה היא של **מרחיקי השטן**, הסוברים שמדינת ישראל היא יצירה של השטן. על קבוצה זו נמנים חוג נטורי קרתא והקרובים להם. יש מהם הסוברים שהקב"ה ביקש לנסות את הצדיקים לבל ייגררו אחרי המדינה, ויש הסוברים שאין ה' בעצמו מביא נסיון על צדיקים שאינם יכולים לעמוד בו אלא ניתנה רשות לשטן והוא עושה מדעתו. עיקר יסודם הוא שלא תיתכן גאולה ללא תשובה, והלוא ישראל לא חזרו בתשובה, וגם עברו על השבועה שהשביע הקב"ה "שלא יעלו ישראל בחומה" (כתובות קיא א) להשיב את הריבונות בכוח. הם מצביעים על מקצת מאמרים בתלמוד ובמדרשים ואומרים שאלה עיקר ואילו על מאמרים אחרים אומרים שאינם עיקר ובוחרים פירושים המתאימים לדעתם ודוחים פירושים שאינם לפי דעתם. והם ממרובי האמונה בעניין זה, וגם אצלם לא יועילו ההגות והוויכוח.[8]

הקבוצה השלישית היא של **מחשיבי האדם**, הסוברים שאין במדינת ישראל לא מן הגאולה ואף לא מן השטניות, אלא היא מעשה בני אדם ולא תתערב בה כוונת האל. על קבוצה זו היה נמנה מי שאילולא היה פרופסור לא היו שומעים לו, ואילולא שיטתו זו לא היו שומעים עליו.[9] כיוון שהדוגלים בדעה זו קרובים להכחיש ההשגחה העליונה כי הם מחסרים ממנה את נסי הזמן, לכן היא כוללת מתי מספר עד שכמעט אינה נמנית אלא על ראשה.

---

[8] אמרו חכמינו ז"ל באבות פרק ה: "מחלוקת שהיא לשם שמים סופה להתקיים ומחלוקת שאינה לשם שמים אין סופה להתקיים. ואיזו היא מחלוקת שהיא לשם שמים? זו מחלוקת הלל ושמאי. ואיזו היא מחלוקת שאינה לשם שמים? זו מחלוקת קורח וכל עדתו". אין פירושו שמחלוקת לשם שמים מתקיימת לעד, שהרי אין בית שמאי ובית הלל היום וכבר הוכרעה ההלכה, וכן אין פירושו שמחלוקת שאינה לשם שמים עתידה להישכח, שהרי מחלוקת קורח ועדתו כתובה בתורה ואינה נשכחת. אלא פירושו הוא שמחלוקת לשם שמים עתידה להישמע, כי הצדדים נפגשים זה עם זה, וכמו שמצאנו בית הלל ובית שמאי מתווכחים ולפעמים צד אחד מקבל את דעת השני. אבל מחלוקת שאינה לשם שמים אין סופה להישמע, וכמו שסירבו דתן ואבירם לדבר עם משה ואמרו: "לא נעלה". לפי זה ייקבע האם מחלוקת שתי הקבוצות היום היא לשם שמים או לא. רק יש לדעת שבמחלוקת לשם שמים שני הצדדים הם לשם שמים, ולכן הזכירו חז"ל את הלל ושמאי. מה שאין כן במחלוקת שאינה לשם שמים, די שצד אחד אינו לשם שמים כדי שתיקרא כן, ולכן הזכירו "מחלוקת קורח וכל עדתו" ולא הזכירו משה.

[9] הוא סבר שניצחון תשכ"ז השחית את מוסר העם, וצדק בחלקו, כי הניצחון השחית את מוסר החילונים שבתוך הקו הירוק. וראה להלן "המאורעות האחרונים".

הקבוצה הרביעית היא של **מחוסרי הידיעה**. הם סוברים שאי אפשר לקבוע טיבה של העצמאות עד שיתברר עוד. על קבוצה זו נמנים כמה רבנים בולטים בחו"ל ואחרים. אבל גם קבוצה זו היא מצומצמת, כי הציבור רוצה הסבר לכאן או לכאן.

ב. האם דרושה תשובה לפני הגאולה?

נעיין בחלק מטענות קבוצות אלה. ראשית בשאלה – האם לא תיתכן גאולה ללא תשובה? נחלקו בשאלה זו תנאים ואמוראים:

> אמר רב: כלו כל הקיצין ואין הדבר תלוי אלא בתשובה ומעשים טובים. ושמואל אמר: דיו לאבל שיעמוד באבלו (פרש"י: דיין לישראל צער של גלות, אפילו ללא תשובה נגאלין). כתנאי, רבי אליעזר אומר אם ישראל עושין תשובה נגאלין ואם לאו אין נגאלין. אמר ליה רבי יהושע, אם אין עושין תשובה אין נגאלין? אלא הקב"ה מעמיד להן מלך שגזרותיו קשות כהמן וישראל עושין תשובה ומחזירן למוטב (סנהדרין צז ב).

לפי זה, רבי אליעזר ורבי יהושע מסכימים שתשובה היא תנאי לגאולה. החילוק ביניהם הוא שלדעת רבי אליעזר על ישראל לחזור בתשובה מרצונם ואם לאו לא יגאלו, ואילו לדעת רבי יהושע הקב"ה יעמיד להם מושל שגזרותיו כהמן שביקש להשמיד את כל היהודים – דוגמת היטלר – ויגרום להם לחזור בתשובה.

אמנם, הנוסח שונה בתלמוד הירושלמי: "אמר לו רבי יהושע: וכי אם יעמדו ישראל ולא יעשו תשובה אינן נגאלין לעולם? אמר לו ר"א: הקדוש ברוך הוא מעמיד עליהן מלך קשה כהמן ומיד הן עושין תשובה והן נגאלין" (ירושלמי תענית א א).

לפי זה רבי אליעזר הוא הסובר שהקב"ה יכריח את ישראל לעשות תשובה, ואילו לדעת רבי יהושע שחולק עליו, ישראל יגאלו לבסוף אפילו ללא תשובה. יתכן שהבבלי והירושלמי אינם חולקים אלא שיש טעות סופר באחד מהם, כי בנקל אפשר להחליף ולכתוב "אלא" במקום "א"ל" (אמר ליה). המשך הדברים בבבלי אכן מורה שנוסח הירושלמי הוא הנכון:

תניא אידך, רבי אליעזר אומר אם ישראל עושין תשובה הן נגאלין שנאמר (ירמיה ג יד): 'שובו בנים שובבים ארפא משובותיכם'. אמר לו רבי יהושע והלוא כבר נאמר (ישעיהו נב ג): 'חנם נמכרתם ולא בכסף תגאלו' – חנם נמכרתם בעבודת כוכבים ולא בכסף תגאלו לא בתשובה ומעשים טובים.

רבי אליעזר הביא עוד ארבעה פסוקים להוכיח דעתו, ורבי יהושע השיב בפסוקים אחרים שבכולם אין רמז שישראל יחזרו בתשובה קודם הגאולה.

בגמרא מסופר שלבסוף שתק רבי אליעזר ולא התווכח יותר עם רבי יהושע. אבל נדמה שלא הודה לדבריו, כי אם הוכרעה המחלוקת בין התנאים – לא היו רב ושמואל נחלקים באותו נושא. וכן נחלקו הראשונים, כי רמב"ם כתב: "וכבר הבטיחה תורה שסוף ישראל לעשות תשובה ומיד הן נגאלין" (הלכות תשובה ז ה), כדעת רבי יהושע לפי הנדפס בבבלי או כרבי אליעזר לפי גירסת הירושלמי. ואילו רמב"ן כתב בסוף פרשת האזינו: "אין בשירה הזאת תנאי בתשובה ועבודה, רק היא שטר עדות שנעשה הרעות ונוכל, ושהוא ברחמיו יעשה בנו בתוכחות חימה אבל לא ישבית זכרנו, וישוב ויתנחם ויפרע מן האויבים בחרבו הקשה והגדולה והחזקה ויכפר על חטאותינו למען שמו", אפילו ללא תשובה. כך נשמע גם ממאמרו של רבי יהושע בן לוי: "זכו – 'אחישנה', לא זכו – 'בעתה'" (סנהדרין צח א), שישראל ייגאלו ללא תשובה.

אמנם גם אם שומה על ישראל לחזור בתשובה לפני הגאולה כדעת רמב"ם, אין בכך ראייה למאורעות זמננו, כי רמב"ם עוסק בגאולה הסופית והשלֵמה, ואילו תחילת הגאולה תיתכן עוד לפני התשובה.

הוא הדין, השבועה ש"לא יעלו ישראל בחומה" שנויָה במחלוקת, מלבד מה שהרמב"ם ורמב"ן לא הזכירו אותה. תירוצים רבים נאמרו בה. מהרש"א התנה את השבועה ש"לא יעלו ישראל בחומה" בשבועה נוספת הנזכרת יחד עִמה בגמרא, שהשביע הקב"ה את האומות "שלא ישתעבדו בישראל יותר מדי" (חידושי אגדות, כתובות שם). אם יעברו האומות על שבועתם, אף ישראל נקיים משבועתם הם. בעל 'אור שמח' כתב במכתב ש"לא יעלו ישראל בחומה" קשורה בשבועה אחרת שם "שלא ימרדו ישראל באומות

העולם", וכיוון שבשנת 1922 למניינם החליט חבר הלאומים שארץ ישראל תהיה הבית הלאומי לעם היהודי, שוב אין כאן מרידה באומות. לפי דבריו, אי אפשר להוכיח מהשבועה שהקמת המדינה נָגדה את רצון ה'.

אך גם הדעה שתקומת המדינה היא תחילת הגאולה הסופית אינה ניתנת להוכחה מדברי חז"ל. המקור העיקרי לסוברים כן הוא מאמרו של רבי אבא ש"אין לך קץ מגולה מזה שנאמר: 'ואתם הרי ישראל ענפכם תתנו ופריכם תשאו לעמי ישראל כי קרבו לבוא'" (סנהדרין צח א). ישנם כמה וכמה פירושים למאמר זה.[10] לדוגמא, לפי הפירוש השני של מהרש"א, מדובר בתופעה נסית, שהעצים יתנו פירות מחדש מידי יום. ועוד, רבי אבא לא אמר שנתינת פירות היא קץ מגולה אלא רק ש"אין לך קץ מגולה מזה", וכוונתו שאין לצפות לקץ מגולה יותר מנתינת פירות בדרך הטבע, אף על פי שאיננה סימן מובהק.

ועוד, המשך הגמרא הוא: "רבי אלעזר אומר: אף מזה שנאמר (זכריה ח י) 'כי לפני הימים ההם שכר האדם לא נהיה ושכר הבהמה איננה וליוצא ובא אין שלום מן הצר'", הרי שנתינת פירות אינה הסימן היחיד לגאולה. רש"י גרס: "רבי אלעזר אומר מזה", ולא "אף מזה", ולגרסתו רבי אלעזר חולק על סימנו של רבי אבא.

נכון שאין בדברינו כדי לסתור את מי שטוען שנתינת הפירות היום היא אות לגאולה. אך אין צורך לסתור פירושו, אלא רק להראות שאינו אלא פירוש אחד מיני רבים, ושוב אי אפשר להוכיח ממאמרו של רבי אבא שכבר התחילה הגאולה האחרונה.

ג. הכוח לחזור בתשובה

יש דרך אחרת להסביר את החזרת הריבונות שלא כאחת מהדעות הנ"ל: עצמאות ישראל היא מחסדי הקב"ה כדי שלא ייאבד מעם ישראל הכוח לחזור בתשובה. במאמרי נביאים רבים הובטח שישראל לא יהיו כולם רשעים, כגון: "שְׁאֵרִית יִשְׂרָאֵל לֹא יַעֲשׂוּ עַוְלָה" (צפניה ג יג), "וְעוֹד בָּהּ עֲשִׂרִיָּה וְשָׁבָה וְהָיְתָה לְבָעֵר" (ישיעהו ו יג); כי אם יהיו כולם רשעים, שוב

---

[10] עיינו שו"ת בני בנים חלק א עמ' נח בהג"ה.

אין ממי שתצמח תשובה לרבים. כדי שלא יארע לישראל חורבן רוחני דוגמת החורבן הפיזי, ביקש הנביא ירמיהו שהקב"ה יחזיר אליו את ישראל ("הֲשִׁיבֵנוּ ה' אֵלֶיךָ וְנָשׁוּבָה", איכה ה כא). זאת, למרות שמן הדין צריכים היו ישראל לשוב בכוחות עצמם כפי שחטאו בכוחות עצמם, וכדברי הנביאים זכריה ומלאכי: "שׁוּבוּ אֵלַי וְאָשׁוּבָה אֲלֵיכֶם" (מלאכי ג ז, ובזכריה א ג).

אך לאחר טראומת החורבן לא היה בכוחם של ישראל לחזור ביוזמתם, ולכן ביקש ירמיהו שהקב"ה יקדים שיבה מצדו. כל שכן בימינו לאחר אלפיים שנות גלות ומאתיים שנות התבוללות, התפשטות הסוציאליזם והקומוניזם בעולם בכלל, כמו גם הרפורמה והקונסרבטיזם בעם ישראל, התקרבה השעה שבה לא היה נשאר בעם ישראל הכוח לחזור בתשובה ח"ו. נדרשה פעולה מצד הבורא להוציא את ישראל מן הארצות בהן פשה נגע ההתבוללות ולהחזירם לארצם כדי שלא יגיעו לאובדן כוחם הרוחני.

עיקרון זה, שאין הקב"ה מניח לישראל להיות כולם רשעים, נלמד גם ממדרשי הגאולה. רבי יהושע בן לוי דרש מהפסוק "אני ה' בעתה אחישנה" (ישעיהו ס כב) שישנם שני סוגי גאולה: אם זכו 'אחישנה' ואם לא זכו 'בעתה' (סנהדרין צח א). רוב מדרשי הגאולה מתחלקים לפי חלוקה זו, שאם יזכו ישראל תבוא הגאולה מיד ללא סימני גאולה מקדימים וללא חבלי משיח, ורק אם לא יזכו ותבוא הגאולה בעת הקץ הגלוי לפניו ית', רק אז יתלוו אליה רובם או חלקם מחבלי הגאולה שנדרשו מן הפסוקים. המדרשים המזכירים צרות הגאולה, כדוגמת הברייתא שבשנה ראשונה לוקה הגשם ושנה שניה חיצי רעב באים לעולם וכו' (סנהדרין שם), עוסקים בגאולה 'בעתה', שאלה סימניה; ובתנאי שתהיה התאמה גמורה בין הסימנים לבין המציאות, וכפי שאמר אביי שם שאם אין הסימנים כסדרם אינם סימנים.[11]

[11] כך גם כוונת המאמר הסמוך ש"אין בן דוד בא אלא בדור שכולו זכאי או שכולו חייב", שאם הדור זכאי תבוא גאולת 'אחישנה', ואם כולו חייב הגאולה תהיה 'בעתה'. השאלה מתבקשת: מי יגרום לדור להיות כולו חייב בעת הגאולה? הרי אם הם ידרדרו לכך בעצמם, נצטרך לומר שהם יביאו בכך בעצמם את הגאולה, ושוב אין זו גאולה 'בעתה' כיוון שהם הביאוה! ומנגד אי אפשר לומר שהיא גאולת 'אחישנה' אם כולם חייבים. ואם נאמר שהקב"ה הוא שיגרום לדור להיות כולם חייבים כפי שיגלגל את שאר סימני הגאולה המבוארים במדרשים, קשה כי אין הקב"ה גורם לאדם להיות רשע, וכדברי חז"ל שהכל בידי שמים חוץ מיראת שמים (ברכות לג ב ועוד מקומות). על כן נראה שהטעם שאין ישראל נעשים כולם רשעים בדור מן הדורות הוא

בכל דור שבו אין הגאולה מתרחשת, אין ישראל נעשים כולם רשעים והוא מחסדי ה'. וכפי שאין להתפלא אם יעשה הקב"ה נסים למנוע מישראל שיושמדו כליל, כי נצח ישראל לא ישקר שלא יאבדו מן העולם, כך אין להתפלא אם יעשה הקב"ה נסים למנוע הפסד כוחו של ישראל לשוב בתשובה.

לפי הבנתנו: א. אין הכרח שבן דוד יבוא בקרוב; ב. גם אין השטן מרקד; ג. הכל הוא מפעולת הבורא; ד. ואפשר לעמוד על טיב העצמאות. **המדינה ניתנה כדי לאפשר לישראל לחזור בתשובה**, אבל התשובה נשארת בידינו, כי אין הקב"ה מכריחנו לחזור בתשובה – כי אם נותן הכוח לחזור אם נרצה. כך אמר ירמיהו הנביא: "הֲשִׁיבֵנוּ ה' אֵלֶיךָ" (איכה ה כא), שעדיין מוטלת על ישראל האחריות של "וְנָשׁוּבָה". אין מדינת ישראל סוף פסוק ולא ערבון לסוף פסוק אלא אמצעי למטרה.

ד. ישועה היסטורית בימי ירבעם

יש מקור איתן לדברינו שהקב"ה מביא ישועה היסטורית כצעד **טאקטי** כדי שלא יאבד עם ישראל. נאמר:

> בִּשְׁנַת חֲמֵשׁ עֶשְׂרֵה שָׁנָה לַאֲמַצְיָהוּ בֶן יוֹאָשׁ מֶלֶךְ יְהוּדָה מָלַךְ יָרָבְעָם בֶּן יוֹאָשׁ מֶלֶךְ יִשְׂרָאֵל בְּשֹׁמְרוֹן אַרְבָּעִים וְאַחַת שָׁנָה. וַיַּעַשׂ הָרַע בְּעֵינֵי ה' לֹא סָר מִכָּל חַטֹּאות יָרָבְעָם בֶּן נְבָט אֲשֶׁר הֶחֱטִיא אֶת יִשְׂרָאֵל. הוּא הֵשִׁיב אֶת גְּבוּל יִשְׂרָאֵל מִלְּבוֹא חֲמָת עַד יָם הָעֲרָבָה כִּדְבַר ה' אֱלֹהֵי יִשְׂרָאֵל אֲשֶׁר דִּבֶּר בְּיַד עַבְדּוֹ יוֹנָה בֶן אֲמִתַּי הַנָּבִיא אֲשֶׁר מִגַּת הַחֵפֶר. כִּי רָאָה ה' אֶת עֳנִי יִשְׂרָאֵל מֹרֶה מְאֹד וְאֶפֶס עָצוּר וְאֶפֶס עָזוּב[12] וְאֵין עֹזֵר לְיִשְׂרָאֵל. וְלֹא דִבֶּר ה' לִמְחוֹת אֶת שֵׁם יִשְׂרָאֵל מִתַּחַת הַשָּׁמָיִם וַיּוֹשִׁיעֵם בְּיַד יָרָבְעָם בֶּן יוֹאָשׁ (מלכים ב יד כג-כז).

מחסדו של הקב"ה, וכדברי ריש לקיש במסכת סוכה נב ב ובמדרש הגדול ריש פרשת בשלח. כי מטבעם של העולם והיצר, היו ישראל עלולים להידרדר לולא ההשגחה העליונה המבטיחה שלפחות חלק מהעם, לא תאבד צדקתם, ורק בבוא קץ הגאולה בעתה ח"ו יסיר הקב"ה את השגחתו ועם ישראל ייעשה רשעים מעצמו, וזהו "דור שכולו חייב". ואולי כוונתו בזה שיווכחו שאותה גאולה היא כולה מה' ולא בזכות ישראל.

12 הוא מלשון שירת האזינו: "כִּי יָדִין ה' עַמּוֹ וְעַל עֲבָדָיו יִתְנֶחָם כִּי יִרְאֶה כִּי אָזְלַת יָד וְאֶפֶס עָצוּר וְעָזוּב" (דברים לב לו). הנביא פירש את הניצחון כחזוי בתורה, בדומה למדרש חז"ל בספרי.

הרואה רואה ומשתומם: ירבעם השני לא סר מכל חטאות ירבעם הראשון שעבד עבודה זרה והחטיא את ישראל, ואף על פי כן השיב ירבעם השני את גבול ישראל, וה' הושיע את ישראל בידו? ולא ישועה בלבד, אלא ניצחון כה אדיר עד שדרשו חז"ל: "'לתת להם' אלו באי הארץ, 'ולזרעם' – אלו בניהם, 'אחריהם' – אלו שכבשו דוד וירבעם וכן הוא אומר: 'הוא השיב את גבול ישראל מלבוא חמת עד ים הערבה'" (ספרי, פרשת דברים). כיבושי דוד וירבעם מוזכרים כאחד – עד כדי כך דרך רשעים צלחה?

חז"ל בארו את הטעם שבגללו זכה ירבעם בן יואש למה שזכה – מפני שלא קיבל לשון הרע על עמוס הנביא (תנא דבי אליהו רבא פרק יז). בספר עמוס (ז י-יא) מסופר: "וַיִּשְׁלַח אֲמַצְיָה כֹּהֵן בֵּית אֵל אֶל יָרָבְעָם מֶלֶךְ יִשְׂרָאֵל לֵאמֹר, קָשַׁר עָלֶיךָ עָמוֹס בְּקֶרֶב בֵּית יִשְׂרָאֵל... כִּי כֹה אָמַר עָמוֹס בַּחֶרֶב יָמוּת יָרָבְעָם וְיִשְׂרָאֵל גָּלֹה יִגְלֶה מֵעַל אַדְמָתוֹ". לא נזכר בכתוב שירבעם נקט איזושהי פעולה נגד עמוס לנוכח האשמותיו של אמציה. במדרש מתואר:

> גער בו ירבעם והוציא לאמציה בנזיפה ואמר לו: ח"ו לא ניבא הנביא אותה נבואה, ואם נתנבא כך לא מעצמו הוא מתנבא אלא מן השמים הוא מתנבא. באותה שעה אמר הקב"ה: דור וראש הדור עובדי עבודה זרה היו, הארץ אשר אמרתי לאברהם ליצחק וליעקב לזרעך אתננה, הריני נותנה בידו של זה מפני שלא קבל לשון הרע על עמוס (תדב"א שם וכן בפסחים פז ב ועוד מקומות).

דברי חז"ל אלה תמוהים עוד יותר. איזה משקל יתכן לאי-קבלת לשון הרע, מול עבודה זרה והַחטָאַת דור שלם? וכי אם יכבד בן גוריון את החזון איש – למשל – יזכה להשיב את גלות ישראל? דברי המדרש פשוטים וברורים. השאלה לא הייתה האם להושיע את ישראל, "כי ראה ה' את עני ישראל... ולא דבר ה' למחות את שם ישראל מתחת השמים". מטעמיו שלו החליט הקב"ה להושיע את ישראל, ורק השאלה הייתה: ביד מי? בידי המלך ירבעם בן יואש, או אולי בידי אביו או בנו או ביד שליח אחר? ניצחון צבאי בדרך הטבע יביא הקב"ה בידי שר ומצביא, ולא בידי נביא או שופט.

לא זכויותיו של ירבעם בן יואש גרמו לישועתם של ישראל, שבלאו הכי הייתה באה; להפך, בזכות ישראל זכה ירבעם בן יואש ולא אחר להיות הכלי ביד ה' לגלגל את הישועה. זו כוונת המדרש בראש דבריו: "מה נשתנה ירבעם בן יואש מכל מלכי ישראל שהיו לפניו?" ומבואר יותר במקום אחר (תנא דבי אליהו זוטא פרק ז) שהביא את כל הנ"ל וסיים: "מכאן אמרו מגלגלין זכות על ידי זכאי וחובה על ידי חייב, וכן במדה הזאת הוא נוהג בכל ישראל בכל מושבותם ובכל העכו"ם וכל משפחות האדמה". כלומר, הקב"ה בוחר במועמד המתאים יחסית על מנת לגלגל זכות על ידו (וחובה על ידי חייב) – טובה שממילא הייתה צריכה להגיע לישראל. את המסקנה הזו מדייק המדרש מהכתוב: "ויושיעם ביד ירבעם בן יואש". די היה לסיים 'ויושיעם' – וכבר ידענו בידי מי מדובר. לכן דרשו שהשאלה הייתה בידי מי להושיעם, ולא עצם הישועה, שישועה זו כבר מנומקת היטב: "ולא דבר ה' למחות את שם ישראל".

הוא הדין לאחר החורבן הנורא באירופה, שבחר הקב"ה אף בחוטאים שהייתה בידיהם זכות מסוימת, לגלגל על ידם את הישועה שעלה במחשבתו להביא על ישראל. המחפש זכויות בין המנהיגים שהקימו את המדינה לא בקושי ימצאן, גם אם בכלל התייחסותם לדת הם בגדר ירבעם הראשון והשני שהחטיאו את ישראל, שהרי לא מדובר בזכות אבסולוטית של רוב זכויות מול מיעוט עוונות אלא בזכות יחסית.

לצדיקים בדורו של ירבעם בן יואש היה נסיון כפול. מצד אחד, נסיון שלא להיגרר אחרי מעשיו ופולחנו של ירבעם, שעבד עבודה זרה והחטיא את ישראל. נקל היה לטעות, שאכן דרכו של ירבעם כביכול הוכיחה את עצמה, שהרי הוא השיב את גבול ישראל! ומצד שני, נסיון לא לכפור בישועת ה' תוך הנחה מוטעית שלא תיתכן ישועה על ידי רשע כירבעם בן יואש. ושלכן אין הישועה אמתית, ואין חובה להודות לה' עליה.

רבים נכשלו בנסיון הראשון, ורבים בנסיון השני. מעטים הצליחו לא להיגרר אחרי הצלחת החוטאים וגם לא לכפור בטובה שהטיב ה' עם ישראל. וכן בימינו. **רבים גורסים בטעות ששאלת הקמת מדינת ישראל היא שאלת יחסינו למדינה חילונית ולא שאלת יחסינו לקב"ה ולפעליו. אשרי הצדיקים העומדים בשני הנסיונות.**

ה. שירה על הנס

ההשוואה שערכנו לזמנו של ירבעם השני מעוררת חלחלה, כי עשרים ושש שנים בלבד לאחר מותו של ירבעם הושמדה ממלכת ישראל בידי אשור. לפי הנראה, שוב לא היה צורך בממלכה זו כדי להבטיח את קיומו של עם ישראל. אף על פי כן אנו לא נמנע מלהפיק לקחים מהשוואה זו.

הדבר מתמיה: לשם מה באה הישועה הגדולה ההיא, אם כעבור שנות דור נכחדה שומרון? אכן עצם הישועה תרם לחורבן, כי ישועה טומנת בחלקה חובה. ונקדים שאם מפני שישראל היו "אפס עצור ואפס עזוב", היה די להקב"ה להושיע אותם מאויביהם, אבל לא להפליג בניצחונם עד שכבשו עד לבוא חמת (!), שהיא מאה ק"מ מצפון לדמשק. נראה לנו שהיו שתי מטרות לישועת ה' בימי ירבעם: האחת, להסיר מעל ישראל עול זרים – דבר המקביל לניצחון תש"ח; והשנייה להוכיח שחסדי ה' עליהם ושהוא יתברך רוצה בטובתם, כדי לעודדם לחזור בתשובה – דבר המקביל לניצחון שבמלחמת ששת הימים. הקב"ה מעורר את ישראל לתשובה בשתי דרכים: האחת דרך ענישה, על מנת להוכיח לחוטאים את הטעות שבדרכם; והשנייה דרך חסד ועידוד, כדי להפגין אהבת ה' לעמו. לכן הנביאים ניבאו לסירוגין בשתי דרכים אלה, על פורענויות וגם על נחמה וגאולה.

אך בכל טובה טמונה חובה. כאשר עול הגויים מוסר מעל ישראל, שוב אין ישראל יכולים לטעון שאינם חופשיים לעבוד את ה'. דומה לכך מצאנו: "בִּשְׁנַת שְׁתֵּים עֶשְׂרֵה לְאָחָז מֶלֶךְ יְהוּדָה מָלַךְ הוֹשֵׁעַ בֶּן אֵלָה בְשֹׁמְרוֹן עַל יִשְׂרָאֵל תֵּשַׁע שָׁנִים. וַיַּעַשׂ הָרַע בְּעֵינֵי ה' רַק לֹא כְּמַלְכֵי יִשְׂרָאֵל אֲשֶׁר הָיוּ לְפָנָיו. עָלָיו עָלָה שַׁלְמַנְאֶסֶר מֶלֶךְ אַשּׁוּר... בִּשְׁנַת הַתְּשִׁיעִית לְהוֹשֵׁעַ לָכַד מֶלֶךְ אַשּׁוּר אֶת שֹׁמְרוֹן וַיֶּגֶל אֶת יִשְׂרָאֵל אַשּׁוּרָה" (מלכים ב יז א-ו). הקושי ברור: וכי מפני שלא היה הושע בן אלה רשע כקודמיו, לכן גלו עשרת השבטים בימיו? אלא, הושע התיר לתושבי ממלכתו לעלות לרגל לירושלים, לראשונה מאז ירבעם בן נבט שהעמיד משמרות של חיילים למנוע עלייה לרגל (גיטין פח א). לכן בארו חז"ל: "עד עכשיו היתה עבודת אלילים קשורה ביחיד וקשה לפני הקב"ה להגלות את הצבור בעוון היחיד. כיון שבא הושע בן אלה וביטל את כל המשמרות כולן ואמר כל מי שיעלה לירושלים יעלה, ולא אמר הכל יעלו לירושלים, עליו הוא אומר: 'ויעש

הרע בעיני ה' רק לא כמלכי ישראל... עליו עלה שלמנאסר', מפני ששמט קולר מצוארו ונתן בצואר הרבים" (ילקוט שמעוני נ"ך סי' רלד). עד ימי הושע בן אלה יכלו ישראל לטעון שעבודת אלילים נכפתה עליהם ע"י המלך, ואילו בימיו הקולר היה תלוי רק בהם.

יונה בן אמיתי חזה את ניצחון ירבעם בן יואש וסירב ללכת בשליחות הקב"ה לנינוה. אין לומר שלא רצה להחזיר את נינוה בתשובה רק כדי למנוע מאשור מלהחריב את ישראל בעתיד, כי בוודאי שלוחים רבים יש למקום, ואם תושבי נינוה היו חוזרים בתשובה, היה הקב"ה בוחר באחרים לשמש שבט אפו. אלא, חז"ל פירשו שיונה סירב ללכת כדי שלא ללמד קטיגוריא על ישראל: "אמר יונה, אלך לי בחוצה לארץ מקום שאין השכינה נגלית, **כי הגויים קרובי תשובה הן שלא לחייב את ישראל**" (מכילתא פרשת בא א וירושלמי סנהדרין פי"א ה"ה). אם יחזרו תושבי נינוה בתשובה על ידי יונה, תיווכח חטאתם של תושבי שומרון שלא חזרו בתשובה חרף שליחותם של עמוס ושאר נביאים.[13]

הכתוב בספר יונה (ג א) "וַיְהִי דְבַר ה' אֶל יוֹנָה שֵׁנִית" התפרש בגמרא ש"שנית דברה עמו שכינה, שלישית לא דברה עמו שכינה" (יבמות צח א). חז"ל הקשו מהנאמר בספר מלכים (ב יד כה): "הוּא הֵשִׁיב אֶת גְּבוּל יִשְׂרָאֵל... כִּדְבַר ה' אֱלֹהֵי יִשְׂרָאֵל אֲשֶׁר דִּבֶּר בְּיַד עַבְדּוֹ יוֹנָה בֶן אֲמִתַּי הַנָּבִיא", הרי שפעם שלישית דיבר אתו הקב"ה. רב נחמן בר יצחק תירץ ש"כִּדְבַר ה' אֱלֹהֵי יִשְׂרָאֵל אֲשֶׁר דִּבֶּר בְּיַד עַבְדּוֹ" היינו "כשם שנהפך לנינוה מרעה לטובה, כך בימי ירבעם בן יואש נהפך להם לישראל מרעה לטובה", כלומר שנבואת יונה לישראל הייתה המשך, ומאותו סוג, של נבואתו לנינוה ולכן אינה נמנית כנבואה נפרדת. כשאמר לו הקב"ה ליונה: "עוֹד אַרְבָּעִים יוֹם וְנִינְוֵה נֶהְפָּכֶת" (יונה ג ד) לא ידע יונה אם כוונת 'נהפכת' היא לרעה כמהפכת סדום, או לטובה שיהפכו מעשיהם מרעים לטובים (סנהדרין פט ב). כיוון שחזרו בתשובה התברר שנבואתו לנינוה אכן הייתה לטובה, כנבואתו לישראל שהייתה לטובה.

---

[13] דבר זה הוא בגדר "ארדה נא ואראה הכצעקתה הבאה אלי עשו כלה" הנאמר לגבי סדום, כי אף על פי שהקב"ה יודע מה שבלבם, אינו מעניש בלי לבחון את המציאות כביכול כדי להצדיק לדורות הבאים את מעשיו.

עדיין מפתיע להשוות את דבר ה' לנינוה במטרה להחזירם בתשובה, לדבר ה' ליונה אודות ניצחון ירבעם. אמנם לפי דברינו שהפלגת ישועת ה' בידי ירבעם באה במטרה שיכירו ישראל בחסדי ה' ויחזרו בתשובה, רב הדמיון בין שתי הנבואות. ועוד, כפי שהחזרת נינוה בתשובה לימדה קטיגוריא על ישראל, כמו כן ניצחון ירבעם שניבא עליו יונה לימד קטיגוריא על ישראל שלא הכירו בישועת ה', ולכן הישועה עצמה סייעה להשמדת שומרון.

החובה להודות לקב"ה על הישועה נלמדת גם מחזקיהו. בר קפרא דרש: "ביקש הקב"ה לעשות חזקיה משיח וסנחריב גוג ומגוג, אמרה מידת הדין לפני הקב"ה... חזקיה שעשית לו כל הנסים הללו ולא אמר שירה לפניך תעשהו משיח?" (סנהדרין צד א). שירה מבטאת הכרה ציבורית במעשה ה', דוגמת שירת הים שמשה הוביל והעם ענו אחריו. בוודאי הודה חזקיהו לקב"ה בתפילתו; אך אילו הלהיב חזקיהו את העם להודות לה' ברבים מכל הלב, הייתה זכותם רבה עד כדי הבאת המשיח. ייתכן שלא אמרו שירה מפני שהיו אבלים על הרוגי לכיש ושאר ערי יהודה שנפלו קודם לכן בידי אשור, אך הייתה זו טעות בידם, כי חייב אדם להכיר בחסדי ה' ולהודות על הטובה ולא לעשות חשבונות עם בוראו.

בגמרא ישנה אמירה תמוהה ביותר שלכאורה מכחישה את ביאת המשיח, שהיא מעיקרי הדת: "רבי הילל אומר: אין להם משיח לישראל שכבר אכלוהו בימי חזקיהו" (סנהדרין צט א). על דברים אלה של רבי הילל אמר האמורא רב יוסף: "שרא ליה מריה" (יסלח לו הקב"ה). נראה לנו לפרש את דברי רבי הילל, שחזקיה לא סבר שהוא המשיח, וגם בני דורו לא העלו אפשרות זו בדעתם, אך לדעת רבי הילל, יכול היה חיזקיהו להיעשות משיח אילו רק "אמר שירה", דהיינו אילו ניצל חזקיהו את שעת החסד להובלה רוחנית של עם ישראל, היה יכול בכוח הסחף הרוחני שבעקבות הנס להגיע לגאולה השלמה. רבי הילל סבר שרק בימי חזקיהו ניתנה האפשרות להפוך דור מן הדורות לימות המשיח, ושאפשרות זו לא תחזור עד לביאת המשיח בקץ המיועד; ואילו חכמים שחלקו עליו סוברים שבכל דור שנעשית בה ישועה גדולה לישראל, יכולים להביא את המשיח אם "יאמרו שירה" בלב שלם.

ו. הליכה בקרי

רעה גדולה עושה מי שאינו מודה לה' על נסיו, כי הוא הולך בקרי עם הקב"ה, כדברי הרמב"ם:

> אם לא יזעקו ולא יריעו אלא יאמרו דבר זה ממנהג העולם אירע וצרה זו נקרה נקרית... הוא שכתוב בתורה 'והלכתי עמכם בחמת קרי, כלומר כשאביא עליכם צרה כדי שתשובו אם תאמר שהוא קרי אוסיף לכם חמת אותו קרי" (הלכות תעניות א ג).

אף שהרמב"ם עוסק במי שאומר שהפורענות היא מקרית, הוא הדין לגבי האומר שישועה היא מקרית, כי **שניהם מחסרים מהקב"ה את הנהגתו**. הוא שנאמר בתוכחת בחוקותי: "בְּמַעֲלָם אֲשֶׁר מָעֲלוּ בִי וְאַף אֲשֶׁר הָלְכוּ עִמִּי בְּקֶרִי" (ויקרא כו מ) – מעילה היא הוצאת קודש לחול, וההולך בקרי מוציא את מעשי ה' לחולין.

ובזה נבין למה עוון ביטול שמיטה מודגש בתוכחה, בו בזמן ששום עבירה אחרת אינה נזכרת בה: "אָז תִּרְצֶה הָאָרֶץ אֶת שַׁבְּתֹתֶיהָ... כָּל יְמֵי הָשַּׁמָּה תִּשְׁבֹּת אֵת אֲשֶׁר לֹא שָׁבְתָה בְּשַׁבְּתֹתֵיכֶם בְּשִׁבְתְּכֶם עָלֶיהָ" (ויקרא כו לד-לה). ישראל לא שמרו שמיטה ובכך מאנו להכיר שארץ ישראל היא מתנת ה' ומרצונו נתן להם, וסברו שבמקרה הם יושבים עליה ואינם מחויבים לקב"ה תמורת הישיבה בא"י. ההולך בקרי ואינו מודה בחסדי ה', סופו ללכת בקרי ולא להכיר בעונשיו.[14]

---

[14] ראו לעיל נספח ד. ובארנו בחיבה יתירה בפרשת בחקותי (שו"ת בני בנים ח"ב): וקשה, היאך יטעו פעם אחר פעם שהפורענויות הן מקריות, כי הפלאת כל המכות בוודאי אינה בדרך הטבע. ועוד קשה, שרק מהמכות השניות ואילך נאמר: "ואם תלכו עמי קרי ולא תאבו לשמוע לי" וכן עוד ארבע פעמים, ואילו אחרי המכות הראשונות "והפקדתי עליכם בהלה..." נאמר רק "ואם עד אלה לא תשמעו לי..." ולא נזכר קרי. והרי אם במחזור הפורענות השני טעו לחשוב שמדובר רק באסונות טבע, כל שכן שסברו כך בראשונות. לכן נראה שלאחר המכות הראשונות עדיין לא נשאו ונתנו ביניהם האם הפורענויות הן מהקב"ה או לא; וכדרך בני אדם שאינם מתבוננים באסונות על המקום, ואין זו הליכה בקרי; ורק אחרי הפורענויות השניות ישבו ודנו האם הן מהקב"ה. אז, לאחר התייעצות חכמים עם שרים, החליטו שאין הפורענויות מאת הקב"ה וזוהי הליכתם בקרי עם הקב"ה, ועל זאת חרה אף ה'. וכן עשו בפעם השלישית ובפעם הרביעית. אין מנוס להסביר את אטימותם ליד ה' אלא בכך שהיתה להם שיטה שלמדו מרבותיהם, או שפיתחו הם בעצמם, ועל פיה קבעו שלא ייתכן שיבוא עונש מאת ה' בצורה

כך בתוכחת כי תבוא, מתחילת הפרשה ועד לתוכחה, כל אימת שהכתוב מזכיר את הארץ או אדמת ארץ ישראל נאמר שהקב"ה הוא הנותן אותה: "הָאָרֶץ אֲשֶׁר ה' **אֱלֹהֶיךָ נֹתֵן לְךָ** נַחֲלָה...מֵאַרְצְךָ אֲשֶׁר ה' **אֱלֹהֶיךָ נֹתֵן לָךְ**... הָאָרֶץ אֲשֶׁר **נִשְׁבַּע ה' לַאֲבֹתֵינוּ לָתֶת** לָנוּ... **וַיִּתֶּן לָנוּ אֶת הָאָרֶץ** הַזֹּאת ... פְּרִי הָאֲדָמָה אֲשֶׁר **נָתַתָּה לִּי ה'**" (דברים כו א-י). ואילו בתוכחה נאמר פעמיים: "הָאֲדָמָה אֲשֶׁר אַתָּה בָא שָׁמָּה לְרִשְׁתָּהּ" (שם כא), ולא שהקב"ה נתן אותה, כי שכחו שהארץ היא מתנת ה'. וזו היא כוונת הכתוב: "עַד רֶדֶת חֹמֹתֶיךָ הַגְּבֹהֹת וְהַבְּצֻרוֹת אֲשֶׁר אַתָּה בֹּטֵחַ בָּהֵן בְּכָל אַרְצֶךָ" (דברים כח נב) – ישראל בטחו בכוחם ודימו לעצמם שהארץ היא שלהם, ועל כן "וְהֵצַר לְךָ בְּכָל שְׁעָרֶיךָ בְּכָל אַרְצְךָ אֲשֶׁר נָתַן ה' אֱלֹהֶיךָ לָךְ" (שם). כי ה' הוא הנותן, ואם הם מתעלמים מהקב"ה, עתידים הם לאבד את הארץ.

רעה נוספת עושה מי שאינו מודה לה' על מעשיו. כי הראשון שבעשרת הדברות הוא: "אָנֹכִי ה' אֱלֹהֶיךָ אֲשֶׁר הוֹצֵאתִיךָ מֵאֶרֶץ מִצְרַיִם" (שמות כ ב). על ידי שהקב"ה הוציא את ישראל ממצרים ידעו שהוא ה', כי ההוכחה הגדולה למציאות ה' היא נסיו לישראל. ולכן בהגדה של פסח "אפילו כולנו חכמים כלנו נבונים כולנו זקנים כולנו יודעים את התורה מצווה עלינו לספר ביציאת מצרים, וכל המרבה לספר ביציאת מצרים הרי זה משובח" – ואם כולנו יודעים את התורה, למה לחזור על הדברים שוב ושוב? מפני שסיפור יציאת מצרים הוא בסיס האמונה בה', ולכן כל המרבה בסיפורה מחזק את אמונתו. הוא הדין, מצווה לחזק את האמונה על ידי סיפור ישועות ה' שבכל הדורות ובפרט אותן שבדורנו, כי לא תהא שמיעה גדולה מראייה. זאת כוונת הנביא ירמיהו: "וְלֹא יֵאָמֵר עוֹד חַי ה' אֲשֶׁר הֶעֱלָה אֶת בְּנֵי יִשְׂרָאֵל מֵאֶרֶץ מִצְרָיִם. כִּי אִם חַי ה' אֲשֶׁר הֶעֱלָה אֶת בְּנֵי יִשְׂרָאֵל מֵאֶרֶץ צָפוֹן וּמִכֹּל הָאֲרָצוֹת אֲשֶׁר הִדִּיחָם שָׁמָּה וַהֲשִׁבֹתִים עַל אַדְמָתָם אֲשֶׁר נָתַתִּי לַאֲבוֹתָם" (ירמיהו טז יד-טו, כג ז-ח). "חי ה'" פירושו קיים ה', כי ההוכחה למציאות ה' תהיה הישועה אשר יראו בעיניהם.

זו, או על אנשים אלה, או בגלל חטאים אלו. לכן כיוון שהפורענויות לא באו באופן שקיבלו או שתארו לעצמם, בוודאי אינן מאת הקב"ה אלא מקריות הן; וכל העונשים שבעולם לא יזיזו אותם מעמדתם אחרי שקיצרו יד ה' ודימו שחייב הוא לפעול על פי הבנתם בתורה. וזהו "במעלם אשר מעלו בי" ותרגם יונתן: "בשקריהון דשקרו במימרי".

ועתה בואו ונצווח על אלה שאינם מכירים בחסדי ה' בכינון מדינת ישראל. יש מי שמדמה שלא הייתה כאן התערבות אלוהית, כי אין לו לב לדעת ועיניים לראות ואזנים לשמוע מה היה מצב ישראל בעולם אילולא הוקמה מדינת ישראל בתש"ח, ומה היה גורלו של עם ישראל בארצו אלמלא הניצחון בתשכ"ז. כנגדם אמרו חז"ל: "חייב אדם לראות את עצמו כאילו הוא יצא ממצרים".[15] כלומר לצייר לעצמו שהיה גם בשעבוד וגם בגאולה, כי מי שאינו מכיר מהו הרע אינו יכול להודות על הטוב.

אמנם, לא בסכלים אנו עוסקים אלא בפיקחים שיודעים שהייתה ישועה, אבל חוששים להודות לקב"ה, כדי שלא להכיר במדינה החילונית. הנה, אם מצד יום העצמאות ויום ירושלים יכולים לשבת בתענית אם ירצו,[16] אבל חייבים להודות לקב"ה על תקומת המדינה לכל הפחות במועד אחר. לי נראה להציע להם להודות על החזרת הריבונות פעם בשנה בליל הסדר, כי סיפור יציאת מצרים הוא בניין אב לכל הישועות שהקב"ה עושה לעמו במרוצת הדורות. כלל זה נלמד מדברי ההגדה: "והיא שעמדה לאבותינו ולנו... שבכל דור ודור עומדים עלינו לכלותינו והקב"ה מצילנו מידם".[17]

יש מי שחוששים שאם יחוגו את יום העצמאות כיום הודיה לקב"ה, שמא יטעו תלמידיהם ויגררו אחר המדינה החילונית. אך מי הותר להם לגזור גזרות מעצמם ולבטל חובת הודיה לקב"ה, ולגדל דורות של תלמידים ללכת בקרי עם הקב"ה ולא להתבונן בנִסיו. חוגים אלה מרחיקים את הגאולה, כי אילו אמרו שירה, הייתה זכותם רבה וגם היו מקרבים את הרחוקים.

---

15 חייב אדם לשאול את עצמו, אילו יצאתי ממצרים איך הייתי מגיב? האם הייתי מנאמני ה' או מעובדי העגל?

16 זהו מצד עצם התאריך, אבל אסור לעשות כן מפני שיש בו משום התגרות באומות, "שגם האומה הישראלית אומה היא" (ראו 'כתבי הגרי"א הענקין' ז"ל, חלק ב סימן קט, בשם הגרח"ע ז"ל).

17 המילה 'והיא' מוסבת על ברית בין הבתרים הנזכרת מקודם בהגדה: "ידוע תדע כי גר יהיה זרעך בארץ לא להם ועבדום וענו אותם ארבע מאות שנה. וגם את הגוי אשר יעבדו דן אנכי ואחרי כן יצאו ברכוש גדול", שאף שברית בין הבתרים עוסקת לכאורה רק בשעבוד מצרים, חכמים בנו משעבוד מצרים בניין אב לכל השעבודים, ומגאולת מצרים לכל הגאולות. ולכן לא פירש הכתוב את שם מצרים והמצרים, אלא רק "ארץ לא להם" ו"הגוי אשר יעבדו".

וחזרנו לנסיונות שעמדו בפני דורו של ירבעם השני: שלא להיגרר אחרי הצלחת החוטאים, ובד בבד להכיר ולהודות לקב"ה על ישועותיו.

פרק שלישי: המאורעות האחרונים

א. אכזבה

בראשית המאה התפתחה מחלוקת סביב המפעל הציוני בארץ ישראל. הגר"י ריינס ז"ל שלל זיקה בין הציונות לבין הגאולה: הרעיון הציוני "איננו נושא עליו שום אות ותיו מרעיון הגאולה... בכל מעשיהם והשתדלותם של הציונים אין גם רמז וזכר לגאולה העתידה" (ספר 'שערי אורה ושמחה'). לעומתו, כידוע, פיתח הראי"ה קוק ז"ל תורה שלמה של הגאולה בדרך. ניתן לסווג הוגי-דעות אלו כבעלי-מציאות מצד אחד או חוזים מצד שני. הרב ריינס היה בעל-מציאות מעולה שהקים את תנועת המזרחי, אבל לא היה חוזה, ובימיו – הוא נפטר בתרע"ה (1915) קודם הצהרת בלפור והעליות הגדולות, וגם חי באירופה ולא בארץ ישראל – נראו בשטח אך מעט סימנים לגאולה. אילו חי עד שנות השלושים וראה בהתפתחות הישוב בארץ ישראל, אולי היה מודה במציאות של גאולה. מציאות זו, כפי שרבים הבינו אותה, היא שהכריעה אצלם את הכף לטובת תפיסתו של הרב קוק. כך הוא אצל ציבור: החוזה יכול לחזות, אבל רק כשחלומו הולך ומתגשם זוכה הוא לאישור הרבים, הנהפכים לתלמידיו ולומדים פרטי תורתו.

אחרי הקמת המדינה באה אכזבה. המעיין, לדוגמא, בספר 'התורה והמדינה' משנות החמישים מתרשם מעומק המבוכה לנוכח אי-מילוי הציפיות בדבר דמותה היהודית של המדינה. אלא שעם מלחמת ששת הימים נפעמו רבים מן הגאולה המוחשית. ועוד, יישוב יהודה ושומרון, סיני וחבל עזה, איפשר לרבים להתעלם מהבעיה העיקשת של דת ומדינה ומאופייה החילוני והמתירני של החברה הפוסט-מודרנית.

ההתנתקות והטרור המתמשך הביאו אכזבה מחודשת, כי שוב אין המציאות תומכת בחזון גאולה העומדת בשער. רמב"ם כתב אודות הגאולה:

> כל אלו הדברים וכיוצא בהם לא ידע אדם איך יהיו עד שיהיו, שדברים סתומים הם אצל הנביאים. גם חכמים אין להם קבלה

> בדברים אלו אלא לפי הכרע הפסוקים, ולפיכך יש להם מחלוקת בדברים אלו (הלכות מלכים יב ב).

אמנם בהבנת הדברים הסתומים, טובים הדורות האחרונים מהדורות הראשונים. בהלכה, ככל שנתרחקנו מימי חז"ל נחלש כוחנו, ואילו בהבנת מעשי ה' בהיסטוריה – ככל שעוברים הדורות נוכל להבין יותר. לעומת ענקי הרוח אפילו מלפני עשרים וכל שכן מלפני שישים שנה, אנחנו ננסים על כתפי הענק: רואים אנו מה שהם לא ראו.

לפי דברינו, שחידוש הריבונות בא כיוזמה מאת הקב"ה לשמור על קיומו של עם ישראל מבחינה רוחנית ופיזית, ושישועת תשכ"ז באה להפגין חסדי ה' לעמו ולעורר אותנו לתשובה, אין לתמוה אם חלה נסיגה מסוימת. כבימי ירבעם, ישועה עלולה להיהפך לרועץ. בד בבד עם התעוררות לחזרה בתשובה מצד חלק מהעם, ניצחון תשכ"ז עמעם את תחושת האיום על קיום ישראל בארצו, ותחושה זו היא אשר איחדה את כל רבדי העם. הזכויות שעמדו לדור מייסדי המדינה – אהבת הארץ, הקרבה עצמית, דאגה לכלל ישראל והזדהות יהודית – נחלשו או נעלמו בתודעת רבים, ואת מקומן תפסו החילוניות והאוניברסליות, המתירנות והפורקן המיני.

אמנם, החילון עלול להסיח את דעתנו מהחסרונות שלנו – כאילו ישאל הקב"ה, בבואנו לפני בית דין של מעלה, האם קיימנו יותר מצוות מהחילונים. בצד אדישות לציבור גדול שעדיין ניתן להחזירו למוטב, בצד חילול השם על ידי אלו שנתפסו בפלילים, מעל הכל פשתה בנו שנאת חינם: בין ליטאים לחסידים, בין אשכנזים למזרחים, בין חרדים לדתיים, ואף בתוך כל אחד מהמגזרים בינם לבין עצמם. הבעיה אינה באלה ששונאים בפועל, אלא ברבים השותקים מול התככים שבחברה. חז"ל אמרו: "לעולם יהא אדם מן הנרדפים ולא מן הרודפים" (בבא קמא צג א) וציוו להיות מן הנעלבים ולא מן העולבים (גיטין לו ב). למה לא אמרו בקיצור 'להיות נרדף ולא רודף', 'נעלב ולא עולב'? אלא, הזהירו חז"ל שלא להיות '**מן** הרודפים', מי שמשתייך למחנה הרודפים אפילו אם אינו רודף או שונא בעצמו.

גדליה בן אחיקם נרצח כתוצאה משנאת חינם. לכן חל צום גדליה בעשרת ימי תשובה. יש מי שסובר שגדליה נרצח בראש השנה עצמו, כי השונא

אינו נרתע מיום הדין, והוא לעתים מדמה לעצמו ששונא רק את מי שמצווה לשונאו. בחזרות הש"ץ בימים הנוראים אנו אומרים: "אבינו מלכנו זכור רחמיך וכבש כעסך וכלה דבר... וכל גזרה רעה ושנאת חנם מעלינו ומעל כל בני בריתך". למה נזכרת שנאת חינם ולא שנאה רגילה? מפני ששנאת חינם קשה מכולן. שנאה שאינה של חינם – כיוון **שבטל הטעם בטלה השנאה, ואילו שנאת חינם שאין לה טעם אינה בטלה לעולם.**

ב. נחמה ואתגר

ראינו את הגורמים לחורבן בית ראשון ושני ולישועות שבימינו, ואת אזהרת חז"ל בדבר "ההוא בדברי תורה כתיב", שלא לסמוך על פרשנות ואידיאולוגיה – כתחליף לזהירות – כשקיימת סכנה קיומית לכלל ישראל.[18] אם נחמה אין כאן, לפחות התפכחות יש כאן. ואף על פי כן אפשר לראות במאורעות האחרונים נחמה מסוימת, ואתגר בצדה.

עשרים ושש שנים אחרי מותו של ירבעם בן יואש נכבשה שומרון על ידי אשור; ואילו עשרים ושש שנים אחרי מלחמת ששת הימים נחתמו הסכמי אוסלו, אבל עדיין ישראל חזקה.

עשרת השבטים גלו בתום מאתיים שנה מכינון ממלכת ישראל, ואילו מדינת ישראל נוסדה רק לפני כשבעים שנה. חרף אויבינו המסובבים אותנו, הצבא שלנו חזק והכלכלה משגשגת, ומעל לכל זכינו לקיבוץ גלויות שאין לו אח ורע בתולדות עמנו. גם אין דמיון בין ממלכת ישראל שהייתה שטופה בעבודת העגל והבעלים ושאסרה את העלייה לרגל לירושלים עד שלא נותר מי שרצה לעלות, לבין מדינת ישראל אשר קרוב למחצית תושביה שומרי מסורת – מי פחות ומי יותר – ואשר פורחים בה אלפי מוסדות תורה ועוד היד נטויה.

יתר על כן, עשרת השבטים לא חיבבו ולא זכרו את ארץ ישראל ולכן לא שבו אליה אחרי ק"צ שנות גלותם כשכורש נתן רשות לחזור. על הכתוב: "בֶּן אָדָם, בֵּית יִשְׂרָאֵל יֹשְׁבִים עַל אַדְמָתָם וַיְטַמְּאוּ אוֹתָהּ" (יחזקאל לו יז)

---

[18] חז"ל דיברו בהנהגה תורנית, וכל שכן בהנהגה מדינית שלא לסמוך על קונספציה אחת מני רבות עד כדי סיכונו של עם ישראל.

דרשו חז"ל: "אמר הקב"ה, הלואי היו בני עמי בארץ ישראל אף על פי שמטמאין אותה" (איכה רבה פרק ג וילקוט שמעוני סי' תתרלח). כלומר, הזיקה והחיבה לארץ ישראל הן בעצמן זכות. מייסדי מדינת ישראל חיבבו את הארץ ומרבית העם נאמנים לה.

כל זה מצד חסדי ה' וזכויות המדינה לעומת בית ראשון. אמנם עדיין יש סיבה לחשוש מצד טעות בהנהגה ופילוגים בעם ובהתאם לתקדים בית שני. אמנם, הסכנה הנובעת מגורמים אלה קשורה בהסתר פנים מצד הקב"ה, ונדמה כי לא חזרנו לתקופה של הסתר פנים. הסיבות שבגללן חידש הקב"ה את ריבונות ישראל בימינו עדיין תקפות, ולכן היא לא תיחרב, חס ושלום. עתידם של המדינה ושל תושביה אינו מובטח לעד, אך נותר פסק זמן. אין אתנו יודע אורכו של פסק זמן זה, והוא תלוי במעשינו להאריכו או לקצרו, עד ביאת הקץ.

חיבורים נוספים מאת הרב יהודה הרצל הנקין

שו"ת בני בנים, ד' חלקים

לרכישה: מדרשת נשמת, ירושלים

חלק ראשון

שער בית הכנסת, שער תפילה ותורה, שער שבת וימים טובים, שער עירובין, שער איסור והיתר, שער הירין ולידה, שער אנשים ונשים, שער נפשות, חלק המאמרים

חלק שני

אורח חיים, יורה דעה, אבן העזר, חושן משפט, חלק המאמרים

חלק שלישי

שער תפילה ומועד, שער לימוד והוראה, שער כתבים, שער צניעות ונישואין, שער ארץ ישראל, שער עבודה זרה, שער נפשות, חלק המאמרים

חלק רביעי

שער ברכה וקריאה, שער צניעות וערוה, שער פריה ורביה וחיי אישות, שער שאר עניינים, חלק המאמרים

Equality Lost
Essays in Torah Commentary, Halacha, and Jewish Thought
Urim Publications, 1999

New Interpretations on the Parsha
Ktav Publishing House, 2001

Understanding Tzniut
Modern Controversies in the Jewish Community
Urim Publications 2008

La Tzniout Devoilee
Editions Tilmad 2019

חיבורים מאת הרב איתם שמעון הנקין הי"ד

לכם יהיה לאכלה

בירור להלכה בסוגיית חרקים במזון

המכון לרבני ישובים, קרית-ארבע, חברון, תשע"א

להכות שורש

הראי"ה קוק והקרן הקיימת לישראל

בשיתוף הרב אברהם וסרמן, ירושלים תשע"ב

לרכישה: vavraham@neto.net.il

אש תמיד

חידושים וביאורי דינים על סדר שלחן ערוך ומשנה ברורה

מוסד הרב קוק, ירושלים תשע"ו

תערך לפני שלחן

חייו, זמנו ופעלו של הרי"מ עפשטיין בעל ערוך השלחן

ספרי מגיד, הוצאת קורן, ירושלים תשע"ט